Photo de couverture : Frank Ebogo, Les chutes de la Lobé (Cameroun)

LA GEOPOLITIQUE DE L'EAU
AU CAMEROUN

5-7, rue de l'École polytechnique, 75005 Paris

http://www.harmattan.fr
diffusion.harmattan@wanadoo.fr
harmattan1@wanadoo.fr

ISBN : 978-2-343-04783-6
EAN : 9782343047836

Frank EBOGO

LA GEOPOLITIQUE DE L'EAU AU CAMEROUN

Préface du Pr Joseph Vincent NTUDA EBODE

L'Harmattan

Emergences Africaines

Dirigée par Magloire KEDE ONANA

La collection « ÉMERGENCES AFRICAINES » se propose de renverser des certitudes faciles. Nous sommes convaincus que l'Afrique, longtemps considérée comme en retrait, s'ouvre au monde, et est plus que jamais au cœur des enjeux. Son Histoire ne doit plus s'écrire ailleurs, par des continents eux-mêmes en crise de modèles à proposer/imposer.

Une nouvelle génération très entreprenante d'Africains et d'Africanistes existe aujourd'hui, qui problématise et réécrit l'Histoire du continent dans toutes ses facettes, et par une approche multidisciplinaire. Il s'agit de dévoiler une Afrique des « Bonnes Nouvelles » : celle qui, parce que plus ouverte au monde, présente tous ses atouts d'émergence.

Dernière arrivée dans la compétition mondiale, l'Afrique est capable d'apporter un élan différent à la mondialisation grâce à son devenir, qui est subordonné à son être.

Déjà parus

Gérard-Marie Messina et Augustin Emmanuel Ebongue (dir.), *Médias et construction idéologique du monde par l'occident*, 2014.

André-Marie Manga, *Didáctica de lenguas extranjeras. Orientaciones teóricas en español*, 2014.

Marcellin Nnomo Zanga et Gérard-Marie Messina, *Pour une critique du texte négro-africain,* 2014.

Alphonse Zozime Tamekamta et Jean Koufan Menkéné (dir.), *L'urgence d'une révolution agricole au Cameroun*, 2013.

Alphonse Zozime Tamekamta (dir.), *L'illusion démographique*, 2013.

Alphonse Zozime Tamekamta (dir.), *Propos sur l'Afrique*, 2013.

A tous ceux qui se dévouent pour l'essor et la maturation d'une véritable pensée hydro-politique en Afrique

PREFACE

Voici un nouveau livre qui vient sans doute enrichir la collection des ouvrages consacrés à l'hydro-politique. Un de plus ? Assurément, non ! Car, tout en s'appuyant sur des analyses géographiques et géopolitiques, il vient combler un vide heuristique et pratique observé à travers la carence des travaux provenant des chercheurs africains sur la problématique de l'hydro-politique en Afrique, en général, et au Cameroun, en particulier.

Une étude sur la géopolitique de l'eau au Cameroun se justifie largement. En effet, dans sa posture de deuxième province hydrologique du continent africain, après la République Démocratique du Congo (RDC), le Cameroun est arrosé par quatre bassins hydrographiques (dont trois ont une dimension internationale) et par d'immenses réserves d'eau souterraine séquestrées dans les nappes phréatiques peu profondes et dans des aquifères transfrontaliers. Ce potentiel hydrologique contribue à insérer le Cameroun dans l'échiquier hydro-politique africain.

Se situant dans la perspective des études stratégiques, cet ouvrage montre que depuis la fin de la Guerre froide, le concept polysémique de sécurité a connu une extension nouvelle. Longtemps appréhendée uniquement en termes militaristes, la sécurité, sous l'influence de l'Ecole de Copenhagues, prend désormais en compte des dimensions non-militaires, à l'instar de la société, de l'économie, de l'environnement, etc. Cette sectorisation a eu pour conséquence la multiplication et la complexification des enjeux de sécurité. De nos jours, eu égard à la problématique des changements climatiques, l'environnement est devenu un enjeu majeur de sécurité des Etats. Plus précisément, l'eau, en tant qu'élément structurant de l'environnement, *source de vie*, voire la *vie elle-même*, cristallise les enjeux et les défis sécuritaires, à l'échelle locale, nationale et régionale.

Dans ce contexte, l'auteur observe, à juste titre, que plusieurs travaux ont tenté de rendre compte de la dialectique qui existe entre l'eau et la sécurité des Etats. Pour les partisans du réalisme et néo-malthusiens, l'eau est devenue une ressource stratégique pour les Etats et les multinationales. Bien plus, elle est considérée comme l'*or bleu* dont la possession confère au détenteur des marges de manœuvre sur l'échiquier hydro-politique mondial. Constituées de cours d'eau et d'aquifères, les zones humides cristallisent tellement de convoitises qu'elles finissent par devenir des enjeux stratégiques et, probablement, des théâtres de futures guerres hydriques. A l'opposé, les libéraux considèrent que l'eau est tout simplement un bien marchand pouvant contribuer à la pacification des relations entre les riverains des cours d'eau. En effet, l'intérêt bien compris des Etats les incite à créer des structures coopératives de type donnant-donnant. Dans un tel schéma, l'accès aux ressources en eau partagées entre Etats ne peut se ramener à un jeu à somme nulle, comme le postulent les analystes réalistes et néo-malthusiens.

Pour échapper au piège séduisant du "*toujours ainsi*" et contourner l'écueil du déterminisme géographique qui affecte ces différentes approches réalistes, néo-malthusiennes et libérales, l'auteur soutient qu'il est nécessaire de déconstruire le mythe persistant qui consiste à expliquer les comportements bellicistes ou pacifistes de l'Etat par le poids déterminant des configurations des aires hydrologiques frontalières ou transfrontalières. Partant de l'approche constructiviste, il considère que la raréfaction et l'inégale répartition géographique des ressources en eau n'est pas en elle-même, une menace à la sécurité des Etats ni un facteur de coopération accrue entre les riverains. Au contraire, c'est la manière dont est appréhendée et reconstruite cette raréfaction qui favorise une approche unilatérale (souverainiste) ou multilatérale (communautariste) dans la gestion des ressources en eau.

En procédant à la géopolitique de l'eau au Cameroun, ce livre s'emploie, tout d'abord, à montrer que les zones humides ne sont pas intrinsèquement porteuses de sens et de puissance. En effet, ce sont les projections et les calculs opérés par les différents utilisateurs qui en font des surfaces de compétition en vue d'un meilleur contrôle des ressources hydriques. Autrefois considérées comme des espaces insalubres et inutiles, les zones humides (cours d'eau superficiels et souterrains) sont devenues des espaces stratégiques.

Outre l'appréhension des enjeux structurants du champ hydropolitique, la géopolitique de l'eau au Cameroun revêt également une dimension stratégique, car elle s'intéresse à la compréhension des jeux déployés par les différents acteurs dans leur quête et conquête des sources et ressources hydriques. Les acteurs déterminants de l'échiquier hydro-politique camerounais sont constitués des opérateurs privés ou publics, des entités étatiques et non-étatiques qui opèrent des calculs et déploient des stratégies pour avoir accès aux ressources hydriques stratégiques. Ces acteurs élaborent, en fonction de leurs intérêts et de leurs capacités, des stratégies de monopolisation ou démonopolisation du jeu hydro-politique ; ce qui débouche finalement, dans un cas, sur l'érection des murs de démarcation entre les riverains dont la violation peut dégénérer en conflits ouverts ; et dans l'autre, sur l'édification des ponts de coopération à travers la création des *duopoles hydro-politiques* ou des organisations de bassin.

Au final, ce livre d'une actualité brûlante et d'une parfaite originalité s'adresse à tous ceux qui portent un intérêt particulier pour des problématiques hydro-politiques en Afrique. Universitaires, chercheurs, étudiants, hommes politiques et personnalités de la société civile peuvent y trouver des éléments intéressants pour nourrir leurs réflexions et orienter leurs actions.

Pr Joseph Vincent NTUDA EBODE

Directeur des Affaires Académiques et de la Coopération (DAAC)
Directeur du Centre de Recherches d'Etudes Politiques et Stratégiques (CREPS)
Université de Yaoundé II (Cameroun)

Directeur par intérim de l'Institut Gouvernance, Sciences Sociales et Humaines
de l'Université Panafricaine
Union Africaine-Addis-Abeba (Ethiopie)

ABREVIATIONS ET SIGLES

ABN : Autorité du Bassin du Niger
AEM : Action de l'Etat en Mer
BIR : Brigade d'Intervention Rapide
C.A. : Conseil d'Administration
CBLT : Commission du Bassin du Lac Tchad
CCDEE : Compagnie Coloniale (puis Centrale) de Distribution d'Energie Electrique
CDE : Camerounaise des Eaux
CEEAC : Communauté Economique des Etats de l'Afrique Centrale
CEMAC : Communauté Economique et Monétaire de l'Afrique Centrale
CER : Communauté Economique Régionale
CICOS : Commission Internationale du Bassin Congo-Oubangui-Sangha
CGG : Commission du Golfe de Guinée
CME : Conseil Mondial de l'Eau
CNE : Comité Nationale de l'Eau
CNM : Comité National de la Mer
CNSM : Comité National de Sureté Maritime
CNSP : Corps National des Sapeurs-Pompiers
COMFORSUR : Commandant des Forces de Surface
CSP : Comité de Sureté du Port
CTD : Collectivité Territoriale Décentralisée
DAMVN : Direction des Affaires Maritimes et des Voies Navigables
DHH : Direction de l'Hydraulique et de l'Hydrologie
DGM : Direction Générale à la Mer
DSCE : Document de Stratégie pour la Croissance et l'Emploi
DSRP : Document de Stratégie pour la Réduction de la Pauvreté
EDC : Electricité du Cameroun
ENELCAM : Energie et Electricité du Cameroun
ESF : Elément de Soutien et de Formation
FFMPC : Force de Fusiliers Marins et de Palmeurs de Combat
GIRE : Gestion Intégrée des Ressources en Eau
GWP : Global Water Partnership
LPSHU : Lettre de Politique Sectorielle de l'Hydraulique Urbaine
MINATD : Ministère de l'Administration Territoriale et de la Décentralisation

MINEE : Ministère de l'Energie et de l'Eau
MINEPAT : Ministère de l'Economie, du Plan et de l'Aménagement du Territoire
MINIMIDT : Ministère des Industries, des Mines et du Développement Technologique
MINREX : Ministère des Relations Extérieures
OCTA : Organisation du Traité de Coopération sur l'Amazonie
OMAOC : Organisation Maritime de l'Afrique de l'Ouest et du Centre
OMD : Objectifs du Millénaire pour le Développement
ONG : Organisation Non-Gouvernementale
ONU : Organisation des Nations Unies
PAM : Programme Alimentaire Mondial
PANGIRE : Plan d'Action Nationale de Gestion Intégrée des Ressources en Eau
PARGIRE : Plan d'Action Régionale de Gestion Intégrée des Ressources en Eau
PNGE : Plan National de Gestion de l'Environnement
PNUE : Programme des Nations-Unies pour l'Environnement
PPTE : Pays Pauvre et Très Endetté
RDC : République Démocratique du Congo
SEMRY : Société d'Expansion et de Modernisation de la Riziculture de Yagoua
SMDD : Sommet Mondial sur le Développement Durable
SNEC : Société Nationale des Eaux du Cameroun
SNH : Société Nationale des Hydrocarbures
SOCEA : Société Eaux et Assainissement
SONARA : Société Nationale de Raffineries
SONEL : Société Nationale d'Electricité
SPEC : Service Provisoire des Eaux du Cameroun
ZEE : Zone Economique Exclusive

INTRODUCTION GENERALE

Le terme *hydro-politique* est une création récente. Pour la première fois, il a fait son apparition dans la littérature scientifique en 1979 dans l'ouvrage de John Waterbury intitulé "Hydropolitics in the Nile Valley". La problématique générale abordée par cet ouvrage était centrée autour de l'analyse des relations entre des Etats souverains, leurs politiques publiques et le défi de la coopération en matière de gestion des ressources hydriques transfrontalières. A partir des travaux de Waterbury, le terme d'hydro-politique se soit diffusé dans la littérature anglophone, francophone et, plus récemment, hispanophone[1].

I- A la quête d'une définition satisfaisante de l'hydro-politique

La complexité des études sur l'eau rend difficile tout essai de définition du terme hydro-politique. Cette difficulté s'explique par le fait que, tout comme la géopolitique, l'hydro-politique est un programme de recherche dont l'objet se situe à la confluence des Relations Internationales, de la sociologie politique, de l'histoire politique, de la géographie physique et politique, etc. D'où d'ailleurs la difficulté de proposer des définitions claires qui puissent susciter l'unanimité des chercheurs provenant d'horizons divers.

De nombreuses études usent de ce vocable sans le définir préalablement[2]. Néanmoins, parmi les rares tentatives de définitions proposées, on peut par exemple mentionner celle avancée par Arun Elhance qui souligne que l'hydro-politique est "*the systematic study*

---

[1]Edith Kauffer, "Ni coopération, ni conflit ouvert : l'hydro-politique dans les bassins versants internationaux à la frontière entre le Mexique, le Guatemala et le Belize", *L'Hydro-politique et les Relations Internationales*, Congrès AFSP 2009, p. 10, in http://www.congresafsp2009.fr/sectionsthematiques/st30/st30.html. Article consulté le 27 juin 2012, p. 9.

[2] Dans ce sillage, on peut citer Tony Allan, *The Middle East Water Question. Hydropolitics and the global economy*, I.B. Tauris, Londres/New York,2001; Aaron Wolf, *Hydropolitics along the Jordan river: Scarce Water and its Impacts on the Arab-Israeli Conflict*, Tokyo, United Nations University Press, 1995.

of interstate conflict and cooperation over transboundary water resources"[3]. Cette définition est très restrictive au moins à deux niveaux. D'une part, elle met en exergue le rôle des Etats en tant qu'acteurs fondamentaux de la scène internationale. Or, le champ hydro-politique est structuré par des acteurs étatiques et non-étatiques en quête de positions de pouvoir. Certes, Arun Elhance reconnait l'existence d'autres acteurs comme les organisations non gouvernementales nationales (ONG), les partis politiques, les communautés épistémiques, les organisations internationales[4], etc. Cependant, il estime que leurs actions dérivent des jeux élaborés par les Etats dans leur quête, voire leur conquête des ressources transfrontalières.

D'autre part, selon Arun Elhance, seuls les cours d'eau internationaux peuvent faire l'objet des conflits ou de la coopération entre des Etats. Ici encore, plusieurs apories apparaissent : qu'est-ce qu'un cours d'eau international ? Est-ce celui qui a un caractère frontalier ? Que dire donc des cours d'eau transfrontaliers ou présentant un caractère à la fois frontalier et transfrontalier ? L'hydro-politique n'a-t-elle qu'une dimension internationale ?

Ces questions semblent trouver des réponses précises, tout d'abord, dans les travaux de Meissner. Il propose, en effet, une définition de l'hydro-politique qui prend en compte les lacunes de l'approche stato-centrée empruntée par Arun Elhance. Dès lors, l'hydro-politique est appréhendée comme une recherche systématique portant sur les interactions entre les Etats, les entités non-étatiques et d'autres acteurs individuels ou en réseau intervenant à l'intérieur ou à l'extérieur des Etats relativement à la répartition et à l'utilisation des cours d'eau nationaux et/ou internationaux[5].

---

[3] Traduction : "*L'étude systématique des conflits et de la coopération entre les Etats au sujet des ressources internationales en eau*". Cf. Arun Elhance, "Conflict and co-operation over water in the Aral Sea basin" in *Studies in Conflict and Terrorism* 20(2), 1997, p. 218.

[4] Arun Elhance, *Hydropolitics in the Third World. Conflict and Cooperation in International River Basins*, United States Institute of Peace Press, Washington 1999, p. 14.

[5]Cf. Anthony Turton, "Hydropolitics : The concept and its limitations" in *Hydropolitics in the developing world. A southern African perspective*, Pretoria, African Water Issues Research Unit (AWIRU),2002, p. 15-16, citant Meissner, *Water as a source of political conflict and cooperation: A comparative analysis of*

Tout en souscrivant à cette extension du champ d'étude aux jeux des acteurs non-étatiques, Anthony Turton propose une définition de l'hydro-politique à partir du modèle systémique de David Easton. Ainsi, pour Anthony Turton, le concept de *politics*, dans une perspective eastonnienne, peut se ramener à la distribution par une autorité, des valeurs dans une société. Bien plus, cette définition appréhende la *politics* comme un processus dynamique et non figé. Par conséquent, "*les valeurs sont allouées par les lois et les politiques publiques (policy) et impliquent un processus de décision, une légitimité en jeu, des contestations à ces valeurs, à leur distribution et à l'autorité, en raison des effets positifs ou négatifs qu'elles impliquent pour les différents acteurs*"[6]. A partir de cette définition de *politics*, Anthony Turton conçoit l'hydro-politique comme "*la distribution, par une autorité, des valeurs en matière d'eau dans une société*"[7]. En somme, l'hydro-politique est une politique publique en matière de gestion des ressources en eau.

Cette nouvelle définition a le mérite de mettre en exergue le rôle des acteurs décisifs dans l'élaboration des politiques en matière de gestion des ressources en eau. Malgré cet éclairage eastonien, nous nous satisferons de l'élargissement du concept d'hydro-politique avec la prise en compte des acteurs non-étatiques. Dans ses travaux relatifs à l'hydro-politique dans le lac de Tana, en Ethiopie, Maxime Lachal met en exergue cette double orientation :

"*les études portant sur la géopolitique de l'eau considèrent le plus souvent l'échelle internationale pour expliquer les rivalités nées de la répartition, l'utilisation ou la revendication des ressources en eau disponibles, en particulier lorsque ces eaux sont transfrontalières. Ce cadre de réflexion ne doit cependant pas faire oublier que ces mêmes rivalités de pouvoir ont également des conséquences au*

the situation in the Middle East and Southern Africa, Unpublished MA Dissertation, Department of Political Studies, RandAfrikaans University, South Africa (title translated from original Afrikaans), 1999, pp. 4-5.

[6]Edith Kauffer, *op. cit.*, p. 11.

[7]*Ibid.*

niveau local, auprès d'acteurs qui dépendent en définitive de la même eau "[8].

Par conséquent, parler d'hydro-politique ou de géopolitique de l'eau reviendrait donc à prendre en compte les deux dimensions de la géopolitique, telles qu'élaborées par Yves Lacoste. Il s'agit de la géopolitique interne et de la géopolitique externe. Celles-ci peuvent apparaitre comme les deux visages de Janus, c'est-à-dire comme les deux facettes indissociables d'une même réalité. Que faut-il finalement entendre par cette expression de géopolitique de l'eau qui est de plus en plus utilisée aussi bien par la communauté scientifique que par l'opinion publique ? A ce niveau encore, Yves Lacoste nous fournit l'explication la plus acceptable par rapport à l'orientation épistémologique de notre étude.

En effet, "*l'expression géopolitique de l'eau désigne (...) des rivalités politiques dans la répartition du débit des fleuves et des rivières ou l'exploitation des ressources hydrauliques. De telles rivalités existent non seulement entre des Etats dont les territoires sont traversés par un même fleuve, mais aussi au sein d'un même Etat, entre des régions ou de grandes villes, qui visent chacune à tirer parti des ressources de bassins hydrographiques plus ou moins proches*"[9].

Cette définition d'Yves Lacoste revêt fondamentalement une dimension pessimiste et belliciste. En effet, l'hydro-politique n'y est envisagée que sous l'angle des rivalités entre des différents utilisateurs des ressources en eau. S'il est vrai que la géopolitique s'articule autour de la notion d'enjeu, en tant que "*produit de la compétition entre des acteurs*"[10], il reste que les stratégies mises en place par les acteurs peuvent, en fonction de leurs intérêts, déboucher sur le conflit ou sur la coopération.

---

[8] Maxime Lachal, "Le détournement des eaux sacrées du lac Tana (Ethiopie) vers les centrales fédérales de production hydroélectrique : de nouvelles tensions régionales en perspective" in *Sécurité globale*, Hiver 2011-2012, pp. 40-41.
[9] Yves Lacoste, "Géopolitique de l'eau" in *Hérodote revue de géographie et de géopolitique*, n°102, 3ème trimestre 2001, p. 3.
[10] P. Bourdieu, L. Wacquant, *Réponses... Pour une anthropologie réflexive*, Paris, Le Seuil, 1992, p. 72.

Dans le cadre de cette étude, les termes d'*hydro-politique* et de *géopolitique de l'eau* seront interchangeables. Concept plus technique et forgé à partir deux mots grecs[11], l'hydro-politique désigne, en définitive, la partie de la géopolitique relative à l'eau douce, à ses régimes divers, ses répartitions naturelles ou artificielles, ainsi qu'aux recherches, études et règlements internationaux dont elle est l'objet. L'hydro-stratégie désigne, quant à elle, la partie de la géopolitique de l'eau qui s'intéresse particulièrement aux conflits hydriques, ainsi qu'à l'analyse des sources hydriques en tant que théâtre des opérations militaires ou paramilitaires.

II- Un intérêt tardif pour la géopolitique de l'eau au Cameroun

Il faut sans doute remonter à la fin des années 70 pour découvrir les premiers travaux qui ont été effectués sur le thème de la géopolitique de l'eau. Ces travaux qui n'intéressaient, en réalité, qu'un public élitiste étaient surtout l'œuvre des chercheurs anglo-saxons[12]. Le point d'ancrage de ces travaux reposait sur la problématique de l'utilisation harmonieuse des fleuves internationaux, en l'absence d'un cadre juridique institué[13]. Ce n'est que plus tard au début des années 90 que le monde francophone y accorda une attention relative. En France, par exemple, on a assisté à une véritable efflorescence d'ouvrages abordant l'hydro-politique de façon globale ou sectorielle[14],

---

[11] L'hydro-politique origine de deux mots grecs : udros (eau) et polis (d'où origine le mot politique). Dans cette veine, l'hydro-politique serait l'art de mieux gérer les ressources en eau d'une région donnée.

[12]Lire : Dante A. Caponera, Dominique Alheritiere, "Principles for International Ground-Water Law", Natural Resources Forum, Vol. 2, 1978, pp. 279-290 et 359-371;Ward H. Fischer, "Management of Interstate Ground Water", Natural Resources Lawyer, Vol. 7, n° 3, 1974, pp. 521-546; Robert D. Hayton, "International Aquifers and International Law", Water International (Official Journal of the International Water Resources Association), Vol. 6, 1981, pp. 158-165. "The Law of International Aquifers", N.R.J., Vol. 22, 1982, pp. 71-93;.

[13]Lancés le 21 novembre 1959 par l'Assemblée générale des Nations Unies, les travaux de codification de la Convention de New York sur le "droit sur l'utilisation des cours d'eau internationaux à des fins autres que la navigation" aboutissent finalement le 21 mai 1997, après un demi-siècle d'âpres discussions et négociations.

[14]Lire : Frédéric Lasserre, L'eau, enjeu mondial, géopolitique du partage de l'eau, Paris, Le serpent à Plumes, 2003 ; Jean-François Donzier, "Pour une nouvelle gestion des bassins transfrontaliers" in *Géopolitique*, n° 107, octobre 2009, pp. 25-34 ; Franck Galland, "Les enjeux de sécurité liés à l'eau" in Géopolitique, n° 107,

de sorte que la Bibliothèque Nationale Française proposait, en 2005, 5.814 entrées, tandis qu'un simple regard sur internet mettait en évidence plus de trois millions de sites[15]. Ces publications attestent d'une prise de conscience au sein de la communauté épistémique, tout en tentant de combler le retard que connaissent les chercheurs francophones par rapport à leurs homologues anglo-saxons.

L'intérêt porté à l'hydro-politique au Cameroun n'est que récent. Jusqu'au début du XXIème siècle, on a observé un vide heuristique à travers notamment la carence ou l'insuffisance des travaux relatifs à l'hydro-politique au Cameroun, domaine qu'on peut aisément qualifier de *terra incognita*. En effet, ce nouveau réveil peut, d'abord, s'expliquer par le fait que la problématique des changements climatiques fait peser une menace sur la disponibilité future de la ressource en eau. D'autre part, la construction du Golfe de Guinée comme l'une des principales provinces hydrologiques du monde amène les Etats de la sous-région à accorder une importance de plus en plus accrue à la ressource hydrique.

Pays étiré de part et d'autre de l'Afrique de l'Ouest et l'Afrique centrale, le Cameroun, en tant qu'Afrique en miniature, concentre sur son territoire toute la complexité et la variabilité du réseau hydrologique africain. Il chevauche l'équateur jusqu'aux confins du désert du Sahara et couvre une superficie d'environ 475 000 Km^2, pour une population estimée à 20 millions d'habitants. Le Cameroun est une région très riche en ressources du sol et du sous-sol. Parmi les nombreuses richesses de son patrimoine naturel, l'eau est sans doute la ressource la plus abondante, et l'une des plus stratégiques au Cameroun. De ce point de vue, quelques travaux relatifs à l'hydro-politique ont été effectués sur lla quasi-totalité du réseau hydrologique du Cameroun, qu'il s'agisse du bassin Atlantique[16], ou

---

octobre 2009, pp. 59-64 ; Mohamed Larbi Bouguerra, *Les batailles de l'eau. Pour un bien commun de l'humanité*, éd. De l'Atelier, Paris, 2003.

[15] Corinne Berger, Jean-Luc Roques, *L'eau comme fait social : transparence et opacité dans la gestion locale de l'eau*, Paris, L'Harmattan, 2005, p. 9.

[16] Diangitukwa Fweley, "La surveillance des côtes d'Afrique centrale par des équipes de garde-côtes : un impératif pour la sécurisation maritime de la sous-région" in *Enjeux*, n° 26, janvier-mars 2006, pp. 20- 24 ; Eric Njonou Akoutou, « La sauvegarde des approches maritimes nationales : un défi partagé » in *Honneur et Fidélité*, 20 mai 2009, pp. 28-29.

ceux du Congo[17] et du Lac Tchad[18]. Cependant, peu d'études ont été consacrées à l'hydro-politique globale du Cameroun.

De la littérature éparse et parcellaire publiée sur la question de l'hydro-politique au Cameroun, on retient deux principales tendances, quoique réparties de façon inégale. D'inspiration "*hobbesienne*"[19], la première repose sur une approche souverainiste et unilatéraliste dans la gestion des ressources en eau. Ici, le principal argumentaire est que la gestion de l'eau, comme de toutes les autres ressources du sol et du sous-sol, relève de la souveraineté exclusive des Etats. En général, l'eau a été construite, par les Etats, comme une ressource de souveraineté. Celle-ci suggère que l'Etat ne connait sur son territoire aucune autorité qui lui soit supérieure. En effet, "*à l'intérieur, l'Etat a le monopole de la contrainte, monopole de la violence légitime car lui seul autorise et exerce le recours à la force, monopole de la contrainte juridique par l'édiction de normes qui s'imposent à la population vivant sur son territoire et doivent être respectées sous peine de sanctions*"[20]. Par conséquent, l'autorité réglementaire a très tôt posé que "*l'eau est un bien du patrimoine national dont l'Etat assure la protection et la gestion et en facilite l'accès à tous*"[21].

En revendiquant sa souveraineté, l'Etat prétend ainsi fournir à sa population les biens indispensables à sa subsistance et à sa survie. Il peut s'agir de la nourriture en général, et de l'eau en particulier. Cependant, la souveraineté de l'Etat contemporain ne s'exprime plus uniquement dans des pouvoirs militaires, mais s'étend davantage

[17]Lire : Jean-Bernard Mombo, "L'observatoire de la zone côtière de l'Afrique centrale : un projet intégrateur pour le Bassin du Congo ?" in *Enjeux*, n° 26, janvier-mars 2006, pp. 16-19 ; Bigombe Logo, "la cogestion des plans d'eau au Cameroun et en Centrafrique" in *Enjeux*, n° 16, juillet-septembre 2003, pp. 29-32.
[18] Elie Mvie Meka, "Prévention et résolution des conflits de l'eau dans le bassin du Lac Tchad : analyses et perspectives" in *Enjeux*, n° 26, janvier-mars 2006, pp. 25- 28.
[19]Edouard Boinet, *Du conflit à la coopération : la place du droit dans l'évolution de l'hydro-politique nilotique*, Sciences Po Toulouse/Institut d'Etudes Politiques de Toulouse, mémoire de science politique, 2011, p. 3.
[20] Marie-Claude Smouts, Dario Battistela, Pascal Vennesson, *Dictionnaire des Relations Internationales, approches, concepts, doctrines*, Paris, Dalloz, 2003, pp. 469-470.
[21]Décret n° 2001/165/PM du 08 mai 2001 précisant les modalités de protection des eaux de surface et des eaux souterraines contre la pollution, art. 2, f.

dans des pouvoirs nouveaux de nature économique et nutritionnelle[22]. En effet, l'Etat permet la satisfaction des besoins hydriques des populations, tout en se hissant au faîte de l'activité économique. Il renforce ainsi son pouvoir politique en étendant sa domination sur l'approvisionnement alimentaire et hydrique des populations. L'Etat se sert de l'eau pour accroitre sa maitrise sur l'ensemble de la population : "*l'eau devient l'élément structurant, la colonne vertébrale de l'Etat*"[23].

Bref, "*soucieux de la sauvegarde de leur intégrité territoriale, les Etats se sont ainsi posés comme les seuls garants et gérants des ressources hydriques issues de leur patrimoine national* [et transnational]. *La rivière-frontière devient ainsi une ligne et un mur servant à déterminer et à protéger les richesses nationales contre les convoitises extérieures*"[24]. C'est en ce sens qu'en parlant des différentes conflictualités hydriques dans le monde, Aymeric Chauprade, comme plusieurs autres hydro-politistes, distingue, d'une part, les guerres frontalières entre des Etats riverains ; et d'autre part, des guerres transfrontalières. Dans le premier cas de figure, ces guerres surviennent lorsque des Etats remettent en question le tracé de leurs frontières épousant les contours des cours d'eau[25]. Jacques Ancel insistait déjà, en 1936, sur l'importance du fleuve-frontière dans les conflits d'Amérique latine : "*les fleuves sont des sources de perpétuels litiges. Sur leurs rives, dans l'Amérique du Sud, la bataille est endémique. Les frontières d'Etats reproduisent les limites administratives des vice-royautés espagnoles, Nouvelle-Grenade, Pérou, La Plata. Ces divisions datent d'un temps où l'on se passait de cartes précises. Les fleuves eux-mêmes sont instables : le cours en varie, selon les saisons, les années*"[26]. En réalité, « *le mot français "rival" vient du latin "rivalis", venant lui-même de "rivus" qui signifie rivière ou fleuve. Ainsi, depuis la nuit des temps, partager une même*

---

[22]Yves Jeanclos, *La sécurité hydrique à l'orée du XXIème siècle* in : www.diplomatie.gouv.fr/fr/IMG/pdf/FD001459.pdf, p. 970.
[23]*Ibid.*, p. 971.
[24] Frank Ebogo, "L'eau en Afrique de l'Ouest : entre guerre improbable et paix précaire" in *Jeune Afrique Economie*, n°386, février-mars 2012p. 211-212.
[25] Aymeric Chauprade, *Géopolitique : constantes et changements dans l'histoire*, Paris, Ellipses, 2001, pp. 586-589.
[26] Jacques Ancel, *Géopolitique*, Paris, Delagrave, 1936, pp. 75-76.

source d'eau semble avoir fait l'objet des conflits »[27]. Quant aux conflits transfrontaliers, ils sont liés au "*downstream complex*"[28], c'est-à-dire à la configuration géographique de certains Etats riverains, tantôt en amont tantôt en aval des cours d'eau internationaux[29].

Dans un cas comme dans l'autre, si les ressources hydriques venaient à manquer dans un bassin hydrologique transfrontalier, des conflits ou des guerres pourraient se déclencher entre les Etats ou les communautés locales[30]. A la suite de Joyce Starr, le discours néo-malthusien, dominant dans les années 90 et qui transparait dans ses travaux, a consisté à dire que l'eau, compte tenu de son inégale répartition et de sa rareté de plus en plus croissante, est certainement la ressource renouvelable la plus susceptible de provoquer des guerres futures[31]. De ce point de vue, Elie Mvié Meka montre que "*la combinaison des facteurs hydro climatiques, socio-économiques et politiques organise la conflictualité autour de l'eau et influence la gestion de l'eau et de la territorialité en relations internationales*"[32].

En dehors de la sécheresse-pénurie, d'autres analyses se fondant sur une approche hydro-politique d'obédience réaliste, évoquent également la multiplication des grands barrages sur des cours d'eau à faible débit ou à régime irrégulier, et surtout l'accroissement des

---

[27] Martin Kipping, "Conflits et coopérations liés à l'eau du Sénégal" in *Géocarrefour*, n° 80 4/2005, p. 335.

[28] Il s'agit du "*complexe du/des pays en aval*". A ce sujet, lire: Waterbery J., *Hydropolitics of the Nile valley*, New York, Syracuse University Press, 1979.

[29] Aymeric Chauprade, *Géopolitique..., op. cit.*, p. 575-586

[30] Lire : Elie Mvie Meka, "Prévention et résolution des conflits de l'eau dans le bassin du Lac Tchad : analyses et perspectives" in *Enjeux*, n° 26, janvier-mars 2006, pp. 25- 28; Michel Douryang, *La défense militaire des iles camerounaises du Lac Tchad*, septembre 2010, CREPS-Université de Yaoundé II-Soa, mémoire professionnel de Master II en Stratégie, Défense, Sécurité, Gestion des conflits et des Catastrophes ; Issa Saibou, "Le mécanisme multilatéral de la CBLT pour la résolution des conflits frontaliers et la sécurité dans le bassin du Lac Tchad" in *Enjeux*, n° 22, janvier-mars 2005, pp. 31-33.

[31] J. R. Starr, "Water Wars", in *Foreign Policy*, vol. 82 (printemps), p. 17-36.

[32] Maxime Lachal, "Le détournement des eaux sacrées du lac Tana (Ethiopie) vers les centrales fédérales de production hydroélectrique : de nouvelles tensions régionales en perspective" in *Sécurité globale*, Hiver 2011-2012, pp. 25-26.

prélèvements d'eau comme autant de facteurs pouvant conduire à la belligérance[33].

Malgré son aspect "réaliste", cette approche pèche par son caractère pessimiste et son "*battage médiatique*"[34], voire "*médiatico-populiste*"[35] qui confine parfois à l'"*hydro-paranoïa*" ou à l'"*hydro-mythologie*"[36]; ce d'autant plus que, sur le plan empirique, aucun conflit armé, depuis la guerre entre les cités de Lagash et d'Umma en Mésopotamie (vers 2.500 avant Jésus-Christ), n'a eu l'eau comme enjeu principal et direct[37]. Dans ses travaux sur les conflits liés à l'eau dans le bassin du Sénégal, Martin Kipping a pu démontrer la vacuité de la thèse néo-malthusienne : en effet, les observations montrent paradoxalement "*une corrélation entre pénurie croissante d'eau dans le bassin du fleuve et coopération intensifiée des pays riverains, d'un côté, et entre plus grande disponibilité de l'eau et conflit violent en Mauritanie, de l'autre côté*"[38].

La deuxième tendance regroupe les thèses "*lockéennes*"[39] ou d'"*approche onusienne*"[40] pour lesquelles l'eau constitue un enjeu tellement vital qu'elle devrait finalement devenir un facteur plus de paix que de conflit[41]. Consacrée scientifiquement par le paradigme

---

[33] Frank Ebogo, "L'eau en Afrique de l'Ouest...", *op. cit.*, pp. 212-213.

[34] Martin Kipping, "Conflits et coopérations liés à l'eau du Sénégal" in *Géocarrefour*, n° 80 4/2005, p.335.

[35] Jacques Sironneau, "La géopolitique de l'eau. Permanences et perspectives" in *Géopolitique*, n° 107, octobre 2009, p. 5

[36]Berthold Hoffmann, "Hydro Paranoia and its Myths: The Issue of Water in the Middle East", *Orient*, juin 1998, pp. 251-269.

[37] Wolf, Yoffe, Giordano, "International waters: identifying Basins at Risk", in *Water Policy*, vol. 5, n°1 (février), p. 30.

[38] Martin Kipping, *op. cit.*, p.336.

[39] Edouard Boinet, *Du conflit à la coopération : la place du droit dans l'évolution de l'hydro-politique nilotique*, Sciences Po Toulouse/Institut d'Etudes Politiques de Toulouse, mémoire de science politique, 2011, p. 4.

[40]Jacques Sironneau, "La géopolitique de l'eau. Permanences et perspectives" in *Géopolitique*, n° 107, octobre 2009. Cette tendance a été qualifiée d'approche onusienne par le fait qu'elle se fonde sur les conventions et les traités inspirés des principes de la Charte des Nations-Unies qui défendent une gestion partagée des ressources hydriques.

[41] Lire: Diane BRAMI, "Une gestion interétatique pour la sauvegarde d'un patrimoine mondial : le Lac Tchad" in *Enjeux*, n° 16, juillet-septembre 2003, pp. 33-36 ; Bigombe Logo, "la cogestion des plans d'eau au Cameroun et en Centrafrique" in *Enjeux*, n° 16, juillet-septembre 2003, pp. 29-32 ; Emile Tanawa,

peu usité d'"*hydrosolidarité*"[42], cette tendance qui a été reprise par le concept de "Gestion Intégrée des Ressources en Eau" (GIRE) développé depuis le "Sommet Mondial sur le Développement Durable" et par le programme "Frontière" de l'Union Africaine, en 2007, vise à insuffler une nouvelle dynamique dans la gestion pragmatique des zones frontalières afin de promouvoir la paix, la sécurité, l'intégration et le développement durable en Afrique. Les rivières-frontières sont désormais appréhendées moins comme des lignes de démarcation que comme des passerelles reliant un Etat à un autre. Dès lors, la construction des ponts intégrateurs entre les Etats de l'Afrique centrale semble avoir débouché sur une gestion concertée de leurs ressources hydriques périphériques. Les partisans de cette approche ont généralement adopté une démarche libérale et institutionnaliste. Contrairement au réalisme où les lois de la coopération sont dictées par la puissance dominante, l'institutionnalisme considère la coopération comme le produit d'une demande partagée. Les organisations de bassin sont ainsi appréhendées comme des cadres pertinents de coopération visant à instaurer ou à restaurer entre des Etats riverains une véritable communauté d'intérêts face aux problèmes liés à la disponibilité des ressources en eau.

Cependant, la thèse de l'hydro-solidarité ne nous parait pas totalement satisfaisante dans la mesure où elle repose sur une approche fonctionnelle et institutionnelle de la gestion des ressources hydriques. Le risque est donc grand de sombrer dans une description idéaliste qui consisterait à montrer comment les espaces et les ressources en eau *devraient* être gérées au lieu de montrer comment elles sont administrées au quotidien. D'autre part, qu'il s'agisse de l'hydro-solidarité ou de la GIRE, "*l'objectif politique (promouvoir la coopération) parait influer sur une conclusion scientifique hâtive et bien optimiste (l'impossibilité des guerres de l'eau)*"[43]. En d'autres termes, il est difficile de démêler les écheveaux entre les aspirations politiques légitimes des gouvernants et les conclusions supposées scientifiques auxquelles parviendrait le chercheur.

"L'eau au Cameroun, un enjeu de politique locale" in *Enjeux*, n° 16, juillet-septembre 2003, pp. 9-12.

[42] Jean-Louis Oliver, "Le nouveau paradigme de l'hydrosolidarité" in *Géopolitique*, n° 107, octobre 2009, pp. 19-24.

[43] Edouard Boinet, *op. cit,*. p. 5.

Pour éviter le double écueil du bellicisme pessimiste des analyses néo-malthusiennes et le pacifisme idéaliste proche des thèses néo-libérales de l'hydrosolidarité, il nous semble approprié de réviser les différentes grilles de lecture qui ont été jusqu'ici utilisées. En effet, le débat sur le mode adéquat de gestion des ressources hydriques s'est cantonné à une opposition inappropriée entre les souverainistes et les communautaristes ; entre les réalistes et les néo-libéraux. S'ouvre ainsi "*un troisième courant intermédiaire*"[44] qui peut se ramener à la "*construction sociale de l'eau*"[45].

Il est nécessaire de déconstruire le mythe persistant qui consiste à expliquer les comportements belliqueux ou coopératifs de l'Etat par le poids déterminant des configurations des espaces hydrologiques transfrontaliers. Dans l'approche constructiviste à laquelle nous adhérons, la raréfaction des ressources en eau ne serait pas en elle-même une menace à la sécurité des sociétés ou un facteur de conflit interétatique. C'est plutôt la manière dont est appréhendée cette raréfaction qui favoriserait tel ou tel mode de gestion entre des entités politiques ou sociales riveraines. En théorie, cette posture laisse ouverte la possibilité que l'eau puisse être tantôt objet de conflit, tantôt objet de coopération entre les sociétés.

La question pertinente à poser ici n'est donc pas tant de savoir si le partage de l'eau est une activité intrinsèquement conflictuelle ou coopérative ; mais plutôt de comprendre les arrangements sociaux aux termes desquels l'eau devient, sur le plan local, national et international, tantôt un enjeu de sécurité nationale tantôt un instrument de coopération. La problématique peut par conséquent être formulée de la manière suivante : comment l'eau est-elle figurée, représentée et construite par les acteurs rationnels qui structurent le champ hydro-politique du Cameroun ? Quels sont les enjeux qui entourent la gestion de l'eau au Cameroun ? Quels sont les jeux et les stratégies élaborés par les acteurs pour s'approprier et contrôler ce champ hydro-politique ?

---

[44] *Ibid.*

[45] Julien Frédéric, "L'eau dans les relations internationales : la guerre ou la paix? D'un déterminisme à l'autre" in *www.congresafsp2009.fr/sectionsthematiques/st30/st30.html*, p. 2[consulté le 23 janvier 2014].

Pour répondre à ces différentes questions, nous adopterons une démarche en trois temps qui s'emploiera à montrer que le champ hydro-politique du Cameroun est un espace éclaté de relations mouvantes structurées par les représentations des différents acteurs. Dans la première partie, il sera question de mettre en exergue les enjeux déterminants du champ hydro-politique du Cameroun. En effet, le comportement des différents acteurs est structuré en fonction de la répartition ou de l'accessibilité des ressources stratégiques. La deuxième partie pose la problématique de la gestion du champ hydro-politique intérieur du Cameroun. Elle s'intéresse ainsi aux jeux que déploient les acteurs dans leur quête des ressources hydriques stratégiques du champ hydro-politique interne du Cameroun. Quant à la troisième articulation du travail, elle revient sur la gestion problématique du champ hydro-politique périphérique du Cameroun qui est travaillé et traversé par des dynamiques centripètes et centrifuges mises en œuvre par les acteurs, nationaux et étrangers.

PARTIE I : ENJEUX STRATEGIQUES DU CHAMP HYDRO-POLITIQUE DU CAMEROUN

L'intérêt de cette partie est de parvenir à une appréhension et à une compréhension des modalités d'existence et de fonctionnement d'un véritable champ hydro-politique au Cameroun. Celui-ci peut se ramener à une surface de cristallisation de la concurrence et de la compétition en vue de l'accès aux positions de domination. L'objectif visé ici est de voir si les espaces hydriques du Cameroun sont pleins de significations et de puissance.

En ce qui concerne la dimension herméneutique, il s'agit d'être attentif au moindre signe et à tout phénomène géographique qui peuvent permettre de mieux comprendre ce champ hydro-politique. Un tel projet nous conduit à découvrir et à redécouvrir l'immense potentiel hydrologique du Cameroun. L'identification préalable de ces *lieux* a pour but de montrer, au-delà de la géographie officielle et académique, que le dispositif hydrologique camerounais est intrinsèquement porteur de sens. Il s'agit d'un sens caché derrière la configuration des espaces hydrographiques. Le travail de l'hydro-politiste ne se ramène pas seulement pas à l'appréhension de la spatialité. Son ambition va encore plus loin. Il doit procéder à un retournement de ses convictions pour déceler le sens hydro-politique profond des espaces géographiques. En définitive, il est question de passer des *lieux hydrologiques insignifiants* aux *champs hydro-politiques*, en tant qu'espaces de compétition entre des acteurs en quête des positions de pouvoir.

Apparait ici la deuxième dimension qui porte sur la puissance. Dans la mesure où le champ hydro-politique est pourvu de sens, il peut, par conséquent, être appréhendé comme un espace de compétition entre les différents acteurs. Ce qui débouche sur une catégorisation et à une hiérarchisation des positions : d'une part, les acteurs dominants qui détiennent le plus grand capital ; et d'autre part, les acteurs dominés qui se contentent uniquement des ressources périphériques et résiduelles. La quête et la conquête de la puissance devient la raison d'être, la logique d'organisation et le mode de fonctionnement du champ hydro-politique. Au final, c'est bien le sens qui confère la puissance à un champ hydro-politique, et vice-versa.

Pour parvenir à déceler le sens et la puissance du champ hydro-politique du Cameroun, il importe d'étudier, d'une part, les lieux et, d'autre part, les enjeux qui structurent les luttes de positionnement. En effet, dans l'analyse géopolitique, les lieux géographiques peuvent être des espaces pleins de significations, en tant qu'éléments constitutifs des rapports de force. C'est pourquoi l'accent sera ainsi mis sur l'analyse des configurations plurielles des espaces hydriques intérieurs (chapitre I) et périphériques (chapitre II) du Cameroun.

<u>CHAPITRE I</u> : GEOGRAPHIE DES ESPACES HYDRIQUES INTERIEURS DU CAMEROUN

Par espaces hydriques intérieurs, il faut entendre, dans le cadre de cette étude, les régions hydrologiques confinées à l'intérieur des frontières et qui sont placées sous la souveraineté exclusive du Cameroun. Il n'est pas tout de même aisé d'appréhender les différentes figurations hydrologiques du relief camerounais, tant les cours d'eau ne prennent pas, bien souvent, leur source sur le territoire national. Ils s'écoulent également hors des limites de ce territoire. A partir de la dimension provenance-destination, on peut avoir des cours d'eau en amont ou en aval par rapport aux régions qu'ils arrosent.

D'autres catégorisations ont également été faites en fonction des critères liés à la nature (eaux météorites, eaux minérales, eaux de source, etc.), ou à leur situation géographique (eaux superficielles, eaux souterraines). Cette dernière typologie nous parait satisfaisante dans la mesure où les eaux de surface et les aquifères se sont nécessairement constitués à partir des eaux météorites (naturelles) ou des eaux artificielles (barrages, système d'irrigation, etc.). Tout en validant cette catégorisation, il sera donc question d'étudier les eaux superficielles (section I), puis les eaux souterraines (section II) du Cameroun, en tant que *lieux* géographiques et surtout *enjeux* hydropolitiques déterminants.

<u>Section I</u> : Les eaux superficielles du champ interne du Cameroun

Elles constituent la composante la plus visible, et certainement, la plus connue de l'hydrologie camerounaise. En effet, pendant la période coloniale, et surtout depuis l'accession à l'indépendance en 1960, les espaces hydrologiques du Cameroun ont fait l'objet de plusieurs études. Il suffit de se référer aux nombreux ouvrages et manuels qui ont tenté de rendre compte de la géographie officielle du Cameroun. L'hydrographie camerounaise a ainsi consisté à identifier et à photographier les eaux de surface.

Que faut-il entendre par cette expression d'*eaux de surface* ? Tout comme les géographes, l'autorité réglementaire camerounaise ne parvient pas à donner une définition claire à l'expression "*eaux de surface*". Tout au plus se contente-elle de lui donner un contenu heuristique en y incluant confusément "*les cours d'eau, les eaux stagnantes, et plus généralement, les eaux de surface ordinaires et les eaux de voies artificielles d'écoulement*"[46]. La Convention de Ramsar de 1979 va encore plus loin que les dispositions réglementaires camerounaises en substituant les *zones humides* aux *eaux de surface*. En effet, "*les zones humides sont des étendues de marais, de fagnes, de tourbières ou d'eaux naturelles ou artificielles, permanentes ou temporaires, où l'eau est stagnante ou courante, douce, saumâtre ou salée, y compris des étendues d'eau marine dont la profondeur à marée basse n'excède pas six mètres*"[47].

Malgré leur caractère descriptif et parfois abscons, ces deux définitions ont le mérite de mettre en exergue les différents éléments constitutifs des eaux de surface, à savoir les zones humides à eaux courantes (§1) et les zones humides à eaux stagnantes et inondables (§1) du Cameroun.

§1 : Les zones humides à eau courante du Cameroun

Egalement appelées eaux de surface, les zones humides du Cameroun sont constituées des eaux stagnantes ou dormantes et des eaux courantes généralement appréhendées dans des bassins hydrologiques (voir carte 1). On distingue généralement deux principales régions hydrologiques : d'une part, les bassins fluviaux ; et, d'autre part, les bassins lacustres. Si par bassin fluvial, nous entendrons généralement une région arrosée par un fleuve principal et l'ensemble de ses affluents, les bassins lacustres sont structurés autour d'un lac comme principal exutoire des eaux collectées en amont.

---

[46] Décret n° 2001/165/PM du 8 mai 2001 précisant les modalités de protection des eaux de surface et des eaux souterraines contre la pollution. Art. 2, f.

[47] Signée en 1971 à Ramsar (Iran), la Convention dite de Ramsar sur les zones humides est un traité intergouvernemental qui sert de plateforme d'action aux Etats en vue de la conservation et de l'utilisation rationnelle des zones humides et de leurs ressources. En 2009, elle comptait 158 parties contractantes qui ont inscrit 1755 zones humides, pour une superficie totale de 161 millions d'hectares, sur la liste de Ramsar des zones humides d'importance internationale.

Carte 1 : *Les différents bassins hydrologiques du Cameroun*

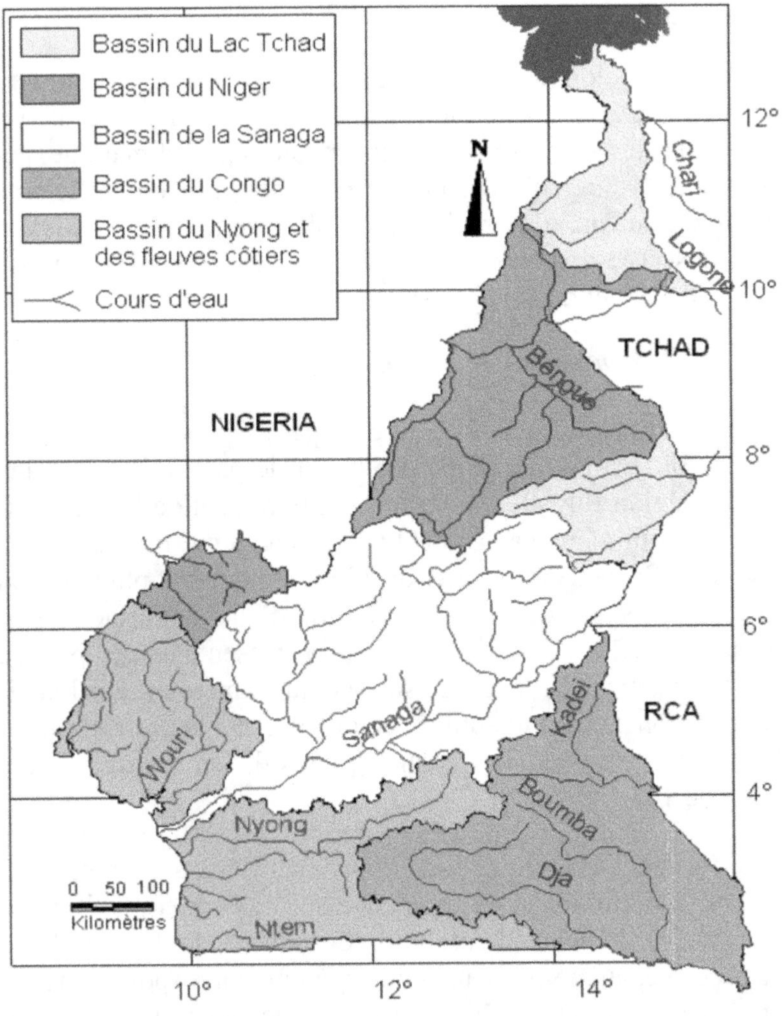

Source : MINEE/GWP, *Etat des lieux du secteur : eau et environnement…*, *op. cit.*, p. 5

En somme, les bassins hydrologiques du Cameroun sont des espaces dans lesquels les acteurs étatiques ou non-étatiques se meuvent, s'affrontent et projettent leurs stratégies en vue du contrôle des sources et ressources hydriques. En fonction de la configuration géographique des espaces hydrologiques, les zones humides à eau courante sont situées dans les parties méridionale (A) et septentrionale (B) du Cameroun.

A- Les zones humides à eau courante de l'espace hydrologique méridional

L'espace hydrologique méridional correspond à une vaste aire géographique qui, par sa situation au sud du Cameroun, présente les mêmes régularités sur les plans géomorphologique, climatique, pédologique, etc. Il s'agit d'une zone caractérisée par un climat de type équatorial marqué par des précipitations abondantes. Cette situation peut être observée dans les bassins fluviaux de la Sanaga (1), des fleuves côtiers (2) et du Congo (3).

1- Le bassin de la Sanaga

S'étendant du parallèle 3°29' Nord au parallèle 7°22 Nord, et du méridien 9°38' Est au méridien 14°54' Est, le bassin de la Sanaga est la seule région fluviale qui ressortit entièrement de la souveraineté du Cameroun. Tirant son nom du plus long fleuve du Cameroun, le bassin de la Sanaga draine environ 135.000 km^2, soit plus de 25% de la superficie totale du pays. Le volume d'eau de surface de ce bassin est estimé à 63,18 km^3/an[48] ; ce qui représente un peu plus de 23,50% du volume total d'eau de surface du Cameroun. Sur l'échiquier international, cette quantité d'eau équivaut à la production totale des eaux internes du Tadjikistan[49], pays d'Asie centrale d'une superficie de 143.100 km^2.

D'une forme ovoïde, la région fluviale de la Sanaga présente, à son extrémité méridionale, un appendice qui lui permet d'éviter une situation totale d'enclavement. Par conséquent, le bassin de la Sanaga présente, au moins, deux atouts majeurs : il dispose non seulement d'une ouverture sur l'Océan Atlantique, mais sert également d'exutoire aux eaux et aux ressources (halieutiques, limons, etc.) drainées à travers les différents cours d'eau intérieurs.

D'une longueur de 920 km, pour un débit moyen annuel de l'ordre de 2.070 m^3/s, la Sanaga a un volume d'eau estimé à 60,64 km^3/an ;

---

[48]MINEE/GWP, *Etat des lieux du secteur : connaissances et usages des ressources en eau..., op. cit.*, p. 72.

[49] www.fao.org/.../water/aquastat/.../AQUASTAT. [consulté le 22 novembre 2014].

soit 95,98% du volume d'eau de l'ensemble du bassin[50]. Grâce aux travaux du MINEE/GWP, les données sur la qualité de l'eau de surface du fleuve Sanaga sont connues. En effet, "*les teneurs en nitrate sont comprises entre 0 et 1 mg/l. Le pH des eaux de la Sanaga est compris entre 6,35 et 7,5. La conductivité est comprise entre 24,2 et 34,7 µS/cm : les eaux sont faiblement minéralisées. Cependant, une augmentation non significative des teneurs entre l'amont et l'aval est observée ; elle est probablement due aux apports polluants des agro-industries de Mbandjock*"[51].

En tant que cours d'eau *central* de ce bassin, la Sanaga comprend trois principales ramifications. Dans son cours supérieur, c'est-à-dire en amont, la Sanaga prend le nom de Djérem. Tirant sa source au flanc du plateau méridional de l'Adamaoua à 1150 m d'altitude, la Sanaga collecte les eaux des *fleuves périphériques*, tels que le Meng, la Vina-sud et le Lom. Son lit majeur est une zone d'inondation large de 100 à 200 m où elle conflue avec la Vina et le Meng. Dans la région de Bétaré-Oya, elle développe des méandres et traverse les chutes de Bangbel.

Le cours moyen de la Sanaga débute dans la région de Goyoum, légèrement en aval du confluent du Lom et de la Djérem. Elle s'étend jusqu'à Edéa et reçoit de nombreux affluents dont le plus important est le Mbam. La Sanaga est navigable sur 67 km après sa confluence avec le Yong. En amont du confluent de la Sanaga avec le Mbam et dans la zone d'Edéa, le cours d'eau traverse de nombreuses chutes et rapides[52]. Principal affluent de la Sanaga en rive droite, le Mbam prend sa source, sous le nom de Mayo Mbamti, vers 1.850 m d'altitude, sur le flanc occidental du Tchabal Mbabo. Il est grossi le long de son parcours par une série de mayos plus ou moins torrentueux, descendant des Monts Gotel et Mambila. Il reçoit, en rive droite, les *fleuves périphériques*, à l'instar du Noun, de la Mapé et de la Vi, et

---

[50] MINEE/GWP, *Etat des lieux du secteur : connaissances et usages des ressources en eau…, op. cit.*, p. 72.

[51] *Ibid., p. 73.*

[52] On citera les chutes d'Etok Bekpwa, d'Eweng (7 m), de Kam (8 m) et de Sakbayeme (10 m) reliées entre elles par une série de rapides ininterrompus dans la région de Sakbayeme ; les rapides de Nachtigal après le confluent avec la Ndjeke, de Kikot en aval du confluent du Mbam dont toute la rive droite est inondable, de Nkong Kwala en aval du pont de Kikot, etc.

en rive gauche, le Kim et le Ndjim. En aval du confluent du Noun, le Mbam traverse une série de rapides et de petites chutes.

Enfin, le cours inférieur de la Sanaga fait 67 km à partir des chutes d'Edéa jusqu'à l'Océan. En aval des chutes, la Sanaga a un lit large de 600 m environ ; il s'élargit en s'encombrant d'iles et de bancs de sable à l'étiage. Il est bordé par des terres basses, couvertes de forêt, plus ou moins bien drainées. Cependant progressivement, la forêt fait place à la mangrove avec ses chenaux ou criques. En aval de Mouanko, la Sanaga se jette dans l'océan Atlantique par deux bras principaux séparés par une ile de 12 km de long sur 2 km de large.

Carte 2 : *Le bassin fluvial de la Sanaga*

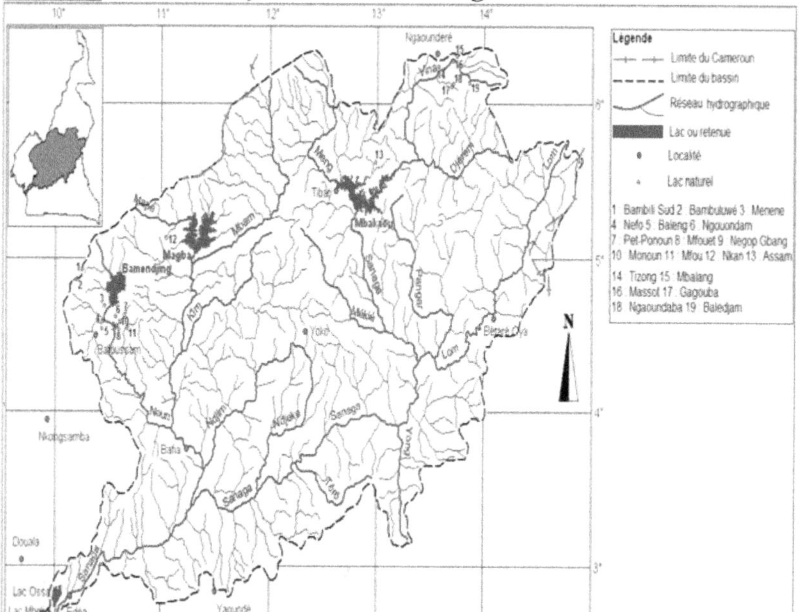

Source : MINEE/GWP, *Etat des lieux du secteur : eau et environnement…, op. cit.*, p. 27.

Comme on peut l'apercevoir sur la carte ci-dessus, le bassin de la Sanaga est coincé au centre du Cameroun. Ce n'est certainement pas un fait anodin si, Yaoundé, la capitale politique du pays, en tant que centre de décision politique, se retrouve dans cet espace hydro-politique. Cependant, l'espace hydrologique méridional est également constitué des bassins périphériques. Il s'agit notamment du bassin fluvial de la côte Atlantique.

2- *Le bassin des fleuves côtiers*

S'ouvrant sur l'océan Atlantique par une façade d'environ 400 km de longueur, le bassin des fleuves côtiers n'est pas dominé, à l'instar de celui de la Sanaga, par un fleuve central, mais par de nombreux cours d'eau *périphériques*. Situé au nord-ouest et au sud du bassin de la Sanaga, ce bassin qui tient son nom de sa situation dans le pourtour littoral du Cameroun, est un vaste espace hydrologique éclaté et discontinu d'une superficie totale de 116.000 km^2, soit 24,50% de la superficie totale du pays. Le volume d'eau interne produite par ce bassin s'élève à 94,82 km^3/an[53] ; soit plus de 35% de la production interne nationale. Ce qui fait du bassin des fleuves côtiers la première région hydrologique du Cameroun et l'une des zones les plus arrosées de l'Afrique. En effet, la production des eaux internes de ce bassin le place au même niveau que le Bhutan (95 km^3/an)[54].

Le bassin des fleuves côtiers se compose de deux ensembles séparés par l'appendice du bassin de la Sanaga (carte 3). Cette discontinuité territoriale constitue d'ailleurs son principal handicap sur le plan géopolitique. Néanmoins, le bassin des fleuves côtiers dispose de plusieurs atouts géopolitiques : les estuaires de Campo, du Rio del Rey et de Douala, ainsi que l'ile de Manoka qui sont autant de points stratégiques incontournables dans la projection du Cameroun vers l'océan Atlantique; et, la péninsule de Bakassi dont la position dans le golfe de Guinée a attisé des convoitises nigérianes[55].

Le bassin des fleuves côtiers comprend ainsi deux sous-bassins localisés l'un au nord-ouest et l'autre au sud du bassin de la Sanaga. Situé au nord-ouest du bassin de la Sanaga, le premier sous-bassin des fleuves côtiers est compris entre les latitudes 3° 36'N et 6° 21'N, et entre les longitudes 8° 29'E et 10° 49'E. D'une superficie de

---

[53] MINEE/GWP, *Etat des lieux du secteur : connaissances et usages des ressources en eau…, op. cit.*, p. 80.

[54] Cf. www.fao.org/.../water/aquastat/.../. [consulté le 22 décembre 2013].

[55] Frank EBOGO, "Structuration et redistribution de la puissance dans la nouvelle dynamique hydro-politique de l'intégration en Afrique" in *Revue Africaine d'Etudes Politiques & Stratégiques*, n°2/2014, p. 136

45.000 km^2, ce sous-bassin est en réalité un espace caractérisé par un relief contrasté : les points les plus hauts culminent à plus de 2.100 m d'altitude[56] et correspondent à la dorsale camerounaise qui sert, par ailleurs, de frontière hydrologique avec le bassin de la Sanaga. Au fur et à mesure que l'on s'en éloigne, en allant vers l'ouest, l'altitude décroit rapidement pour faire place à une région basse d'altitude inférieure à 300 m.

Le sous-bassin nord-ouest des fleuves côtiers est structuré autour du Wouri dont le volume annuel d'eau stockée ou écoulée est estimé à 13,89 km^3. Le Wouri est connu comme le "*fleuve honorifique*"[57] camerounais par excellence ; car c'est dans ses eaux que les premiers navigateurs portugais pénétrant au Cameroun, découvrirent un foisonnement de crevettes. A Douala, le bassin du Wouri (11.700 km^2) comprend un bief maritime important envahi par les marées qui se font encore sentir au-delà de Nono. Sa partie continentale est drainée par deux affluents principaux : le Nkam (autre nom du Wouri dans sa partie amont) et le Makombé. A côté du Wouri, se retrouvent d'autres *fleuves périphériques*, à l'instar de la Dibamba qui, drainant un bassin versant d'environ 2.400 km^2, traverse une région constituée de collines à l'ouest de la Sanaga inférieure et de Ngambe, au Sud de Yingui. Quant au Mungo, fleuve situé à l'ouest du Wouri, il prend sa source dans les monts Bakossi à 1.755 m d'altitude. Il draine la région de Mundamé et rejoint la mangrove du Wouri après un parcours de 200 km.

Enfin, si on remonte vers la région du sud-ouest du Cameroun, on rencontre des fleuves côtiers, tels que la Cross River dont une partie seulement du bassin amont se trouve en territoire camerounais. La Cross River est un cours d'eau important à plus d'un titre. En effet, avec un débit moyen annuel d'environ 589 m^3/s, elle comprend un volume annuel d'eau estimée à 17,25 km^3 ; soit 18,20% de la production des eaux internes du bassin des fleuves côtiers[58]. Ce qui fait

---

[56] On peut par exemple citer les sommets suivants : le Mont Cameroun (4.100 m), le Mont Bamboutos (2.940 m), le Mont Manengouba (2.396 m), le Mont Koupé (2.050 m), etc.

[57] Augustin Mengome, "Les eaux continentales" in *Le régime juridique des eaux au Cameroun et ses conséquences sociales*, vol. II, thèse de doctorat d'Etat ès droit, Université, Paris VIII-Saint Denis, 1988, p. 778.

[58] MINEE/GWP, *Etat des lieux du secteur : connaissances et usages des ressources en eau..., op. cit.*, p. 80.

d'elle la principale pourvoyeuse d'eau de ce bassin. La principale contrainte géopolitique de la Cross River tient au fait qu'elle écoule une partie de ses eaux vers l'extérieur. En effet, "*elle se jette par un estuaire à Calabar (Nigeria), dans le golfe de Guinée, après avoir drainé un bassin d'environ 75.000 km², essentiellement nigérian. A 25 km en amont de Mamfé, il est constitué de quatre tributaires à savoir : le Mbu, le Mfi, la Manyu et la Meme*"[59].

Dessinant un tracé en forme de fourche, le sous-bassin sud des fleuves côtiers est structuré autour du Ntem, et surtout du Nyong, le deuxième massif hydrologique du Cameroun après la Sanaga. En effet, le Nyong est entièrement situé en territoire camerounais et son bassin versant couvre une superficie de 27.800 km². Le volume d'eau interne produite par le Nyong est de 14,24 km³/an ; ce qui représente 15,01 de la production de l'ensemble du bassin[60]. Par ailleurs, son cours principal a une longueur de 690 km et son débit moyen annuel est de 442 m³/s lorsqu'il se jette dans l'océan Atlantique. Issu des contreforts occidentaux du plateau centre-sud, le bassin versant de la Lokoundje couvre une superficie totale de 5.200 km². Elle se jette dans l'océan à quelques kilomètres seulement de l'embouchure du Nyong après un parcours de 216 km.

Quant au Ntem, il draine un bassin versant de 31. 000 km², pour un volume d'eau estimé à 14,66 km³/an[61]. Il s'agit d'un fleuve transfrontalier qui prend sa source au Gabon. La branche majeure du Ntem a une longueur de 460 km et son débit moyen annuel est de 276 m³/s. De la localité de Ngoazik à celle Nyabessan, le Ntem reçoit en rive gauche la Kié et le Rio Gouro et, en rive droite la Mboro, la Mvila et la Biwoume avant d'être entrecoupé par les chutes de Menve'ele. Après ce bief, il se divise en deux bras : le Ntem et le Bongola qui isolent l'ile de Dipikar (40 km de longueur et 16 km de largeur) et se rejoignent dans l'estuaire Rio Campo avant de se jeter dans l'océan[62]. Enfin, le sous-bassin sud des fleuves côtiers

---

59 MINEE/GWP, *Etat des lieux du secteur : eau et environnement...*, *op. cit.*, p. 35.

60 MINEE/GWP, *Etat des lieux du secteur : connaissances et usages des ressources en eau...*, *op. cit.*, p.80

61 *Ibid.*

62 MINEE/GWP, *Etat des lieux du secteur : eau et environnement...*, *op. cit.*, p. 39.

comprend la Kienke et la Lobé qui se jettent dans l'océan Atlantique au niveau de Kribi.

Sur le plan qualitatif, les eaux du Nyong et du Ntem ont fait véritablement l'objet de plusieurs études. Ainsi, les eaux du Nyong sont nettement plus acides que celles du Ntem et les valeurs de pH se situent en dehors des seuils fixés par l'OMS pour l'eau de boisson. Il convient également de signaler que la nature acide de ces eaux ne traduit pas une quelconque pollution, mais est due aux interactions entre l'eau de surface et le substratum géologique. Pour ce qui est des teneurs en nitrates généralement présentes dans la pollution domestique et agricole, les valeurs obtenues de l'analyse des eaux de ces deux fleuves sont largement en dessous de la valeur seuil pour le Ntem[63].

Carte 3 : *Le bassin hydrologique des fleuves côtiers*

Source : MINEE/GWP, *Etat des lieux du secteur : eau et environnement..., op. cit.*, p. 36.

On peut mieux voir, sur cette carte, la situation excentrée du bassin des fleuves côtiers, pratiquement à la lisière avec l'océan Atlantique. En dehors de ce bassin, le réseau hydrologique périphérique du Cameroun est également constitué, dans sa partie sud-est,

[63] MINEE/GWP, *Etat des lieux du secteur : connaissances et usages des ressources en eau..., op. cit.*, p. 84.

d'une région arrosée par certains principaux affluents du fleuve Congo.

3- Le bassin du Congo

Le bassin du Congo est le plus grand bassin fluvial de l'Afrique et le deuxième au monde après celui de l'Amazone. Il s'étend sur plus d'une dizaine de pays de l'Afrique centrale, orientale et australe, à savoir : l'Angola, le Burundi, le Cameroun, la Guinée Equatoriale, le Gabon, la RCA, le Congo, la RDC, le Rwanda, la Tanzanie et la Zambie. Couvrant une superficie de 3.730.000 km^2, le bassin du Congo est principalement arrosé par le fleuve Congo. Une trentaine d'affluents et de sous-affluents gonflent régulièrement le débit du fleuve Congo.

Contrairement au bassin de la Sanaga qui revêt un caractère national, la partie camerounaise du bassin du Congo, dont les contours sont triangulaires, présente une configuration hydrologique à géométrie variable. En effet, la plupart des fleuves de cet espace géographique sont des cours d'eau frontaliers et/ou transfrontaliers. Cette situation constitue à la fois un handicap et un atout. D'une part, la dimension transfrontalière du bassin peut rendre complexe une gestion partagée des ressources hydriques. D'autre part, et à l'opposé, cette configuration constitue une opportunité permettant d'asseoir une meilleure coopération entre les pays limitrophes (Congo, RCA).

S'étendant sur près de 20% du territoire national, avec une superficie de 95.000 km^2, précisément entre les longitudes 11° 49' et 16° 42' E et les latitudes 1°16' et 6° 45' N, le bassin du Congo est, après ceux de la Sanaga et des fleuves côtiers, la troisième région fluviale la plus étendue du Cameroun (carte 4). Cependant sur l'échiquier sous-régional, la partie camerounaise du bassin du Congo ne représente que 2,5% de sa superficie totale. Ce qui laisse croire que le Cameroun, par cette position périphérique, dépend moins du bassin du Congo. La faible activité économique développée dans cette région hydrologique témoigne sans doute de la difficile attractivité de ce bassin. Malgré son appartenance au grand bassin du Congo, région africaine la plus arrosée, le sous-bassin camerounais du Congo ne dispose que d'un volume annuel d'eau estimée à 33,45 km^3/an[64] ;

---

[64] *Ibid.*, p. 76.

soit l'équivalent de la production interne des eaux de la Mongolie (33 km^3/an), de Cuba (32 km^3/an) ou de l'Irak (34 km^3/an)[65].

Malgré l'appellation éponyme de ce bassin, le fleuve Congo ne coule pas directement au Cameroun. Bien plus, il n'y a pas de fleuve dominant dans la partie camerounaise du bassin du Congo. A partir de la multitude de *fleuves périphériques*, on peut parvenir à une reconfiguration hydrologique de ce bassin autour deux alliances : le complexe Sangha-Kadéi et le système Dja-Ngoko.

Le complexe Sangha-Kadéi prend sa source à plus de 1.100 m d'altitude. Encore appelée Mambéré dans son cours supérieur, la Sangha reçoit deux principaux affluents, la Yoyo en rive gauche, et la Limba en rive droite, avant de confluer avec la Nana de même importance. A la zone de confluence avec la Kadéi, la Mambéré reçoit le nom de Sangha. Dans le bief aval, la Lobeké, l'un des affluents camerounais drainant la zone forestière inondable de la cuvette congolaise, rejoint la Sangha. Quant à la Kadéi, elle prend sa source à environ 1000 m d'altitude à Garoua Boulai, avant de servir de frontière entre le Cameroun et la RCA sur près de 80 km. Elle est longue de 570 km et a un débit moyen annuel de 27m^3/s. elle reçoit, en rive droite la rivière Oudou et, en rive gauche la Doumé à Mondouri. De plus, "*son réseau hydrographique est en forme d'arête de poisson, avec des affluents courts dont le chevelu est bien souligné par les forêts galeries qui caractérisent le haut bassin de la Kadéi*"[66]. Ses affluents les plus importants sont la Koubou longue de 70 km, la Doumé qui rejoint la Kadéi à Mindourou.

A côté du complexe Sangha-Kadéi qui structure la partie camerounaise du bassin international du Congo, se trouve le système Dja-Ngoko qui draine un bassin versant de 6.7075 km^2. En effet, la Ngoko, encore appelée Dja dans sa partie amont, prend sa source à 760 m d'altitude, au sud-est d'Abong-Mbang et au nord de Lomié. Elle conflue en rive droite avec la Sangha qui devient alors une puissante rivière assagie de 800 à 1000 m de large. Avant de devenir la Ngoko, le Dja franchit les chutes de la Nki et les rapides d'Allasion, d'Apan et d'Edouandouang. Ces rapides marquent la limite amont de la navigation fluviale sur le Dja qui reçoit à cette occasion la

---

[65]Cf. www.fao.org/.../water/aquastat/.../ [consulté le 22 décembre 2013].
[66]*Ibid.*, p. 40.

Boumba avant son passage à Moloundou. Elle devient la Ngoko, et reçoit la Como et la Pandama (fleuves congolais), la Djombi, rivière camerounaise.

Sur le plan qualitatif, enfin, les données sur l'eau de surface du bassin du Congo sont connues grâce aux travaux de Sigha-Nkamdjou qui se sont particulièrement portés sur le fonctionnement hydrochimique de la Ngoko. Ainsi, "*le faciès hydrochimique est bicarbonaté calco-magnésien. Le chimisme de l'eau a permis de déceler des apports atmosphériques en quantité relativement importante sous forme soluble*"[67]. D'une manière générale, comme tous les autres bassins hydrologiques, celui du Congo a fait l'objet de nombreuses études qualitatives.

Carte 4 : *Le bassin hydrologique du Congo*

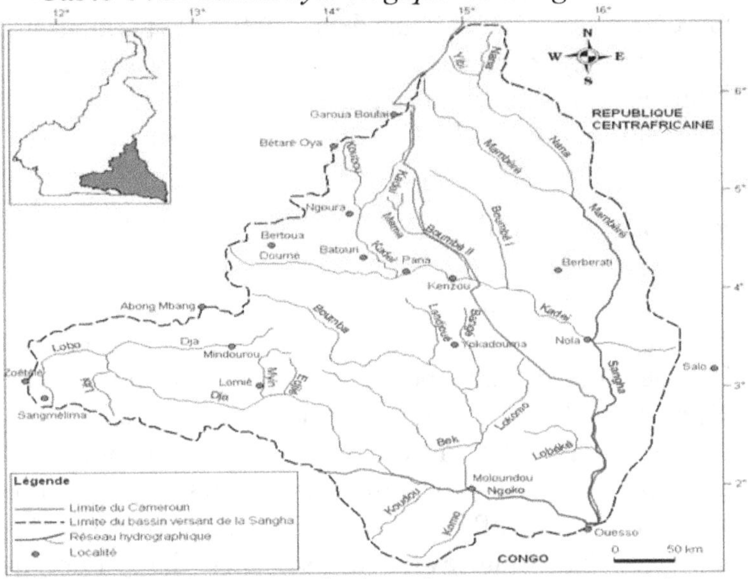

Source : MINEE/GWP, *Etat des lieux du secteur : eau et environnement..., op. cit.*, p. 34.

Après avoir examiné les différents lieux de l'espace hydrologique méridional, il importe à présent d'effectuer la même démarche sur la partie septentrionale du pays. Nous verrons probablement que les bassins du nord-Cameroun ne présentent pas sur tous les points les

[67]MINEE/GWP, *Etat des lieux du secteur : connaissances et usages des ressources en eau..., op. cit.*, p. 77, citant Sigha-Nkamdjou .

mêmes caractéristiques hydrologiques que ceux de la partie méridionale.

B- Les zones humides à eau courante de l'espace hydrologique septentrional

Comme son nom semble l'indiquer, cet espace hydrologique qui se situe dans la partie septentrionale du Cameroun, est marqué par des similitudes naturelles entre les différentes régions. En effet, les zones humides à eau courante de l'espace hydrologique septentrionale sont le produit des contingences climatiques. Ici, le climat tropical et sec est caractérisé par des valeurs élevées de la température moyenne annuelle. Ainsi les températures minimales mensuelles varient autour de 24°C, tandis que les pics peuvent se situer au-delà de 40°C. Ce qui semble expliquer le faible débit des fleuves permanents et la présence des mayos, cours d'eau intermittents. Il sera donc question d'étudier les lieux hydrologiques et les enjeux hydropolitiques construits autour des bassins du Niger (1) et du lac Tchad (2).

1- Le bassin du Niger

Deuxième potentiel hydrologique de l'Afrique après le bassin du Congo, le bassin du Niger est une immense région qui s'étend sur une superficie théorique de 1.500.000 km^2 avec 300.000 km^2 appartenant au désert. Toutefois, il serait erroné de penser que le Niger, fleuve transfrontalier de 4.000 km de long qui prend sa source en Guinée, est un cours d'eau qui coule directement au Cameroun. En réalité, c'est bien l'un de ses affluents, la Bénoué, qui arrose la partie septentrionale du Cameroun avant de se jeter dans l'océan Atlantique, au niveau du Nigeria.

Le sous-bassin camerounais de la Bénoué correspond à un espace hydrographique éclaté et discontinu, limitrophe, à l'ouest, au Nigéria, et à l'est, au Tchad. Cette double façade lui permet d'être une zone-tampon, un carrefour stratégique entre l'Afrique de l'Ouest et l'Afrique centrale. Avec une population estimée à 3.575.256 habitants[68], il couvre 19% du territoire camerounais, soit plus de

[68] Il s'agit des estimations de 2007. MINEE/GWP, *Etat des lieux du secteur : cadre financier..., op. cit.*, p. 32.

90.000 km^2. Estimé à 43,91 km^3/an[69], le volume d'eau de surface du bassin du Niger est supérieur à la production des eaux internes du bassin du Congo, pourtant situé dans une zone à la pluviométrie élevée.

Le bassin hydrologique de la Bénoué se subdivise en deux branches : une partie tropicale (espace septentrional) et une partie subéquatoriale (espace méridional). Avec un exutoire pris à la frontière entre le Cameroun et le Nigéria, le bassin septentrional de la Bénoué s'étend entre la longitude 11° 47' et 15° 48' Est et les latitudes 6° 49' et 10° 51' Nord. Il a une superficie totale de 90.000 km^2 ; soit 75.000 km^2 pour le Cameroun, (78,95%), 18.000 km^2 pour le territoire tchadien, et 2.000 km^2 seulement pour le Nigéria (2,10%). Epousant approximativement les contours de la dorsale camerounaise, le bassin du Niger s'étend des plaines du nord-ouest du pays jusqu'aux monts Mandara dans les régions administratives de l'Adamaoua et du Nord.

La partie septentrionale du bassin du Niger est drainée par la Bénoué et ses affluents dont les principaux sont le Mayo-Kébi (495 km) situé au nord du bassin, et le Faro (420 km) localisé aux confins de la frontière nigériane. En tant que principal fleuve du bassin camerounais du Niger, la Bénoué, long de 1400 km (du Tchad au Nigéria) pour une production interne des eaux de l'ordre de 8,91 km^3/an[70], prend sa source dans le massif de l'Adamaoua au nord du Cameroun. Son cours converge, à l'ouest, vers le Nigeria en passant par la ville de Garoua, avant de se jeter dans le fleuve Niger à Lokoja. Avec un débit moyen annuel d'environ 360 m^3/s à la frontière avec le Nigeria, la partie camerounaise de la Bénoué qui est longue de 390 km peut être divisée en trois parties : la haute Bénoué, la moyenne Bénoué et la Bénoué inférieure.

La haute Bénoué prend sa source sur le rebord septentrional du plateau de l'Adamaoua à environ 1300 m d'altitude et à "*quelques kilomètres seulement des virages de la falaise*"[71]. Elle traverse par la suite, le Parc National de la Bénoué sur un lit rocheux où l'affluent

---

[69]MINEE/GWP, *Etat des lieux du secteur : connaissances et usages des ressources en eau..., op. cit.*, p. 69.

[70]*Ibid.*

[71] MINEE/GWP, *Etat des lieux du secteur : eau et environnement..., op. cit.*, p. 20

le plus important en rive droite est le Mayo Oldiri. Par la suite, elle entre dans la vallée de la Bénoué où elle reçoit le Mayo Rey et le Mayo Godi en rive droite, et le Mayo Mbay en rive gauche. La moyenne Bénoué est située en amont du barrage de Lagdo. Elle coule dans une large vallée avec des plaines de débordement, des méandres morts ou des mares qui restent en eaux toute l'année. Enfin, la partie inférieure de la Bénoué est située en aval du barrage de Lagdo. Elle est caractérisée par une vallée bien marquée séparée des zones inondables par les "*bourrelets de berge*"[72].

<u>Carte 5</u> : *Partie septentrionale du bassin du Niger*

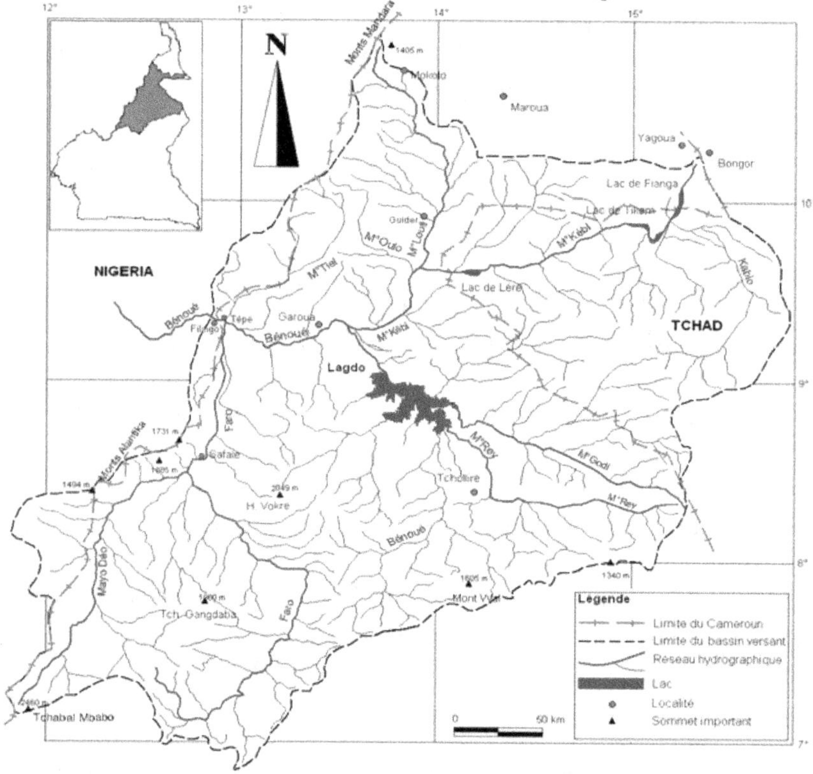

Source : MINEE/GWP, *Etat des lieux du secteur : eau et environnement..., op. cit.*, p. 21.

Le bassin du Niger comprend également une partie méridionale qui correspond approximativement aux régions du nord-ouest du Cameroun. En effet, la portion camerounaise de ce bassin est localisée à l'ouest de la dorsale camerounaise entre les longitudes 9° 24'

[72]*Ibid.*, p. 21.

et 11° 12' Est, et entre les latitudes 5° 46' et 7° 09' Nord. Sa superficie est d'environ 12.900 km^2 (carte 6). La partie méridionale du bassin du Niger présente principalement deux handicaps sur le plan géopolitique : d'une part, elle est détachée de la partie septentrionale, la plus étendue ; et, d'autre part, elle est entièrement enclavée et coincée entre les bassins du lac Tchad, de la Sanaga et des fleuves côtiers.

A la différence de la portion septentrionale qui était arrosée par la Bénoué, la partie méridionale du bassin du Niger est drainée par deux principaux cours d'eau. Il s'agit, tout d'abord, de la Donga, fleuve qui occupe une position marginale au nord du bassin du Niger. D'une superficie de 2.800 km^2, cette petite région fluviale qui est structurée par la Donga, longe, sur son cours majeur, la frontière entre le Cameroun et le Nigeria.

D'une superficie de 10.100 km^2, le deuxième sous-bassin est constitué par le complexe Katsena-Ala et son principal affluent, la Menchum. D'une longueur respective de 160 et de 145 km, la Katsena et la Menchum confluent à 15 km après la frontière du Cameroun. La Katsena draine la partie septentrionale du massif d'Oku et du plateau Kom, et l'ouest de la région de Nkambé. La pente est forte et le cours moyen de la partie camerounaise est une succession de rapides. Avec une production interne des eaux estimée à 5,60 km^3/an, la Menchum, principal affluent de la Katsena en rive gauche a un débit moyen annuel de 268, 8 m^3/s. Elle comprend deux branches principales se rejoignant près de Mbengwi : l'Albi et la Mezam.

Après ce regard quantitatif, on peut également s'intéresser à la qualité des eaux du bassin du Niger. Selon l'IRAD de Garoua, les eaux de surface de cette région hydrologique sont caractérisées par un très fort taux de matières en suspension correspondant à l'importante érosion des berges et des versants ; soit 5 à 10 tonnes à l'hectare par an. Malgré l'absence de données exactes sur la composition chimique des eaux du bassin du Niger, on peut affirmer que le faible usage des pesticides dans la région suppose qu'elles sont exemptes d'une pollution significative par les phosphates et les nitrates[73].

Carte 6 : *La partie méridionale du bassin du Niger*

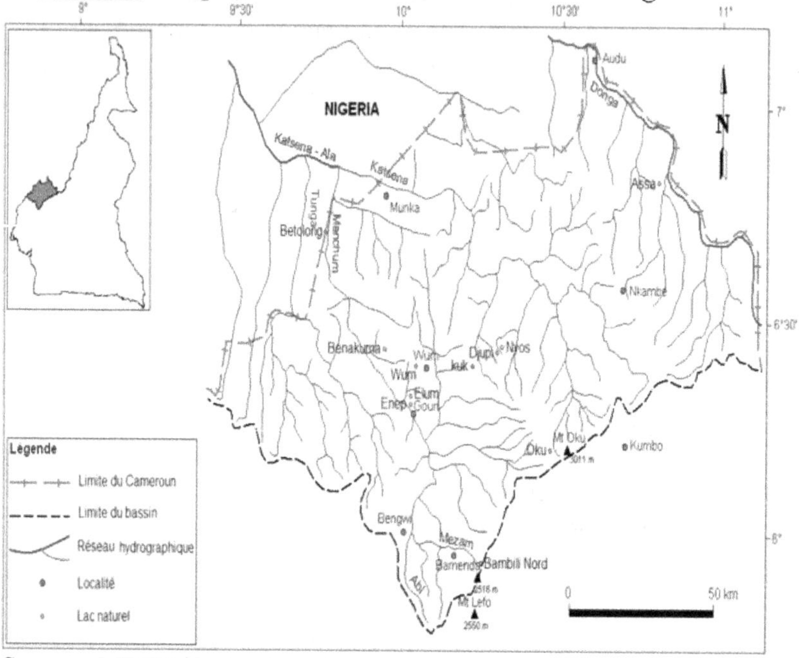

Source : MINEE/GWP, *Etat des lieux du secteur : eau et environnement..., op. cit.*, p. 21.

Au final, le sous bassin de la Bénoué est un espace hydrologique important dans la projection géopolitique du Cameroun dans le bassin de Niger. C'est le cas également du bassin du lac Tchad qui apparait comme un pion incontournable sur l'échiquier hydro-politique.

2- Le bassin du Lac Tchad

Jusqu'ici, nous avons vu qu'un bassin fluvial était une région drainée par un cours d'eau principal et ses affluents périphériques. Cette définition ne semble pas correspondre au bassin du Lac Tchad. En effet, le lac Tchad peut être classé dans la catégorie des "*zones humides à eaux stagnantes et inondables*". Il s'agit moins d'une "*zone humide à eaux courantes*" que d'un exutoire des eaux collectées par des fleuves majeurs, tels que le Chari (1200 km) ou le

[73]MINEE/GWP, *Etat des lieux du secteur : connaissances et usages des ressources en eau..., op. cit.*, p. 71.

Logone (950 km). Il ne saurait être, au sens strict, un bassin fluvial, c'est-à-dire un espace hydrologique arrosé par un cours d'eau et ses affluents. Cependant, si on prend en compte la superficie du bassin conventionnel du Lac Tchad, on pourrait bien relativiser ce jugement. En effet, le lac Tchad devient ainsi un bassin lacustre dont le débit est alimenté par les eaux provenant des fleuves environnants.

Le bassin du Lac Tchad est une cuvette de 1.5 millions de km^2 que couvre le Tchad, une partie du Niger, du Nigeria, de la République centrafricaine et du Cameroun. La partie camerounaise couvre 1/12 de la surface du moyen Tchad, soit près de 1700 km^2. Il est situé entre le 12° 30' et 14° 30' de latitude Nord et entre le 13° et 15° 30' de longitude Est. Couvrant près de 11% du territoire camerounais, soit une superficie de 52.250 km^2, pour une population hétéroclite de 2.602.736 habitants[74], le bassin du Lac Tchad est la plus petite région hydrologique du Cameroun. C'est un espace constitué de deux morcellements. On y distingue ainsi une portion septentrionale dans la région de l'extrême nord et une extension méridionale située dans le plateau de l'Adamaoua.

La partie septentrionale du bassin du lac Tchad s'étend approximativement de la zone dite du "bec de canard" jusqu'à l'extrême pointe du lac Tchad (carte 7). Le principal atout de ce sous-bassin réside sur son ouverture sur le lac Tchad, véritable "mer fermée". La partie camerounaise du bassin du lac Tchad est constituée de plusieurs cours d'eau au régime permanent ou saisonnier (mayos). En ce qui concerne les cours d'eau permanents, le Logone et le Chari se démarquent comme les principales formations hydrologiques du bassin. En effet, avec une longueur d'environ 950 km pour un volume d'eau interne s'élevant à 14,06 km^3/an[75] (soit 39% de la production de l'ensemble du bassin du lac Tchad), le Logone prend sa source à Baïbokoum après le confluent de la Vina nord et la Mbéré. Il sert ainsi de frontière entre le Cameroun et le Tchad dans la dernière partie de son cours et se jette dans le Chari à Kousseri. Son débit moyen en crues est d'environ 1800 m^3/s et de 850 m^3/s en saison sèche. Entre Baïbokoum et Bongor où il rejoint la frontière du

[74] Il s'agit des estimations de 2007. Cf. MINEE/GWP, *Etat des lieux du secteur : cadre financier…, op. cit.*, p. 30.

[75]MINEE/GWP, *Etat des lieux du secteur : connaissances et usages des ressources en eau… op. cit.*, p. 63

Cameroun, la superficie de son bassin versant est de 73.700 km^2 et il s'enrichit du Lim, de la Nya et de la Pende. Dans cette partie, l'hydrographie est essentiellement constituée des effluents dont les principaux sont le Guerléou et le Logomatia qui dérivent une partie des eaux vers les plaines d'inondation.

En ce qui concerne le Chari, il s'agit d'un fleuve long de 1200 km, coulant d'abord en RCA et au Tchad. C'est le fleuve qui fournit au bassin du lac Tchad l'essentiel de ses eaux de surface. Le volume d'eau du Chari est estimé à 17,79 km^3/an ; ce qui représente près de 50% de la production totale des eaux internes du bassin. Par ailleurs, à partir de Ndjamena, le Chari devient un cours d'eau qui marque la frontière entre le Cameroun et le Tchad. Le Chari représente 80% des apports en eau du lac Tchad. En aval de Ndjamena et Kousseri, le Chari, au moment de la crue (octobre-novembre), pénètre dans les terres par l'intermédiaire de défluents dont le plus important est le Serbewel qui se jette dans le lac Tchad, à l'aval de Makary au nord-ouest de Ngouma.

Le bassin septentrional du lac Tchad est également constitué de cours d'eau saisonniers et temporaires. Il s'agit des mayos (en dialecte local), c'est-à-dire des cours d'eau issus des monts Mandara. Situés à la partie occidentale du pays, les mayos tiennent leur particularité de ce qu'"*ils ne rejoignent jamais le Logone et se perdent dans les Yaérés par des deltas où ils abandonnent toute leur charge solide*"[76]. A titre illustratif, plusieurs cours d'eau saisonniers traversent le cordon dunaire des régions sahéliennes du Cameroun: les mayos Kérawa, Kolofata, Ngassawè, dans la plaine de Mora ; et les mayos Mangafé, Kaliao, Boula, Tsanaga, Motorsolo et Ranéo qui parcourent la plaine du nord-Diamaré. Les Mayos Tsanaga et Boula constituent ainsi les plus importants de la région ; ils coulent généralement entre les mois de juin et octobre et leurs apports représentent plus du double de ceux des autres mayos réunis[77]. L'Elbeid et le Serbewel sont les deux mayos qui se jettent dans le lac Tchad.

---

[76]MINEE/GWP, *Etat des lieux du secteur : eau et environnement..., op. cit.*, p. 10.

[77]*Ibid.*, p. 11

Carte 7 : *Le bassin septentrional du lac Tchad*

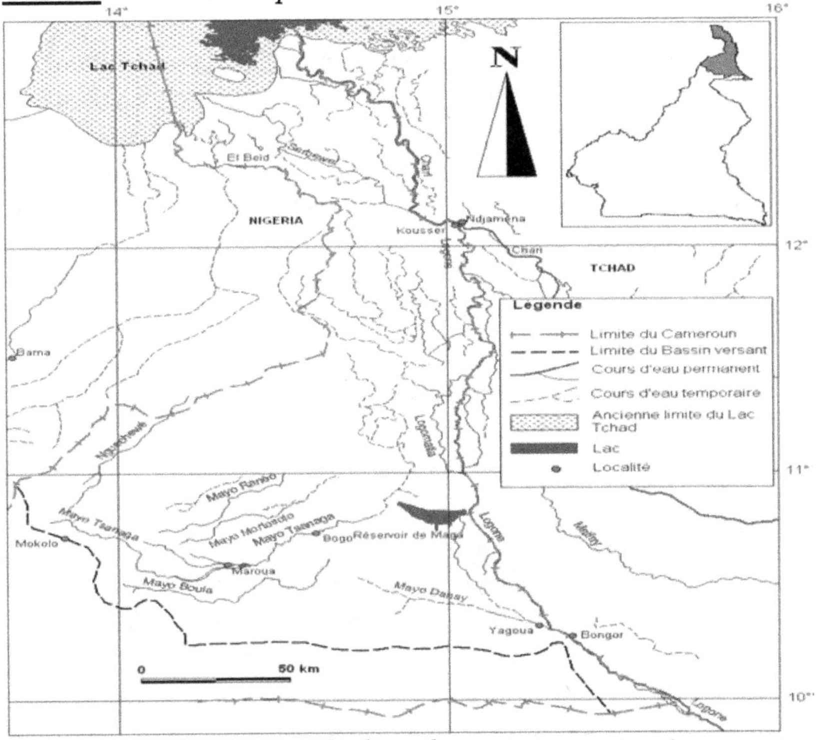

Source : MINEE/GWP, *Etat des lieux du secteur : eau et environnement..., op. cit.*, p. 9.

Outre sa portion septentrionale, le lac Tchad comprend également une partie méridionale située dans l'Adamaoua, entre les longitudes 13° 24' et 15° 35' Est, et entre les latitudes 6° 36' et 8° 19' nord. Elle a une superficie d'environ 21.670 km^2. Deux principaux cours d'eau constituent l'essentiel du réseau hydrologique de ce bassin méridional. D'une part, la Vina, notamment dans sa partie septentrionale, prend sa source dans le massif de l'Adamaoua au niveau de Ngaou Djam, à 1435 m d'altitude. Elle a un débit moyen annuel de 143m^3/s. Après les sites hydrauliques de Warak, son cours traverse plusieurs zones de marécages dont le plus important est le lac Bini, ainsi que de nombreuses chutes et rapides.

D'autre part, la Mbéré apparait comme le deuxième cours d'eau le plus important du bassin méridional du lac Tchad. Elle prend sa source au nord de la ville de Meiganga, à 1.080 m d'altitude. D'une longueur totale d'environ 250 km, la Mbéré, dont le débit moyen annuel est de 110 m^3/s, reçoit, en rive droite, un affluent important, le Ngou, par une série de rapides et de chutes étalées sur une distance de 200 à 300 m. Ce qui représente "*un potentiel hydroélectrique intéressant*"[78] non seulement pour le bassin, mais également pour le Cameroun. Après ce confluent, le lit de la Mbéré s'élargit pur franchir finalement les chutes de Karioka (15 m de hauteur) et celle de Ho (13 m de hauteur) avant de rejoindre la Vina. En rive gauche et de l'amont vers l'aval, les plus importants affluents sont la Mambaka, le Mandim, la Koudini et le Touldoro.

<u>Carte 8</u> : *Le bassin méridional du lac Tchad*

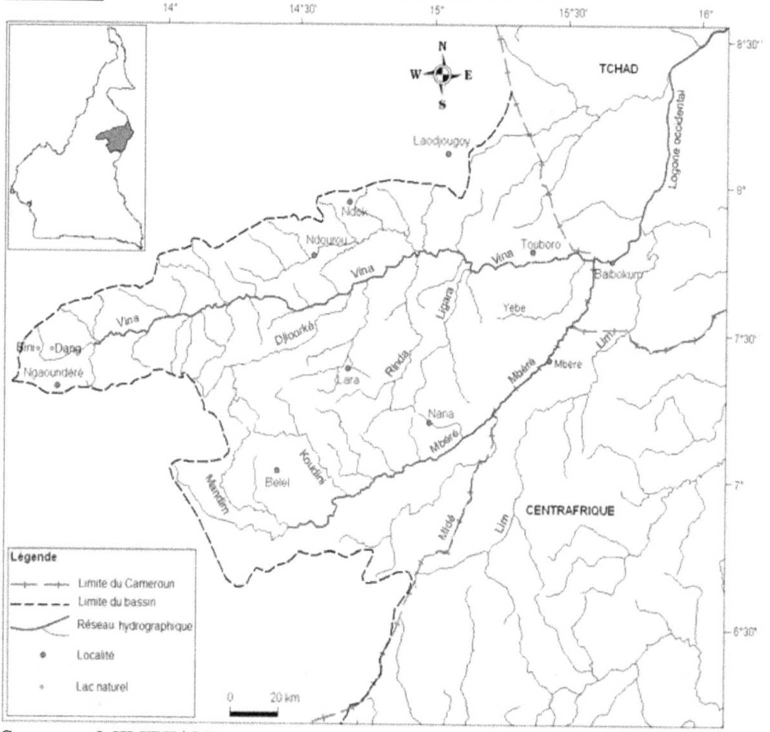

Source : MINEE/GWP, *Etat des lieux du secteur : eau et environnement…*, *op. cit.*, p. 19.

Au final, la portée stratégique d'un bassin versant tient à sa position périphérique ou centrale par rapport au territoire national, à l'importance du débit de ses cours d'eau, et à la situation d'enclavement ou de littoral. L'analyse des différentes zones humides à eaux

[78]MINEE/GWP, *Etat des lieux du secteur : eau et environnement…*, *op. cit.*, p. 19.

courantes du Cameroun a révélé de profondes disparités dans la répartition des sources hydriques. En effet, le réseau hydrographique camerounais est dense, mais inégalement réparti sur le territoire national : près de 72% des espaces hydriques sont situées dans la partie méridionale du pays[79]. La production des eaux internes de surface au Cameroun est estimée à 268 km^3/an ; ce qui place le pays au deuxième rang africain, loin derrière la RDC dont la production s'élève à 899 km^3/an[80]. Cependant, il faut aller au-delà des simples eaux de surface pour établir l'importance stratégique d'un bassin. D'où la prise en compte des zones humides à eaux stagnantes et inondables présentes dans la plupart des bassins versants du Cameroun.

§2 : Les zones humides à eaux stagnantes et inondables du Cameroun

A côté des zones humides à eaux courantes, les bassins versants du Cameroun disposent également de nombreuses formations lacustres désignées généralement sous le nom générique de *zones humides à eau dormante et inondable*. On ne peut éluder, dans l'hydrologie camerounaise, l'étude des formations lacustres, au moins pour deux principales raisons : d'une part, les lacs apportent une part non négligeable dans la production totale des eaux au Cameroun. En effet, le volume d'eau interne des lacs camerounais s'élève à 10,68 km^3/an; soit 4% de la production totale des eaux de surface. Découlant de la précédente, la deuxième raison tient au caractère stratégique des lacs dans la fourniture en eau au Cameroun. De ce fait, le volume d'eau provenant seulement des formations lacustres camerounaises est largement supérieur au volume de toutes les eaux de surface (cours d'eau et lacs compris) d'une vingtaine de pays africains[81].

---

[79] "Conférence de haut niveau sur l'eau pour l'agriculture et l'énergie en Afrique: les défis du changement climatique", *Rapport national d'investissement Cameroun*, Syrte, 15-17 décembre 2008, p. 3 in http://www.sirtewaterandenergy.org/docs/reports/Cameroun-Draft%202.pdf. [consulté le 24 décembre 2013].

[80]Cf. www.fao.org/.../water/aquastat/.../. [Consulté le 22 décembre 2014].

[81]On peut citer l'Algérie, le Benin, le Botswana, le Burkina Faso, le Burundi, Djibouti, l'Egypte, l'Erythrée, la Gambie, le Lesotho, la Libye, la Mauritanie, l'Ile

On distingue deux types de formations lacustres au Cameroun : les lacs naturels, d'une part ; et les lacs artificiels ou barrages, d'autre part. Cette dernière catégorie est constituée d'ouvrages qui permettent de stocker de l'eau en grande quantité et d'obtenir ainsi soit une force hydraulique satisfaisante à travers une centrale hydroélectrique, soit des prélèvements nécessaires à l'irrigation agricole ou l'usage domestique et industriel, soit, enfin pour permettre un tirant d'eau nécessaire à la navigation batelière[82].

Quant aux lacs naturels, ils comprennent des étendues fermées d'eau qui se sont constituées à la suite d'une activité tectonique ou volcanique. La plupart des lacs du Cameroun sont dits naturels dans la mesure où ils sont les vestiges des activités volcaniques qui sont aujourd'hui éteintes ou somnolentes. Contrairement au bassin du Congo qui en est dépourvu, la zone de la dorsale camerounaise qui parcourt tous les autres bassins abritent l'essentiel des lacs naturels du Cameroun. Aussi importe-il d'étudier les formations lacustres des bassins à régime régulier (A) et à régime irrégulier (B).

A- Les formations lacustres des bassins à régime régulier

Les bassins versants de la partie méridionale du Cameroun sont des régions caractérisées par un climat de type équatorial, une abondante pluviométrie et un écoulement permanent des cours d'eau. Eu égard à l'absence des formations lacustres dans le bassin du Congo[83], nous nous contenterons d'étudier seulement les différentes zones humides à eaux dormantes des bassins de la Sanaga (1) et des fleuves côtiers (2).

Maurice, la Namibie, le Niger, le Rwanda, Sao Tomé et Principes, les Seychelles, le Swaziland et la Tunisie.

[82] Augustin Mengome, *op. cit.*, p. 602.

[83] Néanmoins, il existe plusieurs projets de construction des barrages hydroélectriques sur le cours de certains fleuves du bassin du Congo. Il s'agit du :

- Barrage de Gbazounbé (12 Mw) sur la rivière kadey;
- Barrage de Chollet (400 à 500 Mw) sur la rivière Dja, à la frontière du Cameroun et du Congo, dans le cadre du Pool Energétique d'Afrique centrale (PEAC) ;
- Barrage de Mékin qui est prévu sur l'embouchure de la rivière Mékin dans le département du Dja et Lobo.

1- *Les lacs du bassin de la Sanaga*

Outre les nombreux fleuves qui l'arrosent, le bassin de la Sanaga revêt une grande importance, en raison également de la plupart des formations lacustres rencontrées. La présence de ces lacs s'explique par le relief particulier qui caractérise ce bassin, à savoir, les hauts plateaux de l'Ouest et la prégnance des activités volcaniques dans le pourtour du Mont-Cameroun. La plupart des formations lacustres naturelles de cet espace hydrologique sont essentiellement constituées de lacs de cratère (voir tableau 1). Ces lacs ont, en général, des "*valeurs touristiques et récréatives*"[84], même si le volume d'eau provenant des lacs naturels du bassin de la Sanaga ne s'élève qu'à 0,09 km^3/an[85]. Ce qui représente 0,84% de la production totale des eaux lacustres internes.

Parmi les nombreux lacs naturels rencontrés dans ce bassin, on peut citer le lac Monoun. Situé sur la latitude 5° 35'N et la longitude 10° 35', à environ 1.080 m d'altitude et à près de 3 km à l'est du fleuve Noun, ce lac de cratère a une profondeur de 96 m, une superficie de 565.10^3 m^2 et contient un volume de 140.10^6 m^3 d'eau. Ce lac est devenu célèbre ; car il fut le premier à émettre, dès 1984, des gaz toxiques au Cameroun. Toujours en pays Bamoun, se trouvent les lacs Pêt-Ponoun (jumeaux en langue locale) qui sont constitués d'un lac femelle (à l'est) et d'un lac mâle (à l'ouest). Quant au lac Tison, il est situé à proximité de N'Gaoundéré sur la latitude 7°15'N et la longitude 13°35 E. C'est un lac de cratère d'une profondeur moyenne de 48 m et 300 m de diamètre environ.

---

[84]MINEE/GWP, *Etat des lieux du secteur : eau et environnement..., op. cit.*, p. 29.

[85]MINEE/GWP, *Etat des lieux du secteur : connaissances et usages des ressources en eau... op. cit.*, p. 72.

Tableau 1 : ***Les différents lacs du bassin de la Sanaga***

Lacs	Profondeur (m)	Superficie (10^3m^2)	Volume (10^6m^3)	Type
Gagouba	104	103		Cratère
Monoun	96	565	140	Cratère
Nefo	64	40		Cratère
Ngaoundaba	62	29		Cratère
Bambuluwé	58	184	7,20	Cratère
Mfou	58	76		Cratère
Mbalang	52	399		Cratère
Baleng	52	35		Caldeira
Ngouondam	49	135		Cratère
Tison	48	44		Cratère
Negop Gbang	23	66		Cratère
Mfouet	14	85		Cratère
Baledjam	13	204		Cratère
Pet-Ponoun	12	408		
Bambili-sud	4	417		Caldeira
Assam		1200		
Nkan		338		
Massot		50		
Menene		35		
Tchoua				

Source : MINEE/GWP, *Etat des lieux du secteur : eau et environnement..., op. cit.*, p. 30.

A côté des lacs naturels, le bassin de la Sanaga est également parsemé de nombreux lacs artificiels destinés tantôt à la simple retenue d'eau aux fins de régulation d'un barrage principal tantôt à la fourniture de l'énergie hydroélectrique. En effet, "*du fait des cuvettes très importantes, le haut bassin de la Sanaga est particulièrement favorable aux aménagements de régularisation*"[86]. Le volume d'eau annuel des lacs artificiels est estimé à 2,45 km^3/an[87] ; soit 23% de la production totale de toutes les formations lacustres du Cameroun. Ce volume d'eau, qui pourrait augmenter au vu de nombreux projets de création de lacs artificiels dans le bassin de la Sanaga, s'explique largement par la construction du barrage hydroélectrique d'Edéa sur

[86] MINEE/GWP, *Etat des lieux du secteur : eau et environnement..., op. cit.*, p. 32.

[87] MINEE/GWP, *Etat des lieux du secteur : connaissances et usages des ressources en eau... op. cit.*, p. 72.

le cours de la Sanaga ; ainsi que de l'érection des barrages de retenue d'eau sur le Noun et la Mapé.

Le bassin de la Sanaga est la plus importante région hydrologique du Cameroun, eu égard aux barrages hydroélectriques dont elle dispose sur le cours de la Sanaga. En effet, les barrages d'Edéa I, Edéa II et d'Edéa III alimentent les trois centrales qui vont du barrage initial d'Edéa dont les travaux avaient commencé en 1948, jusqu'aux barrages de Song-Loulou, Nachtigal et Ndjock, venus renforcer l'offre en énergie. Le barrage de Song-Loulou, situé à 50 km d'Edéa, a été inauguré en 1979 par le Président Ahidjo. Aujourd'hui encore, les barrages d'Edéa et de Song-Loulou font l'objet de travaux de rénovation. S'agissant du barrage d'Edéa, il est actuellement question de remplacer l'ouvrage à hausse mobile par un évacuateur de crue classique à segments et de rénover les trois groupes turbo alternateurs d'Edéa I, II et III. L'objectif est d'accroitre la production en énergie de ce barrage qui a un potentiel de 35,3 mégawatts. A Song-Loulou, la rénovation consiste à réhabiliter les joints de conduites forcées qui laissent échapper de l'eau.

En dehors des travaux de rénovation, le gouvernement camerounais, grâce à l'appui de certains de ses partenaires, envisage plusieurs projets de création de barrages hydroélectriques sur le cours de la Sanaga. Il s'agit d'abord du barrage de Nachtigal, d'une capacité de 300 mégawatts, qui est le fruit d'un accord signé en 2005 entre le Groupe ALCAN et la société camerounaise d'aluminium ALUCAM pour le projet d'extension de l'usine de d'Edéa suspendu à la construction d'un barrage sur la Sanaga, à l'endroit dit Nachtigal, près de Ntui. Cette centrale hydroélectrique alimentera prioritairement en énergie électrique l'usine ALUCAM à Edéa dont la modernisation et l'extension sont prévues par les coactionnaires.

De plus, la création du barrage de Lom-Pangar constitue "*le projet hydroélectrique le plus important d'un point de vue stratégique*"[88]. Situé à 4 km en aval de la confluence des rivières Lom et Pangar, le futur barrage de Lom-Pangar vise à mettre en place une retenue de régulation du grand fleuve Sanaga en vue de saturer les capacités installées à l'aval sur les barrages de Song-Loulou et

[88] Afrique Horizon, *Spécial Cameroun : 50ème anniversaire de l'indépendance*, hors-série, janvier-décembre 2010, p. 39.

d'Edéa. La puissance garantie sera de 168 mégawatts ; soit une production supplémentaire de 848 GWh par an. L'usine sera aussi équipée d'une unité de production électrique de 4 groupes turbines-alternateurs d'une puissance totale de 51 mégawatts. D'autres projets, à l'instar de ceux concernant l'aménagement hydroélectrique de Song Mbengue (900 mégawatts), de Song Ndong (280 mégawatts) qui sont actuellement en cours visent à augmenter l'offre énergétique dans l'ensemble du pays.

Les barrages de retenue d'eau sont également présents dans le bassin de la Sanaga. Leur rôle principal est de régulariser le débit de la Sanaga en période d'étiage à travers les lâchers d'eau[89] à la demande du barrage hydroélectrique d'Edéa (Tableau 2). On distingue trois barrages de retenue d'eau dans le bassin de la Sanaga. Il s'agit, tout d'abord, du barrage-réservoir de Bamendjin qui est situé sur le Noun en aval de la plaine de Ndop. Il couvre une superficie de 200 à 300 km^2 pour une capacité de 1,8 milliards de m^3 d'eau. La construction de cet ouvrage hydraulique a été achevée en 1975, avant son inauguration au cours de la même année. Situé sur le cours du Djérem, le barrage-réservoir de Mbakaou a été mis en service en 1971. D'une capacité de 1,8 milliards de m^3 d'eau, ce lac artificiel a créé une retenue de 1700 hectares (saison sèche) à environ 32.000 hectares (saison de pluies).

Tout comme les barrages-réservoirs de Bamendjin ou de Mbakaou, celui de Mapé est destiné à suppléer aux déficits hydriques du barrage d'Edéa. Pourvu d'une capacité de 3,3 milliards de m^3 d'eau environ, pour une surface de 52.000 hectares, il a été mis en service en juillet 1987 ; et les premiers lâchers d'eau se sont effectués en 1988.

---

[89] Njifon Amidou, *La gestion des ressources en eau autour du barrage-réservoir de Bamendjin dans l'arrondissement de Bangourain*, Université de Yaoundé I, mémoire de Maitrise en géographie, 2003-2004, p. 24

Tableau 2 : ***Les barrages de régulation du bassin de la Sanaga***

Barrages	Année de construction	Superficie du réservoir (ha)	Volume d'eau (10^9 m^3)	Utilité
Bamendjing	1974	25.000 à 33.300	1,847	Régulation
Mbakaou	1969	1.700 à 32.000	2,6	Régulation
Mapé	1987	52.000	3,3	Régulation

Source : MINEE/GWP, *Etat des lieux du secteur : eau et environnement..., op. cit.*, p. 32.

2- Les lacs du bassin des fleuves côtiers

Contrairement aux hauts plateaux de l'Ouest caractérisés par des lacs de cratère, l'espace hydrologique littoral du Cameroun est parcouru par de nombreux lacs de subsistance (tableau 3). Le volume d'eau annuel produit par les lacs naturels de ce bassin s'élève à 0,37 km^3/an[90] ; ce qui représente un peu plus de 60,5% de l'ensemble des eaux stagnantes d'origine naturelle du Cameroun. Avec près de 0,01% de volume d'eau, la production des barrages-réservoirs d'eau est quasi nulle. Rien de très étonnant dans la mesure où, en dehors de quelques stations de stockage d'eau, le bassin des fleuves côtiers ne dispose pas de grands ouvrages hydrauliques.

Les lacs du bassin des fleuves côtiers sont localisés dans les basses terres, surtout dans les plaines côtières du pays. Encore désignées sous le nom générique de lacs tectoniques, les formations lacustres du bassin des fleuves côtiers résultent des déformations orogéniques subies par l'écorce terrestre. A cette catégorie de formations lacustres, correspondent les lacs du bassin des fleuves côtiers au sud de la Sanaga. Les plus importants sont, entre autres, le lac municipal de Yaoundé, et surtout, le lac de la Mopfou (ou Méfou) qui est situé sur la Méfou, à la lisière de la ville de Yaoundé. Son but était d'alimenter le réseau de distribution d'eau publique de la capitale politique camerounaise. En effet, "*au départ, l'eau était fournie depuis 1950 par une prise sur la Méfou (...) à travers le barrage*

[90] MINEE/GWP, *Etat des lieux du secteur : connaissances et usages des ressources en eau... op. cit.*, p. 80.

Mopfou où la station de traitement a été construite en 1951 à 800 m de la retenue"[91]. D'une production de 6,8 millions de m^3en 1971, elle est passée à 13 millions en 1982 avec une production journalière qui est passée de 15.000 m^3 à 45.000 m^3 et une consommation augmentant au rythme de 7 à 8% par an[92]. Depuis, 1991, suite à la construction de la station d'épuration d'Akomnyada, le lac de Mopfou a été laissé à l'abandon.

La partie septentrionale du bassin des fleuves côtiers est, quant à elle, parsemée de plusieurs lacs volcaniques (de cratère). On peut, entre autres, citer les lacs Ejagham, Bene, Manengouba, Edib, Mami, Barombi-Koto, Bwando, Dissoni, et surtout le lac Barombi Mbo situé au nord de la ville de Kumba, dans la région du sud-ouest. Situé à 306 m environ d'altitude, sur la latitude 4°39'05''N et la longitude 9° 24'34''E, ce lac, avec une profondeur de 111 m pour une superficie de 3.972.000 m^2, est le plus grand lac de cratère du Cameroun. Par ailleurs, il a été érigé en site Ramsar en 2006 grâce à sa grande richesse en espèces piscicoles.

Tableau 3 ***: Les lacs du bassin des fleuves côtiers***

Lacs	Profondeur (m)	Superficie (10^3m^2)	Volume (10^6m^3)	Type
Manenguba-nord	168	298	18,60	Caldeira
Barombi-Mbo	111	3972	272	Caldeira
Manenguba-sud	93	60	3,40	Caldeira
Dissoni	81	1330	70,50	Caldeira
Ejagham	17	481		Cratère
Beme	15	280		Cratère

Source : MINEE/GWP, *Etat des lieux du secteur : eau et environnement..., op. cit.*, p. 40.

Enfin, le bassin des fleuves côtiers ne disposent ni de lacs de retenue d'eau ni de barrages hydroélectriques. Deux raisons, au moins, peuvent expliquer cette situation déficitaire. D'une part, la plupart des fleuves de la côte, à l'exception du Nyong, ont de faibles débits ; ce qui ne permet pas un captage optimal des eaux. D'autre part, la création du barrage d'Edéa et les nombreux aménagements ont fait

---

[91] Joseph-Mary Laurent Emile Pasteur Zambo Nsah, *Diagnostic socio-économique de l'installation de l'usine d'eau d'Akomnyada I (Mbalmayo)*, Université de Yaoundé I, mémoire de géographie, 2007-2008, p. 35.
[92] *Ibid.*

croire aux pouvoirs publics que sa capacité pouvait couvrir l'ensemble des besoins énergétiques de la partie méridionale du pays. Par conséquent, les barrages d'Edéa -quoiqu'appartenant au bassin de la Sanaga- ont longtemps fourni aux grandes métropoles littorales l'essentiel de leur couverture énergétique.

Pour pallier à cette situation, et au vu de la densification des activités économiques dans le bassin des fleuves côtiers, le Cameroun a envisagé la création de plusieurs barrages hydroélectriques dans le sous-bassin du Nyong. Il s'agit principalement du barrage de Menve'elé dont les travaux de construction ont débuté en 2011 sur le cours frontalier du fleuve Ntem. En effet, "*cette centrale produira 400 mégawatts et alimentera la province d'implantation dont l'économie sera ainsi boostée mais aussi une grande partie des industries du pays*"[93].

B- Les formations lacustres des bassins à régime irrégulier

Les bassins à régime irrégulier sont des régions qui, généralement situées dans la partie septentrionale du Cameroun, se caractérisent par une faible pluviométrie et par la présence des cours d'eau saisonniers. Ici, le relief est constitué de plaines et de cuvettes qui favorisent la retenue naturelle ou artificielle des eaux. Ceci est d'ailleurs observable dans les lacs du bassin du Niger (1) et du lac Tchad (2).

1- Les lacs du bassin du Niger

Dans sa partie septentrionale, le bassin du Niger comprend quelques lacs de cuvette de moindre importance. En effet, la cuvette est une vaste dépression fermée qui peut recevoir, à partir des affluents, d'immenses quantités d'eau. On rencontre ce type de lacs dans les basses terres de l'intérieur du pays, notamment dans la zone du mayo Kebi. Il s'agit des lacs Kabia, Fianga, Tikem, Léré, etc.

En dehors de ces lacs naturels, le bassin septentrional du Niger est également parcouru par de larges plaines alluviales marécageuses ou périodiquement inondées. Ces cours d'eau peuvent être rattachés

---

[93] Afrique Horizon, *Spécial Cameroun ..., op. cit.*, p. 39.

à deux principaux types de vallées[94]. D'une part, la Bénoué en aval de Garoua et le Kébi en aval de Labaré appartiennent au type sinueux. Le lit de leur rivière reste relativement étroit et profond, tout en présentant des méandres réguliers. D'autre part, enfin, la Bénoué en aval de Lagdo, et le Faro appartiennent au type comblant. On observe ici des sections larges, et rectilignes avec des hauts fonds divisant le courant en chenaux instables ; le lit perd de sa profondeur et la tendance s'accentue si les berges sont facilement affouillables.

Le volume d'eau issu des barrages de retenue d'eau est estimé à 7,60 km^3/an[95] ; soit près de 71% du volume d'eau stagnante du Cameroun. Parmi les lacs artificiels du sous-bassin de la Bénoué, on distingue tout d'abord le barrage de retenue d'eau de Chidifi. Il est situé à quelques kilomètres de la ville de Guider, dans le département du Mayo-louti. Ce barrage-réservoir qui a été construit, en 1984, sur le cours du Mayo Oulo appartient au sous-bassin du Mayo-Kebi. Avec une hauteur de 21 m, pour une capacité de 5.000 m^3, le barrage de Chidifi est destiné à l'irrigation des surfaces agraires.

Quant au barrage de Lagdo, il est localisé dans la région du nord-Cameroun, à 8° 53' de latitude nord et à 13° 58' de longitude Est. Les travaux de construction de cet immense ouvrage ont débuté en août 1978 et se sont achevés en 1983. Née de l'aménagement de ce barrage, la retenue d'eau adjacente qui couvre une superficie d'environ 600 km^2 irrigue actuellement une surface agraire de 1.800 hectares. Fruit, par ailleurs, de la coopération sino-camerounaise, ce barrage est situé dans le cours du fleuve Bénoué. Le barrage hydroélectrique de Lagdo était, dans un premier temps, destiné à fournir l'énergie électrique aux villes septentrionales jusqu'à Ndjamena (Tchad). Par la suite, pour pallier à son déficit énergétique, le Nigéria a, en 2009, fait appel à son voisin, le Cameroun, afin d'être raccordé au réseau électrique à partir du barrage hydroélectrique de Lagdo[96]. Avec une puissance estimée à 72 mégawatts et une capacité de 7,8 milliards de m^3 d'eau, pour une hauteur de 40 mètres, le barrage de

[94] MINEE/GWP, *Etat des lieux du secteur : eau et environnement…, op. cit.*, p. 22-23.

[95] *Ibid.*, p. 69.

[96] Alain Clément Ebogo, "Nucléaire civil nigérian : entre espoir et crainte" in *Diplomatie*, hors série 12, juin-juillet 2010, pp. 24-25.

Lagdo pourrait, en effet, alimenter les villes nigérianes situées à la frontière du Cameroun.

Contrairement à la partie septentrionale qui comprend moins de lacs naturels et plus de barrages-réservoirs, la portion méridionale du bassin du Niger se caractérise par l'absence d'infrastructures hydrauliques et une multitude de lacs de cratère. Le volume d'eau issu des lacs naturels de la partie méridionale du bassin du Niger s'élève ainsi à 0,15 km^3/an ; ce qui constitue le deuxième grand réservoir d'eau naturelle du Cameroun après le bassin des fleuves côtiers. Situé sur la ligne de la dorsale camerounaise, le bassin méridional du Niger est parsemé de plusieurs lacs naturels. Les plus importants sont : les lacs Nyos et Oku.

Situé sur la latitude 6° 26' 72'' N et la longitude 10° 17' 66'', le lac Nyos est l'une des formations lacustres camerounaises des plus célèbres, en raison, sans doute, des émanations toxiques de gaz qui y eurent lieu dans la nuit du 21 août 1986. Profond de 208 mètres pour une superficie de 1501 km^2, le lac Nyos contient 153×10^6 m^3 d'eau. Ses eaux se gorgent petit à petit de gaz carbonique relâché par leurs chambres magmatiques et à la longue, un dégazage massif peut se produire, asphyxiant toute vie animale et humaine à son passage. Le lac est approvisionné en eau par le sud et le déversoir se situe au nord-ouest. Une faille verticale dans les formations du socle forme la bordure du lac couverte d'une couche de cendres volcaniques. Les remparts Est et Nord sont un empilement des successions de lits de pyroclastites. A l'arrière-plan, les eaux du lac sont supportées par une barrière de pyroclastites d'environ 20 m de hauteur actuellement en ruine[97].

En ce qui concerne le lac Oku, il est situé au cœur de la région du nord-ouest du Cameroun, précisément à la latitude 6° 12' Nord et à la longitude 10°28' Est. Il mesure 2.500 m×1950 m avec une profondeur maximale de 52 m et un volume d'eau de $71{,}6.10^6$ m^3 d'eau. Contrairement aux lacs Nyos et Monoun qui sont susceptibles de provoquer des émanations toxiques de gaz, le lac Oku se caractérise par sa faible profondeur et sa basse température pour une altitude de 2.220 m ; il ne présenterait que des risques d'inondation pour les

[97]MINEE/GWP, *Etat des lieux du secteur : eau et environnement…, op. cit.*, p. 25.

habitants de Kikijem, Ibal Oku et Belo, en cas de rupture des remparts à la suite d'une activité sismique ou éruptive[98].

Tableau 4 : ***Les lacs naturels du bassin méridional du Niger***

Lacs	Profondeur (m)	Superficie ($10^3 m^2$)	Volume ($10^6 m^3$)	Type
Nyos	208	1501		Cratère
Benakuma	138	1606		Cratère
Wum	124	295		Caldeira
Enep	78	320		Caldeira
Oku	52	2271	71,60	Caldeira
Kuk	47	407		Caldeira
Elum	35	285		Caldeira
Njupi	17	271		
Assa		554		
Betolong		258		
Bambili-nord		180		

Source : MINEE/GWP, *Etat des lieux du secteur : eau et environnement…, op. cit.*, p. 25.

2- Les lacs du bassin du Lac Tchad

Excepté quelques zones marécageuses[99], la partie méridionale du bassin du lac Tchad n'est pas parsemée de zones humides à eaux stagnantes importantes. C'est pourquoi, dans le cadre de cette étude, l'accent sera uniquement mis sur l'analyse des aires lacustres et inondables de la partie septentrionale. Parmi les formations lacustres qui dominent cet espace hydrologique, on peut d'abord citer le lac Tchad.

Situé en bordure sud du Sahara, le lac Tchad est une vaste étendue d'eau douce partagée entre le Cameroun, le Niger, le Nigeria et le Tchad. Sa faible profondeur (1,5 m en moyenne et 7 m au maximum) le rend fragile et très dépendant des fluctuations saisonnières. A cet effet, le lac Tchad s'est considérablement réduit pendant les quatre dernières décennies : dans les années 1960, il couvrait au Cameroun

---

[98] *Ibid.*, p. 26.

[99] On peut citer par exemple les lacs de Bini et de Dang, à la périphérie de N'Gaoundéré.

un secteur de plus de 26.000 km^2. Par contre, en 2000, il était retombé à moins de 1.700 km^2. Suite à la prise de conscience des Etats riverains en vue de la sauvegarde de ce patrimoine mondial, la superficie actuelle du lac Tchad s'est stabilisée aux environs de 2.500 km^2, pour un volume d'eau variant entre 30 et 100 milliards de m^3. En temps normal, les apports au lac Tchad sont de l'ordre de 50 milliards de m^3 dont 87% d'eau proviennent des écoulements du Chari (79%), Serbewel (4%), El Beid (3%) et Komadougou Yobé (1%) et, 13% par les précipitations directes sur le plan d'eau du lac. A l'opposé, les pertes d'eau sont estimées à environ 2,3 m d'eau par an, essentiellement par évaporation, mais dans une proportion non négligeable par infiltration[100].

Le lac Tchad revêt une importance capitale, au moins pour trois raisons. D'une part, c'est le quatrième grand lac africain, après les lacs Victoria, Tanganyika et Nyassa, tous situés en Afrique orientale. Bien plus, avec près de 20.000 km^2, en période normale, le lac Tchad se situe au 3ème rang mondial des lacs endoréiques, après la mer caspienne et la mer d'Aral. Les longues périodes de sécheresse ont créé des iles dans les parties exondées du lac Tchad. Rien que dans la localité de Darak, on a pu dénombrer 14 iles pour 21 villages. D'autre part, le lac Tchad permet au Cameroun se projeter dans cette *mer fermée* qui regorge d'immenses ressources halieutiques et floristiques. Enfin, grâce au lac Tchad considéré à juste titre comme le carrefour des peuples et des civilisations[101], le Cameroun évite une situation totale d'enclavement.

Le bassin du lac Tchad est également constitué des plaines périodiquement inondables, notamment dans la région de l'extrême-nord. S'étendant des pieds des monts Mandara, au sud-ouest, jusqu'au lac Tchad, dans le nord, cette plaine, plus connue sous le nom de *yaéré*, bénéficie des apports dus aux précipitations directes (60%), aux eaux des Mayos des monts Mandara (5%), mais aussi des crues du Logone (35%)[102]. Dans une région aride et aux températures très élevées,

---

[100] MINEE/GWP, *Etat des lieux du secteur : eau et environnement..., op. cit.*, p. 11

[101]C'est au bord de certains cours d'eau qu'ont pris naissance les principales civilisations qui se sont succédé au long de l'histoire: nous n'en citons pour exemples que le Nil, le Tigre et l'Euphrate, le fleuve Jaune, 1'Indus et le Rhin.

[102] Gaston Lienou, Daniel Sighomnou, Luc Sigha Nkamdjou, "Système hydrologique du Yaéré (Extrême-Nord Cameroun), changements climatiques et

cette plaine inondable constitue une véritable aubaine. Ce qui explique sans doute le fait que les yaérés ont longtemps été le lieu d'intenses activités agricoles et piscicoles. Cependant, la longue sécheresse, qui a frappé de plein fouet l'ensemble de la zone sahélienne au cours de la décennie 1970, a fortement contribué à la diminution des apports en eau de surface provenant des cours d'eau et des précipitations. Cette situation a entrainé "*une forte baisse de la productivité des pâturages, de l'agriculture de décrue et des activités de pêche. Dans le même temps, la capacité d'accueil de la faune sauvage a considérablement diminué*"[103].

Dans le but de restaurer ces surfaces inondables et de favoriser le développement de la riziculture irriguée, le gouvernement camerounais a entrepris, dans le cadre du projet hydro-agricole SEMRY II, de construire, en 1979, un barrage de retenue d'eau dans la localité de Maga. Vaste étendue d'eau très poissonneuse d'environ 600 millions de m^3, le lac de Maga couvre une superficie de 12.000 hectares en juin (saison sèche), et 36.000 hectares en octobre (saison pluvieuse). Soutenu par une digue longue de 27 km entre Pouss et Guirvidig pour une hauteur moyenne de 4 mètres, le lac de Maga est principalement alimenté par le Mayo-Tsanaga et le Logone. Quatre ouvrages de prises d'eau aménagés sur la digue servent à irriguer par gravité les périmètres rizicoles de la Société d'Expansion et de Modernisation de la Riziculture à Yagoua (SEMRY). Le volume maximal annuel de prélèvement est de 340 millions de m^3 environ[104].

Faisant le bilan de ce transfert d'eau vers les yaérés de 1979 à 1997, Liénou et al. pensent qu'on peut distinguer trois grandes périodes[105]. Dans la première, la plaine a été suffisamment inondée si bien que l'excédent d'eau a pu atteindre le fleuve El Beid qui se jette

---

actions anthropiques : conséquences sur le bilan des transferts superficiels" in *Hydrology of the Mediterranean and Semiarid Regions* (Proceedings of an internationalsymposium held at Montpellier. April 2003), n° 278, 2003, pp. 403-404, citant Naah.

[103] Daniel Sighomnou, Luc Sigha Nkamdjou, Gaston Lienou, "La plaine du Yaéré dans le Nord-Cameroun : une expérience de restauration des inondations", pp. 375-384 in :
http://horizon.documentation.ird.fr/exl-doc/pleins_textes/, p. 376. [Consultée le 18 novembre 2014].

[104]Lienou Gaston, et. al., *op. cit.*, p. 405.

[105]*Ibid.*, p. 406.

directement dans le lac Tchad. Les débits moyens journaliers caractéristiques dépassés pendant un mois (DC 11) sont supérieurs à la moyenne de 1.150 m^3s^{-1}, niveau le plus bas atteint au cours de la sécheresse des années 1970. La deuxième période, quant à elle, regroupe les années au cours desquelles les pertes du Logone ne sont pas assez importantes pour atteindre l'El Beid. Les eaux d'inondation sont alors reprises principalement par l'évaporation. Enfin, la dernière période est observable au cours des années de recrudescence de la sécheresse telles que 1972, 1984, 1987, 1992 et 1997. Les débordements sont quasi nuls : la plaine ne reçoit que les eaux de pluies et celles de quelques mayos qui suffisent à peine pour saturer le sol.

Plusieurs années après la construction du barrage-réservoir de Maga, "*le bilan des apports montre que les aménagements entrepris dans le but d'une amélioration de la gestion de la ressource en eau insuffisante, ont contribué plutôt à accroitre le déficit des apports à la plaine*"[106]. Pis, les travaux de Sighomnou et al. ont montré que la baisse ou l'absence des inondations conduisent à une transformation de la végétation, à la destruction des habitats, de la faune aquatique et terrestre, à la dégradation de la productivité des terres cultivées, etc.[107]. En effet, depuis la fin des années 1970, la retenue de Maga *piège* l'essentiel des limons (matières fertilisantes en suspension) transportés du Mayo-Tsanaga et du Mayo-Boula, soit environ 0,716 tonne par an[108].

Au final, les zones humides à eau stagnante et inondable du Cameroun présentent de profondes disparités. Ce qui constitue d'ailleurs l'un des principaux atouts géopolitiques du Cameroun. D'une part, nonobstant son immense potentiel hydrologique, le bassin du Congo ne dispose ni de lacs naturels ni de barrages-réservoirs d'eau. D'autre part, le bassin de la Sanaga est caractérisé par plusieurs barrages hydroélectriques qui ont été construits sur le fleuve Sanaga et des barrages-réservoirs d'eau érigés dans certains fleuves périphériques du bassin (Noun, Mapé, etc.).

---

[106]*Ibid.*, p. 408.
[107] Sighomnou, et. al., *op. cit.*, p. 381.
[108] Lienou, et. al., *op. cit.*, p. 408.

Deux raisons peuvent expliquer cette situation : en tant que fleuve le plus long du Cameroun, la Sanaga a une disposition naturelle à recevoir beaucoup d'ouvrages hydrauliques ; de plus, l'ensemble du bassin de la Sanaga relève de la souveraineté exclusive du Cameroun. De tous les bassins du Cameroun, celui des fleuves côtiers, notamment dans sa partie septentrionale, est la région hydrologique la plus parcourue par les lacs naturels. Excepté le barrage hydroélectrique de Lagdo, le bassin du Niger est la région hydrologique la moins attrayante, tout au moins en ce qui concerne les formations lacustres. Quant au lac Tchad, enfin, sa position stratégique à la périphérie du Cameroun permet au pays de disposer d'une ouverture à cette *mer fermée* qui regorge de plusieurs ressources faunistiques et floristiques. Outre les eaux de surface, les sources souterraines constituent également des espaces hydriques stratégiques dans le champ hydro-politique du Cameroun, en tant qu'espace de concurrences et de positionnement.

Section II : Les eaux souterraines du champ interne du Cameroun

La plupart des études faites sur l'hydrographie du Cameroun ne mettent l'accent que sur les eaux de surface, occultant par le fait même l'immense réservoir souterrain que constitue l'aquifère. Tout se passe comme si l'hydrographie ne se ramenait qu'à la simple étude des eaux superficielles[109]. Deux facteurs, au moins, peuvent expliquer cette lacune. Tout d'abord, le manque d'études hydrogéologiques actualisées a fortement contribué à faire des eaux souterraines une *terra incognita.* Pourquoi investir d'énormes sommes d'argent pour explorer les fonds souterrains, alors qu'on n'a pas encore fini de découvrir les sources hydriques de surface ?

Enfin, les rares données qui existent sur les eaux souterraines ne sont pas toujours concordantes. En effet, selon les données de 2005 fournies par le FAO, le volume d'eau souterraine interne du Cameroun est estimé à 100 km^3/an[110] ; ce qui fait du Cameroun, le troisième réservoir d'eau souterraine de l'Afrique, tout juste derrière

[109]C'est le cas de plusieurs géographes africains et occidentaux. Cf. : CRIAUD Jean, *Géographie du Cameroun et de l'Afrique*, Paris, Les Classiques africains, Nouvelle éd., 1992.
[110] Cf. www.fao.org/.../water/aquastat/.../. [Consultée le 22 décembre 2013].

le Congo (122 km^3) et très loin de la RDC (421 km^3). Dans une autre étude, le FAO/AQUASTAT, tout en confirmant que les réserves totales d'eau souterraine s'élèvent à 100 km^3, se trompe dans l'addition des volumes d'eaux collectées dans les différents aquifères du pays[111]. En novembre 2007, le MINEPLAT est allé encore plus loin en avançant, sur la base des chiffres publiés par l'hebdomadaire "Jeune Afrique", que les réserves en eaux souterraines du Cameroun sont estimées à environ 120 milliards de m^3 (120 km^3)[112].

Cette performance est toutefois tempérée par d'autres études, notamment celle menée conjointement par le MINEE et le GWP (décembre 2009) qui, sur la base des travaux antérieurs de SOGREAH (1976), de CIEH-BRGM (1979) et de Wakuti (1986), révèle que le volume annuel d'eau souterraine interne du Cameroun s'élève à 55,98 km^3. Dans ce cas, le Cameroun serait rétrogradé au 6ème rang africain, derrière le Gabon (62 km^3) et le Nigeria (97 km^3).

A l'analyse, les chiffres publiés par le FAO et ceux du MINEPLAT sont plus proches de la réalité. D'une part, on ne peut pas entièrement se fier aux statistiques fournies par le MINEE/GWP qui s'appuient sur les travaux antérieurs remontant à la décennie 1970. Il est clair ici que le CIEH-BRGM et les chercheurs, tels que Sogreah et Wakuti ne disposaient pas de ressources techniques affinées capables de leur donner des résultats probants. D'autre part, enfin, en attendant d'autres sources d'informations plus fiables, la FAO et AQUASTAT sont les seules institutions agréées actuelles qui disposent de données crédibles sur le potentiel hydrique de tous les pays du monde. En tout cas, le débat est loin d'être définitivement clos...

Dérivant du substantif latin *aqua* (eau) et du verbe *ferre* (porter), les aquifères désignent des couches géologiques contenant de l'eau

---

[111] Selon la FAO/AQUASTAT, les réserves d'eau souterraine du Cameroun sont réparties de la manière suivante : zone du socle (73 km^3) ; bassin sédimentaire de la Bénoué (15 km^3) ; bassin sédimentaire du lac Tchad (4-5 km^3) ; bassin des fleuves côtiers (21 km^3).
Cf. www.fao.org/.../water/aquastat/.../. En additionnant tous ces chiffres, on se rend bien compte que le volume total des eaux souterraines s'élève au moins à 114 km^3, sans compter les réserves de quelques petits bassins secondaires.

[112] MINEPLAT, Stratégie nationale sur la gestion durable des eaux et des sols dans l'espace agro-sylvo-pastoral au Cameroun in http://www.precesse-raeep.cm/index.php?...44%3Astrategie...gestion-durab., p. 15. [Consultée le 22 décembre 2013].

ou permettant l'écoulement de quantités d'eau appréciables soit à travers le sable ou le gravier, soit à travers les pores, les strates et les fractures du substrat rocheux. Les aquifères sont principalement constituées des eaux météoriques (eaux de pluie) s'infiltrant dans le sol. Mais ils s'alimentent aussi par infiltration des eaux de surface provenant des fleuves et rivières, lacs, lagunes, etc. Peuvent enfin concourir à l'alimentation des aquifères, les travaux hydrauliques ou autres entrepris par l'homme, en particulier la construction d'ouvrages d'irrigation, barrages, retenues d'eau, puits de recharge.

D'après certaines études, les aquifères fournissent presque le 1/3 du débit total de tous les cours d'eau de la planète, soit environ 12.000 km^3 d'eau par an[113]. S'étendant parfois sur des milliers de km^2 et couvrant des centaines de kilomètres entre les lieux d'apport de pluie, les sources et les exsurgences où elles émergent, les aquifères constituent des sources d'eau extrêmement importantes.

Aujourd'hui, face à l'industrialisation galopante et à la résurgence du stress hydrique dans certaines régions, l'intérêt se porte de plus en plus sur les ressources souterraines en eau. Il importe par conséquent de redécouvrir la portée géopolitique des aquifères internes de l'espace septentrional (§1) et méridional du Cameroun (§2).

§1 : Les aquifères internes de l'espace septentrional du Cameroun

Contrairement aux idées reçues, malgré l'aridité de son sol et l'âpreté de son climat, la partie septentrionale du Cameroun dispose, plus que certains pays de l'Afrique centrale[114], d'énormes quantités d'eaux souterraines. Les quantités d'eau cumulée dans les aquifères des bassins sédimentaires du lac Tchad et de la Bénoué sont évaluées, selon les estimations du MINEE/GWP, à 18,77 km^3 ; ce qui représente plus de 35,52% du volume total des eaux souterraines du Cameroun.

---

[113]Olivier Tshibamba, *La problématique de la gestion intégrée des ressources en eau en République Démocratique du Congo : analyses et stratégies*, mémoire de Licence en sciences économiques, Université de Kinshasa, 2006, p. 45.

[114] Les pays suivants, malgré de conditions climatiques favorables, disposent de moins de ressources en eau souterraine que les bassins sédimentaires de la partie septentrionale du Cameroun : la Guinée Equatoriale (10 km^3), le Burundi (7 km^3), le Rwanda (7 km^3), etc.

D'après les hydrogéologues, les aquifères de cet espace se sont pas constitués à partir du cycle hydrologique déterminé par les eaux météoriques. Il s'agit des eaux fossiles, c'est-à-dire des eaux qui sont demeurées enserrées dans les profondeurs de la terre depuis plusieurs milliers d'années. Vu les conditions climatiques âpres, ces aquifères localisés dans les bassins sédimentaires du lac Tchad (A) et de la Bénoué (B) sont faiblement alimentés par les eaux météorites.

A- Le bassin sédimentaire du lac Tchad

De tous les aquifères de la partie septentrionale du Cameroun, le bassin sédimentaire du lac Tchad est sans doute celui qui parait le plus stratégique. Par rapport au bassin de la Bénoué qui a un caractère purement national, il se situe en effet à la périphérie septentrionale du Cameroun, aux confins de la dyade avec la République du Tchad. Vaste espace couvrant une superficie de 20.000 km^2, le bassin sédimentaire du lac Tchad est une zone d'épandage d'alluvions tertiaires, quaternaires et actuelles centrées sur le lac éponyme (carte 9).

Tandis que la FAO estime que ce bassin dispose des réserves de 4 à 5 km^3/an d'eau souterraine[115], le MINEE et le GWP les situent par contre à 3,2 km^3/an[116]; ce qui représente 5,72% du volume total d'eau souterraine du Cameroun. Quelles que soient les statistiques évoquées, les réserves d'eau souterraine de ce bassin sédimentaire sont de loin supérieures à celles des pays tels que l'Algérie (1km^3/an), le Bénin (2 km^3/an), le Botswana (2 km^3/an) ou le Cap Vert (0km^3/an). Il importe d'étudier les configurations hydrogéologiques (1) et les contraintes inhérentes à ce bassin sédimentaire(2).

[115]www.fao.org/.../water/aquastat/.../. [Consulté le 22 décembre 2013].
[116] MINEE/GWP, *Etat des lieux du secteur : connaissances et usages des ressources en eau... op. cit.*, p. 101.

Carte 9 : *situation du bassin sédimentaire du lac Tchad dans le bassin lacustre du lac Tchad*

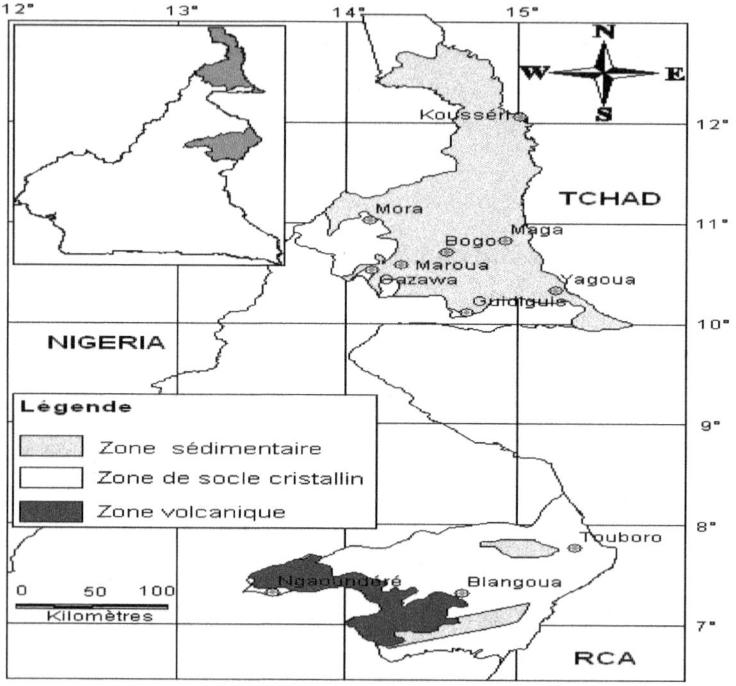

Source : MINEE/GWP, *Eau et environnement…, op. cit.*, p.47.

1- Un aquifère peu pourvu en eau

Sur le plan hydrogéologique, le bassin sédimentaire du lac Tchad n'est pas une région homogène. Selon les travaux du MINEE/GWP[117], il est structuré par les formations géologiques suivantes, à savoir la nappe des terrains quaternaires, la nappe des sables du pliocène supérieur et la nappe du continental terminal.

Constituée d'alluvions, la nappe des terrains quaternaires revêt une importance capitale dans la cuvette tchadienne. Elle présente, en effet, deux unités séparées par le cordon dunaire Limani-Yagoua. Une nappe généralisée située au nord et à l'est du bassin sédimentaire est alimentée par les eaux d'infiltration provenant du Logone,

[117]MINEE/GWP, *Etat des lieux du secteur : connaissances et usages des ressources en eau... op. cit.*, p. 84-90.

du bas-Chari et du lac Tchad. Par ailleurs, entre Yagoua et Waza, l'alimentation du Logone est mise en évidence par un thalweg de la surface piézométrique séparant la surface d'apport du Logone et celle des apports des monts Mandara. La nappe phréatique est discontinue à l'Est de ce cordon dunaire[118]. L'aquifère d'alluvions est exploitée par des puits ou forages peu profonds grâce à la proximité des nappes phréatiques alimentées par les eaux de surface provenant des différents cours d'eau.

La nappe des sables du pliocène supérieur s'étend sur près de 15.000 km^2, sur une épaisseur de 40 à 80 mètres. Sa profondeur varie de 80 m environ à Yagoua à près de 300 mètres aux abords du lac Tchad. Captive et jaillissante dans la partie plus au nord, cette aquifère regorge de beaucoup d'eau. C'est sans doute pourquoi elle permet des productivités de 2.000 à 5.000 m^3/jour par ouvrage[119]. Ce chiffre est nettement revu à la hausse par le BRGM/CIEH qui avait, en 1979, affirmé que la productivité des forages complets, dans la cuvette du Lac Tchad, était de l'ordre de 6 000m^3 par jour[120]. Or, la nappe des sables du pliocène est intensément exploitée, surtout dans la partie nigériane du bassin sédimentaire du lac Tchad. Cette exploitation sauvage peut s'expliquer par la forte densité de la population nigériane qui ne dispose pas toujours de ressources suffisantes en eau pour satisfaire leurs besoins quotidiens.

Enfin, la nappe du continental terminal sableux est encore dite nappe du pliocène moyen et inférieur. Elle est très étendue, à une profondeur de 300 à 500 mètres de profondeur. Il s'agit d'une nappe jaillissante dans l'extrême nord qui couvre sur le plan administratif, les arrondissements de Goulfey, Makari, Fotokol, Blangoua et Darak.

2- Un aquifère menacé de surexploitation

Le bassin sédimentaire du lac Tchad correspond approximativement à la région couverte par le bassin hydrologique septentrional

[118] *Ibid.*, p. 84.
[119] *Ibid.*, p. 86.
[120] Guy-Romain Kouam Kenmogne, et.al., "Gestion intégrée des ressources en eau et objectifs du Millénaire pour le Développement en Afrique : cas du Cameroun" in *Vertigo*, vol. 7, septembre 2006, p. 4, in http://vertigo.revues.org/2319. [Consultée le 25 janvier 2014].

du lac Tchad. A ce titre, il est plus exposé aux aléas climatiques qui frappent le Nord-Cameroun. Dans cette zone, le climat tropical sec à tendance sahélienne enregistre de faibles précipitations dont la moyenne annuelle est d'environ 700 mm, réparties sur deux saisons (la saison sèche s'étend sur presque toute l'année). La température moyenne annuelle se situe autour de 29°C ; tandis que des pics pouvant atteindre 45°C sont notés dans certaines régions. Toutes choses qui accentuent particulièrement l'évapotranspiration dans ce bassin.

Ce bilan climatique a un effet sur la disponibilité des ressources en eau dans l'ensemble du bassin sédimentaire du lac Tchad. En effet, les cours d'eau chargés d'alimenter, par infiltration, les différentes nappes phréatiques, sont affectés par ces conditions climatiques. L'amoindrissement des crues du Logone a, par exemple, pour conséquence une diminution du volume des débordements, voire leur absence totale pendant de très faible hydraulicité comme en 1983 et 1984.

D'autre part, à la suite des aménagements hydro-agricoles sur les rives du fleuve Logone au niveau de la localité de Maga, le système hydrologique du Yaéré a été profondément perturbé. Réalisés après la baisse du régime des précipitations dans la région, ces aménagements ont accentué la diminution du volume des inondations. En ce qui concerne donc les eaux souterraines, et en dépit de l'imperméabilité de sols de la plaine, l'alimentation de la nappe phréatique se fait à partir du Logone et des principaux axes de circulation des eaux d'inondation dans la plaine. Dans ces conditions, l'absence des inondations contribue à une diminution de la recharge de la nappe phréatique en tant que principale source d'approvisionnement en eau des populations de ce bassin sédimentaire. Or cet aquifère, avec un volume total d'eau de 3,2 km^3/an, est le bassin souterrain le moins pourvu en eau du Cameroun. Pis, l'extrême-Nord qui correspond approximativement au bassin sédimentaire du lac Tchad est la région la plus peuplée du Cameroun. Il est donc clair que la conjugaison de tous ces facteurs peut créer des situations conflictogènes dans ce bassin ; ce d'autant plus que la nappe des sables du pliocène est intensément exploitée, surtout dans la partie nigériane du bassin sédimentaire du lac Tchad. Cette exploitation sauvage peut s'expliquer par la forte densité de la population nigériane qui ne dispose pas toujours de ressources suffisantes en eau pour satisfaire leurs besoins quotidiens.

Outre la quantité d'eau, les aléas climatiques ont également un effet sur la qualité même des ressources hydriques souterraines. Selon les prélèvements effectués par Naah et Ketchemen, la nature lithologique des aquifères a des effets sur la qualité des eaux souterraines. En effet, les eaux souterraines du bassin sédimentaire du lac Tchad ont un faciès bicarbonaté calcique et sodique, et acides à basiques[121].

Plus fondamentales paraissent encore les études menées par Fantong et. al, en 2009, qui ont mis évidence de fortes concentrations en ions fluorures (valeur comprise entre 0,19 et 15,2 mg/l) dans les eaux souterraines du bassin du Mayo Tsanaga[122]. Supérieures aux normes de l'OMS (1,5 mg/l), ces concentrations favorisent la fluorose dentaire, pathologie qui apparait souvent sous forme d'une modification de l'émail dentaire provoquant des tâches jaunes ou marron, ou alors une apparence opaque crayeuse avec des stries ou des piqûres. Une concentration supérieure à 5 mg/l peut provoquer la perte des dents et la fluorose osseuse caractérisée par une hypercalcification des os. L'exposition prolongée à une concentration en ions fluoroses supérieure à dix fois la norme admise représente un important risque d'intoxication[123].

B- Le bassin sédimentaire de la Bénoué

Situé dans la partie septentrionale du bassin du Niger, le bassin sédimentaire de la Bénoué est un espace hydrologique de 7.800 km^2, pour un volume d'eau souterraine de 15,75 km^3/an (carte 10). Il s'agit, si on se base sur ces statistiques fournies par le MINEE/GWP[124], de la deuxième réserve souterraine d'eau du Cameroun. En effet, l'aquifère de la Bénoué représente 28,14% du volume total d'eau souterraine du Cameroun. Les études parcellaires et fragmentaires qui ont été publiées sur ce bassin montrent que cet

[121] Cf. MINEE/GWP, *Etat des lieux du secteur : connaissances et usages des ressources en eau... op. cit.*, p. 89, citant les travaux de Naah et de Ketchemen.
[122]*Ibid.*, p. 89, citant les travaux de Fantong.
[123]. MINEE/GWP, *Etat des lieux du secteur : connaissances et usages des ressources en eau... op. cit.*, p. 90.
[124]*Ibid.*, p. 101.

aquifère est non seulement assez mal connu (1), mais qu'il est surtout confronté aux aléas climatiques (2).

Carte10 *: Localisation du bassin sédimentaire de la Bénoué dans le bassin fluvial du Niger*

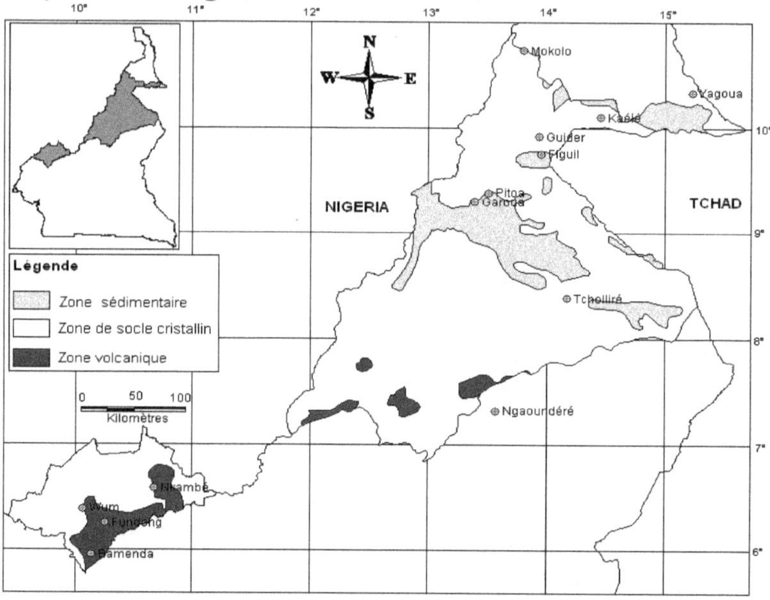

Source : MINEE/GWP, *Eau et environnement..., op. cit.*, p. 53.

1- Un aquifère très pourvue en eau

Tout comme la région hydrologique du Niger, le bassin sédimentaire de la Bénoué reste mal connu, au vu des études fragmentaires qui y ont été consacrées. Les rares données qui existent et qui ont été régulièrement reprises par plusieurs chercheurs contemporains proviennent des travaux datant de la bi-décennie 1970-1980. Cette situation lacunaire peut s'expliquer soit par la crise économique des années 1980 qui a gelé la plupart des recherches géologiques et hydrogéologiques, soit par le nombre insuffisant des hydrogéologues camerounais formés jusqu'à nos jours.

Présentant des successions verticales, la couverture latéritique de l'aquifère de la Bénoué est composée, selon les endroits, soit d'un conglomérat de base surmonté de grès tendres avec zones argileuses, des coulées de basaltes de 10 à 15 mètres d'épaisseur et au sommet quelques mètres de marne ; soit des cailloutis dont la base est associée à des sables et à de nombreux fragments de matériaux tels que le silice, le grès cristallisé à ciment, le calcite avec des marnes, le calcaire, les lamellibranches, et au sommet les marnes et l'argile panachée, etc.[125] Ces différentes configurations expliquent pourquoi cet aquifère est très pourvu en eau.

Par ailleurs, se basant sur la base des travaux de Tillemont[126], on peut distinguer deux des trois catégories d'aquifères dans la grande région du Nord-Cameroun. Il s'agit des aquifères dans les dépôts crétacés et les aquifères dans les alluvions quaternaires. Ici encore, ces aquifères sont assez mal connus puisque les études hydrogéologiques sérieuses réalisées sur cette région datent de la décennie 1970. Or, sous l'effet des changements climatiques et d'une action anthropique, il n'est pas certain que ces aquifères soient demeurées homogènes. Toutefois, les travaux réalisés par le MINEE/GWP ont montré que les aquifères du crétacé se subdivisent en deux sous-catégories[127].

La première englobe les aquifères du crétacé inférieur et moyen qui, bien que peu perméables, ne concernent généralement que les régions bien délimitées des petits bassins synclinaux du sud-est. Même s'il existe un aquifère un aquifère de ce type au nord de Garoua (route de Mokolo) qui fait 65 km^2. La réalimentation annuelle de cet aquifère est estimée à environ 10^7 m^3. Pour l'ensemble de ces aquifères que l'on peut rencontrer dans les régions de Rey-Bouba ou de Tchéboa, les débits d'exploitation n'excèdent pas 100 litres/h. En somme, dans les aquifères du crétacé inférieur et moyen, les nappes phréatiques sont peu profondes ; puisqu'elles se situent généralement entre 5 et 15 m de profondeur. Il est plus aisé d'y installer des infrastructures de forage rudimentaires pour extraire l'eau souterraine. Cependant, pauvrement réalimentée en eau, la nappe phréatique ne permet pas une exploitation par puits au-delà de $1m^3/h$

Les aquifères du crétacé supérieur sont parfois en continuité avec ceux du crétacé moyen. Mais ici, la porosité du grès est augmentée d'une porosité secondaire des fissures bien plus importante, à l'exemple de l'aquifère des grès de Garoua. On a alors des débits

[125]*Ibid.*, p. 91.

[126]MINEE/GWP, *Etat des lieux du secteur : connaissances et usages des ressources en eau... op. cit.*, p.91, citant Tillemont.

[127]*Ibid.*, p. 91

d'exploitation par puits qui peuvent dépasser 50m^3/h. Les dépôts d'alluvions quaternaires, dans les vallées de cette partie de la Bénoué, peuvent avoir quelques kilomètres de largeur et jusqu'à 40 m d'épaisseur, en particulier sur le cours supérieur de la Bénoué et du Mayo-Rey. Ces alluvions sont toujours des aquifères et les débits d'exploitation par puits sont de l'ordre de 3m^3/s[128]. Cependant, d'après les travaux réalisés par le BRGM/CIEH, en 1979, la productivité des forages complets est estimée, dans le bassin des grès de Garoua, à 4 000m^3 par jour[129].

A côté de ces ouvrages d'hydraulique rurale aménagés pour satisfaire les besoins hydriques des populations de la cuvette de la Bénoué, il existe également des entreprises spécialisées dans l'exploitation des eaux minérales. Au rang de celles-ci, on peut par exemple citer la SIDEMI. S.A. dont le siège social se trouve dans la ville de Garoua. Par autorisation du MINMEE[130], cette société s'est lancée dès 1999 dans l'exploitation des eaux minérales sur l'un des flancs du mont Tengueleng, à la périphérie de Garoua. L'eau minérale naturelle extraite de ce point culminant a été embouteillée et commercialisée sous le nom de *SAHEL Springs*. Spécialement "*conseillée pour l'alimentation des bébés, nourrissons et tout autre régime alimentaire*", le SAHEL Springs est, d'après ses promoteurs, une eau "*manufacturée conformément aux normes de l'Organisation Internationale d'Embouteillage de l'Eau (IBWA)*"[131]. La composition minérale de SAHEL Springs est répertoriée dans le tableau ci-dessous.

***Tableau 5** : composition minérale de SAHEL Springs*

Minéraux	**Composition moyenne**
Calcium Ca^{++}	10 mg/l
Magnésium mg^{++}	2 mg/l
Sodium Na^{+}	4 mg/l
Potassium K^{+}	2 mg/l
Bicarbonate Hci3	13 mg/l

[128] *Ibid.*

[129] Guy-Romain Kouam Kenmogne, et.al., *op. cit.,* p. 4, citant le BRGM/CIEH.

[130] Cf. arrêté n° 341/MINMEE/SDAMIC/SCESM du 9 novembre 1999.

[131] Cf. étiquette apposée sur les bouteilles de SAHEL SPRINGS.

Sulfate SO_4^2	7 mg/l
Chloride Cl	15 mg/l
Nitrate NO3	4 mg/l
Fer	Absence
pH	6.9±0.1

Source : Etiquette apposée sur SAHEL Springs.

Il est intéressant de comparer les éléments minéraux de SAHEL Springs avec ceux contenus dans les eaux embouteillées de la région côtière (tableau 6). Si on s'en tient à la composition minérale de SAHEL Springs, les différents minéraux solubles sont présents à des doses faibles. C'est le cas du calcium Ca^{++}, magnésium mg^{++}, du sodium Na^{+}, du potassium K^{+} ou du bicarbonate Hci3 qui se retrouvent dans de fortes doses dans les produits tels que TANGUI, SEMME et SUPERMONT. Alors que le nitrate NO3 s'élève à 4 mg/l dans les eaux embouteillées par la SIDEMI, il est en deçà de 0 mg/l dans les eaux minérales exploitées commercialement dans la région côtière. Ces écarts s'expliquent par les caractéristiques hydrogéologiques particulières de chaque bassin sédimentaire. Malgré ses qualités minérales indéniables, l'aquifère de la Bénoué reste largement tributaire des changements climatiques.

2- *Un aquifère affecté par les changements climatiques*

Le bassin sédimentaire de la Bénoué se présente comme un espace éclaté et discontinu s'étalant sur le pourtour de la cuvette de la Bénoué. La plus grande partie de cet aquifère se termine par un appendice qui se prolonge jusqu'aux pieds des Monts Mandara. L'extrémité nord de cet aquifère s'étend sur la ville de Garoua et ses environs, à l'instar de Pitoa. On note également quelques aquifères fragmentaires situés dans le long de la frontière avec le Tchad, notamment autour de la ville de Figuil.

Le bassin souterrain de la Bénoué est influencé par deux zones climatiques, avec au Nord, le climat tropical et, au Sud, le climat tropical d'altitude de l'Adamaoua. La pluviométrie enregistrée dans différents secteurs de cette région est caractérisée par des variations relativement importantes. La saison pluvieuse est concentrée sur quatre mois, à savoir juin, juillet, août et septembre. Les maxima sont en août et septembre avec des valeurs du même ordre pour ces deux mois. Cependant, dès octobre, l'affaiblissement des pluies est très rapide. En effet, la faible altitude de la région entraine une augmentation sensible des températures moyennes comprises entre 24 et 28,7°C respectivement à Tibati et Kaélé. Les maxima des températures moyennes mensuelles s'observent dès le mois de mars pour la station de Tibati (26,2°C) et en avril pour les stations de Garoua (32,9°C), Kaélé (33,5°C) et Poli (29,6°C).

Une baisse inquiétante de la pluviométrie est observée dans la partie septentrionale du Cameroun. Cette diminution des précipitations pourrait être synonyme d'une baisse des ressources en eau souterraine. Cependant, seules des mesures régulières des niveaux piézométriques et les essais par pompage peuvent donner la mesure exacte de l'évolution des ressources en eaux souterraines des aquifères du bassin sédimentaire de la Bénoué[132].

Dans le bassin sédimentaire de la Bénoué, les nappes souterraines sont alimentées essentiellement par infiltration directe des précipitations, les écoulements de surface constituant le plus souvent un drain des nappes superficielles. L'évolution des ressources en eaux souterraines suivra par conséquent la même tendance que celle des eaux météoriques dans la mesure où la structure des aquifères n'évoluera pas, sauf évènement géologique majeur. Les caractéristiques hydrogéologiques resteront donc les mêmes, parmi lesquels les phénomènes liés à la recharge des nappes phréatiques[133].

Comme l'aquifère du lac Tchad, le bassin sédimentaire de la Bénoué est menacée de surexploitation par des populations qui font face aux affres de la sécheresse dont les conséquences inéluctables sont la diminution des débits des principaux fleuves et la disparition des cours d'eau saisonniers. Dans ce contexte, ne pouvant s'alimenter convenablement en eau de surface, les populations recourent aux puits et aux forages. On ne dispose pas encore de données sur le volume d'eau directement pompé du bassin sédimentaire de la Bénoué.

Même si on est loin des scénarii catastrophes de l'Algérie ou de la Libye dont l'utilisation des ressources hydriques souterraines se

---

[132]/GWP, *Etat des lieux du secteur : connaissances et usages des ressources en eau... op. cit.*, p. 93.
[133]*Ibid.*

situe respectivement à 60 et à 95% des ressources totales[134], le bassin sédimentaire de la Bénoué est à long terme menacé d'assèchement partiel. On sait par exemple qu'en Algérie et en Libye, les nappes profondes et captives de certains bassins sédimentaires ne sont quasiment plus en relation avec le réseau hydrologique superficiel dans la mesure où il n'est plus alimenté par les eaux météoriques.

Au final, les bassins sédimentaires du lac Tchad et de la Bénoué ne sont ni des régions aréiques ni des zones sous stress hydrique. Une région est dite aréique lorsqu'elle dispose moins de 1.000 m^3/an/personne. Selon le PNUD, le Burundi (292 m^3/an/personne), la Tunisie (288 m^3/an/personne) et la Libye (47 m^3/an/personne) figurent parmi les neuf pays africains qui deviendront des régions aréiques d'ici 2025. Par contre, le stress hydrique[135] est déclaré lorsque la disponibilité annuelle en eau par habitant se situe entre 1000 et 1.700 m^3. Or, d'après nos calculs[136], les volumes d'eau dans les bassins du lac Tchad et de la Bénoué sont respectivement de l'ordre de 12.167 m^3/an/personne et de 12.000/m^3/personne.

Cependant, ces régions camerounaises risquent de subir une surexploitation de la ressource hydrique face à un afflux important de réfugiés écologiques tchadiens et nigérians en quête d'eau douce. En effet, sur la base de nos estimations[137], le Tchad et le Nigéria qui vivent déjà des situations de stress hydrique disposaient, en 2011, respectivement de 1.340 m^3/an/personne et de 1.488 m^3/an/personne. La situation n'a cessé de se détériorer face aux changements climatiques. La partie méridionale du pays, par contre, continuera de

---

[134] Suivre le lien: www.wateryear2003.org/fr/ev. [Consultée le 3 septembre 2013].
[135]Par stress hydrique, nous entendons toute situation chronique dans laquelle les populations d'une aire géographique donnée n'arrivent pas ou plus à satisfaire totalement ou en partie leurs besoins élémentaires en eau courante.
[136] Le calcul de la disponibilité en eau par habitant s'effectue sur la base suivante : De= $\frac{ve}{hbts}$ ×1.000. (De= disponibilité en eau ; ve= volume des eaux ; hbts= nombres d'habitants). Ce calcul s'est appuyé sur les données hydriques et démographiques fournies par le MINEE/GWP. Cf. *Etat des lieux du secteur : eau et environnement…*, *op. cit.*, p. 98 ; MINEE/GWP. Cf. *Etat des lieux du secteur : connaissances et usages des ressources en eau…*, *op. cit.*, p. 101.
[137] Ce calcul s'appuie sur les données (volume des eaux et nombre d'habitants) disponibles sur le lien suivant :
www.fao.org/.../water/aquastat/.../. [Consultée le 29 décembre 2013].

bénéficier d'abondantes précipitations qui approvisionneront les différentes aquifères.

§2 : Les aquifères de l'espace méridional du Cameroun

Par espace méridional, nous entendons toute la partie qui se situe au sud du plateau de l'Adamaoua, en tant que frontière naturelle entre le nord et le sud du Cameroun. On y distingue donc deux principaux aquifères. Il s'agit d'une part du bassin sédimentaire de la région côtière, et d'autre part, de la zone de socle. En réalité, la zone de socle se situe sur toute l'étendue du territoire Cameroun ; cependant, une grande portion de sa superficie se localise dans la partie méridionale du pays. C'est pour cette raison principale, sans oublier les impératifs liés à la structuration de notre réflexion, que nous avons choisi de le classer parmi les aquifères de l'espace méridional du Cameroun.

Les aquifères du sud-Cameroun sont stratégiques, pour deux raisons. D'une part, avec une quantité d'eau cumulée estimée tantôt à 37 km^3/an[138] tantôt à 100 km^3/an[139], elles se présentent comme de véritables éponges d'eau. Découlant de la précédente, la deuxième raison tient à ce que, grâce à cet immense potentiel issu du bassin sédimentaire de la région côtière (A) et de la zone du socle (B), soit plus de 66% du volume total d'eau, le Cameroun est considéré comme une gigantesque nappe phréatique.

A- Le bassin sédimentaire de la région côtière

Le nom de ce bassin sédimentaire tient à sa situation géographique le long des côtes camerounaises. Comme dans les autres aquifères du Cameroun, les données éparses et parcellaires disponibles sont insuffisantes pour évaluer avec précision les réserves en eau du bassin sédimentaire de la région côtière. Tout juste sait-on que, couvrant une superficie de 7.500 km^2, le bassin de la région côtière possède un volume d'eau souterraine estimé à 21,63 km^3/an.

---

[138]D'après nos calculs effectués sur la base des données fournies par MINEE/GWP. Cf. *Etat des lieux du secteur : connaissances et usages des ressources en eau…*, *op. cit.*, p. 101

[139] Voir : www.fao.org/nr/water/aquastat/countries_regions/cameroon, [consulté le 12 décembre 2013]. p.4.

Ce volume d'eau correspond par exemple à la réserve en eau souterraine des pays, tels que l'Ethiopie (20 km^3/an), le Mali (20 km^3/an), le Panama (21 km^3/an), etc.

Par ailleurs, si on se base sur les statistiques fournies par le MINEE/GWP, le bassin sédimentaire de la région côtière du Cameroun renferme la plus grande réserve en eau souterraine de tous les bassins sédimentaires camerounais. En effet, si on prend en compte le ratio superficie/volume d'eau[140], on se rend bien compte que la côte camerounaise est la première région hydrologique du Cameroun, qu'il s'agisse des ressources en eau de surface ou des ressources en eau souterraine. Malgré son immense potentiel hydrique (A), le bassin sédimentaire de la région côtière est confronté au risque de pollution (B).

[140] Le bassin sédimentaire de la région côtière couvre une superficie de 7.500 km^2 pour un volume d'eau souterraine de 21,6 km^3 devant ceux du lac Tchad (19.800 km^2 pour un volume d'eau de 3,2 km^3), de la Bénoué (7.800 km^2 pour un volume d'eau de 15,75 km^3) et de la zone du socle (430.000 km^2 pour un volume d'eau de 15,40 km^3).

Carte11 *: Localisation du bassin sédimentaire de la région côtière du Cameroun*

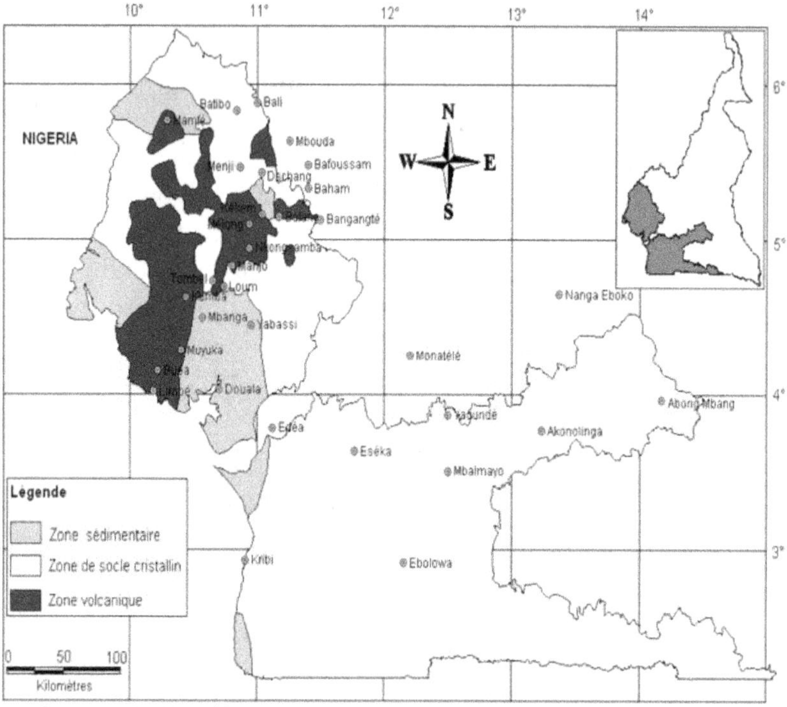

Source : MINEE/GWP, *Eau et environnement..., op. cit.*, p.71.

1- Une véritable éponge d'eau

Les bassins sédimentaires de la zone côtière sont en grande partie situés en bordure du golfe de Guinée. Du Sud au Nord, on distingue deux blocs détachés, à savoir les bassins de Campo-Kribi et celui de Douala-Rio Del Rey (carte 11).

D'une part, le bassin de Campo-Kribi couvre une superficie de 45 km^2 (1 à 3 km de large et 25 km de long). Il est localisé au Nord du fleuve Ntem et ses fossiles lui confèrent un "*grand intérêt paléogéographique*"[141]. La côte altimétrique du bassin est d'une trentaine, et dans certains cas, une centaine de mètres. Les variations du gradient topographique enregistrées au large sont le reflet de celles observées à terre. Ceci s'explique notamment par de nombreuses failles récentes parallèles à la côte et de plusieurs mètres de rejet vertical dans

[141]MINEF/ONUDI, *Profil côtier du Cameroun*, in www.data.cameroun-foret.com/system/.../11_03_145. 1999, [Consultée le 11 décembre 2013], p. 11.

le socle. Ces failles sont associées à la formation du bassin du Congo, la chute de la Lobe, du Ntem et de Bongola[142].

Avec la forme d'un triangle isocèle dont le sommet est centré à Yabassi et ses côtés mesurant 150 km, pour une hauteur correspondant à la largeur maximum du bassin (50 à 60 km)[143], le bassin de Douala - Rio-del-Rey s'étend entre les latitudes 2° et 5° nord. Il comprend deux sous bassins: le bassin de Douala à l'Est (7.000 km2) et le bassin de Rio-del-Rey à l'Ouest (2.500 km^2). Ici, "*le relief a conservé les empreintes des phénomènes tectoniques cassantes qui ont découpé la zone de flexion en marches d'escaliers*"[144]. Avec 200 m au large de Douala l'isobathe est sensiblement à la même distance de la côte (40 km) qu'au large de Kribi-Campo. Par contre, au large du bassin de Rio-del-Rey, cette isobathe s'étend jusqu'à 80 km de la plage[145].

Le bassin de Douala couvre une superficie de 7.500 km^2. Le mécanisme de son remplissage qui obéit à un phénomène de subsidence entamé au cétacé n'est pas encore terminé. Les principales formations sédimentaires sont essentiellement sablo-argileuses, des marnes et des argiles noires ainsi que des sables gréseux. Les formations hydrogéologiques suivantes sont distinguées. D'une part, la nappe des grès cétacés très profonde à Douala, mais proche de la surface à 50 km au nord-est. La nappe des sables paléocènes qui donne des débits de 2 à 300 m^3/h et qui est actuellement exploitée par la ville de Douala.

Sans doute plus que dans les autres aquifères du pays, les immenses réserves d'eau souterraine du bassin sédimentaire de la région côtière du Cameroun font aujourd'hui l'objet d'une intense exploitation industrielle. En effet, selon le BRGM/CIEH, la productivité des forages complets excède 6 000m^3/jour dans le bassin de Douala[146]. Rien d'étonnant donc si, depuis plus de trois décennies, plusieurs sociétés exploitent régulièrement les eaux minérales de la région côtière du Cameroun.

---

[142] *Ibid.*
[143] *Ibid.*, p. 12.
[144] *Ibid.*
[145] *Ibid.*
[146] Guy-Romain Kouam Kenmogne, et.al., *op. cit.*, p. 4, citant le BRGM/CIEH.

Nous nous intéresserons uniquement à eaux embouteillées les plus visibles sur le marché camerounais. Il s'agit, tout d'abord, de la Société des Eaux Minérales du Cameroun (SEMC) qui est une filiale de la Société anonyme des Brasseries du Cameroun (Sabc). Elle a mis en place un produit plus connu sous le nom commercial de "source TANGUI". En effet, TANGUI est la marque éponyme d'une petite localité située dans la région du Littoral, et plus précisément près de Mbanga, l'un des arrondissements du département du Mungo. Première société d'exploitation des eaux minérales au Cameroun, la SEMC a obtenu une autorité d'exploitation suite au décret n° 81/099 du 2 mars 1981. C'est en octobre 1983 qu'elle démarre la production et la commercialisation de l'eau minérale naturelle Tangui. La Semc qui a introduit ses titres à la côte au niveau de la Bourse des valeurs mobilières de Douala (Dsx) contrôlerait 75% du marché de l'eau minérale naturelle au Cameroun[147]. Sa production annuelle est évaluée à plus de 32 millions de bouteilles et, elle couvre le marché intérieur ainsi que certains pays de la sous région. Sur le plan commercial, TANGUI se présente comme une eau d'une très grande pureté, idéale pour l'alimentation délicate du nourrisson et de l'enfant dans la mesure où son faible taux de sodium permet une digestion facile à tout âge et en toute circonstance[148].

SUPERMONT est la marque commerciale d'une entreprise dénommée "Source du pays". Cette société a reçu l'agrément d'exploitation de la part des autorités camerounaises suite au décret n° 84/1110 du 27 août 1984. Située à Mayuka (région du Sud-ouest), cette société exploite les eaux minérales captées à 800 mètres d'altitude sur l'un des flancs du Mont Cameroun, "*site unique et protégé de toute pollution*"[149]. Il est possible que l'extraction de cette eau minérale à partir des roches volcaniques du Mont Cameroun contribue à la rendre plus pure, légère et digeste[150].

Non loin de Mayuka, dans la localité d'Ombé, se trouve une entreprise qui exploite des eaux minérales au pied du Mont Cameroun.

---

[147] Kolyang Lazare, *Cameroun: Les eaux minérales inondent le marché,* 22 Mars 2011. Article disponible à partir du lien suivant : http://fr.allafrica.com/stories/201103220639.html. [consulté le 15 mai 2013].
[148]Cf. étiquette apposée sur les bouteilles de TANGUI.
[149]Cf. étiquette apposée sur les bouteilles de SUPERMONT.
[150]*Ibid.*

Il s'agit du groupe Batoula dirigé par l'homme d'affaires Noucti Tchokwago, ancien Président de la Chambre de Commerce du Cameroun. Disposant d'une autorisation d'exploitation depuis juin 2004[151], cette entreprise produit actuellement une eau minérale désignée sous le nom commercial de Volcanic.

La région du Sud-ouest abrite également une autre société d'exploitation des eaux minérales. Il s'agit de la Société des Eaux Minérales du Mont Etindè (SEMME) qui exploite les eaux souterraines du bassin côtier dans la localité de Bakingili. Cette société appartient au groupe Seme qui a à sa tête l'homme d'affaires Seme Noungon. Elle a reçu l'autorisation d'embouteillage le 24 février 2005[152]. Comme semble l'indiquer son sigle, SEMME est une eau minérale produite sur les flancs du Mont Etindè. Cette origine semble garantir sa qualité dans la mesure où ce produit "*doit sa pureté et sa fraicheur naturelle à son passage dans les couches basaltiques*"[153] constitué d'un agrégat de minéraux (tableau 6).

Contrairement aux autres entreprises qui exploitent les eaux minérales à partir des flancs du Mont Cameroun, la Société des Eaux Equatoriales du Cameroun (SODEEC) est basée dans le sous-bassin du Ntem. Elle produit une eau minérale connue sous le nom commercial de *Pura*. La SODEEC a reçu l'autorisation d'embouteillage à la suite d'un arrêté datant du 9 juin 2010. Extraite à partir des sources du Mont Eloumden dans la localité de Meyo, l'eau naturelle *Pura* présente des caractéristiques minérales différentes des produits.

[151] Arrêté n°000019/MINMEE/SG/DMG/SDAMIC/SCESM du 12 juin 2004.
[152] Cf. Décision n° 0016/MINIMIDT/CAB du 24 février 2005.
[153] Cf. étiquette apposée sur les bouteilles de SEMME.

Tableau 6: Proportion des minéraux contenus dans les eaux embouteillées dans le bassin de la région côtière.

Minéraux	Eaux minérales embouteillées				
	Tangui	**Semme**	**Pura**	**Volcanic**	**Supermont**
Calcium (Ca^{++})	32 mg/l	-	15mg/l	28 mg/l	30 mg/l
Magnésium (Mg^{++})	21 mg/l	12 mg/l	19mg/l	13 mg/l	5,9 mg/l
Potassium (K^{+})	10 mg/l	5 mg/l	3 mg/l	4 mg/l	3,8 mg/l
Bicarbonate (HCO_3^-)	217 mg/l	161 mg/l	-	200 mg/l	134 mg/l
Sulfates (SO_4^{--})	2mg/l	-	1,8 mg/l	≤5 mg/l	0,0 mg/l
Chlorure (Cl^-)	1mg/l	-	0,9 mg/l	≤0,1 mg/l	1,3 mg/l
Nitrates (NO_3^-)	-	≤ 0,01 mg/l	0,7 mg/l	≤1 mg/l	0,0 mg/l
pH	-	7,7 mg/l	-	-	7,1mg/l
Sodium (Na+)	1mg/l	32 mg/l	1,2 mg/l	1,2 mg/l	0 mg/l

Source : L'auteur (Tableau reconstitué à partir des données disponibles sur les étiquettes des eaux embouteillées).

Le tableau ci-dessus montre que les eaux minérales embouteillées dans la région côtière du Cameroun ne présentent pas toujours les mêmes caractéristiques chimiques et bactériologiques. La raison est que ces eaux minérales embouteillées sont uniques dans la mesure où elles sont exploitées dans des sites présentant des caractéristiques géologiques différentes. Tandis que la source Tangui, Pura et Volcanic semblent insister sur leur faible taux de sodium (autour de 1mg/l), on remarque que l'eau minérale de SEMME contient 32 mg/l de sodium. Il en est de même du calcium qui, bien que présent à des proportions presque égales dans les bouteilles de Tangui et de Supermont, est totalement absent dans les eaux minérales produites par SEMME. Il serait aussi intéressant de comparer les caractéristiques des eaux minérales de ces cinq entreprises de la côte camerounaise avec les eaux de SAHEL Springs du bassin sédimentaire de la Bénoué (tableau 5). Nonobstant ses immenses réserves d'eau et ses qualités minérales avérées, le bassin sédimentaire de la côte camerounaise est, plus que tous les autres aquifères, menacé de pollution.

2- Un aquifère menacé par la pollution

Le bassin sédimentaire de la région côtière est caractérisé par une alternance de deux saisons, dont la plus longue (celle des pluies) s'étend parfois jusqu'à huit mois, c'est-à-dire de mars à octobre. Les précipitations moyennes se situent autour de 4.000 mm/an. Sur la pente du Mont Cameroun, du côté de l'océan Atlantique, la pluviométrie est d'environ 10.000 mm par an à Debunsha. Ce qui fait de cette localité le deuxième lieu le plus humide du monde, après l'Amazonie. Les températures moyennes sont assez stables, de l'ordre de 25°C. L'humidité relative est maintenue de 70 à 80% pratiquement toute l'année[154].

Ces conditions climatiques particulières ne permettent pas l'infiltration immédiate des eaux météoriques dans des sols souvent sablonneux et argileux. Ce qui occasionne des inondations régulières dans la ville de Douala situé sur l'estuaire du Wouri. Ces inondations posent le problème d'assainissement dans une métropole qui comprend plus de 2 millions d'habitants. En effet, les populations ne parviennent pas souvent à évacuer leurs ordures ménagères. Sous l'effet répété des précipitations, ces ordures déversées sur le lit de certains points d'eau finissent par s'infiltrer dans les nappes phréatiques.

Pourtant, selon la législateur camerounais, "*sont interdits les déversements, écoulements, jets, infiltrations, enfouissements, épandages, dépôts directs ou indirects de toute matière solide, liquide ou gazeuse et en particulier, des déchets industriels, agricoles et atomiques susceptibles d'altérer la qualité des eaux*"[155]. Or, les puits et les forages anarchiques creusés çà et là ne répondent pas souvent aux normes en termes de qualité et de quantité autorisées d'eau.

---

[154] MINEE/GWP, *Eau et environnement..., op. cit.*, p. 69.
[155]Loi n°98/005 du 14 avril 1998 portant régime de l'eau.

Il faut également signaler les pollutions industrielles générées par le rejet des eaux usées directement sur la nature. En tant que poumon économique du Cameroun, la région côtière est très exposée aux risques majeurs de pollutions d'origine industrielle. Rien que dans la ville de Douala, on note la présence des industries de transformation (métallurgique, mécanique, etc.), des installations agro-alimentaires (CHOCOCAM, Brasseries du Cameroun, Union Camerounaise des Brasseries, etc.), des usines chimiques (Complexe Chimique Camerounais), etc. Il n'est pas toujours aisé de tracer le circuit d'évacuation de toutes les eaux usées provenant de ces complexes industriels. Cependant, il est évident que ceux-ci émettent des matières polluantes, généralement au-delà des limites autorisées[156].

Plus préoccupantes encore sont, sans doute, les intrusions salines dans les aquifères des zones côtières du Cameroun. En effet, les zones de mangrove sont caractérisées par des teneurs très élevées en sels ; toutes choses qui altèrent la potabilité des eaux souterraines consommées par les populations[157]. Ce point de vue est néanmoins tempéré par une étude publiée conjointement, en 1999, par le MINEF/ONUDI qui montrait que "*les eaux côtières camerounaises sont généralement caractérisées par une basse salinité, due à la forte pluviométrie et au réseau hydrographique dense*"[158]. Cette assertion est corroborée par les travaux antérieurs de Lafond qui, en 1967, "*avait enregistré des pointes de salinité de 20‰ à 15 km du port de Douala pendant la saison sèche et moins de 20‰ pendant la saison pluvieuse*"[159].

Les eaux souterraines de la zone côtière du Cameroun présentent des taux de salinité plus élevées que dans les autres aquifères en raison de la proximité de la mer[160]. On doit tout au moins convenir que ces eaux présentent des taux d'acidité qui peuvent s'expliquer soit par la nature des roches rencontrées dans le sous-sol soit par les pollutions industrielles. D'autre part, l'hydrogène sulfureux, produit très corrosif, est présent dans les eaux souterraines de la nappe libre

---

[156]*Ibid.*, p. 52.

[157]MINEE/GWP, *Connaissances et usages des ressources en eau... op. cit.*, p. 96.

[158] MINEF/ONUDI, *op. cit.*, p. 14.

[159]*Ibid.*

[160]MINEE/GWP, *Connaissances et usages des ressources en eau... op. cit.*, p. 96

à Massoumbou[161]. Ce qui montre bien que l'eau souterraine de la région côtière peut présenter, en dehors des risques de pollutions anthropiques ou industrielles, des dangerosités liées à sa composition chimique ou bactériologique.

B- La zone du socle

La zone dite du socle est la quatrième région aquifère du Cameroun, à côté des bassins sédimentaires, tels que ceux du lac Tchad, de la Bénoué ou de la côte Atlantique. Cependant, cette région n'est pas un bassin sédimentaire. En réalité, elle résulte des formations cristallines et cristallophylliennes qui sont contenues dans les roches magmatiques plutoniques, volcaniques et métamorphiques diverses. D'une superficie de 430.000 km^2, la zone du socle, en tant que vaste région discontinue s'étendant du Sud au Nord, représente plus de 90% du territoire national.

[161] *Ibid.*

Carte 12 *: La zone du socle*

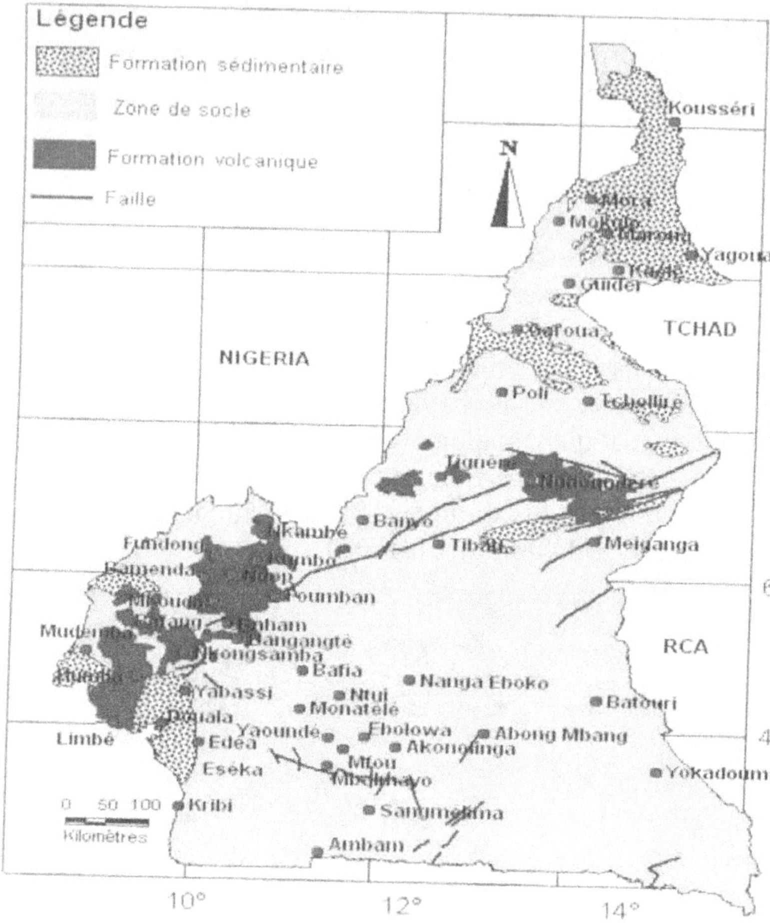

Source : MINEE/GWP, *Connaissances et usages des ressources en eau... op. cit.*, p. 85.

Les statistiques relatives à la production d'eau souterraine dans la zone du socle sont disparates et peu concordantes. Les écarts sont parfois si grands qu'on passerait du simple au quintuple. Ainsi, selon le MINEE/GWP, le volume d'eau de la zone du socle est estimé à 15,40 km^3/an[162] ; ce qui représente près de 27,51% du total des eaux fossiles du Cameroun. Par contre, la FAO/AQUASTAT évalue à 79 km^3/an le volume d'eau souterraine de cette région[163]. Si on se base

162 *Ibid.*, p. 101.

163 FAO/AQUASTAT. Disponible sur le lien suivant: http://www.fao.org/nr/water/aquastat/countries_regions/cameroon/ , p. 4.

sur cette dernière source, le volume total des eaux souterraines du Cameroun (résultat obtenu après l'addition des potentiels hydriques de tous les bassins) est plus de 120 km^3. Ce qui est en totale contradiction avec les chiffres fournis par le MINEE/GWP[164] et la FAO/AQUASTAT[165]. La zone du socle est un aquifère à "*hydrogéologie variable*" (1) qui présente des risques non spécifiés (2).

1- Un aquifère à "hydrogéologie variable"

La zone du socle est parcourue par plusieurs aquifères qui présentent généralement des caractéristiques spécifiques liées à l'hydrogéologie. Les ressources en eau souterraine de cette zone se retrouvent dans deux types d'aquifères. En conséquence, on y rencontre deux principales configurations hydrogéologiques : dans un premier cas, lorsque les aquifères sont isolées, on a tantôt un aquifère d'altérite sus-jacent continu tantôt un aquifère de fractures et fissures discontinu.

Par contre, lorsque ces deux types d'aquifères sont superposés, on a ce qu'on appelle un aquifère bicouche[166]. Ces deux nappes fonctionnent de façon autonome et sont localisées à des profondeurs différentes du sol. On peut ainsi avoir, d'une part, l'aquifère supérieur dont la profondeur se situe généralement entre 8 et 20 mètres ; et, d'autre part, l'aquifère profond qui s'étend entre 20 et 60 mètres.

Dans la zone de socle, les fonctions capacitives et conductrices coexistent au sein de chaque aquifère, le milieu altéré étant essentiellement capacitif, et le socle à tendance conductrice[167]. Les potentialités de ces aquifères dépendent non seulement des paramètres du bilan hydrologique mais également de leur configuration. Aussi l'exploitation des eaux souterraines de l'aquifère d'altérites se fait-elle à travers des puits et des sources. Pour les aquifères de fissure et de fractures des études ponctuelles particulières permettent

---

[164] Selon le MINEE/GWP, le volume total d'eau souterraine du Cameroun s'élève à 55,98 km^3. Cf. *Connaissances et usages des ressources en eau... op. cit.*, p. 101

[165] Pour la FAO/AQUASTAT, le volume total d'eau souterraine du Cameroun est estimé à plus de 120 km^3.
Cf. http://www.fao.org/nr/water/aquastat/countries_regions/cameroon/, p. 4

[166] MINEE/GWP, *Connaissances et usages des ressources en eau... op. cit.*, p. 96, citant DJEUDA TCHAPNGA et al., 2001.

[167] *Ibid.,* p. 96, citant Savadogo (1984) et Djeuda (1988).

généralement d'implanter des forages sur les axes d'écoulement préférentiel.

Alors que le volume d'eau souterraine de la zone de socle est de 15,4 km^3, les débits d'exploitation varient dans une large gamme. Les travaux de Tescult et de Sograeh ont permis de mieux connaitre la configuration hydrogéologique de la zone du socle[168]. Ainsi, si le substratum présente une nature cristalline à fort pourcentage de quartz, il peut donner une arène sableuse d'altération qui peut fournir de bons débits : 5 à 30 m^3/heure par exemple. Si l'altérite est argileuse du fait d'un substratum schisteux, les débits y seront faibles à nul. Le substratum lui-même peut présenter une ressource en eau souterraine où la réserve est localisée dans les fractures ou fissures, ouvertes en théorie sur 30 à 40 mètres de profondeur en terrain cristallin et, à 60 mètres ou plus en terrains schisteux. Les débits sont en général inférieurs à une dizaine de m^3/heure, sauf en zones fractures majeures où les débits peuvent être plus importants[169].

Tableau 7 : composition minérale de Le Fébé

Minéraux	Composition moyenne
Calcium Ca^{++}	14 mg/l
Magnésium mg^{++}	15 mg/l
Sodium Na^{+}	2 mg/l
Potassium K^{+}	10 mg/l
Bicarbonate Hci3	98 mg/l
Sulfate SO_4^{2}	0,0 mg/l
Chlorure Cl^{++}	0,0 mg/l
Nitrate NO3	0,0 mg/l
pH	7,1

Source : Etiquette apposée sur Le Fébé.

Le tableau ci-dessus met en exergue la composition minérale de l'eau minérale dénommée Le Fébé. Il s'agit de l'une des rares eaux minérales produites directement dans la zone du socle. Ce qui semble corroborer l'idée selon laquelle cette zone, la plus étendue du Cameroun, est faiblement pourvue en ressources hydriques. Elle est captée à partir des profondeurs du mont Elom, dans la localité

[168] *Ibid.*, p. 97, citant Tescult et Sogreah (2006).
[169] *Ibid.*, p. 97, citant Tescult et Sograeh, 2006.

d'Awaé. Extraite à partir de ce point culminant, cette eau minérale est ensuite embouteillée et commercialisée sous le nom de *Le Fébé.*

Comme les bassins sédimentaires, la zone du socle est confrontée aux menaces dont la nature dépend non seulement de l'aquifère concernée mais également des activités déployées par l'homme.

2- Un aquifère aux menaces non spécifiées

Vu l'étendue de la zone du socle, les menaces rencontrées au niveau de l'exploitation des aquifères sont diverses et variées. Grace aux travaux effectués par le MINEE/GWP, on dispose de données essentielles sur la qualité des eaux souterraines présentes dans la zone du socle cristallin et cristallophyllien. En effet, la qualité de ces eaux varie selon que la roche est un granit, un gneiss, une migmatite, un schiste, une altérite ou un basalte.

Dans les aquifères de la zone de socle, le pH varie peu en fonction de la nature lithologique des aquifères. Cependant, il faut relever que les eaux des altérites sont plus acides que celles des autres aquifères. Les altérites fournissent une eau pourvue d'un équilibre calco-carbonique moyen, alors qu'elle est agressive dans les autres aquifères[170]. Elles sont pour la plupart bicarbonatées calciques dans le bassin de la Sanaga, bicarbonatées sodiques et chlorurés sodiques potassiques dans le bassin des fleuves côtiers. Leur pH est généralement acide. Lorsque la roche mère est riche en micas, l'eau souterraine est enrichie en fer et en magnésium[171].

Si on se réfère aux travaux de Nola et al., l'eau souterraine de la zone cristalline et cristallophyllienne "*est acide mais douce, très faiblement oxygénée, avec une minéralisation faible à moyenne*"[172]. Par conséquent, les teneurs en ions chlorures sodium et potassium sont relativement élevées dans l'eau des puits comparativement à celles des eaux des sources. Les concentrations en dioxyde de carbone dissous y sont proches de celles enregistrées dans les eaux des sources. Les concentrations en oxygène dissous sont plus élevées dans les

[170] MINEE/GWP, *Connaissances et usages des ressources en eau... op. cit.*, p. 98
[171] *Ibid.*
[172] *Ibid.,* citant Nola (1998).

eaux des puits que dans les eaux de sources. Les eaux des puits sont plus minéralisées que les eaux de source.

En tant que région aquifère la plus importante du Cameroun, tout au moins en ce qui concerne sa superficie, la zone du socle a fait l'objet d'une exploitation intense. Malheureusement, le secteur de l'industrie minérale n'est pas toujours réglementé. Dans la seule ville de Yaoundé situé dans la zone du socle, nous avons pu dénombrer une dizaine d'entreprises –formelles et informelles- opérant dans le secteur de la production des eaux minérales ensachées. Pour mieux appréhender le phénomène de l'exploitation anarchique et frauduleuse des eaux dites minérales, il faut étendre le cadre d'étude jusqu'à la ville de Douala qui appartient en réalité au bassin souterrain de la région côtière.

Tableau 8 *: Quelques eaux ensachées dans la ville de Yaoundé*

Propriétés minérales	Entreprises			
	Alpha	Charone	Golden	Mme Su'
Calcium (Ca^{++})	8 mg/l	45mg/l	32 mg/l	1,3-5 mg/l
Magnésium (Mg^{++})	12 mg/l	20mg/l	12 mg/l	5-10 mg/l
Potassium (K^{+})	00 mg/l	18mg/l	5,5mg/l	0-1,2 mg/l
Bicarbonate (HCO_3^-)	264mg/l	206mg/l	220 mg/l	-
Sulfates (SO_4^{--})	00mg/l	143mg/l	3 mg/l	0-7 mg/l
Chlorure (Cl^-)	0,9mg/l	38mg/l	2,7 mg/l	0-0,03mg/l
Nitrates (NO_3^-)	-	1 mg/l	0,5 mg/l	0 mg/l
pH	-	-1	-	6,5 mg/l
Sodium (Na+)	00mg/l	105mg/l	1,3 mg/l	0-1,2mg/l

A l'analyse, les propriétés minérales varient d'une eau ensachée à une autre. Cependant, on remarque des écarts très considérables de valeur entre les différentes eaux. Les propriétés minérales de Charone sont si élevées qu'on se demande finalement s'il n'y a pas eu des erreurs sur la transcription des valeurs sur les sachets. Concernant par exemple les proportions de sodium contenues dans Charone (105mg/l), elles ne respectent pas les normes de l'OMS sur l'eau potable (moins de 20 mg/l)[173]. D'autre part, comment comprendre que le sulfate, le nitrate, le sodium et le chlorure contiennent des dosages si élevés alors que, même dans les eaux embouteillées, ces minéraux sont faiblement présents (cf. tableau 6) ?

On observe une autre curiosité sur le tableau 8 : dans l'eau minérale *Mme Su'*, les dosages des principaux minéraux sont approximatifs. Ces valeurs incertaines peuvent dénoter soit d'une connaissance approximative des propriétés de la source d'eau soit d'un manque de contrôle et de suivi chimique et bactériologique de cette eau ensachée. Or, comme nous l'avons vu dans les eaux embouteillées (Source Tangui, Semme, Supermont, etc.), la réputation d'une eau minérale tient d'abord à son zone d'extraction qui conditionne sa composition chimique exceptionnelle, voire unique. Sur les sachets analysés, nous n'avons aucune indication sur la provenance des eaux produites.

Par ailleurs, ces eaux ensachées posent véritablement un problème de santé publique. Tout d'abord, les eaux prétendument minérales sont parfois des eaux ordinaires ensachées par des commerçants véreux. En effet, au plus fort de l'épidémie du choléra, les eaux ensachées ont été suspectées d'être des vecteurs de vibrions cholériques. C'est pourquoi dans la stratégie gouvernementale de lutte contre l'épidémie du choléra, les autorités administratives camerounaises[174], sur la base des analyses bactériologiques faites par le

[173]Pour un regard rapide sur les normes OMS en matière d'eau potable, bien vouloir suivre le lien ci-dessous :
http://www.lenntech.fr/applications/potable/normes/normes-oms-eau-potable.htm

[174]Voir par exemple l'Arrêté régional n° 28/AR/C/SG/DAJ du 22 novembre 2010, portant interdiction de la production et de la vente illégales et anarchiques de l'eau de boisson dans la Région du Littoral ; et l'Arrêté préfectoral n°244/AP/J06/BASC du 24 mars 2011 interdisant la production et la vente d'eau d'origine douteuse dans le département du Mfoundi.

Centre Pasteur[175] et les dénonciations faites par la société civile[176], ont décidé de réglementer le secteur de l'eau ensachée.

Découlant de la précédente, la seconde raison tient à l'absence d'autorisation préalable octroyée aux entreprises intervenant dans le secteur de l'exploitation des eaux minérales. A ce niveau, conformément à la réglementation en vigueur[177], à l'exception notoire des sachets de Mme Su' qui affichent l'autorisation d'exploitation, même si elle parait tronquée ou incomplète[178], la Société SOPROLVIN basée à Yaoundé a été, par exemple, "*autorisée à exploiter une unité d'embouteillage et de mise en sachet d'une eau minérale dénommée Max Water au lieu-dit Oyom Abang, arrondissement de Yaouné 7ème, département du Mfoundi, région du Centre*"[179].

Enfin, contrairement aux eaux embouteillées dans les bassins sédimentaires de la Bénoué ou de la région côtière, les eaux ensachées sur toute l'étendue de la zone du socle n'indiquent pas la provenance des sources. S'agit-il des eaux extraites sur le flanc des montagnes ou tout simplement des eaux exploitées à partir d'une excavation naturelle ?

---

[175] Dans une étude datant de 2011, le Centre Pasteur montrait, sur un échantillon de 50 puits et forages basés à Yaoundé et à Douala, que toutes les eaux prélevées étaient impropres à la consommation ; tandis que 86% des eaux ensachées contenaient des matières fécales.

[176] La Chambre Nationale des Consommateurs du Cameroun (CNCC) avait en mai 2011, dénombré 36 marques d'eau ensachées non autorisées. Il s'agit de : Alaska ; Vitek ; Tanga ; Reine ; Source d'orly ; Diamant ; Supernaturel ; Soif ; Source du Sahel ; Oceane; geca ; Golf water; Tampy ; Aqua fresh ; Cristaline ; Source Planete ; Water d'or ; Noblesse water ; Ideal ; Eau et vie ; Rio Water ; Sada ; Karoma ; Source de La Vallee ; Clear Fontaine ; Fani food Audrey Cameroun ; Joice water ; source du terroir ; Majestic production ; Le Chateau d'or ; Nogeni ; Chambert ; Notiscam ; N'diba ; Cool. Pour plus d'informations, voir : CNACOC, "Le Consommateur averti", n° 3215, Avril - Mai 2011, p. 2.

[177] Cf. décret n° 2001/164/PM du 8 mai 2001 précisant les modalités et conditions de prélèvement des eaux de surface ou des eaux souterraines à des fins industrielles ou commerciales. Lire particulièrement l'article 2 qui dispose que "*les prélèvements des eaux de surface ou des eaux souterraines à des fins industrielles ou commerciales sont soumis à une autorisation préalable*".

[178] Voir les étiquettes.

[179] Arrêté n°00576/MINIMIDT/SG/DMG/SDAM/SSEMEM du 24 juin 2010 portant autorisation d'embouteillage d'une eau minérale accordé à la Société SOPROLVIN, art. 1.

Dans ce contexte, le consommateur ne dispose pas toujours de toutes les informations requises sur la potabilité ou la minéralité des eaux exploitées. En dehors des propriétés minérales douteuses de ces eaux ensachées, on peut dès lors craindre qu'elles ne soient ni produites ni conservées dans des conditions idoines. Pis, l'absence d'étanchéité des sachets suggère que des manipulations extérieures sur les eaux conditionnées sont possibles.

Au final, la zone du socle fait actuellement l'objet d'une intense exploitation même s'il ne faut pas craindre à moyen terme l'épuisement des réserves d'eau souterraine. En effet, les conditions climatiques favorables et la présence de nombreux cours d'eau constituent autant de source de recharge des nappes aquifères.

CHAPITRE II : GEOGRAPHIE DES ESPACES HYDRIQUES PERIPHERIQUES DU CAMEROUN

Dans le chapitre précédent, nous avons vu que les espaces hydriques intérieurs relevaient entièrement de la souveraineté exclusive de l'Etat du Cameroun. Tel n'est pas le cas des périphéries hydriques qui se situent à la confluence des souverainetés étatiques parfois rivales, voire hostiles. Par conséquent, on passe du champ hydro-politique intérieur caractérisé par la position dominante du Cameroun au champ hydro-politique périphérique marqué par l'irruption d'autres formations étatiques. Cette tension permanente entre les forces politiques concurrentielles confère un sens indéniable au champ hydro-politique périphérique camerounais, en tant qu'espace de cristallisation de la compétition.

La géopolitique des espaces hydriques périphériques du Cameroun fait appel, au moins, à deux constatations : premièrement, le Cameroun est le seul pays africain qui partage ses frontières avec l'ensemble des pays de la sous-région CEMAC[180]. On ne saurait par conséquent comprendre la géopolitique de l'eau au Cameroun sans mettre en exergue le caractère périphérique de ces espaces hydriques. Bien plus, il n'est même pas exclu de poser que la géopolitique de l'eau au Cameroun se confond, à bien des égards, avec l'hydro-politique de l'Afrique centrale, tout au moins dans sa configuration CEMAC-Nigéria. Le deuxième constat porte sur le positionnement du Cameroun en tant que centre géographique dans la répartition des sources hydrologiques de l'espace géopolitique CEMAC-Nigéria. Dans cette configuration complexe, le pays se situe tantôt en amont tantôt en aval, voire comme château d'eau en Afrique centrale CEMAC-Nigéria.

Cette position conduit inexorablement à une diversification et à une complexification des cours d'eau périphériques qui n'épousent pas toujours la logique des découpages territoriaux. En effet, "*l'eau ne connait pas les frontières*"[181] dans la mesure où elle "*fait fi des frontières politiques qu'elle franchit sans passeport ni visa, sous la*

[180] Il s'agit du Gabon, du Congo, de la Guinée Equatoriale, du Tchad et de la RCA.
[181] Jean-François Donzier, "Pour une nouvelle gestion des bassins transfrontaliers" in *Géopolitique*, n° 107, p. 26.

forme de cours d'eau, des lacs ou d'aquifères"[182]. On peut ainsi passer, pour un même cours d'eau, du champ hydro-politique intérieur au champ hydro-politique périphérique, voire mixte. En effet, l'hydrographie particulière de la zone CEMAC-Nigéria se décline sous forme des cours d'eau frontaliers, transfrontaliers et mixtes (voir figure 1). Tout en validant ces différentes configurations qui, dans un cas comme dans l'autre, déterminent la politique de l'eau du Cameroun, nous étudierons, tout d'abord les eaux frontalières (section 1) avant d'aborder les eaux transfrontalières ou mixtes du Cameroun (section 2).

Figure 1 *: Les différentes configurations des périphéries hydrologiques du Cameroun*

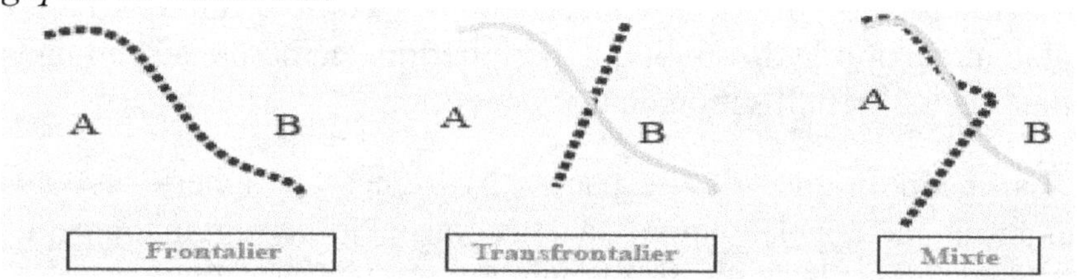

Source : Géoconfluences, "Bassins versants transfrontaliers en Afrique occidentale" in
http://géoconfluences.ens-lyon.fr/doc/typespace/frontier/FrontDoc.htm

Section I : Les eaux frontalières du Cameroun

Suivant la logique du schéma ci-dessus, les eaux frontalières désignent les cours d'eau (fleuves et lacs) qui servent uniquement de frontière naturelle entre le Cameroun et ses différents voisins. En effet, les hommes politiques ont généralement eu recours à la géomorphologie pour déterminer les dyades, c'est-à-dire des "*frontières communes à deux Etats contigus*"[183]. Les différentes configurations du relief peuvent ainsi servir de marqueur et de ligne de démarcation entre les souverainetés. En ce sens, selon Michel Foucher, en 1991, "*dans le pourcentage des frontières démarquées (58,8%), près du tiers coïncide avec un support fluvial ou lacustre, ce qui n'est pas*

[182] Etanislas Ngodi, "La gestion concertée des eaux transfrontières du fleuve Congo" in Ntuda Ebode (dir.), *La gestion coopérative des ressources transfrontalières en Afrique centrale : quelques leçons pour l'intégration régionale*, Ed. Clé, Yaoundé, 2011, p. 56.
[183] Maie Gérardinot (dir.), *Géographie des conflits*, Atlande, Neuilly, 2012, p. 266.

plus simple à gérer : tantôt la limite sera au centre du talweg, tantôt sur l'une des rives d'un fleuve (...) ou d'un lac (...)"[184]. Ce constat est d'autant plus fondé que le Cameroun est, tout juste derrière la RDC, le deuxième pays le plus arrosé en Afrique. De ce point de vue, la plupart des frontières terrestres du Cameroun coïncident avec des plans d'eau.

Par ailleurs, totalisant exactement 4.596 km de frontière[185] sur les 80.423 km[186] que comptait l'Afrique en 1991, soit plus de 5,71% des dyades[187], le Cameroun, en raison même de son histoire singulière[188], est certainement l'un des rares pays en Afrique dont la construction des périphéries s'est étalée sur plus de ¾ de siècle. En effet, la formation des frontières camerounaises a débuté au moment de la Conférence de Berlin (1884-1985) qui a consacré juridiquement le partage de l'Afrique entre les différents empires coloniaux. Ce n'est qu'en 1961 que cette construction s'est achevée avec la réunification, en 1961, des deux Cameroun. Pourtant, comme le remarquait Michel Foucher, le "*processus d'horogenèse*" en Afrique qui s'est étalé entre 1885 et 1910 s'est seulement réalisé en 25 ans ; ce qui semble être un record absolu dans la mesure où il a fallu plusieurs siècles pour délimiter les frontières européennes[189].

L'objectif de notre analyse n'est pas de retracer l'"*horogenèse*" des frontières du Cameroun. D'ailleurs, plusieurs monographies provenant notamment des historiens, y ont été consacrées[190]. Il sera davantage question de percevoir les implications géopolitiques que ces différents découpages territoriaux ont eu sur le positionnement du

---

[184] Michel Foucher, *Fronts et frontières. Un tour du monde géopolitique*, Paris, Fayard, 1991, p. 168.

[185] D'après nos calculs. Il suffit de totaliser la longueur des frontières partagées entre le Cameroun et ses principaux voisins.

[186] Michel Foucher, *op. cit.,* p. 99.

[187]D'après nos calculs.

[188] Cette histoire est marquée par des statuts juridiques mouvants alternant entre protectorat allemand (1884-1916), territoire sous mandat de la SDN (1921-1945), territoire sous-tutelle des Nations-Unies (1945-1959), et pays indépendant (1960) et unifié (1961).

[189]Michel Foucher, *op. cit.,* p. 101.

[190] Lire principalement : Adalbert Owona, "La naissance du Cameroun (1884-1914)", in *Cahiers d'études africaines*, vol. 13, n°49, 1973, pp. 16-36 ; A.-H.Onana Mfegue, *Le Cameroun et ses frontières : une dynamique complexe*, Paris, L'Harmattan, 2004.

Cameroun dans le champ hydro-politique de l'Afrique centrale. Bien plus, notre ambition est de montrer comment les différentes périphéries du Cameroun ont été construites, déconstruites et reconstruites au gré des intérêts des puissances coloniales. Dans ce sens, les espaces maritimes, fluviaux ou lacustres n'ont été que de supports opportuns dans la matérialisation des domaines de souveraineté.

Carte 13 : Les mutations historiques des frontières du Cameroun

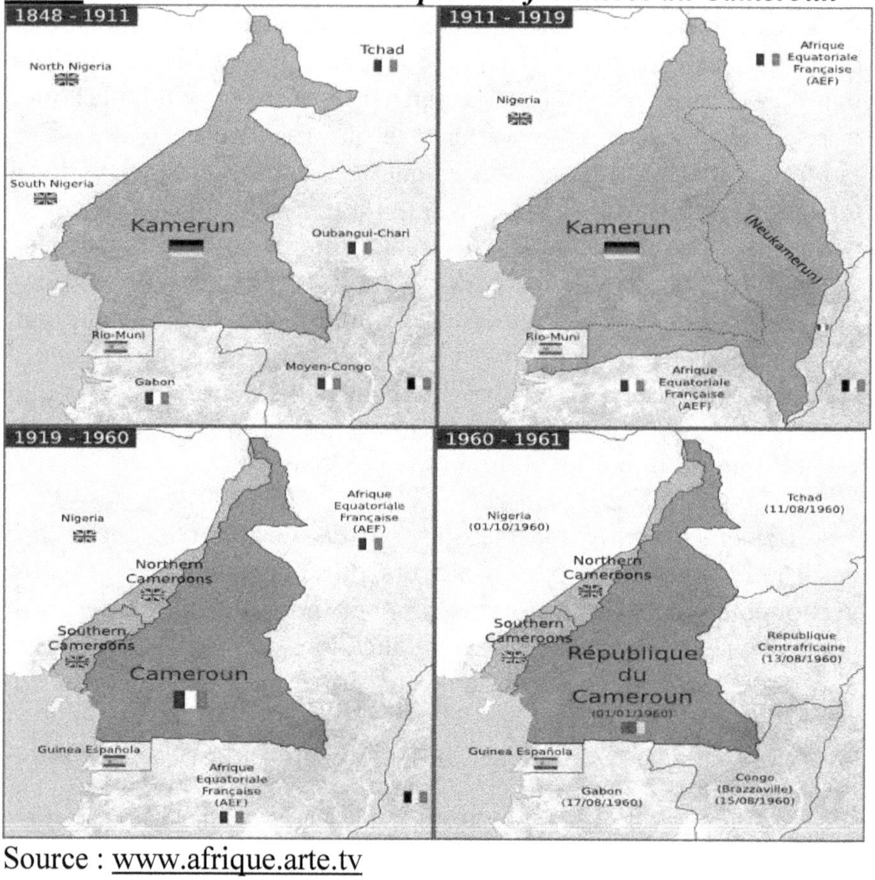

Source : www.afrique.arte.tv

Tout en prenant en considération les différentes mutations géographiques qu'ont connues les frontières du Cameroun dans l'histoire, nous étudierons tout d'abord les exutoires maritimes et lacustres (§1) avant d'aborder les périphéries fluviales (§2).

§1 : Les exutoires périphériques du Cameroun

L'observation des espaces hydriques du Cameroun a révélé deux principaux profils hydrologiques. Le premier qui se ramène à l'endoréisme caractérise les régions où les eaux courantes n'atteignent ni un lac ni une mer, et finissent par se perdre dans les terres basses. C'est le cas de certains mayos dans la partie septentrionale du pays. A la différence du précédent, l'exoréisme, le second profil hydrologique, apparait lorsqu'un bassin est raccordé à un exutoire périphérique. En effet, grâce à leurs embouchures, les cours d'eau continentaux parviennent à se jeter à la mer ou dans un lac.

Aussi, par *exutoire périphérique*, entendons-nous tout espace hydrique servant de déversoir aux eaux collectées par les différents cours d'eau du continent. L'océan Atlantique et le lac Tchad, en tant qu'espaces périphériques, constituent les principaux exutoires des eaux superficielles du Cameroun. A notre connaissance, en dehors du Nigéria qui se situe d'ailleurs en Afrique de l'Ouest, le Cameroun est le seul pays de l'Afrique centrale qui dispose à la fois d'une frontière maritime et lacustre avec deux de ses principaux voisins (Nigéria et Tchad). Ce qui montre à suffisance que le champ hydropolitique périphérique du Cameroun, en tant que lieu de cristallisation des luttes de positionnement, est pourvu de puissance.

Par conséquent, peut-être plus que toute autre périphérie, il nous parait particulièrement fécond d'étudier les régions frontalières maritimes (A) et lacustres du Cameroun (B) appréhendées comme espaces hydro-politiques pourvues de sens et de puissance.

A- Les dyades maritimes du Cameroun

En débutant l'étude des frontières du Cameroun à partir des exutoires maritimes, nous voulons rendre compte d'une vérité historique aux conséquences hydro-politiques insoupçonnées : le Cameroun s'est construit, tout au moins symboliquement, sur le modèle du Léviathan, c'est-à-dire à partir d'une conception maritimiste de l'Etat[191]. En effet, les termes portugais *Rio dos Camaroes* –d'où origine le mot Cameroun- a longtemps désigné l'estuaire du Wouri, puis les hameaux côtiers de Douala et de Campo, avant de s'étendre sur l'ensemble des territoires de l'Hinterland[192]. Ce qui semble contredire la thèse de Tarik Dahou selon laquelle, d'une manière générale, l'Etat africain s'est bâti sur le modèle de Béhémoth qui incarne une vision continentaliste de l'Etat circonscrit par des frontières terrestres[193]. On peut tout de même concéder qu'après cette naissance *aquatique* de l'Etat, les nouvelles autorités coloniales n'ont pas fait "*échouer le Léviathan*"[194], c'est-à-dire n'ont pas pu affirmer la souveraineté du Cameroun sur son espace maritime. Rien d'étonnant donc si la plupart des manuels de géographie ont occulté la dimension maritime du territoire national, se contentant tout simplement d'épiloguer sur la continentalité. Ce silence peut sans doute expliquer l'importance accordée à la géopolitique des espaces continentaux au détriment des études sur la maritimité. Pourtant, sur une superficie totale estimée à 475.650 km^2, dont 466.050 km^2 de territoire continental, le Cameroun dispose de 9600 km^2 de superficie maritime ; ce qui représente 2% du territoire national.

Nous verrons donc comment l'Etat du Cameroun s'est d'abord construit dans sa façade maritime (voir carte 14) à travers la démarcation des dyades avec, d'une part, le Nigéria (1) et, d'autre part, la Guinée Equatoriale (2).

---

[191]Cf. Thomas Hobbes, *Léviathan*, Paris, Vrin, 2004 [1651]. Carl Schmitt accuse Thomas Hobbes de s'être lourdement mépris en considérant le Léviathan comme l'incarnation de la puissance continentale. Aussi aurait-il peut-être fallu substituer la figure du Léviathan (monstre aquatique) par celle de Béhémoth (monstre terrestre) qui incarne l'orientation maritime de l'Etat. Cf. Carl Schmitt, *Le Léviathan dans la doctrine de l'État de Thomas Hobbes. Sens et échec d'un symbole politique*, Paris, Seuil, 2002.

[192] Adalbert Owona, "La naissance du Cameroun (1884-1914)", in *Cahiers d'études africaines*, vol. 13, n°49, 1973, p. 17.

[193] Tarik Dahou, "La politique des espaces maritimes en Afrique : louvoyer entre local et global" in *Politique Africaine*, n° 116, décembre 2009, pp. 5-22.

[194]Dominique Weber, "Hobbes, les pirates et les corsaires. Le ''Léviathan échoué'' selon Carl Schmitt",*Astérion*, n° 2, 2004, p. 295-322.

<u>Carte</u> 14 : Périphérie maritime du Cameroun

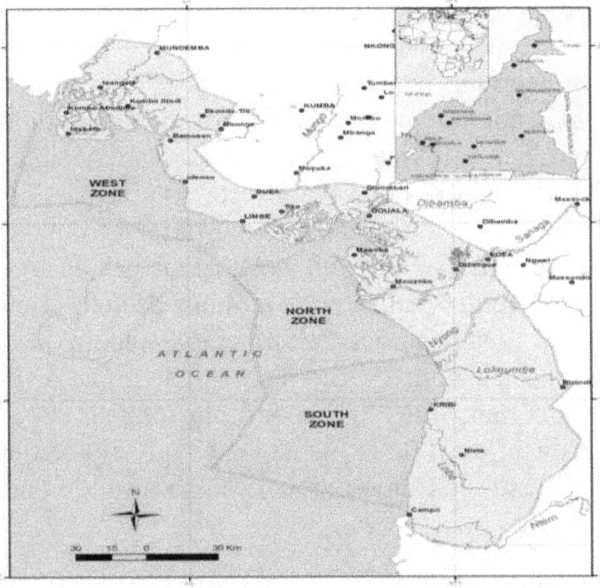

<u>Source</u> : Ministère de l'environnement et de la protection de la nature, *Plan d'action national de gestion des zones marine et côtière*, août 2010, p. 11.

1- La frontière maritime Cameroun-Nigeria

En admettant que le Golfe de Guinée est un espace stratégique et polémogène, le géographe gabonais Albert Didier Ogoulat Roboti voulait tout simplement montrer que les pays du secteur maritime de l'Atlantique Centre-Est, plusieurs décennies après la tenue de la troisième Conférence des Nations Unies sur le droit de la mer, peinaient encore à parvenir à une délimitation de leurs domaines de souveraineté[195]. Ce constat est d'autant plus fondé que le Cameroun et le Nigéria sont les seuls pays africains ayant procédé soit indirectement

[195] Lire à ce sujet : Ogoulat Albert Didier, "Les Etats de la façade Atlantique de l'Afrique et la mer aujourd'hui. Quelques aspects géopolitiques et géostratégiques, Norois, n°180, 1998 ; "Géostratégie et polémologie dans l'espace Atlantique centre-oriental : le cas du Golfe de Guinée" in *Stratégique*, Economica, Paris, 2002, pp.73-87 ; "Afrique centrale et Golfe de Guinée : géopolitique des termes de l'échange entre deux régionymes sous continentaux" in *Enjeux*, n° 26, janvier-mars 2006, pp. 7-11 ; "Les richesses maritimes du golfe de guinée : ressources d'un espace stratégique et polémogène" in *Enjeux*, n° 12, juillet-septembre 2002, pp. 26-28.

(par puissances coloniales interposées) soit directement à une tentative de démarcation de leurs frontières maritimes, plusieurs années avant la tenue de la Conférence de Montégo Bay[196].

Dans le premier cas, certains instruments juridiques de référence qui ont servi à la démarcation de cette dyade maritime datent de la période coloniale. La valeur juridique de ces accords pourtant signés par les puissances tutélaires a d'ailleurs été reconnue par la Cour Internationale de la Hayes dans l'arrêt relatif au différend frontalier entre le Cameroun et le Nigéria. Il s'agit notamment des accords anglo-allemands de 1913 qui fixaient le point terminal de la frontière terrestre jusqu'à la côte[197]. On peut tout d'abord citer l'Accord du 11 mars 1913, plus connu sous le nom d'Accord portant délimitation de la frontière entre le Cameroun et le Nigéria de Yola à la mer ; et du Protocole d'Obokum du 12 avril de la même année qui stipule que la frontière méridionale entre le Cameroun et le Nigéria suit le thalweg de la rivière Akwayafé.

D'autre part, plusieurs démarches ont été entreprises par le Nigéria et le Cameroun, notamment dans la décennie 1970, pour démarquer leur frontière maritime. C'est ainsi que la Déclaration dite de Yaoundé I de la Commission mixte sur les frontières du 14 août 1970 a posé les jalons de la délimitation de la dyade maritime entre les deux pays. Les deux parties convenaient ainsi que cette démarcation se ferait en trois étapes ; la première étant réservée à la délimitation maritime. Une année plus tard, le 4 avril 1971, toujours en marge des travaux de la Commission mixte bilatérale, une autre Déclaration (Yaoundé II) va encore loin en stipulant que la délimitation de la frontière s'étendrait jusqu'à trois milles marins des côtes[198]. Enfin, l'Accord du 1er juin 1975 (Déclaration de Maroua)

---

[196]Ogoulat Albert Didier, "Géostratégie et polémologie dans l'espace Atlantique centre-oriental : le cas du Golfe de Guinée" in *Stratégique*, Economica, Paris, 2002, p. 83 ; "Afrique centrale et Golfe de Guinée : géopolitique des termes de l'échange entre deux régionymes sous continentaux" in *Enjeux*, n° 26, janvier-mars 2006, p. 27.

[197] Lors des audiences, le Nigeria a tenté vainement de montrer la caducité de ces accords arguant qu'ils n'ont pas été approuvés par le Parlement ou qu'ils ont été abrogés par le traité de Versailles qui dépossédait l'Allemagne de son empire colonial.

[198] Cette Déclaration a été plusieurs fois remise en question par le Nigeria après sa signature.

soulignait que le tracé partiel de la dyade maritime se trouvait prolongé jusqu'à un point G.

Alors que le différend frontalier était encore pendant à la CIJ, le Cameroun entreprend de procéder à la délimitation de son espace maritime[199] conformément aux dispositions pertinentes de la Convention de Montégo Bay. C'est ainsi qu'est promulguée, le 17 avril 2000, la loi relative aux espaces maritimes de la République du Cameroun[200]. Deux raisons peuvent expliquer cette nouvelle attitude unilatéraliste du Cameroun qui avait pourtant sollicité l'arbitrage de la CIJ pour déterminer sa frontière maritime avec le Nigeria. La première tient à la volonté des autorités politiques de se situer au même niveau que le Nigeria devant la CIJ. En effet, depuis le 28 juillet 1971, le Nigeria avait déjà procédé à la détermination de sa zone exclusive économique qui s'étendait sur 200 milles marins. La deuxième raison se justifie par l'attitude de la Guinée Equatoriale qui avait déposé une requête auprès de la CIJ pour la prier de "*s'abstenir de délimiter une frontière maritime entre le Nigeria et le Cameroun dans une zone plus proche de la Guinée Equatoriale que des Parties à l'instance*"[201].

Quoi qu'il en soit, la CIJ a finalement rendu son verdict, le 12 octobre 2002, au terme de huit années d'intenses batailles juridiques. Pour y parvenir, il a fallu préalablement se prononcer sur le statut de la péninsule de Bakassi. La Cour a ainsi reconnu que la frontière à Bakassi est délimitée par l'accord anglo-allemand du 11 mars 1913, la presqu'ile se trouvant en effet sous la souveraineté du Cameroun. Tout en reconnaissant la validité des instruments juridiques coloniaux (accord germano-britannique de 1913) ou postcoloniaux (Déclarations de Yaoundé I de 1970, de Yaoundé II de 1971, ainsi

---

[199] Nous aborderons plus amplement les points fondamentaux de cette loi dans la section consacrée à la dyade Cameroun-Guinée Equatoriale.

[200] Contrairement à certains Etats voisins, le Nigeria et la Guinée Equatoriale, à l'occurrence, le Cameroun n'a procédé qu'à la délimitation de sa mer intérieure et de sa zone contiguë. La délimitation des zones économiques exclusives et du plateau continental se fera ultérieurement dans le cadre des accords bilatéraux. A ce sujet, lire : Maurice Kengne Kamga, *Délimitation maritime sur la côte Atlantique africaine*, Université de Genève, Institut Universitaire de Hautes Etudes Internationales, thèse de doctorat en Relations Internationales, n°665, 2004, p. 28-29.

[201] Cf. Labrecque George, *Les frontières maritimes internationales*, Montréal, L'Harmattan, 1998, pp. 342-343.

que celle de Maroua de 1975) relatifs à la frontière entre les deux pays, la Cour a par la suite procédé à la délimitation de la périphérie maritime de la manière suivante :

"[A] partir de la ligne droite joignant Bakassi Point et King Point, la frontière suit la ligne de compromis reportée conjointement par les chefs d'Etat du Cameroun et du Nigeria le 4 avril 1971 sur la carte n° 3433 de l'Amirauté britannique jointe à la déclaration de Yaoundé II, ligne joignant douze points numérotés, dont les coordonnées précises furent déterminées par la commission mixte réunissant les deux pays à Lagos en juin 1971 ; à partir du point 12 de cette ligne de compromis, le tracé de la frontière court jusqu'au point G précisé dans la déclaration de Maroua du 1er juin 1975, tel que modifié par l'échange de lettres entre les chefs d'Etat du Cameroun et du Nigeria des 12 juin et 17 juillet 1975".

La détermination de la dyade maritime entre le Cameroun et le Nigeria, bien qu'amorcée par les initiatives bilatérales, s'est soldée par l'arbitrage de la CIJ. En déposant une requête au greffe de la CIJ, le 29 mars 1994, le Cameroun reconnaissait que les accords passés n'avaient débouché que sur une délimitation partielle de sa frontière maritime avec le Nigeria. L'Arrêt du 12 octobre 2002 a donc comblé cette lacune, car la frontière maritime du Cameroun est maintenant clairement déterminée. Tel n'est pas encore le cas de la dyade maritime avec la Guinée Equatoriale.

2- La frontière maritime Cameroun-Guinée Equatoriale

Outre la dyade avec le Nigeria, le Cameroun partage également des frontières avec les parties continentale et maritime de la Guinée Equatoriale. Cette configuration a des conséquences insoupçonnées sur le positionnement géopolitique du Cameroun. En effet, en tant que ville balnéaire, Douala aujourd'hui, et dans une certaine mesure Kribi, occupe une place fondamentale dans la thalassocratie sous-régionale[202]. D'une part, Bata et Douala, comme métropoles côtières, comptent parmi les capitales économiques les plus rapprochées de la zone CEMAC. Il est donc possible d'envisager un axe coopératif entre les deux villes côtières, en tant que plaque tournante

---

202 "*La thalassocratie est une puissance fondée sur la domination de la mer*". Cf. Gauchon Pascal et.al., *op. cit.*, p. 39.

du commerce maritime dans l'espace CEMAC. D'autre part, Douala et Malabo (capitale politique de la Guinée Equatoriale), villes situées l'une en face de l'autre dans la partie concave du golfe de Guinée, ont également vocation à développer des relations commerciales plus densifiées. De toutes les manières, par la position stratégique de Malabo et de Bata, la Guinée Equatoriale peut soit se projeter avantageusement comme un "*Etat offshore*" soit demeurer un simple "*entrepôt*" de la contrebande dans le golfe de Guinée[203].

Cependant, la discontinuité territoriale de la Guinée Equatoriale constitue un handicap majeur pour le Cameroun. Premièrement, avec une façade maritime longue de 402 km, le Cameroun se retrouve indéniablement parmi les pays du Golfe de Guinée qui disposent d'une côte littorale moins étendue[204]. De plus, "*son territoire maritime, calculé à partir de la méthode de l'équidistance n'est que de 4.500 milles carrés alors que ceux de ses voisins, Nigeria et Guinée Equatoriale sont respectivement de 61.500 et 82.000 milles carrés*"[205]. Deuxièmement, la présence de l'île de Bioko sur laquelle se trouve la capitale Malabo empêche au Cameroun d'avoir libre accès à la haute mer (carte 14). Par conséquent, la détermination de la frontière entre ces deux pays pourrait passer par des accords bilatéraux. Or, les deux Etats se sont très tôt engagés dans la voie de l'unilatéralisme. Depuis le 12 décembre 1984, la Guinée Equatoriale a procédé à la délimitation de son espace maritime. Pourvue d'une ouverture maritime s'étendant sur 296 km, la Guinée Equatoriale a en effet une mer territoriale de 12 milles et une zone économique exclusive de 200 milles. Au lendemain de l'adoption de la Convention de Montego Bay, en 1982, il a fallu attendre près d'une quinzaine

---

[203]Roitman Janet, Roso Gérard, "Guinée-Équatoriale : être ''off-shore'' pour rester ''national''" in *Politique africaine*, n° 81, mars 2001, p. 121.

[204] Dans ses travaux sur la délimitation maritime de la côte Atlantique africaine, Maurice Kengne Kamga a fourni de précieuses informations sur la longueur de leurs côtes. Il s'ensuit que sur les 23 pays s'ouvrant à l'océan Atlantique, du Maroc jusqu'à l'Afrique du Sud, le Cameroun est classé 13ème pays présentant la façade maritime la plus longue, devant certains Etats, comme la Guinée Equatoriale (296), le Congo (169 km) ou la RDC (37 km).

[205] Mikoas Joseph Wilphried, "Prévention des conflits frontaliers : la diplomatie camerounaise interpellée" in http://www.journal.rdpcpdm.cm

d'années pour voir le Cameroun s'intéresser véritablement à son domaine maritime de souveraineté[206].

Le 17 avril 2000, est promulguée la loi relative aux espaces maritimes de la République du Cameroun. Celle-ci stipule que "*la souveraineté de la République du Cameroun s'étend à l'ensemble de son territoire terrestre, ses eaux intérieures, et la zone de mer adjacente désignée sous le nom de mer territoriale*" (article 3, 1). Mesurée à partir des lignes de base, la largeur de la mer territoriale est de 12 milles marins (article 3,2). Les eaux en deçà de cette distance sont considérées comme des eaux intérieures du Cameroun (article 6). La loi prévoit également qu'au cas où la largeur de la mer territoriale n'est pas mesurée à partir de la laisse de basse-mer le long de la côte, à la suite par exemple d'une configuration géographique particulière du littoral (embouchures des fleuves, baies, ports, rade, échancrures, chapelet d'iles, etc.), on peut toujours la calculer à partir des lignes de base droites (article 5,2). Par ailleurs, "*lorsque la côte de la République du Cameroun est adjacente ou fait face à la côte d'un Etat côtier, la mer territoriale ne s'étend pas qu'au-delà d'une ligne médiane dont tous les points sont équidistants des points les plus proches des lignes de base tracées conformément au droit international de la mer*" (article 7).

A côté de la mer territoriale, la zone contiguë est la deuxième composante de l'espace maritime du Cameroun. Celle-ci est de "*24 milles marins des lignes de bas à partir desquelles est mesurée la largeur de la mer territoriale, à l'exclusion de tout espace maritime faisant partie de la mer territoriale d'un autre Etat ou assujetti aux droits souverains d'un autre Etat conformément au droit international de la mer*" (article 9). Dans cet espace, le Cameroun entend exercer le contrôle nécessaire en vue de prévenir les infractions à ses lois et règlements, douaniers, fiscaux, sanitaires ou d'immigration sur son territoire ou dans sa mer territoriale ; réprimer les infractions à ces mêmes lois et règlements commis sur son territoire ou dans sa mer territoriale (article 10).

---

[206] En réalité, quelques années avant l'adoption de la Convention de Montégo Bay, en 1982, la loi n° 74-16 du 5 décembre 1974 avait déjà esquissé une première délimitation des eaux territoriales de la République Unie du Cameroun.

Le Cameroun s'attribue également une Zone Economique Exclusive (ZEE) qui "*s'étend de la limite extérieure de la mer territoriale jusqu'à la limite que le droit international place sous sa juridiction*" (article 11,1). Selon la FAO[207], la superficie totale de cette ZEE relevant de la souveraineté du Cameroun s'élève à 15.400 km^2. Dans le golfe de Guinée, le Cameroun est l'avant-dernier pays à disposer d'une ZEE aussi peu étendue. A titre de comparaison, il se situe loin derrière l'Angola (330.000 km^2), et tout juste devant le Togo (2.100 km^2)[208].

Enfin, le territoire maritime du Cameroun comprend également un plateau continental "*constitué des fonds marins et de leur sous-sol y compris ceux de la zone économique exclusive qui s'étendent au-delà de la mer territoriale, sur tout le prolongement naturel du territoire terrestre de la République du Cameroun jusqu'à la limite la plus éloignée que permet le droit international*" (article 13). La FAO[209] indique que la superficie du plateau continental du Cameroun est estimée à 10.600 km^2. Ce qui le place au douzième rang des seize pays du golfe de Guinée, devant des Etats disposant d'une faible façade maritime comme le Bénin (3.100 km^2), le Togo (1.300 km^2) et la RDC (1.100 km^2)[210].

Dans une étude menée sur les régions côtière et marine, la SNH est parvenue à une description du plateau continental du Cameroun : Elle "*descend graduellement à 30, 50 et 100 m de profondeur. La partie septentrionale a une largeur moyenne de 25 miles nautiques, tandis que la portion méridionale est étroite (15 miles nautiques). (...) Cette partie de la côte est favorable au chalutage des pêcheries industrielles. Au sud de la parallèle susmentionnée, le relief du plateau continental est plus accidenté ; il y a plusieurs bancs rocheux et des butes de sable.* "[211].

---

[207] GCLME, Transboundary diagnostic analysis, février 2006, p. 6 in http://www.unido.org/fileadmin/user_media/Services/Environmental_Management/Water_Management/TDA_book.PDF, [Consulté le 21 janvier 2013].

[208] *Ibid.*

[209] *Ibid.*

[210] *Ibid.*

[211] SNH, *Etude pour le suivi de la protection de la zone côtière et de l'environnement marin dans le cadre du projet CAPEC-Cameroun. Rapport final*, juin 2007, p. 33.

A l'analyse, ni la zone économique exclusive ni le plateau continental n'ont fait l'objet d'une démarcation nette de la part du législateur camerounais. Deux raisons peuvent expliquer cette situation lacunaire: d'une part, au moment où était promulguée cette loi, la CIJ n'avait pas encore procédé à la délimitation de l'espace maritime frontalier entre le Cameroun et le Nigeria. D'autre part, le positionnement de l'ile de Bioko au large des côtes camerounaises oblige le Cameroun à engager des négociations bilatérales avec la Guinée Equatoriale afin de déterminer son domaine maritime de souveraineté. Cependant, tout tracé de cette dyade maritime apparait comme une entreprise difficile en raison du "*caractère fragmenté du territoire équato-guinéen, seul Etat insulo-continental de la région, enchâssé entre des pays continentaux tels que le Nigeria, le Cameroun ou le Gabon et un l'Etat-archipel de Sao Tomé et Principe)*"[212].

La configuration géographique particulière des côtes équato-guinéennes, la découverte d'énormes champs pétrolifères dans le golfe de Guinée et la mise en valeur des Zones Economiques Exclusives (ZEE) subséquentes rendent difficile toute démarcation des frontières maritimes entre les deux pays. Rien d'étonnant donc si en mars 2010, le Cameroun et la Guinée Equatoriale ne sont pas parvenus à un accord sur la délimitation de leur frontière maritime après une réunion de cinq jours, au lieu de trois comme initialement prévus.

En dehors de l'océan Atlantique, le lac Tchad constitue également l'un des principaux exutoires périphériques du Cameroun.

B- Les dyades lacustres du Cameroun

Situé au point de jonction entre les parties centrale et occidentale de l'Afrique, le lac Tchad se présente comme l'un des principaux espaces hydrologiques périphériques du Cameroun. Perdu à la périphérie septentrionale du Cameroun, le lac Tchad, devenu entre-temps un "*grand marigot*"[213] à cause des sécheresses prolongées, s'étend approximativement de "*Wulgo Momaduru, à la lisière du*

[212] www.bonaberi.com/ar,cameroun_guinee_equatoriale_pas_d_accord_sur_la_frontiere_maritime,7478.html. [Consultée le 22 janvier 2013].
[213] Onana Mfege, *op. cit.*, p. 39 citant Mveng Engelbert.

Nigeria jusqu'à Blangoua à la frontière tchadienne, en passant par Hilé Halifa, Danaba, Amdalgalgi, les iles Karena, Markhi et Nganatir"[214] (carte 15). Pourtant, "*dans le processus historique, l'eau a joué et continue toujours de jouer un rôle fondamental dans l'attraction et la diffusion des peuples (...). Dans leur quête des colonies, l'accès au lac Tchad fut l'un des objectifs majeurs des colonisateurs français, anglais et allemand*"[215].

<u>Carte 15</u> : La frontière camerounaise dans le lac Tchad

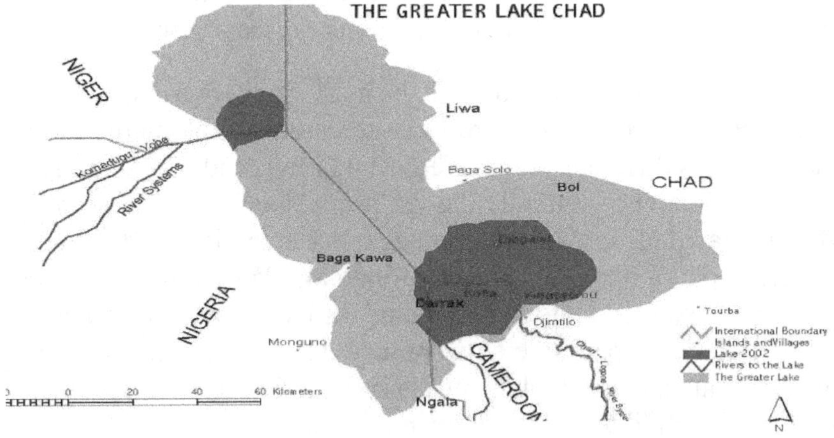

<u>Source</u> : Documentation CBLT

La carte ci-dessus met en exergue la situation du bassin conventionnel du bassin du lac Tchad qui s'étend sur une superficie de 2.388.700 km^2, dont 46.800 km^2 pour la partie camerounaise de cet espace lacustre. La superficie maximale inondée du lac Tchad est passée de 37.000 km^2 au début des années 1950 à 15.000 km^2 vers les années 90. La partie inondée pendant quatre mois consécutifs a, quant à elle, baissé de 23.000 km^2 à 2.000 km^2. Comme on peut le voir sur la carte, une grande portion inondée du lac Tchad méridional appartient au territoire camerounais. Dans ce contexte marqué par le rétrécissement des surfaces inondées, le Cameroun a tenté de

[214]*Ibid.*

[215] Halirou Abdouraman, "Le conflit frontalier Cameroun-Nigeria dans le lac Tchad : les enjeux de l'île de Darak, disputée et partagée" in *Cultures & Conflits*, 72 (hiver 2008), p. 63, citant Issa Saïbou.

délimiter et de protéger son domaine de souveraineté face à l'appétit des Etats riverains, à l'instar du Tchad (1) ou du Nigeria (2).

1- La frontière Cameroun-Tchad

Il est difficile d'étudier de façon éclatée les différentes frontières lacustres du Cameroun. Cette tâche est rendue ardue par le fait que le lac Tchad est souvent appréhendé par les populations riveraines comme un bloc indivisible, "*un espace ouvert, voire sans frontières*"[216]. Pourtant, les Etats limitrophes du bassin du lac Tchad ont procédé à la délimitation de leurs différents espaces de souveraineté.

La démarcation de la frontière lacustre du Cameroun avec la République du Tchad est le fruit des tractations diplomatico-politiques entre les différents pays riverains du lac Tchad. Comparativement à la démarche bilatérale qui est prônée par la Convention de Montego Bay dans la délimitation des espaces maritimes des Etats, la CBLT a plutôt servi de cadre multilatéral à la détermination des domaines de souveraineté dans la zone du lac Tchad. Le projet de démarcation des espaces de souveraineté des Etats riverains du lac Tchad remonte incontestablement à la sixième Conférence des Chefs d'Etat de la CBLT tenue à Ndjamena (Tchad) les 28 et 29 octobre 1987. Au cours de cette Conférence, il avait été convenu : "*que les Etats Membres [*financeraient*] le coût des travaux de démarcation des frontières arrêté à 312.884.000 FCFA ; que ce montant sera partagé à part égale parmi les quatre Etats Membres ; qu'un compte bancaire spécial soit ouvert à cette fin ; que les travaux démarrent en mars 1988*"[217].

Aussitôt après le démarrage des travaux de démarcation des espaces frontaliers lacustres en 1988, apparurent de graves dissensions entre les parties camerounaise et tchadienne. Les discussions achoppèrent sur la détermination de l'embouchure du fleuve Chari. Nonobstant les négociations entreprises par les experts issus des deux pays entre août et septembre 1988, les positions restèrent inflexibles : les experts camerounais cherchaient à garantir à leur pays

---

[216]Abdouraman Halirou, "Le conflit frontalier Cameroun-Nigeria dans le lac Tchad : les enjeux de l'île de Darak, disputée et partagée", *Cultures & Conflits*, 72, hiver 2008, p. 62, citant Abdouraman H.

[217]Sixième Conférence des Chefs d'Etat de la Commission du Bassin du Lac Tchad, Ndjamena (Tchad), 28-29 octobre 1987, décision n°2.

l'accès au lac Tchad par une voie commune navigable représentant la frontière naturelle entre le Cameroun et le Tchad ; tandis que leurs homologues tchadiens tenaient à sauvegarder les acquis. Dans la mesure où la branche navigable du Chari se situait en territoire tchadien, ces derniers désiraient conserver l'ancienne branche à partir de Djimtilo portant la frontière qui existe toujours jusqu'à l'ancienne embouchure[218]. Finalement, l'arbitrage des experts issus des autres pays membres (Niger et Nigéria) "*permit de parvenir à un compromis consistant à reconstituer l'embouchure de la branche principale navigable du Chari dans le lac telle qu'elle est déterminée par la Convention de 1908*"[219].

A la réunion de Maroua de novembre-décembre 1988, deux experts du Niger et du Nigeria furent mandatés pour représenter sous forme de graphique ladite embouchure du Chari sur la carte Moisel au 1/300.000. Les nouvelles coordonnées obtenues furent acceptées par le Cameroun et le Tchad. Cependant, d'autres problèmes non moins insurmontables survinrent, notamment la détermination du bipoint Tchad-Cameroun. Afin de parvenir à un consensus, il fut décidé de substituer l'expertise scientifique aux négociations politiques à travers la transmission du dossier litigieux aux commissaires de la CBLT. Les résultats ne se firent pas attendre : à la veille de l'ouverture du Sommet des Chefs d'Etat tenu à Yaoundé, les 13 et 14 février 1990, les travaux de démarcation avaient été réalisés à 98,5%[220].

Bref, le processus de détermination des frontières dans le bassin du lac Tchad aura été semé d'embuches. Mais là où les experts n'avaient pas pu trouver une solution technique, les Commissaires mandatés par les Chefs d'Etat étaient parvenus à des compromis politiques. Le document juridique relatif à la démarcation des frontières fut approuvé par les Chefs d'Etat en 1994. Il restait alors que chaque pays le ratifie avant la tenue du sommet prévu en 1996 à Ndjamena[221].

---

[218] Issa Saibou, "Le mécanisme multilatéral de la CBLT pour la résolution des conflits frontaliers et la sécurité dans le bassin du Lac Tchad" in *Enjeux*, n° 22, janvier-mars 2005, p. 32.
[219] *Ibid.*
[220] *Ibid.*
[221] Le Nigeria n'a pas finalement ratifié ce Document. La crise entre le Nigeria et le Cameroun fut davantage accentuée lorsque les deux pays ne se rendirent pas au

Aujourd'hui, la CBLT essaie, tant bien que mal, de faire ratifier les documents relatifs à la démarcation des frontières internationales dans le lac Tchad. C'est ainsi qu'en application des décisions n°2 et n°5 prises respectivement lors des 6ème et 8ème Sommets des Chefs d'Etat et de gouvernement des pays membres de la Commission du Bassin du Lac Tchad, il s'est tenu à Niamey, le 27 juillet 2010, un atelier sur la ratification de la démarcation des espaces frontaliers du bassin du lac Tchad. L'objectif de cet atelier était *"de présenter une synthèse des travaux du bornage des frontières internationales du Lac Tchad réalisés entre 1988 et 1990 par l'Institut Géographique National de France et les pays membres de la CBLT concernés ; (...) et enfin de recueillir les informations et les résolutions issues des travaux des commissions mixtes ou ad hoc en charge des frontières mises en place par les Etats membres"*[222].

Au final, la délimitation des domaines de souveraineté entre le Cameroun et le Tchad s'est faite sous l'égide de la CBLT. Tel n'est pas le cas de la dyade lacustre avec le Nigeria dont le tracé esquissé sous la médiation de la CBLT n'a pas été reconnu, dans les années 80, par les autorités nigérianes. Cette périphérie lacustre sera finalement délimitée par la CIJ saisie par une requête additionnelle du Cameroun.

2- *La frontière Cameroun-Nigeria*

La démarcation de la frontière lacustre entre le Cameroun et le Nigeria s'est véritablement opérée au lendemain de la Première Guerre mondiale. Au terme du traité de Versailles, l'Allemagne vaincue est dépossédée de son empire colonial au profit de la France et de la Grande Bretagne sous le statut juridique de mandat. Aussitôt, l'accent est mis sur un meilleur partage des aires de souveraineté entre les deux pays afin d'éviter d'éventuels incidents frontaliers.

Sommet des Chefs d'Etat tenu à Ndjamena les 30 et 31 octobre 1996. Le boycott du Cameroun peut s'expliquer par le fait qu'il avait déjà saisi la CIJ, face à l'échec d'une démarche multilatérale au sein de la CBLT, pour délimiter sa frontière de la mer jusqu'au lac Tchad.

[222] Voir http://lesahel.org/index.php?option=com_content&view=article&id=5055:ouverture-hier-de-latelier-sur-la-ratification. [Consulté le 7 février 2013].

Plusieurs textes de portée juridique ont été mobilisés pour mieux délimiter les frontières entre le Nigeria et le Cameroun dans la zone du lac Tchad. Il s'agit tout d'abord de la Déclaration Milner-Simon qui se rapportait à la fixation de la frontière du lac Tchad à la mer. Comme son nom l'indique, elle a été signée le 10 juillet 1919 par le Vicomte Milner, Secrétaire d'Etat aux colonies de la Grande-Bretagne et Henry Simon, Ministre des colonies de la République française. Le caractère général et imprécis de cette Déclaration a conduit à la signature d'un autre accord entre les deux parties, dix ans plus tard. Signée le 29 décembre 1929 et le 31 janvier 1930 par Sir Graeme Thomson, Gouverneur de la colonie et du protectorat du Nigeria, et Paul Marchand, Commissaire de la République française au Cameroun, cette deuxième Déclaration visait ainsi "*à préciser le premier instrument*"[223]. L'architecture juridique applicable à la délimitation de la zone du lac Tchad sera finalement complétée par l'échange de notes Henderson-Fleuriau. Ce texte "*semble beaucoup plus avoir un caractère confirmatif que rectificatif*"[224]. Conclu, en effet, le 9 janvier 1931 par A. de Fleuriau, Ambassadeur de France à Londres et Arthur Henderson, Ministre britannique des affaires étrangères, cet échange de notes visait à approuver et à incorporer la Déclaration Thomson-Marchand[225].

Le conflit frontalier qui opposait le Cameroun au Nigeria, dans le bassin du lac Tchad, se rapportait à la difficile lisibilité des accords passés. Cette difficulté est, tout d'abord, apparue dans le repérage du tripoint[226]. D'autre part, certaines coordonnées géographiques n'étaient plus repérables à cause de la géomorphologie mouvante dans cette zone lacustre. C'est le cas de l'embouchure de la rivière Ebedji, un "*véritable serpent de mer pour la Cour*"[227]. En effet, "*sur la carte qui illustre la déclaration franco-britannique fixant la frontière du Cameroun, jointe à l'échange de notes de 1931...., l'Ebedji présente un chenal unique débouchant dans le Lac Tchad juste au-*

[223] Arrêt de la CIJ sur l'Affaire Bakassi.
[224] Esaie Mbpille, *La frontière terrestre entre le Cameroun et le Nigeria d'après la Cour Internationale de Justice, (CIJ, arrêt du 10 octobre 2002)*, Université de Douala, mémoire de DEA en droit public, option droit international 2003, p. 43.
[225]*Ibid.*, p. 44
[226]*Ibid*, p. 46
[227]*Ibid*

delà de Wulgo"[228]. Or de nos jours, suite aux nombreuses transformations du relief dans le Lac Tchad, ce cours d'eau se serait divisé en deux chenaux ; à savoir un chenal oriental débouchant dans des eaux n'appartenant pas à l'actuel Lac Tchad, et un chenal occidental qui aboutirait à une zone marécageuse proche du rivage actuel[229].

Bien que la question de la souveraineté dans la zone du lac Tchad ait été introduite dans le rôle de la CIJ dans une requête additionnelle du Cameroun, c'est bien par ce secteur de la frontière terrestre que la Cour a débuté ses développements. Cette démarche semble s'opposer à la logique de la percée vers l'Hinterland adoptée par les anciennes puissances tutélaires qui avaient procédé, de la mer au lac Tchad, à la délimitation de la frontière entre le Cameroun et le Nigeria.

Finalement, dans son arrêt du 10 octobre 2002, la CIJ reprécise le tracé de la frontière entre le Cameroun et le Nigeria dans le bassin du lac Tchad de la manière suivante :

"A partir d'un tripoint situé dans le Lac Tchad par 14° 04'59 `' 999 de longitude est et 13°05' de latitude nord, la frontière suit une ligne droite jusqu'à l'embouchure de la rivière Ebedji, située par 14°12'12" de longitude est et 12°32'17"de latitude nord, pour ensuite rejoindre en ligne droite la bifurcation de la rivière Ebedji, en un point situé par 14°12'03" de longitude est et 12°30'14" de latitude nord"[230].

La Cour a usé de deux principaux types de repérage pour déterminer la frontière entre le Cameroun et le Nigeria. D'une part, elle s'est appuyée sur le repérage astronomique qui repose sur la détermination des coordonnées géographiques précises (longitude et latitude). D'autre part, le tracé de la frontière s'est fondé sur l'hydrologie particulière du lac Tchad. C'est ainsi que la rivière Ebedji a servi de marqueur géographique de la frontière lacustre.

---

[228] Cf. Arrêt de la CIJ sur le différend frontalier entre le Cameroun et le Nigeria, p. 56, par. 58.
[229] Cf. Arrêt, p. 56, par. 58.
[230]Voir dispositif de l'Arrêt du 10 octobre 2002, p. 146, paragraphe 325.

Somme toute, la construction du Cameroun comme territoire politiquement organisé s'est opérée à partir de la périphérie grâce, notamment aux compagnies de commerce qui, bien avant la Conférence de Berlin (1884-1885), entretenaient déjà d'intenses relations marchandes avec les peuples côtiers. Cependant, la délimitation des frontières maritimes et lacustres du pays, contrairement aux périphéries fluviales, a été une entreprise longue et difficile, étalée sur près d'un siècle, c'est-à-dire de 1913 jusqu'à la fin des années 2000.

§2 : Les sources périphériques fluviales du Cameroun

Les exutoires maritimes ou lacustres ne sont pas les seuls espaces périphériques du Cameroun. Les fleuves ont été également utilisés pour délimiter la sphère de compétence entre des pays riverains. Le recours fréquent aux cours d'eau remonte, en réalité, à la période coloniale lorsqu'il a fallu matérialiser les frontières des territoires conquis. Le découpage des territoires sur la seule base des coordonnées géographiques était arbitraire et conflictogène. Ce qui explique d'ailleurs les nombreux conflits nés de l'interprétation divergente des textes parfois inapplicables sur le terrain.

Pour mieux saisir la portée hydro-politique des sources périphériques fluviales, et pour les besoins d'une meilleure analyse, nous opérerons une césure arbitraire des frontières du Cameroun. Il importe par conséquent d'étudier, d'une part, les dyades de l'espace frontalier méridional et occidental (A) et, d'autre part, les frontières de la zone septentrionale et orientale (B) du Cameroun.

A- Les dyades fluviales de l'espace frontalier méridional et occidental

De toutes les périphéries du Cameroun, l'espace frontalier méridional est sans doute celui qui concentre le plus grand nombre de pays limitrophes. Il s'agit du Gabon, de la Guinée Equatoriale et du Congo. Cependant, pour des raisons méthodologiques, nous avons opté d'y associer également la dyade avec le Nigeria, tout en retirant le Congo. Cette démarche se justifie par le fait que, sur le plan hydrologique, la périphérie méridionale -à l'exception de la frontière avec le Congo- et occidentale est, en partie, arrosée par le bassin des fleuves côtiers. On ne saurait par conséquent les étudier distinctement.

D'une longueur cumulée de 2181 km, soit près de 48 % du total des dyades, l'espace frontalier méridional et occidental du Cameroun est un espace géographique qui présente, en général, des homogénéités climatiques. Il s'agit d'une région dominée par un climat de type équatorial caractérisé par d'abondantes précipitations et des températures peu élevées. Ce qui a fait dire à André Hubert Onana Mfege que "*les frontières territoriales* [de cette partie du pays] *sont essentiellement naturelles et définies par l'eau*"[231]. Nous vérifierons cette assertion à travers l'étude des dyades camerounaises avec le Gabon (1), la Guinée Equatoriale (2) et le Nigeria (3).

1- La frontière Cameroun-Gabon

Comme toutes les autres dyades, la frontière Cameroun-Gabon est le fruit des arrangements géopolitiques, voire hydro-politiques entre les différentes puissances coloniales. Son premier tracé se situe au lendemain des accords germano-duala et à l'aube de la Conférence de Berlin. En effet, le 10 août 1884, "*Nachtigal rencontre le gouverneur français au Gabon, Cornut-Gentille, pour discuter des questions relatives à la préservation des intérêts respectifs de leurs pays au golfe de Guinée*"[232]. A l'issue des pourparlers, et convaincus du bien-fondé des prétentions territoriales françaises, les Allemands retirent leur drapeau de la rive gauche du fleuve Benito qui est alors restitué à la France. Quelques jours plus tard, le 28 août, Nachtigal rentre au Cameroun et déploie le drapeau impérial à Hickory-Town (actuel Bonabéri). Parallèlement des négociations sont engagées entre la France et l'Allemagne pour la délimitation de la frontière méridionale de ce qui allait devenir plus tard le Kamerun. Elles aboutissent finalement à la convention du 24 décembre 1885 rédigée et signée par le Baron de Courcel et le Comte Herbert de Bismarck.

Celle-ci stipulait que :

"*Le gouvernement de Sa Majesté l'Empereur d'Allemagne renonce en faveur de la France à tous droits de souveraineté et de protectorat sur les territoires qui ont été acquis au sud de la rivière*

[231] A.-H.Onana Mfege, *op. cit.*, p. 58
[232]*Ibid.*, p. 23.

Campo par des sujets de l'Empereur allemand et qui ont été placés sous le protectorat de Sa Majesté l'Empereur d'Allemagne. Il s'engage de s'abstenir de toute action politique au sud d'une ligne suivant ladite rivière depuis son embouchure au point où elle rencontre le méridien situé par 10 degrés de longitude Est de Greenwich (7°40' de longitude Est de Paris) et à partir de ce point, le parallèle prolongé jusqu'à sa rencontre avec le méridien situé par 15° de longitude Est de Greenwich (12° 40' de longitude Est de Paris).

Le gouvernement de la République Française renonce à tous droits et toutes prétentions qu'il pourrait faire valoir sur des territoires situés au nord de la même ligne et il engage à s'abstenir de toute action politique au nord de cette ligne.

Aucun des deux gouvernements ne devra prendre de mesures qui puissent porter atteinte à la liberté de navigation et au commerce des ressortissants de l'autre gouvernement sur les eaux de la rivière Campo dans la portion qui restera mitoyenne et dont usage sera commun aux ressortissants des deux pays"[233].

Très vite, les autorités coloniales françaises et allemandes se rendirent compte que les limites fixées par les Accords du 10 août 1884 et la Convention du 24 décembre 1885 étaient difficiles à matérialiser sur le terrain car elles ne coïncidaient pas, dans l'ensemble, avec la configuration particulière du relief. Aussi, dès 1900 décidèrent-elles de former une commission mixte chargée de reconnaitre ces frontières afin d'y établir un bornage concret et de proposer, le cas échéant, la substitution des lignes fictives déterminées sur les cartes par des limites naturelles[234].

Mise en œuvre de 1900 à 1903, et dirigée par le Dr Cureau, cette commission traita la question du tracé frontalier entre le Kamerun allemand et les territoires du Moyen Congo et du Gabon. Mais la persistance des incidents amena les deux puissances coloniales à mettre une nouvelle commission mixte bilatérale dirigée par le capitaine Cottes (France) et Foerster (Allemagne). Ces experts relevèrent effectivement des erreurs importantes dans les données géographiques des zones concernées et proposèrent un ajustement des

---

233 Adalbert Owona, *op. cit.*, p. 31, citant le Protocole signé, à Berlin le 24 décembre 1885, entre la France et l'Allemagne.
234 *Ibid.*, p. 24.

tracés[235]. Finalement est signée une convention dite de Berlin, le 18 avril 1908 entre les sieurs Jules Cambo et Schoen, respectivement Ambassadeur extraordinaire et plénipotentiaire de la République française auprès de Sa Majesté l'Empereur d'Allemagne, et Secrétaire d'Etat aux affaires étrangères de l'Empire d'Allemagne. Ce nouvel accord aborde les questions épineuses des ajustements frontaliers et de la liberté de circulation sur les fleuves frontaliers. Ainsi, la frontière nouvelle

"*à partir de la Guinée espagnole (El Muni) suit la rivière, Kyé depuis le confluent de la Mvézeux jusqu'à son confluent avec le Ntem (Campo), suit la Kyé, le Kom, l'Aïna (Ayem, Ividio). La frontière se prolonge ensuite par la Djoua, du confluent du Masimbo à la Ngoko, et le cours de la Ngoko jusqu'à la Sangha. Les iles de la Kyé, du Ntem et du Kom reviennent à l'Allemagne, alors que celles de l'Aïna et de la Ngoko reviennent à la France*"[236].

Cette frontière connaitra d'autres modifications parmi lesquelles celle de 1911 qui conduisit à la formation du Neu Kamerun. En effet, suite à la crise d'Agadir, la France céda, en compensation, un vaste territoire gabonais de 40.380 km^2 au Kamerun. Ce qui permettait au Cameroun d'accéder au grand bassin de l'Ogooué qui draine plus de 215.000 km^2. La défaite de l'Allemagne au cours de la Première Guerre mondiale se solda par la restitution de ce territoire à la France. La nouvelle configuration de cette dyade est fixée au terme de l'Accord Bonar Law[237] du 14 mars 1916.

La périphérie entre le Cameroun et le Gabon est problématique. C'est en ce sens que la Grande Commission mixte entre les deux pays a envisagé une meilleure matérialisation de cette frontière à travers la pose des bornes[238]. Aujourd'hui, longue de 298 km, la frontière avec le Gabon est l'une des petites dyades du Cameroun. Cette périphérie est presque entièrement composée de rivières. Mais entre la rivière Kom et la rivière Ayina, il y a une étendue de terrain d'une

---

[235]*Ibid.*

[236]H. Onana Mfege, op. cit., p. 25, citant 229/25 C.A.O.M, *Convention franco-allemande du 18 avril 1908.*

[237] Du nom du sous-secrétaire britannique aux colonies de l'époque.

[238] On peut par exemple se référer au communiqué final ayant sanctionné les travaux de la 12ème session de la Grande Commission Mixte entre le Cameroun et le Gabon (Libreville, 14-18 juillet 1997).

trentaine de kilomètres dans une zone d'inondations chroniques[239]. De plus, partant du point de croisement entre les cours d'eau Koumou et Lélé, cette périphérie suit une succession de cours d'eau jusqu'au village Eboro dans les zones marécageuses (voir tableau 8). La récurrence des cours d'eau dans le tracé de cette frontière s'explique largement par l'abondance des précipitations qui caractérise d'ailleurs le climat de type équatorial.

Tableau 9 : Les caractéristiques de la frontière fluviale Cameroun-Gabon

	Frontière Cameroun-Gabon Longueur : 298 km			
Région parcourue	Départements parcourus	Arrondissements parcourus	Cours d'eau frontaliers	particularités
Sud	Dja et Lobo (Sangmélima)	Oveng	- Ntem ; - Lélé ; - Kouou ; - Vina ; - Kom ; - Ayina	Marécageuse fluviale
	Vallée du Ntem (Ambam)	Ambam		
	Mvila (Ebolowa)	Mvangane		

Source : données compilées par l'auteur.

La dyade avec le Gabon longe deux principaux départements de la région du Sud. Il s'agit du Dja-et-Lobo et de la Vallée du Ntem. Elle est caractérisée par la présence de plusieurs cours d'eau ; le plus important reste incontestablement le Ntem dont le cours majeur coule à la périphérie du Cameroun et de la Guinée Equatoriale.

2- La frontière Cameroun-Guinée Equatoriale

Située dans la partie méridionale du Cameroun, la frontière avec la Guinée Equatoriale est le fruit des arrangements diplomatico-politiques entre les puissances coloniales. Alors que l'Allemagne administrait véritablement le Kamerun depuis 1884, la Guinée Equatoriale avait toujours suscité l'appétit des explorateurs portugais et espagnols. C'est donc tout naturellement que, face à la décadence du Portugal, l'Espagne s'appropria ce territoire composé des iles, à l'instar de Fernando Po, Annobon, Elobey et Corisco. Les négociations en vue d'une meilleure délimitation de la frontière entre

[239]H. Onana Mfege, *op. cit.*, p. 57

le domaine colonial allemand et espagnol furent engagées au lendemain des traités germano-duala.

Deux actes juridiques poseront ainsi l'esquisse de cette frontière. Dans un premier temps, l'Accord franco-allemand du 24 décembre 1885, bien que confiné à la seule démarcation des aires de compétence des deux pays, a eu des conséquences sur la matérialisation de toute la frontière méridionale du Cameroun. En effet, les deux puissances coloniales délimitèrent la frontière méridionale du Cameroun, à l'embouchure de la rivière Campo, point du méridien 12° 40' de longitude Est de Paris. Par ce texte, la France abandonnait ses droits sur Batanga et sur les iles à l'Ouest de la crique de Kihava (au sud de la baie du Cameroun) contre le retrait des prétentions allemandes sur l'ile de Conakry et un village littoral voisin[240].

Dans un second temps, des négociations directes menées entre l'Espagne et la France aboutissent à la Convention du 27 juin 1900 sur la délimitation des frontières des colonies équatoriales entre les deux pays. C'est véritablement la mission Foerster (Allemagne)-Enrique d'Almonte (Espagne) qui a déterminé, entre 1906 et 1908, la dyade guinéo-camerounaise. A l'issue d'âpres négociations, les deux parties adoptèrent comme repère frontalier la boucle du Ntem (régions Ntoumou d'Aloum et d'Evouzok), "*notamment la borne intermédiaire entre 5 et 6 au Sud du village de Ngouambang et la borne n° 5 vers le village d'Abang, borne n°6 sur le bord du fleuve Ntem*"[241].

Suite à l'accord franco-germanique de 1911, le nouveau tracé de la frontière entre le Cameroun et l'AEF eut comme conséquence une extension de sa périphérie méridionale. Le Cameroun se retrouvait limitrophe à la Guinée Equatoriale, au sud, à l'est et au nord. Dans cette nouvelle configuration territoriale qui entrainait fatalement l'enclavement partiel de la Guinée espagnole continentale (l'ile de Rio Muni) dans le Cameroun, les autorités coloniales allemandes projetaient ainsi d'écouler les richesses du bassin du Congo vers l'océan Atlantique. Ce nouvel appendice géographique permettait au

[240] *Ibid.*, p. 23.
[241] Ibid., p. 57.

Cameroun d'avoir un accès continu à l'océan Atlantique à travers le contournement de l'obstacle de l'ile de Bioko.

Une fois de plus, à l'issue de la Première Guerre mondiale, le tracé frontalier de 1911 sera profondément modifié. L'AEF est ainsi reconstitué à travers la rétrocession des territoires octroyés à l'Allemagne. Le tracé esquissé par la mission Foerster-Enrique, en 1908, sera confirmé en 1927, lorsqu'une commission de reconnaissance franco-espagnole constituée le 27 juin, au lendemain des incidents occasionnés par des erreurs d'interprétation, relève que les villages de Ngouambag et d'Abang sont placés sous le contrôle de la France[242].

Sur le plan hydro-politique, la dyade Cameroun-Guinée Equatoriale, malgré sa petite longueur (193 km), présente un double intérêt. Premièrement, et contrairement à la plupart des frontières africaines qui sont déterminées par des obstacles naturels (un cours d'eau, à l'occurrence), la frontière entre les deux pays est matérialisée par des rivières de moindre importance. Pour éviter d'éventuels différends périphériques, les deux voisins sont donc obligés de recourir à la pose des bornes, en tant qu'indicateurs artificiels du tracé frontalier. Enfin, le Ntem, principale formation fluviale de cette localité périphérique, offre un intérêt hydro-politique particulier : il s'agit d'un fleuve international qui, en fonction des différentes configurations, se retrouve tantôt frontalier et tantôt transfrontalier. C'est pourquoi Augustin Mengome proposait déjà dans les années 1980 que le sous-bassin du Ntem soit doté d'une organisation intergouvernementale afin de promouvoir la coopération sous-régionale et régler pacifiquement les conflits éventuels inhérents à la gestion des eaux frontalières et transfrontalières[243].

---

[242] Le procès-verbal de la mission est co-signé par Henry Joubert, chef de la subdivision de Campo pour la France, et le lieutenant Manuel Ruano, commandant de la 2ème compagnie de la garde coloniale à Bata pour l'Espagne. Cf. André Onana Mfege, *op. cit.*, p. 57.

[243] Augustin Mengome, op. cit., p. 779.

Tableau 10 : La frontière fluviale Cameroun-Guinée Equatoriale

	Frontière Cameroun-Guinée Equatoriale Longueur : 298 km			
Région parcourue	Départements parcourus	Arrondissements parcourus	Cours d'eau frontalier	particularités
Sud	Vallée du Ntem (Ambam)	Ambam	Ntem	Presque entièrement terrestre
		Ma'an		
		Olamzé		
	Océan (Kribi)	Campo		

Source : données compilées par l'auteur.

Le secteur équato-guinéen est en général terrestre, même s'il est sillonné par moment par le fleuve Ntem. La région frontalière qui relève totalement de la région du Sud, englobe les départements de la Vallée du Ntem et de l'Océan, ainsi que les arrondissements d'Ambam, Olamzé, Ma'an, etc. Les localités les plus connues de cet espace périphérique sont, entre autres, Yengué, Meyou, Biboulou (Cameroun), Akonangui, Miconmeseng et Ebebenyin (Guinée Equatoriale).

3- La frontière Cameroun-Nigeria

La détermination de la frontière occidentale entre le Cameroun et le Nigéria est le fruit de l'activisme diplomatique entre l'Allemagne et la Grande Bretagne. Afin d'instaurer un climat d'apaisement à la suite de l'affaire dite du "*too late council*"[244], les deux pays, aux termes d'intenses négociations, signèrent, en 1885, deux traités pour établir la portion méridionale de la frontière occidentale du Cameroun. Ces traités se résumaient ainsi :

"*La Grande-Bretagne s'engage à ne faire aucune acquisition, accepter aucun protectorat et ne point s'opposer au développement de l'influence allemande dans la partie de la côte de Guinée et de l'intérieur située à l'Est d'une ligne qui est formée par la rive du Rio del Rey, depuis son embouchure entre 8°42' et 8° 46' de longitude Est de Greenwich jusqu'à sa source, et qui se dirige en droite ligne vers la rive gauche du Vieux-Calabar [Cross-River], traverse le fleuve et se termine par environ de 9° 8' longitude Est en un point appelé 'Rapids' par la carte de l'amirauté anglaise.*

[244] Pour plus d'informations, lire AdalbertOwona, *op. cit.*,pp. 866-867.

L'Allemagne prend le même engagement pour la partie de la côte de Guinée et de l'intérieur située entre la ligne précédemment déterminée et la colonie anglaise de Lagos. Les deux puissances conviennent de s'abandonner les protectorats qu'elles ont déjà acquis hors de leurs limites ainsi fixées, sauf pour la mission de Victoria dans la baie Ambas qui reste possession anglaise"[245].

Cette nouvelle frontière va connaitre une première modification à la demande du gouvernement allemand. En effet, par l'Accord du 27 juillet au 2 août 1886, la nouvelle frontière est prolongée du "*point terminal de la ligne primitive sur le Vieux-Calabar ou Cross River, en diagonale, jusqu'à la rive droite de la Bénoué, à l'Est de Yola. Ainsi, l'Allemagne cède à la Grande Bretagne ses droits sur Forcados et Sainte Lucie*"[246]. De nouvelles négociations engagées entre les deux parties vont finalement aboutir, le 15 novembre 1893, à la signature d'un traité de réajustement qui étend désormais le secteur septentrional du Cameroun jusqu'au lac Tchad.

Cependant, dès 1900, l'Allemagne et la Grande Bretagne mettent en place une Commission mixte chargée d'étudier les possibilités de remplacer les limites artificielles de leurs zones d'influence respectives par des lignes naturelles, tels que les cours d'eau. Les rapports présentés aboutissent à la signature du protocole d'Archibong (Akwa) le 20 avril 1906, aux termes duquel la frontière du Rio del Rey est pour la première fois déplacée vers la rivière Akwayafé qui est une limite naturelle[247]. Ce protocole, une fois finalisé, permet la signature de l'Accord sur la frontière de Yola à la mer, paraphé le 6 octobre 1909 à Londres. Finalement le 11 mars 1913 est signé entre la Grande Bretagne et l'Allemagne, l'Accord portant délimitation de la frontière entre le Cameroun et le Nigéria, de Yola à la mer. En réalité, cet Accord qui complète le protocole d'Obokum du 12 avril

---

[245]Adalbert Owona, *op. cit.*, p. 42, citant l'"Arrangement between Great Britain and Germany Relative to their Respective Spheres of Action in Portions of Africa 29th April 16th June 1885" in Sir Edward Hertsley,*The Map of Africa by Treaty London* 1909, III, p. 868.
[246] H. Onana Mfege, *op. cit.*, p. 21-22.
[247]*Ibid.*, p. 22

1913, relatif à la frontière anglo-allemande, remplace les dispositions antérieures et stipule que la frontière méridionale entre le Cameroun et le Nigeria suit le thalweg de la rivière Akwayafé[248].

Au final, la matérialisation de la frontière entre le Cameroun et le Nigéria s'est constituée suivant une logique de projection progressive de la mer vers le continent, des berges de l'Océan Atlantique jusqu'aux abords du lac Tchad. Par conséquent, on peut en tirer deux principaux enseignements : d'une part, la logique de maillage du bassin de l'Atlantique à travers la signature des traités germano-duala s'explique par l'intense activité mercantile que les compagnies marchandes allemandes exerçaient sur les côtes ouest-africaines. C'est pourquoi, dans un premier temps, l'intérêt s'est porté sur la démarcation des espaces littoraux, dans les environs du Rio del Rey qui "*n'est pas un fleuve, mais plutôt une crique*"[249], c'est-à-dire un "*petit enfoncement de la mer dans une côte rocheuse*"[250]. D'autre part, la logique de la percée vers l'*Hinterland* a amené les Allemands à signer des accords avec les Britanniques pour se projeter, tout d'abord, dans le bassin de la Bénoué, puis, dans le bassin du lac Tchad.

La frontière occidentale du Cameroun sera une nouvelle fois modifiée à l'issue de la Première guerre mondiale caractérisée par la dépossession des colonies allemandes[251] au profit de la Grande-Bretagne et de la France. Les négociations entreprises sous l'égide du Secrétaire d'Etat britannique aux colonies, Alfred Milner et son homologue français, Henri Simon, aboutissent à la signature, le 10 juillet 1919, de la Déclaration dite Milner-Simon. Celle-ci stipule, en effet, que "*la France transfert à la zone britannique la totalité des territoires du Bornou (Dikwa) ainsi que la bordure nord de l'estuaire du Cameroun jusqu'à l'embouchure du Moungo. Elle reçoit, en contrepartie, certaines possessions en pays Bamiléké près de*

---

[248] *Ibid.*

[249] *Ibid.*

[250] Bernard Cerquiglini, Jean-Michel Olle (dir.), *op. cit.*, p. 309.

[251] A l'issue de la Conférence de paix organisée à Paris de janvier à juin 1919, l'Allemagne est déchue de ses droits coloniaux au profit des vainqueurs.

Dschang, ainsi qu'une bande de terrain en bordure de la circonscription de Ngaoundéré"[252].

Pour permettre une meilleure gestion administrative de ses nouvelles possessions, la Grande Bretagne décide de la partition du territoire en deux entités : d'une part, le *Southern Cameroon* qui englobe le segment occidental du bassin des fleuves côtiers et la portion méridionale du bassin de la Bénoué. Concrètement, cette partie est administrée comme une partie intégrante du Nigeria septentrional (pôle Haoussa-Foulani). D'autre part, le *Northern Cameroon* qui est rattaché au Nigeria oriental (pôle Ibo), s'étend approximativement de l'extrémité occidentale du bassin du Niger jusqu'aux abords du lac Tchad. Suite aux consultations référendaires de 1961, cette portion sera finalement intégrée à la Fédération nigériane ; tandis que le *Southern Cameroon* revenait au giron de la République du Cameroun proclamée une année plus tôt[253]. De nos jours, la frontière occidentale du Cameroun s'étend sur près de 1700 km, de la péninsule de Bakassi jusqu'aux confins du lac Tchad. Après sa matérialisation par le fleuve Akwayafé et ses affluents, et la Cross River, la frontière occidentale du Cameroun "*redevient terrestre et prend de l'altitude dans les massifs montagneux avant de redescendre progressivement dans les plateaux de l'Adamaoua et la cuvette de la Bénoué entre Gurin, Bélel, Sorau, Doundey et Bonjoula*"[254].

---

[252]H. Onana Mfege, *op. cit.*, p. 33.

[253] Suite aux résultats décevants obtenus à l'issue de la première consultation référendaire tenue en novembre 1959, les habitants du *Northern Cameroon* ayant choisi le report de la décision sur l'avenir du territoire à plus tard, les autorités britanniques obtinrent de l'ONU l'organisation d'un nouveau référendum en 1961. Dans la mesure où les résultats de ce référendum étaient appréciés séparément, les populations du *Northern Cameroon* choisirent finalement le rattachement au Nigeria.

[254]H. Onana Mfege, *op. cit.*, p. 63.

Tableau 11 ***: La frontière fluviale du Cameroun-Nigéria***

Régions traversées	Départements traversés	Arrondissements parcourus	Cours d'eau frontaliers
Sud-ouest	Ndian (Mundemba)	Mundemba ; Bamusso ; Isangele ; Ekondo-Titi ; Idabato ; Kombo-A-Bedimo	Ndian; - Mentchum - Donga; - Mayo Darlé; - Demsa; - Mayo Ouiti; - Mayo Pounko;
	Manyu (Mamfé)	Akwaya ; Eyumedjock	
Nord-ouest	Mentchum (Wum)	Furu Awa	
	Donga-Mantung (Nkambé)	Ako	
Adamaoua	Mayo-Banyo (Banyo)	Mayo Darlé ;Banyo	
	Faro-et-Déo (Tignère)	Mayo Baléo	
Nord	Faro (Poli)	Poli	
	Bénoué (Garoua)		
	Mayo-Louti (Guider)	Mayo Oulo	
Extrême-nord	Mayo-Tsanaga (Mokolo)	Mokolo ; Bourrah ; Mogodé	
	Mayo-Sava (Mora)	Mora ; Darak	
	Logone et Chari (Kousseri)	Fokotol	

Source : données compilées par l'auteur.

Au final, la frontière entre le Cameroun et le Nigeria longe cinq principales régions, pour une douzaine de départements. Sur le plan hydrologique, cette dyade est arrosée par trois principaux bassins. En effet, au Sud-ouest du pays, la Cross River et l'Akwayafé, principaux fleuves du bassin des fleuves côtiers, servent de frontière naturelle entre les deux pays. A la périphérie du Nord-ouest et de l'Adamaoua, le bassin du Niger constitué de la Katsina ou de la Bénoué, délimite l'espace de souveraineté entre le Cameroun et le Nigeria. Dans le bassin du lac Tchad, enfin, les cours d'eau saisonniers tels que les mayos (Mayo Darlé, Mayo Ouiti, etc.) sont les frontières naturelles entre les deux voisins. Par ailleurs, le Cameroun, dans sa partie septentrionale et orientale, a des frontières naturelles communes avec d'autres pays.

B- *Les dyades fluviales de l'espace septentrional et oriental*

La zone frontalière orientale et septentrionale du Cameroun présente deux caractéristiques essentielles. De prime abord, il s'agit d'un espace géographique très vaste couvrant 2415 km ; ce qui représente près de 52% des frontières du pays. De plus, contrairement à l'espace précédemment étudié, cette zone concentre seulement deux pays, à savoir le Tchad et la RCA. Pourquoi donc y associer le Congo qui appartient en réalité à la partie méridionale du Cameroun ? La raison en est toute simple : sur le plan hydrologique, il est difficile de séparer la RCA du Congo dans la mesure où les deux pays appartiennent au même bassin fluvial. En effet, ces deux voisins du Cameroun sont arrosés par les mêmes affluents du Congo (Sangha, Ngoko, etc.) Tout en parcourant de nouveau, du Sud au Nord, ces espaces frontaliers, il sera question d'étudier les dyades du Cameroun avec le Congo (1), la RCA (2) et le Tchad (3).

1- *La frontière Cameroun-Congo*

La construction de la périphérie du Cameroun avec le Congo est le fruit des arrangements géopolitiques entre les puissances coloniales. Dans le but de pallier aux querelles frontalières entre les forces tutélaires tout en assurant la libre navigation sur les fleuves limitrophes, la France et l'Allemagne signent un premier accord le 24 décembre 1885, à Berlin. Cet accord concerne globalement la délimitation de la frontière méridionale du Kamerun. Il sera rapidement complété par deux nouvelles conventions. Il s'agit de la convention du 15 mars 1894 qui fixe la frontière orientale à partir du fleuve Sangha et celle du 18 avril 1908.

La véritable modification du tracé de la frontière entre les deux pays intervient en 1911 à la suite de la crise d'Agadir. Cet incident aux conséquences diplomatiques et politiques considérables permit à l'Allemagne de réaliser son projet expansionniste dénommé Mittel Afrika. Celui-ci visait une jonction du Cameroun à l'Est africain, en englobant le Congo français et l'Etat indépendant du Congo appartenant au roi belge[255]. Le Neu Kamerun s'agrandit ainsi dans sa partie orientale à travers l'acquisition d'un immense territoire congolais estimé à 151.660 km^2.

Cette nouvelle extension de la périphérie du Cameroun a créé un appendice qui avait pour but de permettre au pays d'être au contact du Congo belge, objet des convoitises de l'Allemagne. Dès lors, le Neu Kamerun bénéficiait d'une situation de désenclavement grâce à son ouverture sur le fleuve Congo. Sur le plan hydro-politique, le prolongement de cette dyade vers le Moyen-Congo permettait au Cameroun d'occuper une position dominante dans le bassin du Congo ; ce d'autant plus que cet espace géopolitique regorge d'énormes ressources hydriques.

A l'issue du traité de Versailles, cet appendice fut restitué à l'AEF. La nouvelle frontière du Cameroun était désormais réduite à 523 km. Il s'agit pourtant là de la plus longue frontière de la partie méridionale du Cameroun ; mais sans doute aussi la plus complexe. En effet, Hubert Onana Mfege la qualifie de "b*izarre, car elle rappelle le désert vert de la Boumba-et-Ngoko dont elle relève en partie*"[256].

D'une manière concrète, la frontière Cameroun-Congo part de la moitié Sud de la Sangha. Elle parcourt par la suite les localités de Mawa, Moloundou, Ngbala, Messomesso, Alati jusqu'au fleuve Koumou. La frontière est matérialisée, dans son cours majeur, par de nombreux cours d'eau qui constituent généralement des affluents ou des sous-affluents du fleuve Congo. Rien d'étonnant si André Hubert Onana Mfege déclare que cette frontière est essentiellement naturelle et définies par l'eau.

[255] Cf. Adalbert Owona, op. cit., p. 16-17 ; H. Onana Mfege, *op. cit*., pp. 25-26.
[256]H. Onana Mfege, *op. cit*., p. 55.

Tableau 12: La frontière fluviale du Cameroun-Congo

	Frontière Cameroun-Congo **Longueur : 523 km**			
Régions parcourues	Départements parcourus	Arrondissements parcourus	Cours d'eau frontaliers	particularités
Est	Haut-Nyong (Abong-Mbang)	Ngoila	- Sangha ; - Ngoko ; - Bele	- Forêt humide - Présence de plusieurs cours d'eau
Sud	Boumba et Ngoko (Yokadouma)	Moloundou		

Source : l'auteur.

Couvrant deux régions administratives, la frontière camerounaise avec le Congo s'étend en général sur la partie méridionale du bassin du Congo. L'hydronymie des départements montrent, en effet, que les différents cours d'eau (Nyong, Dja et Lobo) appartiennent tous au réseau hydrologique du Congo. Cependant, malgré la présence de plusieurs cours d'eau, la Sangha reste la principale formation fluviale de cette région frontalière. La Sangha a-t-elle le même statut dans la dyade entre le Cameroun et la RCA ?

2- La frontière Cameroun-RCA

Le processus de construction de la frontière orientale du Cameroun, notamment la dyade avec l'ancienne Oubangui-Chari, a été amorcé au lendemain de la Conférence de Berlin. Cette frontière porte en elle-même les marques des vicissitudes de l'histoire mouvementée du Cameroun. Comme toutes les autres frontières, cette périphérie a subi de nombreuses modifications.

Au lendemain de la Conférence de Berlin, un premier accord franco-allemand signé le 24 décembre 1885, la plaçait sur le 15ème méridien Est de Greenwich. Près d'une décennie plus tard, le traité franco-allemand du 15 novembre 1894 la modifia considérablement. Il s'agissait alors d'un arrangement aux relents hydro-politiques entre les deux puissances coloniales : la France bénéficiait ainsi de l'accès de l'ancienne A.E.F. au bassin de la Bénoué tandis que l'Allemagne profitait de l'extension du Cameroun jusqu'à la Sangha. "*De là, elle suit une ligne droite aboutissant sur le parallèle de Bania à 6° à l'Ouest de Bania ; de ce point par une autre ligne aboutissant sur le parallèle 43° à l'ouest de Gaza et se dirige vers Koundé laissant cette localité à l'Est*"[257].

Très vite, l'Allemagne et la France se rendent compte que les frontières ainsi définies sont difficiles à matérialiser sur le terrain. Aussi, dès 1900, décident-elles de "*former une commission mixte chargée de reconnaitre ces frontières, d'établir un bornage concret et de proposer la substitution des limites naturelles aux lignes fictives déterminées sur les cartes*"[258]. Les négociations menées, de 1905 à 1907, par le commandant français Moll et son homologue allemand, Siegfried, débouchèrent sur la matérialisation d'un nouveau tracé frontalier : un "*tracé déterminé par la configuration du terrain*"[259] fut alors adopté par la Convention franco-allemande du 18 avril 1908.

La frontière entre le Cameroun et l'Oubangui-Chari connaitra une nouvelle modification à la suite de la crise d'Agadir. Il s'agit d'un incident qui mettait aux prises l'Allemagne et la France. En effet, suite à l'occupation des villes de Fez et de Meknès par les troupes françaises, le 21 mai 1911, les Allemands protestent vigoureusement. Face à l'hésitation française, l'Allemagne envoie un navire de guerre devant Agadir, le 1er juillet 1911. Les négociations en vue d'une sortie de crise aboutissent à l'accord du 4 novembre 1911 qui traite de deux questions principales : le statut du Maroc et les ajustements territoriaux en Afrique équatoriale[260]. C'est ainsi que, comme dans un marché de dupes, la France, tout en renonçant à ses droits de préemption sur la Guinée espagnole, reçut le Maroc et la petite bande appelée "*bec de canard*" comprise entre le Logone et le Chari, entre Laï, Bongor au Tchad, Maroua et Kaélé.

---

[257] *Ibid.*, pp. 23-24.
[258] *Ibid.*, pp. 24.
[259] Yves Boulvert, *Carte oro-hydrographique de la République centrafricaine (feuille Ouest-feuille Est à 1 : 1.000.000)*,
in www.*horizon.documentation.ird.fr/exl-doc/pleins_textes/.../31642.pdf.* Page [Consulté le 3 février 2014].
[260] Pour plus d'informations sur la crise d'Agadir, lire : Henri Wessling, *Le partage de l'Afrique 1880-1914*, Paris, 1996, éd. Denoël, pp. 473-476.

A l'opposé, l'Allemagne vit son territoire colonial s'étendre de 272.500 km^2 dont 49.570 km^2 pris à l'Oubangui-Chari. Ce prolongement de la frontière en plein territoire de l'Oubangui-Chari permettait au Cameroun d'atteindre l'Oubangui, l'un des principaux affluents du fleuve Congo. Cependant, cette frontière orientale remodelée par l'Accord du 4 novembre 1911, fut ramenée, suite à la débâcle de l'Allemagne au cours de la 1^{ère}Guerre mondiale au Cameroun, à ses contours esquissés par l'ancienne Convention franco-allemande du 18 avril 1908. Et c'est ce tracé, long de 797 km, qui est encore de mise de nos jours.

Sur le terrain, la frontière entre les deux pays s'étend des rapides de la Mbéré à 7° de latitude, près de la localité de Touboro dans la région du Nord, jusqu'au point d'arrêt localisé dans la Sangha. La délimitation négociée entre les puissances coloniales a prévalu dans le tracé de cette frontière qui est matérialisée par la présence de bornes le long du tracé. On note aussi un nombre important de rivières et de fleuves pour lesquelles la délimitation s'opère généralement à travers la ligne du talweg. Dans cette perspective, plusieurs fleuves servent, dans une partie de leurs cours, de frontière entre la RCA et le Cameroun. Il s'agit, entre autres, de la Kadéi, du Mbéré et de la Sangha. Le tableau suivant en est illustratif.

<u>Tableau</u> 13: La frontière fluviale Cameroun-RCA

	Frontière Cameroun-RCA **Longueur : 797 km**		
Régions parcourues	Départements parcourus	Arrondissements parcourus	Cours d'eau frontaliers
Nord (Garoua)	Mayo-Rey (Tcholliré)	Rey Bouba ; Touboro	- Mbéré ; - Midé ; - Mbali ; - Kadéi ; - Ndanbi ; - Goubouma - Sangha ;
Adamaoua (Ngaoundéré)	Mbéré (Meiganga)	Djohong ; Meiganga	
Est (Bertoua)	Lom-et-Djerem (Bertoua)	Betaré Oya ; Garoua Boulaï	
	Kadey (Batouri)	Ndélélé ; Batouri	
	Boumba-et-Ngoko (Yokadouma)	Gari Gombo ; Yokadouma	

<u>Source</u> : l'auteur.

La dyade avec la RCA est estimée à 797 km. La majeure partie du tracé frontalier est caractérisée par les plans d'eau. Rien d'étonnant si plusieurs cours d'eau, parfois d'importance mineure (Ndanbi,

Midé, Mbali, etc.), servent de frontière naturelle entre les deux pays. Cependant, la Sangha, en tant que l'un des principaux affluents septentrionaux du Congo, est le fleuve le plus important qui détermine le domaine de souveraineté entre le Cameroun et le Tchad. La création de la Commission Internationale du bassin du Congo-Oubangui-Sangha (CICOS) est une illustration de la place déterminante que tient le Sangha sur l'échiquier hydro-politique de l'Afrique centrale. La partie orientale du Cameroun est également caractérisée par la frontière avec le Tchad.

3- La frontière Cameroun-Tchad

Comme toutes les autres frontières, la dyade entre le Cameroun et le Tchad est le fruit des arrangements entre les différentes puissances tutélaires. Il s'agit notamment des négociations entre la France et l'ancien empire germanique. On se souvient que le Cameroun était un protectorat allemand alors que la France administrait la colonie du Congo dont faisait partie le Tchad.

La première ébauche de cette frontière a été esquissée par le protocole franco-allemand du 15 mars 1894 qui fixait d'une manière générale, la périphérie orientale du Cameroun à partir du fleuve Sangha. Comme toutes les autres frontières issues des négociations germano-françaises, la dyade avec le Tchad a connu plusieurs modifications dont la plus importante semble être celle de 1911. La crise d'Agadir, a-t-on vu, avait permis au neu Kamerun d'avoir accès au fleuve Congo et à l'océan Altantique à travers l'enclavement partiel de la Guinée Equatoriale continentale[261]. Cependant, elle eut également des conséquences favorables pour l'AEF, notamment dans la partie septentrionale du Kamerun. En effet, au terme des négociations difficiles, la France qui dut céder un vaste territoire tchadien de 30.960 km^2 au Kamerun, se contenta néanmoins, en contrepartie, de l'appendice "*du Bec de canard compris entre le Logone et le Chari entre Laï, Bongor au Tchad, Maroua et Kaélé au Cameroun*"[262].

Le découpage opéré en 1911 sur la dyade entre le Cameroun et le Tchad a induit incontestablement des conséquences hydro-politiques majeures. En renonçant à la pleine souveraineté sur le Chari et le

---

[261] *Supra*, p. 176.

[262] H. Hubert Onana Mfege, *op. cit.*, p. 26.

Logone, la Cameroun perdait ainsi des sources et ressources hydriques inestimables. En effet, jadis enclavé dans le territoire camerounais, le Chari et le Logone ont acquis un statut de fleuves internationaux en devenant, à l'issue de ces accords, des cours d'eau frontaliers entre le Cameroun et le Tchad. Par conséquent, la cession de l'appendice du bec de canard à l'AEF a considérablement réduit la place du Cameroun sur l'échiquier hydro-politique du bassin du lac Tchad.

Le Traité de Versailles de 1919 qui consacrait, entre autres, la dépossession de l'Allemagne de son empire colonial n'a pas contribué à un remodelage de la frontière entre le Cameroun et le Tchad. En effet, si le territoire de 30.960 km^2 incorporé au neu Kamerun en 1911 a été restitué à l'ancienne AEF, l'appendice du *bec de canard* cédé par l'Allemagne à la France n'est jamais revenu dans le giron du Cameroun.

Aujourd'hui, selon la description d'Hubert Onana Mfege[263], la frontière entre le Cameroun et le Tchad suit le cours inférieur du Chari (sud de Blangoua) ; elle empiète sur le fleuve Logone après avoir traversé les localités de Goulfrey, Kousseri, Logone Birni. Sa descente au sud de Logone Birni la conduit sur le cours du Logone : elle drague alors les localités de Katoa ; Guémé, Bongor. C'est de là qu'elle fait un angle de 45° pour rentrer vers l'intérieur dessinant un *bec de canard* dont la pointe est constituée de la plaine inondée de Nouldayna et de la localité de Dom. La partie rentrante ou gorge touche Datcheka, Gologuini et les environs de Kaélé. La frontière reprend alors sa trajectoire normale à partir de Figuil, se dirige vers Momboré et Damadjou avant d'effleurer Bongdibo sur l'axe routier Toubouro-Baïbokum (Tchad). C'est au Sud de Bongdibo que cette frontière s'arrête après avoir parcouru plus d'un millier de kilomètre.

---

[263] *Ibid.,* p. 43

Tableau 14: La frontière Cameroun-Tchad

	Frontière Cameroun-Tchad			
régions	**Départements**	**Arrondissements**	**Cours d'eau**	**Caractéristiques**
Nord	Mayo-Rey (Tcholliré)	Tcholliré; Rey Bouba; Touboro	- Chari; - Logone ; - Mbéré	Plaines inondables le long de la frontière
	Mayo-Louti (Guider)	Figuil ;		
	Bénoué (Garoua)	Bibémi;		
Extrême -nord	Mayo-Kani (Kaélé)	Kaélé ;		
	Mayo-Danay (Yagoua)	Datcheka		
	Logone-et-Chari (Kousseri)	Blangoua ; Goulfey ; Kousseri.		

Source : L'auteur.

Comme on peut l'apercevoir sur le tableau ci-dessus, la frontière entre le Cameroun et le Tchad est la deuxième dyade la plus étendue, tout juste derrière celle avec le Nigeria. D'une longueur cumulée de 1095 km, elle parcourt plusieurs arrondissements. D'autre part, le Chari et le Logone sont les principaux cours d'eau qui servent de frontière naturelle entre le Cameroun et le Tchad.

En étudiant les frontières hydrologiques du Cameroun, il a été question de montrer comment les formations maritimes, fluviales et lacustres ont été incontournables dans la détermination des domaines de souveraineté des différents pays. En dehors des litiges se rapportant à l'identification des cours d'eau frontaliers ou au mode de gestion partagée des ressources hydriques, les rivières frontalières, en tant des limites naturelles -et donc non arbitraires- entre des territoires riverains, sont intrinsèquement moins conflictogènes. Par contre, les cours d'eau transfrontaliers, complexifiés par leur dimension nationale et extranationale, se révèlent davantage problématiques dans l'analyse hydro-politique.

Section II : Les eaux transfrontalières du Cameroun

Dans la première section, nous avons mis en exergue les enjeux hydro-politiques relatifs aux espaces hydriques frontaliers du Cameroun. La frontière y a été appréhendée comme un support artificiel ou naturel fixant le domaine de souveraineté des Etats voisins. Cette ligne de démarcation a été souvent été contestée par les Etats qui, par calculs hydro-politiques, voulaient agrandir leur espace hydrique frontalier.

Les périphéries hydriques du Cameroun sont également caractérisées par des cours d'eau transfrontaliers. Les batailles déjà observées dans les espaces frontaliers sont plus âpres lors qu'on se situe dans une périphérie transfrontalière. Par *eaux transfrontalières*, nous entendons tout cours d'eau qui, prenant naissance dans un pays donné, viole les frontières étatiques pour faire une incursion dans un territoire voisin. Deux schémas sont envisageables ici : d'un côté, on a le cas d'un cours d'eau qui traverse tout simplement les frontières entre deux pays ; de l'autre, on peut évoquer une configuration complexe d'un cours d'eau qui zigzague de part et d'autre de la frontière. Ces différents schémas se retrouvent dans les eaux de surface (§1) et dans les aquifères (§2).

§1 : Les eaux transfrontalières de surface

Les eaux transfrontalières du Cameroun sont principalement constituées des eaux de surface. Le statut juridique des eaux transfrontalières échappent à la souveraineté exclusive des Etats. La configuration transfrontalière des espaces hydriques périphériques rend ces pays interdépendants. Par conséquent, tout observateur vigilant des espaces hydriques camerounais peut aisément constater que les bassins versants de l'espace méridional (A) et septentrional (B) violent les frontières des pays riverains.

A- Les sources transfrontalières de l'espace méridional

Couvrant toute la région forestière du Cameroun, l'espace méridional, dont il est question ici, est constitué des bassins fluviaux aux débits permanents. Abondamment arrosée pendant toute l'année, cette région hydrologique comprend plusieurs cours d'eau qui serpentent le tracé des frontières entre des Etats riverains. En dépit du volume d'eau considérable qui s'écoule du bassin de la Sanaga jusqu'à l'océan Atlantique ($65.10^9 m^3/an$)[264], nous n'étudierons pas cette région Atlantique, car elle n'a pas un caractère transfrontalier. En effet, elle est partiellement enclavée dans le territoire camerounais ; seul un appendice au niveau de l'embouchure de la Sanaga lui permet de déboucher sur la mer. Si on exclue par conséquent le bassin de la Sanaga, l'espace méridional du Cameroun abrite des formations hydrologiques, tels que les bassins des fleuves côtiers (1) et du Congo (2).

1- Le bassin des fleuves côtiers

Les analyses antérieures ont montré que le bassin des fleuves côtiers était constitué des cours d'eau qui ne respectaient pas la logique des morcellements territoriaux, et par conséquent, ils échappaient à l'emprise totale du pays situé en amont ou en aval. Ce constat est d'autant plus fondé qu'à l'exemple de tous les autres bassins, la région côtière est drainée par de nombreux fleuves périphériques.

Le bassin des fleuves côtiers n'est pas une région fermée. Les principaux cours d'eau qui arrosent cette région hydrologique ne sont pas confinés sur le territoire national. Deux cas de figure se présentent à ce niveau : les eaux collectées par les cours d'eau côtiers se déversent tantôt directement dans l'océan Atlantique tantôt dans les bassins hydrologiques voisins. De ce point de vue, environ 145 milliards de m^3 d'eau douce se déversent chaque année dans cet exutoire maritime (tableau 15). La Sanaga est le fleuve camerounais qui perd le plus grand volume d'eau au profit de l'océan Atlantique.

---

[264]Ministère de l'Environnement et de la Protection de la Nature, *Plan d'Action National de gestion des zones marine et côtière*, août 2010, p. 57.

Tableau 15: Volume d'eau sortant du Cameroun à partir des fleuves côtiers

Zone	Nom du fleuve	Longueur (km)	Surface drainée (km^2)	Crues (m^3s^{-1})	Débit (m^3s^{-1})	Volume d'eau déversée en mer (10^9m^3/an)
Ouest	Cross River	160	800	7570	171-7570	
	Ndian				246	
	Mémé				300	
	Dibamba	150	2400	480	480	
	Moungo	150	2420	236	27.5-236	8
	Wouri	250	82000	1425	49-1425	16
Sanaga	Sanaga	890	135000	7570	500-5001	65
Sud	Nyong	800	14000	376	25.7-376	
	Lokoundjé	185	-			
	Kienké	100	-			
	Lobé	80	1900			
	Ntem	460	31000	764	50-764	
Estuaire Rio del Rey		-	-	-	-	20
Eau de pluie		-	-	-	-	5.4

Source : Ministère de l'Environnement et de la Protection de la Nature, *Plan d'Action National de gestion des zones marine et côtière*, août 2010, p. 57.

Dans la partie Sud-ouest de ce bassin, en dehors de petits cours d'eau comme l'Akwayafé, la Cross River est la principale formation fluviale qui serpente la zone transfrontalière avec le Nigeria. En effet, ce fleuve dont le débit moyen annuel est d'environ 589 m^3/s pour un volume annuel d'eau estimée à 17,25 km^3, prend sa source au Cameroun avant de s'écouler vers le Nigeria. La rivière Akwayafé revêt une importance capitale, au vu des ressources halieutiques inestimables dont elle regorge. Rien d'étonnant donc si elle a été au cœur des querelles sur le tracé de la frontière entre les deux pays riverains.

Dans la partie méridionale de la région hydrologique des fleuves côtiers, on retrouve le sous-bassin du Ntem, de loin la plus importante sur le plan hydro-politique. En effet, le Ntem est le principal fleuve que le Cameroun, la Guinée Equatoriale et le Gabon ont en commun. Prenant sa source au Gabon, puis traversant le Cameroun pour arroser par intermittence la Guinée Equatoriale, le Ntem apparait véritablement comme un fleuve transfrontalier. Il forme des zigzags de part et d'autre de la frontière entre les trois pays. A son arrivée à Maka, au Cameroun, il se divise en deux bras formant une ile naturelle. Ces deux segments finissent par se rejoindre avant de se jeter dans l'Océan Atlantique. Selon Augustin Mengome, grâce à son caractère transfrontalier, le Ntem devrait être l'objet de *"la signature d'un accord bilatéral camerouno-gabonais sur l'utilisation des eaux de ce fleuve international"*[265].

Seulement, les pays riverains ont-ils conscience du statut international du Ntem ? L'absence d'accord sur une gestion concertée des ressources de ce cours d'eau tient sans doute à deux facteurs. Le premier est relatif à la faible densité de la population dans cette région transfrontalière. Dans cette perspective, pourquoi légiférer sur un cours d'eau, fût-il international, qui ne fait pas encore l'objet d'une exploitation accrue ? La deuxième raison est liée à l'absence d'enjeux hydro-politiques véritables dans ce sous-bassin. En effet, le Gabon et la Guinée Equatoriale ont un ratio de dépendance quasi nul[266]. En d'autres termes, ces deux pays ne dépendent pas des apports hydriques extérieurs : la plupart des cours d'eau du Gabon[267]

---

[265] Augustin Mengome, *op. cit.*, p. 778.

[266] Voir le lien suivant : www.fao.org/.../water/aquastat/.../AQUASTAT_water_resources_and_MDG_water_indicator-March_2009. [Consultée le 22 février 2014].

[267]Le Gabon comprend trois grands bassins hydrologiques, à savoir : le bassin de l'Ogooué qui draine 215.000 km^2, dont près que 90% (soit 193 000 km^2) se situent à l'intérieur du pays. Second fleuve du pays, la Nyanga coule dans une moindre mesure dans le territoire congolais : 80% de son bassin versant se trouve au Gabon. Il en est de même du Komo dont la majeure partie de son bassin versant coule sur le territoire gabonais.

et de la Guinée Equatoriale[268] ont un caractère national. Est-ce donc à dire que ces deux pays, véritables éponges à eau de la sous-région, ont abandonné la gestion de ce fleuve, pourtant international, au Cameroun ?

Il n'est pas aisé de répondre à cette question. Les faits montrent tout de même que le Cameroun a déjà projeté l'exploitation des eaux du Ntem. Dans le projet d'émergence du Cameroun à l'horizon 2035, et afin de garantir une meilleure fourniture énergétique, préalable à la relance du secteur industriel, le gouvernement a entrepris la construction d'un barrage hydroélectrique à Memvé'elé sur le cours camerounais du fleuve international Ntem. Cet ouvrage hydraulique entrainera la diminution du débit d'eau du Ntem qui s'écoule en aval dans la partie équato-guinéenne du fleuve. Le volume d'eau retenue à Memvé'elé sera peut-être compensé par l'apport important des eaux météoriques, compte tenu de l'abondance des précipitations. Dans ce cas, le Ntem pourra toujours, même en saison sèche, atteindre son embouchure au niveau de Campo.

A notre sens, la construction du barrage hydroélectrique de Memvé'elé trahit la démarche unilatérale et souverainiste adoptée par les autorités camerounaises dans la gestion des eaux transfrontalières du sous-bassin du Ntem. En effet, le Cameroun a sans doute usé de la *doctrine Harmon* pour utiliser de façon égoïste les ressources de ce fleuve international. Cette doctrine tire son origine du juge américain Harmon qui, en 1896, reconnut aux Etats-Unis le droit de réduire le débit d'un fleuve coulant vers le Mexique. Ce qui consacra l'entière souveraineté de l'Etat sur les ressources hydriques situées sur son territoire, au mépris des droits légitimes des pays situés en aval.

2- Le bassin du Congo

Dans la partie méridionale du Cameroun, en dehors de la région côtière, le bassin du Congo correspond bien à une configuration transfrontalière des espaces hydriques périphériques. Il couvre la

---

[268] Sur le continent, le long du golfe de Guinée, s'étend le Mbini (anciennement Río Muni), drainé par le Benito, au pied du mont Mitra. En fait, le Mbini est le principal cours d'eau équato-guinéen ; tandis que le Rio Muni constitue, en réalité, une voie de dégorgement de plusieurs fleuves secondaires.

région frontalière entre le Cameroun et certains de ses principaux voisins (Congo et RCA). "*Second au monde par son débit (40.000 m³/s), après l'Amazone (200.000 m³/s), le Congo et ses affluents constituent le second bassin le plus étendu au monde (38 millions de km2) après celui du grand fleuve sud-américain (6,95 millions de km2). A lui seul, le Congo représente la moitié de toutes les eaux africaines déversées dans l'Atlantique*"[269].

Le statut international de ce bassin "*ne manquera pas de soulever des conséquences juridiques à long terme*"[270], car les nombreux cours d'eau qui le traversent ne respectent pas la logique frontalière. Il s'agit d'abord de la Ngoko qui part du Cameroun via le Gabon sur une distance de 120 km avant de s'abandonner dans la Sangha qui se déverse à son tour dans le fleuve Congo. De plus, la Sangha a été inscrite au rang de fleuve international depuis son insertion au sein de la Commission Internationale du bassin du Congo-Oubangui-Sangha (CICOS).

L'internationalisation de la Sangha s'explique par le fait que son caractère transfrontalier a créé des interdépendances entre le Cameroun, la RCA et le Congo. D'une part, parmi tous les pays de la zone CEMAC-Nigeria, la République du Congo est grandement tributaire des cours d'eau qui prennent leurs sources au Cameroun ou en RCA. Le ratio de dépendance du pays qui est estimé à 73%[271], le plus élevé pour un pays équatorial, tient à la position de pays en aval du Congo. Sur le plan hydrologique, le pays ne sert que d'exutoire, vers le fleuve Congo, des eaux collectées en amont dans les territoires camerounais et centrafricain. A travers la Sangha et ses principaux affluents, le Cameroun écoule une bonne partie de son réservoir hydrique vers la République du Congo située en aval. Selon la FAO/Aquastat[272], ce pays reçoit de la Sangha un volume d'eau estimé à 6,3 km³ ; ce qui représente plus de 15% des 40 km³ d'eau qui quitte annuellement le Cameroun en direction des pays situés en aval.

---

[269] Marie France Cros, Misser, *Géopolitique du Congo (RDC)*, Paris, Complexe, 2006, p. 27.
[270] Augustin Mengome, *op. cit.*, p. 778.
[271] www.fao.org/.../water/aquastat/.../AQUASTAT_water_resources_and_MDG . [Consulté le 22 février 2013].
[272] *Ibid.*

D'autre part, la Sangha et ses principaux affluents serpentent la zone frontalière entre le Cameroun et la RCA. Contrairement au Congo qui se situe clairement en aval, la RCA présente une configuration hydrologique complexe. Par rapport au Cameroun, elle se positionne tantôt en amont tantôt en aval des cours d'eau transfrontaliers. Cette situation explique sans doute pourquoi le ratio de dépendance de ce pays est estimé à 2%[273]. Ce qui montre à suffisance que la RCA n'est pas tributaire des cours d'eau transfrontaliers du bassin du Congo.

En tant que fleuve transfrontalier qui échappe *ipso facto* à la souveraineté totale d'un seul pays, la Sangha a été insérée dans le jeu hydro-politique du bassin du Congo. La création du CICOS prouve que les pays riverains ont opté pour une gestion concertée leurs ressources hydriques transfrontalières. Aujourd'hui, nous disposons d'éléments probants qui montrent que la *théorie de la communauté d'intérêts*[274] a été adoptée comme principe fondamental dans la gestion des ressources périphériques de la Sangha. Premièrement, le Cameroun ne s'est pas engagé dans une voie unilatérale et souverainiste dans la gestion des ressources de ce fleuve. Le pays ne dispose pas d'ouvrages hydrauliques sur le cours ou les affluents de la Sangha. A cet effet, le Cameroun et le Congo envisagent mettre en place un barrage hydroélectrique dans la localité frontalière de Chollet. Doté d'une puissance de 600 Mégawatts, ce futur ouvrage hydraulique pourra couvrir les besoins énergétiques des régions transfrontalières du bassin supérieur du Congo[275].

Enfin, les membres du CICOS ont mis en place des programmes concertés en vue d'une intégration optimale des pays membres du

---

[273]*Ibid.*

[274]En effet, cette théorie met l'accent sur le développement commun des fleuves, et ce, par tous les Etats riverains. Sur le principe, la théorie de la communauté d'intérêts reconnait que les Etats en amont comme en aval ont un intérêt légitime face aux ressources en eau, et elle tente d'équilibrer leur utilisation à l'avantage mutuel de toutes les parties concernées.

[275]Le projet de réalisation de cette centrale hydroélectrique a été au centre d'une séance de travail à Brazzaville entre les ministres en charge des ressources en eau du Cameroun et du Congo. A cet effet, un calendrier de trois mois a été adopté et un budget de 32,5 millions de FCFA pour le fonctionnement du comité "ad hoc". Les conclusions issues des investigations du ce comité permettront aux deux gouvernements de rechercher des ressources additionnelles et des financements pour construire le barrage.

bassin du Congo, notamment dans les secteurs des pêches, de la navigation fluviale, etc. La *théorie de la communauté d'intérêts* reconnait que les Etats du bassin du Congo ont un droit légitime aux ressources en eau. S'appuyant sur cette coopération *transanghaise*", la CICOS constitue elle-même une véritable communauté d'intérêts.

Au final, la gestion des fleuves transfrontaliers de la partie méridionale du Cameroun a été complexe. Dans le sous-bassin du Ntem, elle a reposé, du côté camerounais, sur une démarche souverainiste ; tandis que, dans le sous-bassin de la Sangha, on a assisté à la construction d'une communauté d'intérêts. Qu'en est-il des cours d'eau transfrontaliers de l'espace septentrional du Cameroun ?

B- Les sources transfrontalières de l'espace septentrional

La partie septentrionale du Cameroun est également constituée des sources transfrontalières. A ce titre, deux principales régions hydrologiques la caractérisent. Il s'agit des bassins fluviaux du Niger (1) et du lac Tchad (2). Nous avons délibérément choisi d'étudier ensemble ces deux bassins ; car ils offrent des similitudes liées principalement aux conditions climatiques. En effet, les fleuves de ces deux bassins sont dépourvus d'écueils (rapides et chutes) dans leurs cours et sont plutôt affectés par le risque de tarissement en saison sèche.

1- Le bassin du Niger

A l'instar de toutes les régions hydrologiques du Cameroun, le bassin du Niger est parcouru par des cours d'eau qui sont à la fois frontaliers et transfrontaliers. On note par conséquent une configuration complexe des cours d'eau, à l'instar du Mayo Kebbi, l'un des principaux affluents de la Bénoué. Ce fleuve prend naissance au Tchad, sert momentanément de frontière naturelle entre les deux pays, avant de pénétrer plus loin dans le territoire camerounais. Après avoir parcouru d'Est en Ouest le Cameroun, la Bénoué, grossie par les eaux du Mayo Kebbi, pénètre au Nigeria.

Le positionnement du Cameroun comme pays en amont a des conséquences hydro-politiques sur l'ensemble du bassin du Niger. En effet, grâce à l'écoulement permanent de la Bénoué, le Nigeria, pays en aval, reçoit du Cameroun un volume annuel d'eau de 29 km^3/an[276] ; ce qui représente par exemple la production interne des pays tels que la Croatie (27 km^3/an) ou le Soudan (28 km^3/an)[277]. Bien plus, le volume d'eau de la Bénoué qui s'écoule vers le Nigeria est évalué à 72,5% des 40 km^3 d'eau de surface qui sortent chaque année. Sans cet important apport hydrique de la Bénoué, la production interne des eaux de surface du Nigeria qui est estimée à 221 km^3/an[278] serait finalement de l'ordre de 192 km^3/an.

La gestion de la Bénoué, en tant que fleuve transfrontalier, est très complexe. Trois moments ont ainsi caractérisé l'utilisation des eaux de ce fleuve par le Cameroun. Au cours de la première période marquée par la mise en place de l'ancienne Commission du Fleuve Niger (CFN) en 1964, le Cameroun avait manifesté son intention de s'engager dans une gestion concertée des ressources de la Bénoué, l'un des principaux affluents du Niger. Confrontée aux affres de la longue sécheresse des années 1970, sclérosée par le manque de volonté politique des Etats membres et l'instabilité politique qui sévissait en Afrique de l'Ouest, la CFN eut beaucoup de peine à fonctionner. Elle fut remplacée, en 1980, par l'Autorité du Bassin du Niger.

Entre-temps, profitant sans doute des difficultés fonctionnelles de l'ancienne CFN, le Cameroun s'engage à construire, dès 1978, un barrage hydroélectrique sur le cours de la Bénoué, dans la localité de Lagdo. S'ouvre ainsi la deuxième période marquée par le recours à la *doctrine Harmon* dans l'utilisation des ressources de la Bénoué. Faisant fi des craintes légitimes du Nigeria de voir diminuer sensiblement le débit de la Bénoué dont certains affluents sont d'ailleurs des cours d'eau saisonniers, le Cameroun s'est engagé de façon unilatérale et souverainiste dans la gestion des ressources de ce fleuve transfrontalier.

Cette approche unilatéraliste et souverainiste a perduré jusqu'en 2000, date à laquelle le Nigeria et le Cameroun ont conclu, sous l'égide de l'ABN, un protocole d'accord relatif à une gestion intégrée des ressources hydriques de la Bénoué. Ce troisième moment

---

[276]Cf. www.fao.org/.../water/aquastat/.../AQUASTAT_water_resources_and_MDG [Cnsultée le 22 février 2014].
[277]*Ibid.*
[278]*Ibid.*

inaugure une ère de coopération "*transbénouéenne*" accrue entre les deux pays. Il s'est ainsi créé une "*communauté d'intérêts*" entre le pays en amont (le Cameroun) et le pays en aval (le Nigeria). En effet, le Protocole d'Accord de 2000 visait à coordonner les lâchers d'eau à partir du barrage de Lagdo afin que le Nigeria ne puisse pas pâtir, surtout en saison sèche, de la diminution du débit d'eau de la Bénoué.

Au final, la gestion des eaux transfrontalières de la Bénoué a des implications hydro-politiques dans les relations entre le Cameroun et le Nigeria. Les enjeux hydro-politiques de ce fleuve sont liés non seulement à l'amenuisement de la ressource hydrique dans un contexte marqué par la sécheresse et la construction du barrage hydroélectrique de Lagdo, mais également à la forte demande en eau du côté nigérian. Confronté au stress hydrique, le Nigeria est en quête de nouveaux espaces pour satisfaire les besoins en eau de sa population. On peut donc supposer que son action se déploie également dans le bassin du lac Tchad.

2- Le bassin du Lac Tchad

Nous avons vu que le Logone, l'un des principaux affluents du lac Tchad, était un fleuve frontalier et transfrontalier. A côté d'autres formations fluviales de moindre importance, le Logone viole les frontières entre le Cameroun et le Tchad. Il parcourt le long de la frontière entre les deux pays, effectuant par moment des incursions sur le territoire camerounais ou tchadien. Ce parcours en zigzag explique pourquoi le Cameroun peut se retrouver tantôt en amont tantôt en aval du Logone. D'où d'ailleurs les variations constatées dans les recettes ou les pertes hydriques du Cameroun dans le bassin du lac Tchad.

Par sa position en aval, le Cameroun reçoit du Tchad, via le Logone, un volume d'eau estimé à 8,5 km^3/an[279]. Ce volume d'eau représente 68% des ressources hydriques provenant de l'extérieur. A titre de comparaison, cette recette d'eau est légèrement inférieure à la production d'eau interne des pays tels que le Bénin ou le Burundi

---

[279] www.fao.org/.../water/aquastat/.../AQUASTAT_water_resources_and_MDG. [Consultée le 22 février 2014].

(10 km^3/an)[280]. Enfin, par sa position en amont, le Cameroun perd, via le Logone, et au profit du Tchad, un volume annuel d'eau de 4,7 km^3/an. Ce volume d'eau est énorme si on tient compte par ailleurs que 40 km^3 sortent annuellement du Cameroun.

Le Tchad est largement tributaire des eaux issues du complexe Chari-Logone. Par sa position en aval de ces deux fleuves, le pays dépend largement des politiques mises en place par les Etats situés en amont. D'une part, le Chari, en tant que l'un des principaux affluents du lac Tchad, prend sa source en RCA. A Ndjamena, les débits moyens annuels du Chari sont passés de 39.1 km^3 pour la période 1950-1971 à 21.8 km^3 (1972-2000) en raison de la sécheresse et de la déviation du cours supérieur du fleuve. D'autre part, le Logone, formé de la Vina et de la Mbéré, et grossie par la Lim (45 000 km^2), la Nya (3 000 km^2) et la Pendé (15 000 km^2), prend sa source au Cameroun. Au final, désavantagé par sa position en aval de ces deux fleuves, le Tchad connait un ratio de dépendance qui s'élève à 65%, l'un des plus élevé de la zone CEMAC-Nigeria[281].

L'intérêt hydro-politique du Logone tient au fait qu'il est le principal affluent du Chari qui se déverse directement dans le lac Tchad. Une diminution des eaux du Logone aurait par conséquent des effets sur la superficie inondée du lac. Cette quasi-dépendance du Tchad par rapport au Logone l'a amené à s'engager dans une gestion bilatérale des ressources de ce fleuve à travers la mise en place d'une véritable *communauté d'intérêts*. C'est ainsi qu'est née la coopération "*trans-logonéenne*" scellée par l'Accord dit de Moundou, en 1970. Selon Augustin Mengome, il faudrait aller encore plus loin en créant une alliance trilatérale ; car "*le fait pour ce fleuve* [le Logone] *de faire une incursion en territoire centrafricain entre Bongor et Kousseri exigera dans un avenir proche et lointain la signature d'un accord sur l'utilisation des eaux de ce fleuve entre le Cameroun et la RCA*"[282].

En ce qui concerne l'Accord de Moundou, il engageait les deux Etats signataires à ne pas recourir à la *clause de Harmon* fondée sur

[280]Cf. www.fao.org/.../water/aquastat/.../AQUASTAT_water_resources_and_MDG [Consultée le 22 février 2014].
[281]*Ibid.*
[282] Augustin Mengome, *op. cit.*, p. 780

l'affirmation d'une démarche souverainiste dans la gestion des ressources hydriques périphériques. En tant qu'Etat situé en amont, le Cameroun s'engageait à respecter certains niveaux maximaux de prélèvement des eaux du Logone à des fins d'aménagement hydraulique ou hydro-agricole. Cela se traduisait par le gel de tout projet visant à construire sur le cours du Logone un barrage de retenue d'eau ou un ouvrage hydraulique qui pourrait réduire le débit du fleuve. Bref, la signature de cet Accord bilatéral se justifiait largement par le rétrécissement inquiétant de la superficie du lac Tchad.

La dynamique de construction d'une véritable *communauté d'intérêts* entre les différents pays riverains du fleuve Logone s'est, dans les faits, heurtée à l'attitude unilatéraliste du Cameroun. En effet, dans le but de restaurer des surfaces inondables et de favoriser le développement de la riziculture irriguée dans le sous bassin de la Logone, le gouvernement camerounais a entrepris, dans le cadre du projet hydro-agricole SEMRY II, de construire, en 1979, un barrage de retenue d'eau dans la localité de Maga. D'une capacité d'environ 600 millions de m^3 d'eau, le lac artificiel de Maga retient un volume maximal annuel de 340 millions de m^3 d'eau[283] provenant principalement du Mayo-Tsanaga et de le Logone. Cette attitude souverainiste du Cameroun dans la gestion des eaux périphériques de la Logone a suscité de vives récriminations du Tchad, pays situé en amont[284]. Il faut donc croire que le Cameroun, pour défendre ses intérêts, a eu recours à la *clause de Harmon* dans la gestion du fleuve Logone.

Somme toute, l'étude des ressources hydriques transfrontalières du Cameroun a été particulièrement féconde. Elle nous a permis de mieux appréhender la contribution des cours d'eau transfrontaliers dans la constitution du potentiel hydrique du pays. Au Cameroun, la hauteur d'eau annuelle moyenne des précipitations est de l'ordre de 1.604 millimètres, pour une superficie de 475.000 km^2, et un volume de précipitations de 762,61 km^3/an. De ce volume de précipitations, l'évapotranspiration et les infiltrations consomment quelques 494,61 km^3. Restent 268 km^3 de ressources d'eau superficielle produites sur tout le territoire national. A cette quantité d'eau, il faudrait soustraire

[283]Gaston Lienou, et. al., *op. cit.,* p. 405.

[284] Issa Saibou, "Le mécanisme multilatéral de la CBLT pour la résolution des conflits ...", *op. cit.*, p. 31.

40 km^3 d'eau qui sortent annuellement du pays au profit des pays limitrophes, notamment le Tchad (4,7 km^3), le Nigeria (29 km^3) et le Congo (6,3 km^3). On se retrouve ainsi avec 222 km^3/an ; soit l'équivalent de la production des eaux internes du Congo (222 km^3/an) ou du Nigeria (221 km^3/an). Cette perte en eau est faiblement compensée par des recettes d'eau collectées grâce à la position en aval du Cameroun par rapport à certains cours transfrontaliers. Le volume d'eau pénétrant au Cameroun à partir des deux affluents de la Bénoué est respectivement de 4 km^3 (Mayo Kebi) et de 8,5 km^3 (Logone). Ce qui fait un total de 12,5 km^3 de provenance extérieure. On obtient finalement un volume total d'eau de 234,5 km^3/an. Ce volume d'eau ne tient pas compte des eaux transfrontalières souterraines.

§2 : Les aquifères transfrontaliers du Cameroun

Si les eaux transfrontalières superficielles revêtent une importance capitale sur l'échiquier hydro-politique mondial, les aquifères le sont, certainement davantage, eu égard à la problématique sans cesse actuelle des changements climatiques. En effet, près de 96% de l'eau douce de la planète se trouve dans les aquifères souterrains, dont une grande partie est transfrontalière. En d'autres termes, au-delà des idées reçues, les eaux de superficie ne représentent que 4% du potentiel des eaux continentales non salées de la planète. Bien plus, les aquifères qui représentent un volume 100 fois supérieur par rapport à l'eau douce de surface, assurent une bonne part des besoins hydriques des hommes.

Il est parfois difficile d'établir une frontière nette entre les eaux superficielles et les eaux souterraines, tant ces deux catégories forment un système unitaire. Comment peut-on les distinguer ? Et, surtout, compte tenu des profondeurs abyssales dans lesquelles elles sont extraites, doit-on considérer les eaux souterraines comme la propriété de l'Etat ou un bien commun de l'humanité ? Il faut donc revisiter la problématique de la délimitation du territoire souterrain de l'Etat (A) avant d'aborder la question des aquifères transfrontaliers du Cameroun (B).

A- Délimitation problématique des espaces hydriques souterrains

Le déclenchement du processus de décolonisation, et par ricochet, l'accession des Etats africains à l'indépendance, a sans doute contribué à créer des "*damiers de souverainetés étatiques*"[285] en Afrique. En effet, en érigeant comme principe de marquage territorial, "*les frontières héritées de la colonisation*", les Etats africains consacraient ainsi la détermination *superficielle* de leurs territoires respectifs. A ce niveau, seules les frontières terrestres avaient été déterminées par les puissances tutélaires ; tandis que les bornes de leur territoire aérien, maritime ou souterrain n'ont pas été prises en compte. Pourtant, plus que les espaces superficiels, les territoires souterrains cristallisent aujourd'hui plusieurs enjeux hydropolitiques. Il serait dès lors intéressant de définir préalablement les confins de ce territoire tant dans sa dimension horizontale (1) que verticale (2).

1- La détermination du territoire horizontal sous-jacent de l'Etat

Les eaux superficielles servent de marqueurs dans la détermination des frontières naturelles entre des Etats. En général, ceux-ci se sont appuyés sur un thalweg ou une rive particulière pour matérialiser leurs frontières fluviales ou lacustres. Dans un cas comme dans l'autre, le processus de marquage des frontières s'est fait à travers une dynamique *horizontale*. Il s'agissait de morceler ou de fragmenter un territoire dans un vaste ensemble continental de manière à distinguer la sphère de souveraineté des différentes formations sociales ou étatiques.

En ce qui concerne les eaux souterraines, la tâche devient encore plus ardue, au moins pour deux raisons, dont l'une est technique et l'autre juridique. Sur le plan technique, les aquifères sont assez mal connus du public, des politiques, voire de la communauté scientifique. En effet, le Programme de Cartographie et d'Evaluations hydrogéologiques Mondiales (WHYMAP) de l'UNESCO n'a été mis en place qu'en 1999. Il vise à améliorer la connaissance et la gestion des ressources de la Terre, notamment des aquifères. Parallèlement, le Programme Hydrologique International (PHI) lançait le projet de

[285] Maurice Kengne Kamga, *op. cit.*, p. 1

gestion des ressources aquifères partagées (ISARM) dans le but d'en dresser l'inventaire et d'évaluer les systèmes aquifères transfrontaliers dans le monde. L'accent était mis sur la localisation, l'estimation du volume, ainsi que du taux de recharge des nappes souterraines. Tous ces travaux ont permis une meilleure connaissance des aquifères dans le monde. On sait aujourd'hui que 273 aquifères souterrains transfrontaliers ont été recensés dans le monde, à savoir : 68 en Amérique, 65 en Europe orientale, 90 en Europe occidentale, 12 en Asie, et 38 en Afrique.

Le caractère transfrontalier des aquifères africains rend difficile toute entreprise de délimitation des frontières souterraines des Etats. On peut se demander, à ce niveau, si les frontières marquées par les eaux superficielles transfrontalières doivent nécessairement coïncider avec celles d'un aquifère transfrontalier. A l'observation, les limites bassins hydrologiques ne correspondent pas souvent avec celles des aquifères souterrains. A titre d'exemple, l'aquifère sénégalo-mauritanien ne coïncide pas avec le bassin d'eau de surface. Par conséquent, "*le défi institutionnel serait donc de fusionner les priorités de gestion des ressources en eau de surface avec celles des ressources d'aquifères*"[286].

Sur le plan juridique, enfin, il existe un silence sur le régime des eaux souterraines transfrontalières. L'explication la plus plausible est que les Etats ne peuvent pas légiférer sur une ressource dont ils n'ont qu'une connaissance approximative. La Convention dite de New York[287] a tenté de combler ce vide juridique en abordant la question des eaux souterraines de façon implicite par rapport aux eaux superficielles. En effet, dans le sens de cette Convention, "*un cours d'eau s'entend comme un système d'eaux de surface et d'eaux souterraines constituant, du fait de leurs relations physiques, un ensemble unitaire et aboutissant normalement à un point d'arrivée commun*"[288].

---

[286] "Etude sur le programme de développement des infrastructures en Afrique (PIDA), rapport de la Phase 1 provisoire", in www.pidafrica.org/phase1/FR/3Transport.pdf. p. 17

[287] Convention sur le droit relatif aux utilisations des cours d'eau internationaux à des fins autres que la navigation (1997).

[288] Cf. art. 2, a.

Pour surmonter l'oubli partiel des eaux souterraines dans la Convention de New York, la Commission du Droit International, lors de sa 46e session (1994), a adopté une résolution encourageant les États à étendre aux aquifères transfrontaliers, les règles appliquées aux eaux superficielles[289]. Le projet de traité dit de Bellagio sur les aquifères transfrontaliers reprend les principes appliqués aux eaux superficielles dans le cadre de la Convention de New York, à savoir l'unité de gestion et la communauté d'intérêts, l'utilisation optimale et la conservation sur une base raisonnable et équitable incluant la protection de l'environnement souterrain, la gestion pacifique des conflits liés à cette ressources, la lutte contre la pollution des nappes souterraines, etc.

Au final, la détermination des limites souterraines horizontales de l'Etat achoppe, d'une part, sur la méconnaissance même des nappes aquifères et, d'autre part, sur le vide juridique qui caractérise le champ des ressources souterraines. Une autre difficulté majeure concerne la détermination du territoire national dans sa dimension verticale.

2- La détermination du territoire vertical sous-jacent de l'Etat

Outre la dimension horizontale, le second défi qui incombe aux pays limitrophes est relatif à la détermination de la frontière verticale du territoire sous-jacent de l'Etat. Jusqu'à présent, les pays qui ont procédé à la fixation de leurs périphéries superficielles l'ont fait par voie d'accords mutuels et conformément aux méthodes indiquées par le droit international. Cette entreprise de détermination des limites internationales s'est étendue, au fur et à mesure des avancées scientifiques et technologiques, à des frontières situées en d'autres milieux. D'une part, la conquête de l'espace atmosphérique et extra-atmosphérique a conduit les Etats à déterminer la limite supérieure à laquelle s'exerçaient leurs souverainetés[290]. La même trajectoire a été empruntée en 1982 lorsqu'il a fallu fixer le domaine maritime de

---

[289]Rapport de la Commission du Droit International des travaux de sa 46e Session, *UN Doc. A/49/10 (1994).*

[290] Cf. Le Traité sur les principes régissant les activités des États en matière d'exploration et d'utilisation de l'espace extra-atmosphérique, y compris la Lune et les autres corps célestes, conclu le 27 janvier 1967 et entré en vigueur le 10 octobre 1967 (dit « le Traité de l'Espace »). Ce traité constitue en quelque sorte la « Charte de l'Espace ».

compétence des Etats, au moment où la technologie révélait les trésors insoupçonnés des fonds marins, en particulier les nodules métalliques[291].

Somme toute, on peut se rendre compte que le droit international des espaces aérien et maritime est largement tributaire des progrès technologiques. La quête et la conquête de ces lieux ont permis l'élaboration des codes normatifs et juridiques délimitant la surface de compétence des Etats voisins. Cependant, à l'observation, le sous-sol en général, et l'aquifère en particulier, ne semble pas avoir fait l'objet d'une délimitation *verticale*. Pourtant, le sous-sol constitue de nos jours, l'un des principaux lieux géoéconomiques et géostratégiques de la planète :

"Il est en effet permis d'imaginer que le sous-sol de notre globe sera utilisé à l'avenir aussi bien comme espace économique que comme source d'énergie et pour l'exploitation minière: pour ce qui est dudit espace, l'on peut songer à la construction de grands tunnels, servant aux communications; pour le reste, le sous-sol peut servir de source à l'énergie géothermique ou atomique et comporte en outre, à de grandes profondeurs, d'abondantes ressources minérales"[292].

Les convoitises que ces richesses suscitent nous amènent à nous demander s'il existe une profondeur au-dessus de laquelle les aquifères deviendraient un patrimoine mondial de l'humanité. A l'état actuel de la question, le droit international reste encore muet. Cependant, plusieurs doctrines ont été construites autour de la détermination du territoire souterrain de l'Etat. En 1987, la FAO en avait déjà dénombré quatre.

La première tendance est constituée des auteurs qui avancent que le territoire de l'Etat inclut, jusqu'au centre de la terre, le sol qui lui est sous-jacent. Compte tenu de la dimension sphérique de la terre, le territoire de l'Etat prendrait ainsi la forme d'un cône renversé,

---

[291]Cf. la Convention de Montégo Bay sur le droit de la mer.

[292] FAO, *El régimen de las aguas subterráneas según el derecho internacional*, Roma, 1986, p. 21 in www.fao.org/legal/legstud/frmdocrep/40_AK475F.pdf. [Consultée le 2 février 2014].

dont le sommet se situerait au centre du globe[293]. Pour les tenants d'une approche plus minimaliste, le territoire de l'Etat s'étend dans le sous-sol jusqu'au point le plus profond auquel ledit Etat est techniquement en mesure de l'exploiter[294]. En d'autres termes, le territoire souterrain de l'Etat est dynamique et mouvant : il peut croitre si l'on dispose de la technologie nécessaire. D'après une troisième thèse, il faut estimer que le territoire de l'Etat se prolonge jusqu'à la profondeur à laquelle la technologie permet qu'il soit effectivement exploité[295]. La différence entre ces deux dernières approches réside sur la prise en compte du savoir technologique dont l'homme peut disposer à un moment donné, indépendamment du fait que l'Etat surjacent se trouve ou non en mesure de l'appliquer.

Enfin, il existe une quatrième théorie, qui prend en considération la structure géologique du sous-sol[296]. La croûte terrestre, partie de la terre située le plus à la surface, a pour assise la lithosphère. En 1909, le sismologue yougoslave Mohorovičić découvrit que, dans son pays, à une profondeur de quelque 60 kilomètres, il venait de se produire un changement dans la structure du sous-sol, à un point qui coïncide avec l'achèvement de la croûte terrestre et le début de la lithosphère. Cette modification dénommée "discontinuité de Mohorovičić" peut être techniquement déterminée d'une manière assez précise. Elle intervient à des profondeurs variables d'après la structure géologique du continent ou de l'océan considéré. Cette discontinuité est en moyenne à environ 10 km des profondeurs sous les océans et 30 à 40 km sous les continents, et jusqu'à 70 km sous les montagnes.

Il s'ensuit que la juridiction de l'Etat dans le sous-sol devrait s'étendre jusqu'à la discontinuité de Mohorovičić[297]. A de plus

---

[293] *Ibid.*, p. 22, citant Fauchille, *Traité de droit international public*, 8e éd., Paris, 1925, tome I, partie II, p. 99 ; Guggenheim, *Traité de droit international public*, Genève, 1953, tome I, pp. 377-378.

[294] *Ibid.*, p. 22, citant Verdross, *Völkerrecht*, 5e éd., Vienne, 1964, p. 274.

[295] *Ibid.*, p. 22, citant Dahm, *Völkerrecht*, Stuttgart, 1958, tome I, p. 620; Schneider, "Staatsgrenzen", *Wörterbuch des Völkerrechts*, 2e éd., Berlin 1962, tome III, p. 333.

[296] *Ibid.*, pp. 22-23.

[297] Pour plus d'informations, lire: Avery, "In Anticipation of Subterrestrial Delimitation", *Hastings International and Comparative Law Review*, Vol. 6, 1982, pp. 80- 81.

grandes profondeurs, après des couches sur lesquelles l'Etat surjacent exercerait quelque juridiction, l'on parviendrait à une zone qui constituerait le patrimoine commun de l'humanité. Il est conforme, d'autre part, à la pratique générale et constante des Etats que les couches renfermant les aquifères actuellement en exploitation ressortissent à la juridiction de l'Etat du territoire. Par conséquent, selon le droit international actuel, les eaux souterraines qui sont situées dans cette zone précise du sous-sol font *ipso facto* partie du territoire de l'Etat.

Au final, les Etats n'ont pas encore procédé à la détermination de leur territoire souterrain pris dans sa double dimension horizontale ou verticale. Rien ne montre d'ailleurs qu'une telle opération pourra être effectuée à l'immédiat. Afin de pallier aux silences de la Convention de New York dont les eaux superficielles ne sont que le champ d'application immédiat, le défi majeur qui se pose aujourd'hui aux Etats, reste incontestablement l'élaboration d'une convention propre aux aquifères transfrontaliers. Dans l'attente d'un tel instrument juridique, il est intéressant, d'un point de vue hydropolitique, de voir comment le Cameroun gère ses aquifères transfrontaliers.

B- Les aquifères périphériques du Cameroun

Dans nos analyses précédentes, nous avons vu que le Cameroun était parcouru par plusieurs systèmes aquifères internes. Il s'agissait notamment des eaux souterraines des bassins de la côte Atlantique, de la Bénoué, du lac Tchad et de la zone du socle. Certains de ces aquifères relevaient entièrement de la souveraineté du Cameroun (zone du socle, côte Atlantique, et Bénoué). C'est pourquoi, a-t-on vu, l'Etat octroie des permis d'exploitation des eaux minérales aux entreprises conformément à la législation en vigueur.

Cependant, il existe des eaux souterraines qui échappent à l'emprise totale du pays eu égard à leur caractère transfrontalier. En effet, comme les eaux de surface, les aquifères souterrains ne respectent pas la logique des découpages territoriaux. A cause de son réseau hydrologique éclaté, le Cameroun se retrouve en contact avec deux principales configurations aquifères. D'une part, il appartient au bassin transfrontalier du lac Tchad (1) ; d'autre part, son adhésion à certaines organisations de bassin l'insère indirectement dans l'hydro-politique d'autres systèmes aquifères (2).

1- Les aquifères frontaliers du Cameroun

Les aquifères frontaliers désignent des eaux souterraines qui peuvent opportunément servir de frontière naturelle entre deux Etats voisins. En pratique, il est quasi impossible, à l'état actuel de la science, de déterminer avec précision les limites souterraines d'un aquifère. En d'autres termes, les limites des aquifères ne correspondent pas nécessairement avec celles des eaux superficielles. Il serait par conséquent erroné de penser que le Cameroun partage des frontières aquifères immédiates avec tous ses voisins. En réalité, le pays n'est parcouru que par le bassin transfrontalier du Tchad (carte 16).

<u>Carte</u> 16 : Les aquifères transfrontaliers africains

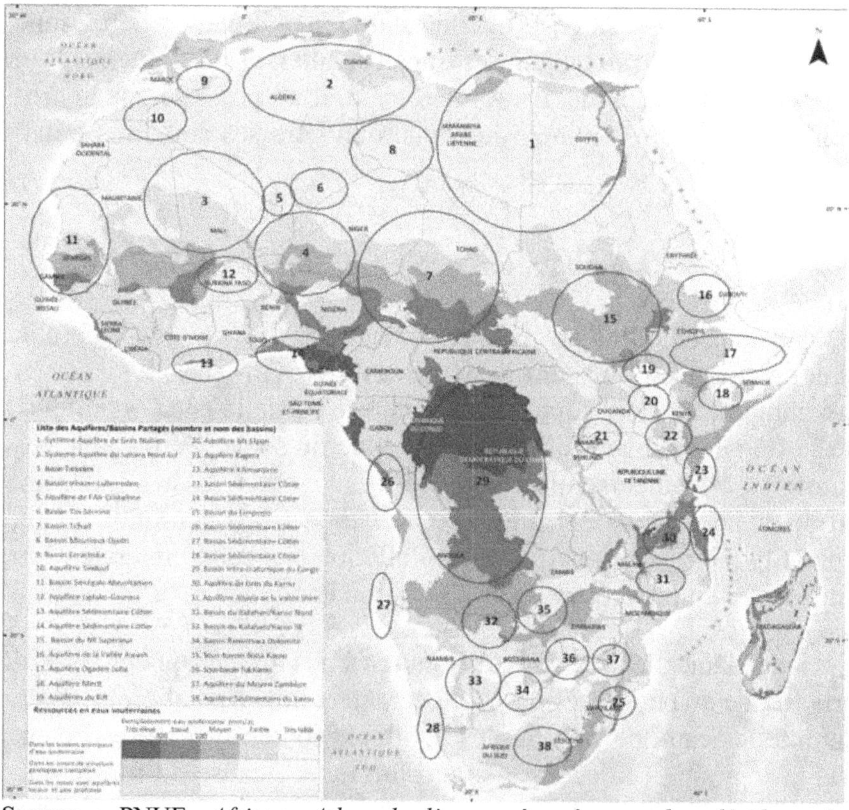

<u>Source</u> : PNUE, *Afrique. Atlas de l'eau: résumé pour les décideurs* in <u>www.na.unep.net/atlas/africaWater/downloads/chapters/AWA_French_Cover.pdf p. 12</u>.

A l'analyse, la carte ci-dessus met en exergue trois considérations aux conséquences hydro-politiques insoupçonnées. D'une part, et contrairement aux idées reçues, l'Afrique centrale, dans sa configuration CEEAC, est faiblement pourvue en systèmes aquifères transfrontaliers. En dehors du bassin côtier sédimentaire, le bassin intracratonique du Congo est le plus important aquifère de l'Afrique centrale. D'une superficie de 750.000 km^2, il n'est partagé que par deux Etats, à savoir la RDC et l'Angola. La plus grande portion de ce bassin se situe en RDC. Ce qui fait de ce pays la principale réserve aquifère du continent africain, avec un volume de production d'eau souterraine de l'ordre de 421 km^3/an.

Malgré l'importance de son potentiel hydrologique structuré par des conditions climatiques favorables, l'Afrique centrale, dans son ensemble, n'est pas un grand réservoir d'eau souterraine. La plupart des systèmes aquifères transfrontaliers se retrouvent dans la partie austro-orientale de l'Afrique. Sur les 38 aquifères transfrontaliers dont dispose l'Afrique, 22, soit 58%, sont situés sur les parties méridionale et orientale du continent. De l'avis des analystes réalistes et néo-malthusiens, cette forte concentration des systèmes aquifères, ajoutée à la densité particulièrement élevée de la population vivant dans ces zones transfrontalières, peut, à court terme, se révéler conflictogène.

Enfin, la partie septentrionale de l'Afrique qui dispose certes d'un nombre limité d'aquifères transfrontaliers, peut être considérée comme le principal réservoir d'eau souterraine du continent africain. Cependant, ces aquifères qui se sont constitués il y a plus de 10.000 ans alors que le climat était humide, ne sont plus rechargés. On peut, par exemple, citer le bassin de Taoudéni-Tanezrouft qui, traversé par l'Algérie, la Mauritanie et le Mali, s'étend sur 2 millions de km^2. Plus impressionnant encore est le Système d'Aquifères Nubiens (SAN) constitué du Système d'Aquifères des Grès Nubiens (NSAS) et du Système d'Aquifères Post Nubiens (PNAS) qui est incontestablement l'aquifère transfrontalier le plus vaste de l'Afrique. Il s'étend sur une superficie de 2.199.000 km^2 et regroupe l'Egypte, la Libye, le Soudan et le Tchad. Quant au Système Aquifère du Sahara Septentrional (SASS) partagé par la Tunisie (80.000 km^2), la Libye (250.000 km^2) et l'Algérie (700.000 km^2), il a une capacité de 60.000

milliards de m^3. Vu l'importance de ce "*trésor caché*"[298] dans une zone particulièrement aride, les trois pays ne parviennent pas encore à s'étendre pour gérer de manière concertée les ressources de cet aquifère.

Par ailleurs, sur cette même carte, on peut remarquer que le Cameroun appartient au système aquifère transfrontalier du bassin du Tchad. Cependant, en tant que membre de certaines organisations de bassin (la CBLT et l'ABN, notamment), le Cameroun se retrouve opportunément en contact avec des complexes aquifères transfrontaliers de l'Afrique. La politique de gestion concertée des ressources hydriques, telle que promue par ces deux organisations, englobe indifféremment les eaux superficielles et les eaux souterraines. Or, la plupart des pays membres de l'ABN[299] partagent entre eux ou avec des pays non membres de l'Organisation, des systèmes aquifères transfrontaliers. L'aquifère de Liptako-Gourma est l'une des principales régions d'eau souterraine qui parcourt le bassin du Niger. Il s'étend de part et d'autre de la frontière entre le Burkina et le Niger. En l'absence d'un accord bilatéral de gestion concertée des ressources de cet aquifère, les deux pays ont recours aux instruments pertinents de l'ABN.

Plus complexe est encore le bassin d'Irhazer-Iullemeden[300] qui est partagé principalement par quatre pays, à savoir le Niger (434 000 km^2, soit 82,5%), le Nigeria (60 000 km^2, soit 11,5%), le Mali (31 000 km^2, soit 6%) et 6 000 km^2 en Algérie ; et accessoirement le Bénin à travers le bassin de Kandi, et le Burkina Faso sur la rive droite du Niger[301]. Les pays frontaliers de cet aquifère sont tous -à

---

[298]Etude sur le programme de développement des infrastructures en Afrique (PIDA), *op. cit.*, p. 4.

[299] Il s'agit par ordre alphabétique, des Etats suivants : Bénin, Burkina Faso, Cameroun, Côte d'Ivoire, Guinée, Mali, Niger, Nigeria et Tchad.

[300]Il est situé entre les formations cristallines du Liptako à l'ouest, celles de l'Adrar des Ifoghas, du massif du Hoggar et l'Aïr au nord, et le massif cristallin nord-nigérian, le bassin d'Irhazer-Iullemeden s'étend à l'ouest depuis le secteur oriental du Mali au niveau du détroit de Gao, jusqu'au bassin du Tchad à l'est dont il est séparé par le massif du Damagaram Mounio. Du sud vers le nord, il s'étend du bassin de Sokoto au Nigéria jusqu'au synclinal de Tin-Seririne partagé entre le Niger et l'Algérie.

[301]*Etude sur le programme de développement des infrastructures en Afrique (PIDA)*, *op. cit.*, p. 276.

l'exception de l'Algérie- membres de l'ABN. Parallèlement, le 20 juin 2009 à Bamako (Mali), le Conseil des ministres en charge des ressources en eau du Mali, du Niger et du Nigéria a adopté un protocole d'accord prévoyant, à partir de 2011, la création d'un mécanisme de concertation à part entière pour le Système Aquifère d'Iullemeden (SAI). Ce mécanisme est destiné à coordonner, faciliter et superviser la gestion commune des ressources en eaux souterraines d'Iullemeden[302].

2- Un aquifère transfrontalier du Cameroun : le bassin du Tchad

Couvrant une superficie de l'ordre de 2.400.000 km^2, l'aquifère transfrontalier du Tchad est une vaste région qui déborde sur le bassin superficiel qui n'est limité qu'à 1.500.000 km^2. Alors que le bassin transfrontalier, a-t-on vu, arrosait quatre pays (le Nigeria, le Niger, le Tchad et le Cameroun), les eaux souterraines du lac Tchad sont, quant à elles, réparties entre le Tchad (1.110.000 km^2), le Niger (670.000 km^2), le Nigeria (180.000 km^2), la RCA (218.000 km^2), le Soudan (81.000 km^2), l'Algérie (90.000 km^2) et le Cameroun (46.000 km^2)[303]. Une très petite partie de la Libye fait également partie du bassin versant (environ 1500 km^2). Le bassin aquifère du Tchad est donc l'une des principales régions hydrologiques africaines qui concentre un très grand nombre d'Etats (8 pays au total). Par ailleurs, la portion occupée par le Cameroun ne représente que 2% de l'ensemble de cet immense aquifère transfrontalier. Ce qui semble suggérer que le Cameroun occupe une position marginale dans le champ hydrologique souterrain du lac Tchad.

Pourtant, par sa position de pays en amont dans le bassin des eaux superficielles du lac Tchad, le Cameroun peut déterminer l'hydropolitique de cette région. En effet, le bassin est alimenté par le Chari et son affluent le Logone, qui représentent à eux seuls 90% de l'approvisionnement en eau douce du Lac Tchad, ainsi que par le

---

[302]Observatoire du Sahara et du Sahel. Communiqué de presse du 26 juin 2009 : « Bamako : premiers jalons du mécanisme de concertation de l'Iullemeden » (www.oss-online.org).

[303]Académie de l'Eau et.al., *Vers une gestion concertée des systèmes aquifères transfrontaliers, partie II, Analyse de quelques cas à forts enjeux*, août 2011, in http://www.afd.fr/webdav/site/afd/shared/PUBLICATIONS/RECHERCHE/Scientifiques/A-savoir/03-Doc-pr%C3%A9pa-1-A-Savoir.pdf, p. 43.

Komadougou Yobe au Nigeria. Or, l'approvisionnement de la nappe phréatique se fait essentiellement par infiltration des eaux superficielles. N'eût été l'apport de ces principaux affluents qui proviennent du Cameroun, l'aquifère du lac Tchad ne serait pas suffisamment approvisionné.

Dans cette très vaste zone aquifère, le climat varie entre des caractéristiques sahéliennes à orientation désertique au nord, et un climat parfois de type soudanien dans sa portion méridionale. La pluviométrie y est très contrastée : elle varie de moins de 50 mm au nord à 1500 mm/an dans le sud. Le bassin du Lac Tchad se compose de plusieurs sous-bassins, vestiges des transgressions marines du Carbonifère et du Crétacé, qui ont enfoui le socle parfois profondément. En ce qui concerne par exemple le Cameroun, on note la présence d'une nappe superficielle des sables fins du Quaternaire (dans le secteur de Massakory près du Nigeria) et du Pléistocène, l'aquifère du Pliocène (Mora et réserve de Waza) et de l'aquifère du Continental Terminal (dans le secteur du bec de canard près de Yagoua)[304].

Le potentiel hydrologique du bassin souterrain du Tchad est assez mal connu. Cette méconnaissance se justifie par l'étendue, la diversité des aquifères, et des nappes encore inexplorées dans cette vaste région. Plusieurs sources divergentes avancent des estimations peu concordantes sur les réserves d'eau de ce bassin. Selon les autorités tchadiennes, le volume d'eau souterraine exploitable pour la seule République du Tchad se situe entre 260 et 540 milliards de m^3/an[305] (entre 260 et 540 km^3/an). Cette estimation est peu probable dans la mesure où la FAO/AQUASTAT ramène le volume d'eau souterraine produite par le Tchad à 12 km^3/an[306]. Pour Foerster et.al., les réserves d'eau souterraine sont estimées entre 170 et 350 milliards de m^3/an pour l'ensemble du bassin du Lac Tchad[307].

Les aquifères du bassin du Tchad se renouvellent grâce aux eaux d'infiltration. Selon l'Académie de l'eau et.al, "*la recharge annuelle*

---

304 *Ibid.*, p. 48.

305 *Ibid.*, citantleSchéma Directeur de l'Eau et de l'Assainissement (SDEA) du Tchad – Bilan Diagnostic des Ressources enEau -2000, p. 52.

306 FAO/AQUASTAT, *op. cit.*

307 Académie de l'Eau et.al., *op. cit.*, p. 52, citant Forster et al.

des nappes quaternaires dans le Nord-Ouest du bassin du Lac Tchad au Niger oriental est estimée à 2 ou 3 mm/an, ce qui est conforme aux chiffres de recharge couramment admis dans d'autres régions arides du globe"[308]. Les données sur les prélèvements des eaux souterraines de ce bassin ne sont pas disponibles pour tous les pays concernés, y compris le Cameroun. Tout juste sait-on que les prélèvements totaux dans les aquifères s'élevaient à 310 millions de m^3 en 2000, sans tenir compte des réserves des aquifères du socle[309] ; tandis que dans le nord du Nigéria drainé par le sous-système du Komadugu-Yobe, les prélèvements totaux à partir des nappes alluviales et du Quaternaire s'élevaient à environ 3,7.millions de m^3/an (soit 10 000 m^3/jour, selon une estimation de 2007)[310]. Les besoins en eau auraient ainsi évolué de 5.5 millions de m^3/an depuis 2002. Ils seront estimés à 17 millions de m^3/an en 2030 pour la région du Yobe, ce qui représente un accroissement de la demande de l'ordre de 5% par an[311].

Au final, le champ aquifère transfrontalier du Cameroun est un espace important sur l'échiquier hydro-politique africain. En effet, le Cameroun et le Tchad sont les seuls pays de la zone CEMAC qui disposent d'aquifères transfrontaliers. Il s'agit du bassin souterrain du Tchad qui, tout en débordant sur celui des eaux superficielles, s'étend de la zone semi-aride jusqu'au désert du Sahara. Par ailleurs, peu d'aquifères transfrontaliers ont déjà fait l'objet des accords bilatéraux ou de conventions spécifiques entre les pays riverains. C'est pourquoi dans le cadre de l'ABN, par exemple, les dispositions régissant les eaux superficielles ont été étendues aux aquifères transfrontaliers. Par conséquent, sans être limitrophes à certains aquifères de l'Afrique de l'Ouest, le Cameroun, en tant que membre de l'ABN, se retrouve opportunément inséré dans l'hydro-politique de cette sous-région.

---

[308] *Ibid.*, p. 53, citant Christian Leduc.
[309] *Ibid.*, citant SDEA.
[310] Cf. http://www.watsanmnet.wordpress.com/2008/02/26/nigeria-news-2/ . [Consultée le 21 février 2014].
[311] Académie de l'Eau et.al., *op. cit.,* p. 53.

PARTIE II : GESTION COMPLEXE DES RESSOURCES HYDRIQUES INTERIEURES DU CAMEROUN

La présente analyse veut rendre compte des différents types de jeux et de stratégies élaborés par les acteurs du champ hydro-politique intérieur du Cameroun dans leur quête d'appropriation et de contrôle des ressources en eau. Si l'Etat occupe *a priori* une position hégémonique dans cette sphère intérieure de compétition, il devient opportun de procéder à une appréhension et à une compréhension des stratégies déployées par les autres acteurs pour s'insérer dans le jeu hydro-politique.

La position hégémonique du centre dans le champ hydro-politique montre à suffisance que le jeu mis en place par l'Etat peut s'inscrire dans une dynamique centripète. Dans cette configuration unilatéraliste et souverainiste, l'Etat centralisateur se rend maitre du jeu hydro-politique. Il est à la fois joueur et arbitre sur l'échiquier hydro-politique. En tant que joueur, l'Etat est toujours en quête des ressources stratégiques qui structurent le champ hydro-politique intérieur. La maitrise totale de ces ressources contribue à lui donner une position hégémonique et monopolistique dans le marché hydro-politique. Dans son rôle d'arbitre, le centre cherche à imposer des normes et des valeurs aux différentes couches périphériques. Ce positionnement partial et arbitraire suscite bien souvent des réactions feutrées ou hostiles des acteurs périphériques qui aspirent légitimement aux ressources stratégiques du champ hydro-politique intérieur du Cameroun.

Malgré ses velléités hégémoniques et monopolistiques, le centre, sous la pression de certains acteurs extérieurs (les bailleurs de fonds, notamment), a ouvert le marché hydro-politique à la compétition et à la concurrence. Autrefois contraints de se contenter des ressources résiduelles du champ hydro-politique intérieur, les acteurs périphériques peuvent désormais prétendre aux ressources stratégiques. On assiste par conséquent moins à la constitution des lignes d'affrontements qu'à la construction des pôles d'échanges entre les forces du centre et celles de la périphérie. D'où l'émergence d'une dynamique centrifuge dans la gestion des sources et ressources en eau du champ hydro-politique intérieur du Cameroun.

L'objectif de la réflexion que nous voulons initier consiste à déconstruire le mythe persistant selon lequel, sur le plan national, la gestion des ressources en eau est fatalement source de conflits ou fondamentalement facteur de coopération. L'eau peut faire, en fonction des intérêts des parties en présence, l'objet des jeux tantôt centripètes (chapitre I) tantôt centrifuges (chapitre II). A l'observation, l'analyse des jeux hydro-politiques révèle une logique dialectique dans la quête et, surtout, dans la conquête des ressources stratégiques. Les acteurs élaborent successivement, et parfois simultanément, des stratégies qui peuvent déboucher sur une gestion unilatérale ou concertée des ressources en eau.

CHAPITRE III : BATAILLES HEGEMONIQUES AUTOUR DE LA GESTION DES RESSOURCES HYDRIQUES INTERIEURES DU CAMEROUN

Le champ hydro-politique est un espace concurrentiel qui cristallise les luttes de positionnement entre les différents agents en vue de l'accès et du contrôle des sources et ressources hydriques. Il apparait ainsi comme "*un ensemble d'interrelations sociales (ou de relations objectives) marqué par des enjeux et des luttes entre agents influencés dans leur agir par tout un ensemble de dispositions structurées (...)*"[312]. Les agents qui travaillent et traversent ce champ sont essentiellement des acteurs étatiques et non-étatiques. La diversité des acteurs et, surtout, la divergence de leurs intérêts, rendent difficile une gestion concertée du champ hydro-politique du Cameroun.

En dehors des approches centrifuges, l'une des principales modalités de gestion de ces sources et ressources hydriques a un caractère centripète. Il s'agit d'une dynamique qui tend à tout ramener au niveau du centre, en tant que principe d'organisation et d'ordre. D'où la formule judicieuse de Luc Sindjoun : "*ici, l'Etat, c'est le centre*"[313]. En d'autres termes, le centre irradie l'ensemble du champ hydro-politique intérieur à travers des organismes satellitaires qui reproduisent sa domination structurelle. Stigmatisées par les pouvoirs publics, les différentes couches périphériques n'ont vocation à survivre qu'en se subordonnant à l'emprise des forces hégémoniques du centre.

Qu'on se situe dans les cercles concentrés et déconcentrés du pouvoir central ou dans ses confins périphériques, on peut observer deux types de jeu déployés par les acteurs pour le contrôle des sources et ressources hydriques intérieures : d'une part, des stratégies monopolistiques visant à asseoir l'emprise de l'Etat centralisateur sur l'étendue du champ hydro-politique (section I) ; et d'autre part, des contre-

---

[312] Yves Alexandre Chouala, *L'interétatisme dans le Golfe de Guinée : contribution du champ à la sociologie des Relations Internationales*, Université de Yaoundé II-Soa, thèse de doctorat en science politique, juillet 2003, p. 5-6.
[313]Luc Sindjoun, *op. cit.,* p. 35.

stratégies de résistance élaborées par les forces périphériques (section II).

Section I : Le jeu monopolistique du centre dans le champ hydro-politique intérieur du Cameroun

En vue de l'accès aux ressources hydriques, les acteurs qui structurent le champ hydro-politique camerounais sont engagés dans une concurrence effrénée. Ils déploient des stratégies visant à éliminer la concurrence pour s'approprier les ressources les plus stratégiques du marché hydro-politique. Dans ce contexte, l'Etat, en tant que répartiteur d'espace, est un acteur dominant qui s'est engagé très tôt dans la monopolisation du champ hydro-politique intérieur. Dans la mesure où "*l'eau est un bien du patrimoine national*"[314], l'Etat centralisateur s'est toujours posé comme le seul acteur pertinent capable d'assurer la protection, la gestion et la redistribution équitable à tous les segments de la société[315]. L'Etat se positionne par conséquent comme l'unique gérant et garant de la ressource hydrique. Le quadrillage institutionnel (§1) et le maillage stratégique (§2) des espaces hydriques sont les principales stratégies de monopolisation du jeu hydro-politique par l'Etat.

§1 : Le quadrillage institutionnel des espaces hydriques du Cameroun

Si l'Etat se positionne comme un acteur hégémonique et dominant dans le champ hydro-politique, c'est parce qu'il s'appuie sur des organes satellitaires et concentriques pour gérer les ressources hydriques. Ces institutions sont des instruments de relais et de reproduction de la domination structurelle de l'Etat. Elles ont vocation à perpétuer la domination du centre et à assujettir les périphéries. Cette "*formule centralisée*"[316] a le mérite de préserver le caractère patrimonial et national des sources et ressources hydriques du Cameroun à travers la consécration de la domination du centre. Plus on s'éloigne du centre du cercle caractérisé par l'ordre, plus la stratégie monopolistique de l'Etat devient plus contestée. Le jeu

---

[314]Décret n° 2001/165/PM du 08 mai 2001 précisant les modalités de protection des eaux de surface et des eaux souterraines contre la pollution, art. 2, f.
[315]*Ibid.*
[316]Augustin Mengome, *op. cit.,* p. 633.

monopolistique du centre s'opère à travers l'insertion du MINEE (A), des ministères péri-hydriques (B) et des institutions extra-ministériels (C) dans le champ hydro-politique du Cameroun.

A- Un organe central du jeu monopolistique de l'Etat : le MINEE

Parmi les nombreuses institutions administratives et techniques qui contribuent à la production et à la reproduction de la domination structurelle de l'Etat central dans le champ hydro-politique intérieur du Cameroun, on peut citer le Ministère de l'Energie et de l'Eau (MINEE). C'est le principal instrument institutionnel dont dispose l'Etat pour monopoliser l'échiquier hydro-politique au Cameroun. Il serait intéressant de voir comment le MINEE a été construit comme organe central dans la perpétuation de l'hégémonie du centre dans le champ hydro-politique intérieur du Cameroun (1). Ces jalons posés, l'analyse portera ensuite sur les leviers que peut actionner le MINEE pour contrôler la gestion des sources et des ressources hydriques (2).

1- La lente émergence du MINEE dans le champ hydro-politique du Cameroun

Malgré sa posture de principale structure du centre ayant en charge la gestion des sources et ressources hydriques, le MINEE reste un ministère périphérique dans l'appareil gouvernemental du Cameroun. Pourtant, en Chine, véritable puissance hydro-politique dans le bassin asiatique du Bornéo-Mekong, le ministère en charge des ressources en eau est une structure dotée de grands moyens financiers et techniques. Il est placé directement sous l'autorité du Parti Communiste qui définit les grandes lignes de la politique nationale en matière de l'eau. Mieux, "*le Président Hu Jintao s'* [y] *implique personnellement. Ce n'est pas le fruit du hasard ; il est hydraulicien*"[317].

En ce qui concerne le Cameroun, le MINEE continue d'occuper une position excentrée dans le gouvernement. Trois principales raisons peuvent expliquer cette situation. Tout d'abord, avec un budget estimé en 2012 à 83,812 milliards de FCFA, le MINEE ne détient

[317] Alain Lamballe, "La Chine au centre des enjeux hydrauliques asiatiques" in *Géopolitique*, n° 107, p. 41.

que la cinquième plus grosse enveloppe allouée à un département ministériel[318]. Pourtant, dans le cadre du MINEE, l'eau est cogérée avec les hydrocarbures (pétrole et gaz). Ces deux richesses constituent, aujourd'hui, les principales ressources stratégiques du Cameroun.

Deuxièmement, le MINEE n'est pas considéré comme un ministère de souveraineté, à l'instar du MINEFI, du MINATD, du MINREX, etc. Le paradoxe tient ici au fait que l'eau est pourtant construite comme une ressource de souveraineté dont seul l'Etat est le garant et le gérant. Dans ce cas, le MINEE aurait pu être érigé comme ministère stratégique dans la mesure où il a en charge la principale ressource dont dispose le Cameroun, en tant que deuxième réservoir d'eau d'Afrique : l'eau. Or, aujourd'hui, certains Etats, à l'instar des Etats-Unis et de la Chine, érigent l'eau comme élément constitutif de leur politique étrangère[319].

La troisième raison tient à l'insuffisance des ressources humaines mises à la disposition de ce ministère. En effet, "*la situation des ressources humaines n'est reluisante nulle part dans le secteur de l'eau. Au vieillissement et à l'insuffisance des ressources humaines, il faut ajouter l'absence de renforcement de capacités pour les adapter aux évolutions des métiers du secteur*"[320]. A ce niveau, les statistiques de 2009 montraient que seulement 124 personnes étaient des cadres techniques de l'eau ou de l'assainissement, dont 34 dans les services centraux et 90 dans les structures déconcentrées[321]. Parmi la trentaine de cadres affectés dans les services centraux, seuls 17 sont employés dans la Direction de l'Hydraulique et de l'Hydrologie[322]. De

---

[318] Par ordre d'importance, les plus grosses enveloppes allouées aux ministères dans le cadre de la Loi de Finance de 2012 sont les suivantes : Ministère des Travaux Publics (235,390 milliards de FCFA) ; Ministère des Enseignements Secondaires (201 milliards de FCFA) ; Ministère de la Défense (180 milliards de FCFA) ; Ministère de l'Education de base (160,830 milliards de FCFA) ; Ministère de la Santé Publique (151,420 milliards de FCFA).

[319] Frank Galland, "Les enjeux de sécurité liés à l'eau" in *Géopolitique*, n° 107, p. 62.

[320] GWP/MINEE, *Plan d'Action National de Gestion Intégrée des Ressources en Eau (PANGIRE). Etat des lieux du secteur : Cadre législatif, réglementaire, institutionnel et ressources humaines*, n°4, décembre 2009, document provisoire, p. 53.

[321] *Ibid.*

[322] *Ibid.*

plus, au terme du réaménagement gouvernemental du 9 décembre 2011, le MINEE n'a pas été pourvu d'un poste de ministre délégué. Le poste de Secrétaire d'Etat n'a été créé qu'au terme des rajustements opérés en septembre 2012[323]. A ceci, s'ajoute un nombre insuffisant de cadre et de personnel qualifiés.

Le positionnement du MINEE dans le secteur de l'eau est une production récente. En effet, au lendemain de l'indépendance en 1960, le Cameroun s'était doté d'un Ministère de Mines et de l'Energie. Les questions de l'eau n'y étaient traitées que de façon résiduelle et implicite. En effet, "*qui dit mines répond minerais, eaux souterraines*"[324]. Le Ministère des Mines et de l'Energie subira une nouvelle mue pour devenir, le 1er octobre 1996, le Ministère des Mines, de l'Eau et de l'Energie (MINMEE)[325]. Pour la première fois, l'eau fait directement partie des préoccupations des autorités politiques. En réalité, cet intérêt nouveau pour l'eau apparait dans un contexte international marqué par la tenue du Sommet de Rio sur la Terre en 1992.

En mars 2005, suite à la réorganisation du gouvernement, est créé le Ministère de l'Energie et de l'Eau. Ici encore, l'eau continue de jouer un rôle secondaire dans les tâches confiées à ce département ministériel. Si dans la réforme de 1996, l'eau occupait le deuxième rang après le secteur minier, la réorganisation de 2005 la déclasse au profit de l'énergie. On assiste ainsi à la création du Ministère de l'Energie et de l'Eau. "*Placé sous l'autorité d'un Ministre*"[326], ce Ministère avait "*pour mission d'élaborer, de mettre en œuvre et d'évaluer la politique du Gouvernement en matière de production, de transport et de distribution de l'énergie et de l'eau*"[327]. A ce titre, il était chargé de "*l'élaboration des plans et stratégies gouvernementales en matière d'alimentation en énergie et en eau ; de la prospection, de la recherche et de l'exploitation des eaux dans les villes et les campagnes ; de la promotion des énergies nouvelles en liaison*

---

[323]*Cf. Décret N°2012/385 du 14 septembre 2012 portant nomination des Secrétaires Généraux dans certains ministères.*
[324] Augustin Mengome, *op. cit.*, p. 633.
[325] Cf. Décret n° 96/227 du 1er octobre 1996 portant organisation du Ministère des Mines, de l'Eau et de l'Energie.
[326] Décret n° 2005/087 du 29 mars 2005 portant organisation du Ministère de l'Energie et de l'Eau, art. 1, 1.
[327]*Ibid.*, art. 1, 2.

avec le ministère chargé de la recherche scientifique"[328]. Par ailleurs, le MINEE était appelé également à assurer la tutelle des établissements et société de production du gaz, à l'instar de la Société Camerounaise de Dépôts Pétroliers (SCDP)[329].

Si dans la réforme de 2005, l'eau jouait les seconds rôles, cette hiérarchisation sera finalement renversée à la suite du réaménagement du gouvernement du 9 décembre 2011. On observe ainsi la mutation du Ministère de l'Energie et de l'Eau en Ministère de l'Eau et de l'Energie. Au-delà d'une simple évolution sémantique, cette métamorphose révèle la revalorisation de la ressource hydrique depuis l'insertion de nouveaux enjeux tant environnementaux, sécuritaires que stratégiques dans l'échiquier hydro-politique local et sous-régional. Ce repositionnement traduit également l'importance de l'eau dans le paysage sociopolitique du Cameroun.

L'autonomisation institutionnelle totale du secteur de l'eau ne sera implémentée que par le truchement de la création d'un ministère uniquement consacré aux questions hydriques. Dans cette veine, on peut se demander pourquoi l'eau est restée longtemps associée aux mines et à l'énergie dans le cadre d'un même département ministériel. Existe-t-il des relations indissociables entre ces différentes ressources ? On ne peut le soutenir. En effet, vu les différents usages de l'eau, on pourrait logiquement associer la gestion des ressources hydriques aux ministères en charge des transports, de l'environnement, de l'agriculture ou de l'élevage.

Au demeurant, le réaménagement du gouvernement du 9 décembre 2011 a débouché sur un renforcement des missions du nouveau Ministère de l'Eau et de l'Energie. En tant que "*responsable de l'élaboration et de la mise en œuvre de la politique du Gouvernement en matière de production, de transport, de distribution de l'eau et de l'énergie*"[330], il est chargé, entre autres, "*de l'élaboration des*

---

[328]*Ibid.*
[329]*Ibid.*, art. 1, 3.
[330]Décret n°2011/408 du 09 décembre 2011 portant organisation du Gouvernement, art. 8, 12.

stratégies et des plans gouvernementaux en matière d'alimentation en eau et en énergie"[331].

D'autre part, contrairement au décret de 2005 qui confirmait la tutelle de l'ex-Ministère de l'Energie et de l'Eau sur la SCDP, le décret de décembre 2011 l'étend aux établissements et aux sociétés de production, de transport, de distribution et de régulation de l'eau, de l'électricité, du gaz et du pétrole, notamment la CAMWATER, l'EDC, l'AER, l'ARSEL et la SONARA.

En définitive, le MINEE est la plaque tournante du dispositif de maillage institutionnel des sources et ressources hydriques du Cameroun. Cette hypothèse peut se vérifier à travers l'étude de la structure opérationnelle du MINEE.

2- Les bras séculiers du MINEE dans le jeu monopolistique de l'Etat

Selon le dispositif institutionnel mis en place par l'Etat centralisateur pour assurer la gestion de la ressource en eau, le MINEE est considéré comme l'acteur principal chargé de la définition et de l'implémentation de la politique hydrique du Gouvernement. Pour remplir cette fonction, le MINEE dispose de plusieurs structures centrales, à savoir un conseil technique, une inspection générale, une administration centrale et des services déconcentrés. Dans le cas précis de l'administration centrale, elle comprend, entre autres :

- un secrétariat général et ses services rattachés ;
- une division des études, de la prospective et de la coopération ;
- une direction de l'électricité ;
- une direction des produits pétroliers et gaziers ;
- une direction des affaires générales ;
- une direction de l'hydraulique et de l'hydrologie[332].

Selon l'analyse faite par le MINEE/GWP[333], l'organigramme des services de l'administration centrale montre que si deux directions

[331] *Ibid.*
[332] *Ibid.*
[333] MINEE/GWP, *Etat des lieux du secteur. Cadre législatif, réglementaire, institutionnel et ressources humaines, n°4, Document provisoire*, décembre 2009, p. 40.

interviennent indirectement dans le secteur de l'eau, deux autres organes sont directement impliqués dans la gestion de la ressource hydrique. Il s'agit, d'une part, de la division des études, de la prospective et de la coopération ; et d'autre part, de la direction de l'hydraulique et de l'hydrologie.

Pour ce qui est de la Division des Etudes, de la Prospective et de la Coopération, elle est placée sous l'autorité d'un Chef de Division. Elle est constituée d'une cellule des Etudes et de la Prospective, et d'une cellule de la coopération. Par conséquent, cette Division apparait comme un organe de réflexion et de planification de la politique dans le secteur de l'eau et de l'énergie. Elle est, entre autres, chargée de l'étude prospective des indicateurs de chaque secteur, en liaison avec les directions techniques et les administrations concernées ; de la formulation, de l'élaboration et de la mise en œuvre des politiques, des plans d'action et des stratégies de coopération internationale, en liaison avec les directions techniques concernées ; de la préparation des accords et des conventions ainsi que du suivi de leur exécution[334], etc.

Plus stratégique encore est la Direction de l'Hydraulique et de l'Hydrologie (DHH) du MINEE. C'est la véritable clé de voûte du dispositif stratégique du MINEE dans l'implémentation de la politique de l'eau au Cameroun. Fortement structurée par la dynamique centre-périphérie, la DHH comprend deux principales sous-directions : à savoir la sous-direction de l'Hydraulique Urbaine et de l'Assainissement, et la sous-direction de l'Hydraulique Rurale et de l'Hydrologie.

Placée sous l'autorité d'un sous-Directeur[335], la sous-direction de l'Hydraulique Urbaine et de l'Assainissement est une structure technique qui a pour mission d'assurer la conception, la formulation et la mise en œuvre des stratégies d'alimentation en eau potable des agglomérations urbaines. Elle assure également la conception et la mise en œuvre des programmes d'assainissement en matière d'hydraulique urbaine, en liaison avec les administrations concernées ; l'élaboration, l'application et le suivi des programmes

[334]Décret n°2011/408 du 09 décembre 2011 portant organisation du Gouvernement, art. 20, 1.
[335]*Ibid.*, art. 40, 1.

d'alimentation en eau potable des agglomérations urbaines[336]. Pour remplir efficacement ces missions, la sous-direction de l'Hydraulique Urbaine et de l'Assainissement dispose de plusieurs services qui sont subdivisés en bureaux. On peut ainsi citer le Service du Fichier, le Service du Suivi de la Production de l'Eau, le Service de la Promotion de la Distribution de l'eau, et le Service de l'Assainissement[337].

A côté de la sous-direction de l'Hydraulique Urbaine et de l'Assainissement qui couvre, en général, les villes, se trouve également une structure dont le champ d'action s'étend davantage sur les espaces périphériques ruraux. Il s'agit de la sous-direction de l'Hydraulique Rurale et de l'Hydrologie. Elle est chargée de "*la conception, de la formulation et de la mise en œuvre des stratégies d'alimentation en eau potable des zones rurales*"[338]. Elle intervient également dans la conception et la mise en œuvre des programmes d'assainissement rural. Pour ce faire, la sous-direction de l'Hydraulique Urbaine et de l'Assainissement dispose d'un Service des Adductions d'Eau potable ; d'un Service des Aménagements hydrologiques et d'un Service de la Gestion Intégrée des Ressources en Eau[339]. En ce qui concerne ce dernier service, il est chargé de l'inventaire et de la protection des ressources en eau ; de la définition et de la publication des normes de qualité de l'eau en fonction de leurs usages[340].

De ce qui précède, il s'ensuit que le MINEE se positionne comme la principale institution étatique dans le quadrillage des espaces hydriques du Cameroun. Cependant, d'autres institutions dites concentriques interviennent, d'une manière résiduelle, dans la gestion des ressources hydriques.

---

[336] *Ibid.*
[337] *Ibid.*, art. 40, 2.
[338] *Ibid.*, art. 52, 1.
[339] *Ibid.*, art. 52, 2.
[340] *Ibid.*, art. 53, 2.

B- Les organes concentriques du jeu monopolistique de l'Etat

Le MINEE est le maillon essentiel du dispositif étatique de quadrillage du champ hydro-politique du Cameroun. Il n'est cependant pas l'unique instrument de production et de reproduction de la domination structurelle du centre dans cet espace de compétition. Dans cette veine, on peut également citer des organes situés dans les cercles concentriques de l'Etat. Ces organes sont qualifiés de concentriques car ils sont des instruments secondaires de reproduction de la domination du centre. Pour mieux catégoriser ces organes, il faut sans doute se référer aux deux principales conquêtes dont l'eau a fait l'objet ; ce qui nous permettra de dégager la contribution des autres ministères dans le jeu monopolistique du centre dans le contrôle du champ hydro-politique du Cameroun. Nous analyserons tour à tour les organes qui interviennent dans les deux principales conquêtes dont l'eau a fait l'objet dans l'histoire.

1- Les organes intervenant dans la satisfaction des besoins basiques des populations

La première conquête de l'eau a été réalisée de tout temps par les civilisations humaines. Cette conquête a été opérée pour satisfaire les besoins élémentaires et basiques de l'humanité. L'eau est ainsi apparue comme la marque de la civilisation. En effet, de tous les êtres vivants, seul l'homme fait un usage domestique, pastoral et agricole de l'eau. Les usages domestiques (boisson, lessives, vaisselles, etc.) sont couverts par le MINEE. Les autres usages se répartissent entre les différents ministères périphériques.

Parmi les institutions qui structurent accessoirement le jeu de l'Etat centralisateur dans l'appropriation du champ hydro-politique du Cameroun, on peut tout d'abord citer le Ministère de l'Agriculture et du Développement Rural (MINADER). Au sein de la Direction du Génie Rural et de l'Amélioration du Cadre de Vie en Milieu Rural, est logée une sous-direction qui contribue directement à la production et à la reproduction de la domination de l'Etat dans le jeu hydro-politique du Cameroun. Il s'agit de la Sous-direction de l'Hydraulique Agricole (SDHA). Elle est chargée de l'élaboration de la politique d'utilisation des ressources en eau à des fins agricoles ; de l'élaboration d'un plan directeur de l'hydraulique agricole ; de la définition des normes de qualité des eaux à usage agricole ; de la promotion des techniques et du transfert des technologies relatives à l'irrigation, à la micro-irrigation et au drainage rural[341], etc. Pour accomplir efficacement ces missions, la SDHA comprend trois services : le service des Irrigations et du Drainage ; le Service de la Gestion et de la Maintenance des Aménagements Hydro-agricoles ; le Service des Etudes et de l'Expérimentation[342].

Nous avons précédemment vu que l'eau intervenait dans la satisfaction des besoins pastoraux. C'est pourquoi le Ministère de l'Elevage, des Pêches et des Industries Animales (MINEPIA) est une institution concentrique non négligeable dans le positionnement hégémonique du centre dans le champ hydro-politique du Cameroun. Il a pour mission d'élaborer et de mettre en œuvre la politique du Gouvernement en matière d'élevage, des pêches et de développement des industries animales et halieutiques. A ce titre, il est chargé, entre autres, de l'amélioration du contrôle sanitaire en matière de pêche maritime, fluviale et piscicole ; de la protection des ressources maritimes et fluviales ; de l'application des mesures visant à la conservation, au développement et à l'exploitation des animaux d'élevage et des produits de la pêche[343]. Au final, la productivité du secteur pastoral et halieutique dépend en grande partie de la disponibilité des ressources en eau.

Outre le MINADER et le MINEPIA, le Ministère des Transports est un maillon non négligeable dans le dispositif étatique de quadrillage des sources hydriques. Ce ministère "*peut n'avoir au premier abord aucun lien*"[344] avec le champ hydro-politique du Cameroun. Pourtant, mieux que le MINADER, le Ministère des Transports dispose, au moins, de deux grandes directions qui influencent le jeu de l'Etat central dans le contrôle des sources et ressources hydriques. Il s'agit, tout d'abord, de la Direction de la Météorologie qui comprend un service des Affaires Générales, un Service du Réseau Météorologique (SRM), une Sous-direction de l'Assistance Météorologique

[341]Décret n° 2005/118 du 15 avril 2005 portant organisation du Ministère de l'Agriculture et du Développement Rural, art. 71, 1.
[342]*Ibid.*, art. 71, 2.
[343]Décret n°2011/408 du 09 décembre 2011 portant organisation du Gouvernement, art. 8, 15.
[344] Augustin Mengome, *op. cit.*, p. 654.

(SDAM) et un Centre Météorologique National (CMN)[345]. Toutes ces structures permettent la collecte, l'exploitation et la diffusion des informations climatologiques dans des secteurs aussi variés que ceux des transports (terrestre, fluvial, maritime, ferroviaire et aérien), de l'agriculture, de l'élevage, du tourisme, de la protection de la nature[346], etc.

La deuxième structure spécialisée du Ministère des Transports qui intervient dans le secteur de l'eau est incontestablement la Direction des Affaires Maritimes et des Voies Navigables (DAMVN). Celle-ci comprend un Service des Affaires Générales, une Sous-direction de la Navigation, de la Sécurité et de la Protection de l'Environnement (SDNSPE), et une Sous-direction du Transport Maritime (SDTM). La SDNSPE est chargée "*du contrôle des équipements nécessaires à la navigation et à la circulation ; des opérations de police, de recherche et de sauvetage ; de la protection de l'environnemental maritime, fluvial et lacustre ; de l'organisation et de la facilitation du trafic maritime ; de l'administration des gens de mer*"[347].

En dehors de la SDNSPE, la SDTM est un maillon important du Ministère des Transports dans l'implémentation du jeu monopolistique de l'Etat dans le champ hydro-politique intérieur. En effet, la SDTM est chargée de l'étude des dossiers relatifs à l'agrément des compagnies maritimes et des sociétés auxiliaires de transport maritime ; de l'appui aux professions artisanales de navigation ; du suivi administratif des navires camerounais ; de la conduite ou du suivi de toutes études à caractère économique, commercial ou juridique sur le transport maritime ; de la collecte et de la gestion des statistiques du transport maritime, fluvial et lacustre[348].

Bref, comme le soulignait déjà Augustin Mengome, "*être ministère des transports, c'est s'intéresser non seulement à la navigabilité des cours d'eau continentaux en y apportant des aménagements,* [mais, surtout] *s'intéresser au régime hydrologique des cours d'eau*

---

[345] Décret n° 98/152 du 24 Juillet 1998 portant organisation du ministère des Transports, art. 45, 2.
[346] *Ibid.,* art. 50, a.
[347] *Ibid.,* art. 23, 1.
[348] *Ibid.,* art. 29, 1.

continentaux s'agissant des transports fluviaux et donc aux pluies source d'approvisionnement de ces cours d'eau en eau"[349]. D'autres institutions étatiques interviennent dans le jeu monopolistique étatique dans le champ hydro-politique intérieur.

2- Les organes intervenant dans la satisfaction des besoins complexes

Alors que la première conquête concernait la satisfaction des besoins basiques de l'humanité, la seconde, quant à elle, se rapporte aux besoins complexes et non-essentiels. Dans nos analyses antérieures, nous avons montré que cette nouvelle conquête de l'eau visait à améliorer les conditions de vie des hommes à travers, notamment, la fourniture en énergie hydroélectrique. Très tôt, le secteur de l'énergie a été inséré dans un département ministériel. Ce fut le cas, tour à tour, avec le Ministère des Mines, de l'Eau et de l'Energie (MINMEE), le Ministère de l'Energie et de l'Eau (MINEE) et le Ministère de l'Eau et de l'Energie (MINEE). Ces différentes mutations des départements ministériels montrent que, de tout temps, l'énergie est restée longtemps associée à l'eau. Dès lors, la question est de savoir pourquoi l'énergie et l'eau ont été construites par les autorités du centre comme des ressources indissociables. Cette association parait même restrictive car la fourniture en énergie n'est que l'un des multiples usages de l'eau.

D'autres départements ministériels contribuent indirectement à la construction de la domination structurelle du centre dans le champ hydro-politique du Cameroun. Parmi ceux-ci, on peut citer le secteur des mines qui faisait déjà l'objet d'un service spécialisé en 1929. Il était alors chargé de l'organisation et du contrôle des activités d'exploitation minière en application des décrets lois du 5 mars 1921 visant les hydrocarbures, et du 20 mai 1928 qui réglementaient la recherche et l'exploitation des gites de substances minérales au Cameroun. En 1961, est créée, au sein du Ministère des Travaux Publics, des Transports et des Mines, une Direction des Mines. Celle-ci est logée, dès 1964, dans le Ministère des Transports, des Mines, des Postes et des Télécommunications. Tour à tour, cette Direction est rattachée au Ministère du Développement Industriel et

[349] Augustin Mengome, *op. cit.*, p. 655.

Commercial, au Ministère des Mines et de l'Energie, au Ministère des Mines, de l'Eau et de l'Energie.

A l'issue du remaniement ministériel de 2005, puis de décembre 2011, a été créée une Direction des Mines et de la Géologie au sein du Ministère de l'Industrie, des Mines et du Développement Technologique (MINIMIDT)[350]. Cette nouvelle structure comprend une Sous-direction des Activités Minières (SDAM). Logé au sein de la SDAM, le service du suivi des exploitations minières et des eaux minérales est directement impliqué dans la gestion des ressources hydriques. En effet, ce service étudie des demandes d'agrément en vue de l'exploitation commerciale des eaux minérales. Contrairement au MINEE qui a en charge la gestion des eaux superficielles et des eaux de source, le MINIMIDT s'intéresse uniquement aux eaux minérales. Cette distinction peut à terme créer des conflits de compétence et d'intérêt entre ces deux ministères ; ce d'autant que la frontière est bien souvent tenue entre les eaux de source et les eaux minérales.

En dehors de ces départements ministériels qui entretiennent des liens plus ou moins évidents avec le secteur de l'eau, il existe également des ministères qui reproduisent, d'une manière résiduelle, la domination du centre dans le champ hydro-politique intérieur du Cameroun. Il s'agit, entre autres, du Ministère de l'Economie, de la Planification et de l'Aménagement du Territoire (MINEPAT) qui "*suit les activités de la Commission du Bassin du Lac Tchad (CBLT) et de l'Autorité du Bassin du Niger (ABN)*"[351]. D'autres institutions, à l'instar du Ministère des Forêts et de la Faune, et du Ministère de l'Environnement, de la Protection de la Nature et du Développement Durable structurent, à des degrés divers, le jeu monopolistique du centre dans le champ hydro-politique intérieur.

Au final, en s'appuyant sur des ministères à vocation hydrique ou péri-hydrique, l'Etat du Cameroun se pose comme un acteur dominant dans son champ hydro-politique. Plus on s'éloigne des cercles concentriques du pouvoir, plus hétéroclite devient la stratégie de

---

[350] Cf. Décret 2005/260 du 15 juillet 2005 portant organisation du Ministère de l'Industrie, des Mines et du Développement Technologique.

[351] Décret n°2011/408 du 09 décembre 2011 portant organisation du Gouvernement, art. 8.

domination de l'Etat, en raison notamment de l'autonomie relative des organes déconcentrés.

C- Les organes déconcentrés du jeu monopolistique de l'Etat

Les services déconcentrés désignent non seulement des délégations locales des ministères, mais également des "*organismes nationaux extra-ministériels*"[352], c'est-à-dire l'ensemble des institutions qui, placées sous l'autorité du centre, interviennent dans le jeu monopolistique de l'Etat. En d'autres termes, il s'agit de "*grandes institutions distancées et lointaines, qui (...) se voient pulvérisées, fractionnées et relayées, à tous les niveaux de la société, par de moyens de contrôle miniaturisés, molécularisés, qui tissent un maillage de texture plus fine et renforcent la soumission à l'ordre établi*"[353]. Ces services sont dits déconcentrés parce que, bien que rattachés aux institutions centrales, ils disposent d'une relative autonomie qui contribue néanmoins à l'implémentation de la domination complète du centre dans le champ hydro-politique intérieur. Parmi les nombreux organismes extra-ministériels qui gravitent autour du centre, nous ne retiendrons que les comités nationaux de gestion des ressources hydriques intérieures (1) et périphériques (2).

1- Les organismes extra-ministériels de gestion des ressources hydriques intérieures

Plusieurs structures satellitaires gravitent autour des institutions chargées d'implémenter la domination structurelle du centre dans le champ hydro-politique intérieur du Cameroun. Au rang de celles-ci, on peut citer l'ex-Société Nationale des Eaux du Cameroun (SNEC) devenue entre-temps la Camerounaise des Eaux (CDE)[354] et le Comité National de l'Eau (CNE).

Avatar des anciens comités provinciaux d'adduction d'eau, le CNE est un organisme qui a été créé dans le but de mettre en place une stratégie nationale de gestion des ressources en eau. En effet,

---

[352] Augustin Mengome, *op. cit.*, p. 690.
[353] Jacques Chevallier, "Le monde centre/périphérie dans l'analyse politique" in Chevallier Jacques, et al., *Centre, périphérie, territoire*, Paris, PUF, pp. 17-18.
[354] Nous étudierons plus tard la SNEC et la CDE dans le cadre de la gestion concessionnaire des ressources en eau du Cameroun (cf. chapitre IV).

mis en place dans un premier temps à la suite du décret 85-758 du 30 mai 1985, le CNE était une émanation de la volonté des autorités du centre de mettre fin à la périphérisation de la gestion des ressources hydriques telle adoptée par les comités provinciaux d'adduction d'eau. L'objectif était d'"*éviter sans nul doute la prolifération de comités d'adduction d'eau publique dans chaque province, sans oublier un grand nombre de problèmes d'eau non appréhendés par ces comités spécialisés davantage dans les adductions d'eau que dans la gestion de bassins hydrographiques*"[355]. La disparition des comités d'adduction d'eau peut être appréhendée comme une neutralisation, par l'Etat centralisateur, des organismes qui veulent s'affranchir de sa ligne directrice. Cette déviation peut par conséquent se traduire par une action timide et peu efficace dans l'implémentation de la domination du centre dans le champ hydro-politique intérieur du Cameroun.

Face aux résultats insatisfaisants obtenus par le CNE de 1985, l'Etat, à la suite de la réforme du secteur de l'eau opérée en 2001, a mis en place un CNE de deuxième génération. Ce dernier "*vient abroger les dispositions antérieures contraires*"[356] du CNE de première génération. Créé par décret du Premier Ministre en 2001, le CNE de deuxième génération est, en réalité, un décret d'application des dispositions contenues dans la loi de 1998 portant régime de l'eau au Cameroun[357]. Trois principales missions orientent l'action du CNE de deuxième génération. En effet, la première consiste à "*étudier et* [à] *proposer au Gouvernement toutes mesures ou actions tendant à assurer la conservation, la protection et l'utilisation durables de l'eau*"[358].

Dans le cadre de la deuxième mission, le CNE est chargé "*d'émettre des avis sur les questions ou problèmes relatifs à l'eau dont il est saisi par le Gouvernement*"[359]. Ici, cet organisme apparait comme un organe de consultation et de proposition dont le rôle est

---

[355] Augustin Mengome, *op. cit.*, p. 693.
[356] Décret n°2001/161/PM du 8 mai 2001 fixant les attributions, l'organisation et le fonctionnement du Comité National de l'Eau, art. 8.
[357]Loi n° 98/005 du 14 avril portant régime de l'eau au Cameroun, art. 26, 2.
[358] Décret n°2001/161/PM du 8 mai 2001 fixant les attributions, l'organisation et le fonctionnement du Comité National de l'Eau, art. 2.
[359]*Ibid.*

de contribuer au renforcement de la domination structurelle du centre. Enfin, la troisième mission du CNE porte sur toute proposition et recommandation faite au Gouvernement et qui peut concourir à la gestion rationnelle de l'eau, en ce qui concerne notamment l'élaboration et la mise en œuvre des plans ou projets de développement durable en matière d'eau et d'assainissement[360].

En dehors de ces missions clairement définies, le CNE est une structure hétéroclite qui regroupe plusieurs administrations intervenant directement ou indirectement dans le champ hydro-politique du Cameroun. Cette structure est ainsi chapeautée, au sommet, par le Ministre de l'Eau et de l'Energie, dont le département ministériel est la clé de voûte du dispositif de monopolisation du jeu hydro-politique. Le secrétariat est assuré par la "*Direction chargée de l'eau au Ministère chargé de l'eau*"[361], en l'occurrence, la Direction de l'Hydraulique et de l'Hydrologie. La base de cette structure pyramidale est constituée par les représentants des administrations intervenant de façon résiduelle dans le secteur de l'eau. Il s'agit, entre autres, des ministères en charge des Finances, de la Santé Publique, de l'Aménagement du Territoire, de l'Agriculture et du Développement Rural, etc. A ces ministères, il faut également ajouter les représentants de la Chambre d'Agriculture, des associations des maires, des concessionnaires du service public de l'eau et de l'énergie.

Au final, le CNE de deuxième génération est un organisme essentiel dans le positionnement du centre comme acteur dominant du champ hydro-politique intérieur. Le dispositif de maillage stratégique des espaces hydriques du Cameroun est complété par des organismes extra-ministériels spécialisés dans la gestion des ressources hydriques maritimes.

2- Les organismes extra-ministériels de gestion des ressources hydriques périphériques

Le champ d'action du CNE de deuxième génération précédemment étudié se limite aux espaces hydriques intérieurs du Cameroun. Il devient inopérant lorsqu'il faut l'étendre au niveau des espaces maritimes périphériques. Pour pallier à cette lacune, les autorités du

[360] *Ibid.*
[361] *Ibid.* art. 4.

centre ont mis en place deux principaux organismes chargés d'assurer le maillage stratégique des espaces hydriques périphériques. Il s'agit du Comité National de sûreté du port et du Comité National de Sûreté Maritime.

Le Comité de Sûreté du Port (CSP) a été créé, en juillet 2008, à la suite d'un arrêté du Président de la République[362]. Mis en place dans chaque port, le CSP est un "*organe consultatif*"[363] chargé d'implémenter la domination du centre dans les infrastructures portuaires, en tant que trait d'union entre l'arrière et l'avant-pays. Plus concrètement, le CSP est "*appelé à émettre des avis et à formuler des suggestions sur toute question se rapportant à la mise en œuvre des mesures de sûreté maritime dans le port*"[364]. Par conséquent, le CSP est un maillon essentiel dans la projection de l'Etat, en tant qu'acteur dominant du champ hydro-politique périphérique du Cameroun.

D'autre part, la structuration du CSP trahit sa subordination fonctionnelle au centre. En effet, la présidence du CSP est assurée par le gouverneur territorialement compétent ou son représentant[365]. Or, le gouverneur est le représentant personnel du Chef de l'Etat et de tous les ministres (en l'occurrence, le ministre de l'Eau et de l'Energie) dans toute l'étendue de son unité de commandement. "*Désignés par les administrations et organismes auxquels ils appartiennent*"[366], les autres membres du CSP qui sont tous des représentants des structures de sécurité (le Commandant de la légion de gendarmerie compétent, le responsable local des forces de la marine Nationale, le Chef du bureau de liaison à la direction générale de la Recherche Extérieure, etc.) et de commerce maritime (Conseil National des Chargeurs, le Représentant de l'Autorité portuaire National, etc.) sont généralement des fonctionnaires.

---

[362] Cf. Arrêté n° 410/CAB/PR du 17 juillet 2008 portant création, organisation et fonctionnement du Comité de Sûreté du Port.

[363] *Ibid.,* art. 2, 1.

[364] *Ibid.*

[365] *Ibid.,* art. 3,1.

[366] *Ibid.,* art. 3,2.

A côté du CSP, le Comité National de Sûreté Maritime (CNSM) est également l'un des organismes extra-ministériels dont les compétences s'étendent sur les périphéries maritimes du Cameroun. Il a été créé à la suite du décret présidentiel du 17 juillet 2008[367]. "*Organe consultatif*"[368], tout comme le CSP, le CNSM est "*appelé à émettre des avis et à formuler des suggestions sur toute question se rapportant à la conception et à la mise en œuvre de la politique nationale en matière de sûreté maritime*"[369]. Il a une portée plus générale et nationale par rapport au CSP qui est fragmenté au niveau de chaque infrastructure portuaire. Dans son rôle d'organe technique de consultation, le CNSM est chargé, entre autres, "*de veiller à la mise en application des dispositions pertinentes du code international pour la sûreté des navires et installations portuaires (code ISPS) au Cameroun et de prendre des mesures correctives adéquates*"[370].

En raison de son envergure nationale, le CNSM est un organisme qui repose sur une structuration pyramidale. Elle regroupe les représentants de toutes les administrations publiques intervenant dans le dispositif de sûreté de l'espace maritime. Au sommet, on retrouve le ministre chargé des affaires maritimes et portuaires[371], en l'occurrence, le ministre des transports. Le secrétariat du CNSM est, quant à lui, assuré conjointement par l'Autorité portuaire Nationale et la Direction des Affaires Maritimes et des Voies Navigables (DAMVN). Sont également membres de ce comité : les représentants de la Présidence de la République, des services du Premier Ministre, ainsi que des ministères de souveraineté (les représentants du Secrétariat d'Etat chargé de la Gendarmerie Nationale, de la Délégation Générale à la Sûreté Nationale, de la Marine Nationale, du ministère chargé de l'Administration Territoriale, du ministère des finances, du ministère chargé de la justice, etc.).

Somme toute, les services déconcentrés interviennent indirectement dans le déploiement du jeu monopolistique de l'Etat centralisateur dans le champ hydro-politique du Cameroun. D'une manière

---

367 Arrêté n° 2008/237 du 17 juillet 2008 portant création, organisation et fonctionnement du Comité National de Sûreté Maritime.

368 *Ibid.,* art. 2, 1

369 *Ibid.*

370 *Ibid*, art. 2, 2.

371 *Ibid*, art. 3, 1.

générale, cette intervention contribue au quadrillage institutionnel des espaces hydriques intérieurs et périphériques du Cameroun. Face aux résistances, le centre peut recourir à un maillage stratégique à travers le déploiement de la Marine Nationale.

§2 : Le maillage stratégique des espaces hydriques du Cameroun

L'Etat centralisateur recourt à deux logiques différentes pour s'imposer dans le champ hydro-politique intérieur. D'une part, il peut étendre sa domination sur les différentes périphéries à travers un quadrillage institutionnel. Celui-ci consiste à mobiliser toutes les structures centriques et concentriques du pouvoir central pour s'imposer dans le champ hydro-politique. Outre certains départements ministériels, des organismes extra-ministériels déconcentrés interviennent directement ou indirectement dans le secteur de l'eau. D'autre part, l'adversité, voire l'hostilité des forces périphériques peut également amener le centre à recourir à des moyens coercitifs et militaires.

Le maillage stratégique des espaces hydriques est par essence arbitraire, car il vise à soumettre par la contrainte les forces périphériques. Il serait donc intéressant de voir comment ces institutions coercitives produisent et reproduisent la domination structurelle du centre dans le champ hydro-politique intérieur du Cameroun. Ceci passe par le découpage administratif arbitraire des espaces hydrologiques (A), l'implémentation de la politique de l'Etat en mer (B) et la création de la Marine Nationale (C).

A- Le découpage hydro-politique des circonscriptions administratives au Cameroun

Deux principaux enseignements peuvent être tirés de la construction historique du Cameroun. D'une part, ce pays s'est construit à partir de la zone côtière avant de s'étendre vers l'Hinterland. Il s'agit donc d'un pays aux origines aquatiques. Sa dénomination a été adoptée par les navigateurs portugais qui, au vu de l'abondance des crevettes dans le Wouri, fleuve littoral, baptisèrent ce territoire *Rio dos Camaroes* (Rivière de crevettes). D'autre part, la délimitation du territoire actuel du Cameroun s'est opérée suivant la configuration des espaces hydrologiques. Rien d'étonnant donc si la plupart de ses frontières coïncident avec des plans d'eau.

Il serait judicieux, dans le cadre de cette analyse, de vérifier si le découpage des circonscriptions administratives a suivi une logique hydronymique (1). En procédant ainsi, l'"*Etat-cartographe*"[372] a sans doute opéré des calculs géopolitiques afin de continuer d'occuper une place dominante dans le champ hydro-politique intérieur du Cameroun (2).

1- L'hydronymie des circonscriptions administratives

Les éléments déterminants du relief sont généralement mobilisés pour délimiter les espaces de souveraineté entre le Cameroun et ses principaux voisins. C'est ainsi que la plupart des dyades ont été déterminées sur la base des frontières naturelles esquissées par les différentes morphologies du relief (chaines montagneuses, vallée, cuvette, etc.), et surtout, par les cours d'eau. Cette logique hydronymique a été partiellement respectée dans le cadre du morcellement administratif du territoire camerounais.

Dans un premier temps, la dénomination des circonscriptions administratives a toujours été une entreprise délicate reposant sur des calculs politiques opérés par le centre. Il en est tout d'abord de l'étiquetage de ces circonscriptions qui varie entre la province et la région. Historiquement, l'appellation "région" avait été adoptée, depuis 1935, pour matérialiser le découpage territorial. En ce sens, la région faisait référence à un territoire morcelé, relativement étendu, possédant des caractères physiques et humains particuliers qui en faisaient une unité distincte des contrées voisines. A partir de 1972, le terme *province* remplace celui de région pour traduire la volonté de réunification qui animait les autorités du centre. En même temps, la province désignait, dans une approche étymologique[373], un territoire périphérique conquis, acquis et soumis à l'hégémonie du centre. C'est pourquoi, dans le processus de décentralisation amorcé par le Cameroun, le terme *province* a finalement été abandonné au

---

[372] Luc Sindjoun, *L'Etat ailleurs..., op. cit.*, p. 57.

[373] Le mot *province* dérive du préfixe *pro* (avant, en avant, en faveur de, etc.) et du verbe latin *vincere* (vaincre). La province était donc un territoire vaincu et soumis au terme d'une guerre.

profit de celui de *région.* Toutes ces mutations montrent, à l'évidence, que le découpage des territoires administratifs est le lieu de cristallisation de toutes les luttes et revendications politiques.

Le morcellement administratif des grands blocs territoriaux du Cameroun s'est opéré sur une logique cardinale. En effet, la plupart des régions du Cameroun ont été désignées par des points cardinaux. Il s'agit des régions du Centre, du Sud, de l'Est, de l'Ouest, du Sud-ouest, du Nord-ouest, du Nord et de l'Extrême-nord. Par conséquent, "*ici, l'Etat cartographe est un Etat cardinal. En d'autres termes, la cardinalité de l'entrepreneuriat spatial de l'Etat postcolonial du Cameroun est la constante majeure en matière de démultiplication locale du pouvoir central*"[374]. Seules deux régions administratives échappent à cette logique cardinale, à savoir l'Adamaoua et le Littoral. En effet, la dénomination Adamaoua a été maintenue pour désigner la vaste région qui avait été conquise par l'émir Adama Modibo (mort en 1848). Quant à la région du Littoral, cette appellation tient moins au repérage cardinal qu'à sa situation géographique à la lisière de l'océan Atlantique.

Par ailleurs, la centralité de la région du Centre apparait comme un construit social. En effet, historiquement, les villes de Douala et de Buea qui ont été des anciennes capitales du Cameroun ne se situent pas géographiquement au centre du territoire camerounais. Ainsi, la situation médiane de la région du centre par rapport au reste du pays relève davantage d'un construit social. On peut également y voir l'illustration patente des projections hégémoniques de l'Etat vers sa périphérie. En ce sens, Yaoundé devient non seulement la capitale politique du Cameroun, le siège du pouvoir centralisateur, mais également le centre géographique et la région située au carrefour de tous les autres territoires.

Dans un second temps, la logique hydronymique semble prévaloir dans la dénomination des départements qui sont, en réalité, des morcellements des régions. En effet, l'analyse de l'hydronymie des départements du Cameroun trahit leur bassin d'appartenance. Dans le bassin du lac Tchad qui ne couvre que la partie supérieure du bec de canard, tous les départements portent les noms des cours d'eau qui les drainent. A l'exception du Diamaré (chef-lieu : Maroua) et du

[374]Luc Sindjoun, *L'Etat ailleurs…, op. cit.*, p. 58

Logone et Chari (chef-lieu : Kousseri), tous les autres départements portent le préfixe "mayo"[375]. On peut également noter que l'appellation *lac Tchad* n'a été attribuée à aucun département situé dans le périmètre de ce plan d'eau. Dans la partie méridionale du lac Tchad, deux départements portent le nom des cours d'eau : il s'agit de la Mbéré et de la Vina.

Coincée entre ces deux segments du bassin du lac Tchad, la région hydrologique du Niger est un espace qui empiète sur une partie du territoire des régions administratives de l'Adamaoua et de l'Extrême-nord. Dans sa partie septentrionale, le bassin du Niger couvre douze départements. La dénomination de tous ces départements suit une logique hydronymique : cinq circonscriptions administratives portent des préfixes mayo, tandis que les autres, surtout celles qui sont à la zone de contact avec la région de l'Adamaoua, ont des appellations qui évoquent des cours d'eau permanents (Vina, Djérem, etc.). La partie méridionale du bassin du Niger comprend plusieurs départements qui s'étendent dans les régions administratives du Sud-ouest (Manyu) et du Nord-ouest (Boyo, Bui, Donga-Mantung, Menchum, Mezam, Momo, Ngoketunja). Ici également, l'hydronymie a été adoptée pour désigner les départements.

Le bassin de la Sanaga est la région hydrologique du Cameroun qui comprend le plus grand nombre de départements. Alors que certains départements se situent entièrement dans ce bassin (Mifi, Noun, Djérem, Haute Sanaga, etc.), d'autres, par contre, sont transrégionaux. Dans la partie centrale du bassin qui correspond à la région administrative du centre, tous les départements portent le nom d'un ou plusieurs cours d'eau. En général, l'hydronymie semble tributaire du fleuve Sanaga qui draine la plupart des départements. Etant donné que, dans son cours supérieur, c'est-à-dire en amont, la Sanaga prend le nom de Djérem, deux départements portent cette dénomination : le Djérem (chef-lieu : Tibati), et le Lom-Djérem (chef-lieu : Bertoua). Plus au Sud, on retrouve le département de la Haute-Sanaga (chef-lieu : Nanga-Eboko). Le département de la Sanaga Maritime s'étend de la localité d'Edéa jusqu'à l'embouchure du fleuve. Certains cours d'eau ont également servi de nom de

[375] Il s'agit des départements suivants : Mayo Tsanaga (chef-lieu : Mokolo), Mayo-Sava (chef-lieu : Mora), Mayo-Danay (chef-lieu : Yagoua) et Mayo-Kani (chef-lieu : Kaélé).

baptême à plusieurs départements. Dans cette veine, on peut citer le Nyong (les départements du Haut-Nyong, du Nyong-et-Kellé, du Nyong-et-So'o, et du Nyong-et-Mfoumou), la Méfou (les départements de la Méfou-et-Afamba, et de la Méfou-et-Akono. Par ailleurs, la logique hydronymique n'est pas entièrement respectée dans la région de l'Ouest dominée par un relief accidenté. En effet, les départements des Bamboutos, du Kupé-Manenguba et des Hauts-plateaux tiennent leur dénomination des montagnes environnantes.

Sur le plan administratif, le bassin hydrologique des fleuves côtiers est un vaste ensemble qui s'étend de la région du Sud jusqu'à celle du Sud-ouest. Il se subdivise en trois sous bassins : dans la portion méridionale dominée par le sous bassin du Ntem (de Campo à Kribi), la dénomination des circonscriptions administratives suit, en général, une logique hydronymique, à l'exception du département de la Vallée du Ntem qui se rapporte au relief. On retrouve ainsi des départements qui portent les noms des principaux cours d'eau, à l'instar de la Mvila ou du Dja. Dans le sous bassin du Wouri, tous les départements font référence aux cours d'eau, tels que le Mungo, le Nkam, le Wouri et l'embouchure de la Sanaga (département de la Sanaga Maritime). Enfin, dans le sous bassin du Rio del Rey situé dans la partie occidentale de la région côtière du Cameroun, le principe de l'hydronymie est peu appliqué. La raison tient à la présence du Mont-Cameroun, l'un des principaux points stratégiques de la Dorsale camerounaise. Tandis que certains départements mettent en exergue cette "physionymie" (départements du Fako, du Kupé Manenguba, etc.), d'autres, par contre, suivent la logique hydronymique (Mémé, Ndian, etc.). On remarque, enfin, qu'aucun département ne porte le nom d'un cours transfrontalier, à l'instar du Rio del Rey ou de l'Akwayafé.

Au final, d'après nos calculs, sur les 58 départements que compte le Cameroun, 55 tiennent leur dénomination des cours d'eau. Dans cette logique hydronymique, les plus longs fleuves du Cameroun, à l'instar de la Sanaga et du Nyong ont servi de nom de baptême à plus de quatre départements. A contrario, les formations lacustres occupent une position marginale et périphérique dans l'hydronymie locale : aucun département ne porte le nom d'un lac naturel ou artificiel. Ce qui nous amène à nous interroger sur les logiques qui ont sous-tendu le découpage territorial du Cameroun.

2- Logique monopolistique du découpage territorial

Le maillage des espaces hydriques est une modalité de diffusion des valeurs du centre vers la périphérie. Officiellement, l'Etat a souvent procédé au découpage des circonscriptions pour rapprocher l'administration des administrés. Une lecture géopolitique révèle par contre que ces morcellements peuvent répondre à deux exigences : soit fragmenter les zones hostiles aux fins de mieux les quadriller ; soit punir ou récompenser les régions alliées à travers l'accès aux positions de pouvoir. Dans l'un ou l'autre des cas, le découpage semble obéir aux calculs politiques et géopolitiques.

Afin de mieux appréhender les logiques et les ressorts qui sous-tendent toute activité de découpages administratifs des territoires, il nous semble approprié, dans une perspective hydro-politique, de voir comment s'opère la répartition des départements dans les différents bassins hydrologiques. Une telle analyse nous montrera si ces morcellements respectent la configuration des espaces hydrologiques.

Tableau 16 : Répartition des départements dans les bassins hydrologiques

Région	Département	Pourcentage du département dans le bassin					Total %
		Lac Tchad	Niger	Sanaga	Fleuves côtiers	Congo	
Centre	Mfoundi	-	-	6,94	93,06	-	100
	Lekié	-	-	96,68	3,32	-	100
	Mbam-Inoubou	-	-	75,89	24,10	-	99,99
	Mbam-et-Kim	-	-	75,89		-	75,89
	Nyong-et-Kellé	-	-	25,18	74,82	-	100
	Nyong-et-Mfoumou	-	-	4,47	83,18	12,33	99,98
	Nyong-et-So'o	-	-	-	99,92	0,08	100
	Haute Sanaga	-	-	97,86	2,14	-	100
	Méfou-et-Afamba	-	-	62,80	37,20	-	100
	Méfou-et-Akono	-	-	3,70	96,30	-	100
Littoral	Wouri	-	-	-	100	-	100
	Sanaga Maritime	-	-	56,48	43,52	-	100
	Nkam	-	-	2,13	97,87	-	100
	Mungo	-	-	-	100	-	100
Sud	Dja-et-Lobo	-	-	-	42,90	57,09	99,99
	Vallée du Ntem	-	-	-	100	-	100
	Océan	-	-	-	100	-	100
	Mvila	-	-	-	100	-	100
Est	Lom-et-Djérem	-	-	71,52	-	28,48	100
	Kadey	-	-	-	-	100	100
	Haut-Nyong	-	-	3,75	16,88	79,36	99,99
	Boumba-et-Ngoko	-	-	-	-	99,96	96,96
Ouest	Haut-Nkam	-	-	-	100	-	100
	Bamboutos	-	-	99,42	0,58	-	100
	Ndé	-	-	81,47	18,53	-	100
	Ménoua	-	-	21,36	78,64	-	100
	Hauts Plateaux	-	-	48,86	51,15	-	101
	Noun	-	-	100	-	-	100
	Mifi	-	-	100	-	-	100
	Koung-Khi	-	-	100	-	-	100
Sud-ouest	Lebialem	-	-	0,15	99,84	-	99,99
	Manyu	-	-	11,86	88,13	-	99,99
	Fako	-	-	-	100	-	100
	Kupé Manenguba	-	-	-	100	-	100
	Mémé	-	-	-	100	-	100
	Ndian	-	-	-	100	-	100

Adamaoua	Djérem	-	0,18	99,82	-	-	100
	Faro-et-Déo	-	83,36	16,64	-	-	100
	Mayo-Banyo	-	3,01	96,99	-	-	100
	Vina	27,53	27,16	45,30	-	-	99,99
	Mbéré	23,36	-	78,44	-	-	101,8
Nord	Faro	-	100	-	-	-	100
	Bénoué	-	100	-	-	-	100
	Mayo-Louti	-	100	-	-	-	100
	Mayo-Rey	37,41	62,58	-	-	-	99,99
Extrême-nord	Diamaré	92,71	7,28	-	-	-	99,99
	Logone-et-Chari	100	-	-	-	-	100
	Mayo-Tsanaga	36,19	64,03	-	-	-	100,22
	Mayo-Kani	54,62	45,38	-	-	-	100
	Mayo-Danay	72,52	27,48	-	-	-	100
	Mayo-Sava	100	-	-	-	-	100
Nord-ouest	Boyo	-	99,55	0,45	-	-	100
	Bui	-	24,95	75,05	-	-	100
	Donga-Mantung	-	84,14	15,87	-	-	101
	Mezam	-	65,22	21,36	10,27		96,85
	Ngoketunjia	-	0,01	99,99	-	-	100
	Menchum	-	100	-	-	-	100
	Momo	-	29,01	-	70,99	-	100

Source : Compilation faite par l'auteur à partir des données éparses fournies par le MINEE/GWP, Eau et environnement, *op. cit.*

Il serait erroné, à la lumière du tableau ci-dessus, d'avancer que le découpage des circonscriptions administratives a obéi à une logique purement hydrologique. On constate, en effet, que plusieurs départements débordent sur les limites spatiales des bassins hydrologiques. C'est le cas des départements de la Mézam, du Haut-Nyong, du Nyong-et-Mfoumou et de la Vina qui sont partagés par plusieurs bassins hydrologiques. Toutes choses qui montrent que l'Etat cartographe a procédé à un découpage arbitraire des blocs territoriaux.

En réalité, le découpage administratif au Cameroun ressortit du domaine des prérogatives du Président de la République. Par conséquent, une telle entreprise prend nécessairement des allures politiques, voire stratégiques lorsqu'elle est initiée par le détenteur du pouvoir exécutif. L'Etat cartographie et découpe les circonscriptions afin de mieux "*asseoir l'hégémonie de l'ordre dirigeant, [...] éparpiller à travers le territoire national la logistique institutionnelle de la domination*"[376]. En ce sens, le morcellement du territoire semble être guidé par le principe de diviser pour mieux régner. Analysant la loi n°60-70 du 30 novembre 1960 relative à la réorganisation territoriale dans la région de l'Ouest, Luc Sindjoun avance que la création de quatre nouvelles unités départementales (Bamboutos, Haut-Nkam, Mifi et Ndé) était guidée par une logique de maillage stratégique des espaces qui échappaient jusque-là, du fait de la rébellion upéciste, au contrôle du centre[377]. Il en est de même du grand département de la Sanaga-Maritime dont le redécoupage a donné naissance aux micro-départements de la Sanaga Maritime resté dans le giron de la région du Littoral, et du Nyong-et-Kellé rattaché à la région du centre-sud. Or, sur le plan hydrographique, 74,82% du département du Nyong-et-Kellé appartient au bassin des fleuves côtiers qui arrosent les régions du littoral, du sud et du Sud-ouest ; tandis que plus de 56% du territoire de la Sanaga-Maritime se retrouve dans le bassin continental de la Sanaga. Il est donc clair que l'objectif sous-jacent était de confiner une partie du peuple Bassa (peuple pourtant côtier) vers l'Hinterland, sous le contrôle des forces centripètes.

Au final, le morcellement des espaces géographiques du Cameroun s'est opéré à travers des logiques non hydro-politiques. La conséquence de ce découpage arbitraire est incontestablement le chevauchement des départements sur plusieurs bassins hydrologiques. Il faudrait s'attendre à la prégnance du phénomène irrédentiste et, par voie de conséquence, aux conflits liés à l'accès aux ressources hydriques du fait de l'inadéquation entre le tracé des espaces administratifs et les réalités sociologiques des groupes ethniques.

B- La Marine Nationale : bras séculier de la puissance étatique

Le morcellement du territoire est une entreprise politique de soumission de la périphérie au centre. Le maillage des espaces humides n'est véritablement efficace que lorsqu'il s'appuie sur la coercition. La Marine Nationale apparait ainsi comme le bras séculier de l'Etat

---

[376]Luc Sindjoun, *L'Etat ailleurs...*, *op. cit.*, p. 66.
[377]*Ibid.*,p. 67.

dans son projet de domination des espaces périphériques rebelles. Cette force a vu le jour le 5 mai 1961 à Douala, au cours d'une cérémonie officielle que présidait l'ancien Président Amadou Ahidjo. "*Benjamine des forces armées camerounaises*"[378], la Marine Nationale était basée à Douala, de sa création jusqu'en 2004, date à laquelle son Etat-major a été transféré à Yaoundé.

D'une manière générale, "*les Forces de la Marine Nationale sont une composante des Forces de Défense dont l'emploi requiert principalement l'utilisation des espaces maritimes, côtiers, lacustres et fluviaux*"[379]. "*Implantées le long de la côte, des voies navigables intérieures et au bord des lacs*"[380], cette unité de défense participe, aux côtés des autres forces (air, terre, et gendarmerie), à la défense des intérêts de la Nation et à l'action de l'Etat en mer[381].

Par rapport au premier aspect, il est relatif aux missions classiques de la Marine Nationale. Au moment de sa création, la Marine Nationale s'était vu assigner les missions de surveillance des côtes, en soutien à l'armée de terre[382]. Aujourd'hui, ses nouvelles missions englobent des actions multiformes comme "*la surveillance, la protection et la défense des espaces maritimes nationaux, fluviaux et lacustres ; la surveillance, la protection et la défense des installations essentielles à la vie de la Nation placées à proximité immédiate du littoral ; la conduite de l'action de l'Etat en mer en liaison avec les autres administrations ; le soutien aux autres Forces de Défense*"[383].

Pour accomplir valablement ses missions, la Marine Nationale comprend des forces de surface, des forces de fusiliers marins et de

---

[378] Guillaume Ngouah N'gally,"Quand l'armée se mouille pour la Nation ..." in *Honneur et Fidélité*, décembre 2010, p. 38.

[379] Décret n° 2002/036 du 4 février 2002 portant création et organisation de la Marine Nationale, art. 1.

[380]*Ibid.*

[381]Ce dernier volet de l'action de la Marine Nationale fera l'objet d'une analyse ultérieure. *Infra*, pp. 395-400

[382]Guillaume N'gouah N'gally, *op. cit.*, p. 38.

[383] Décret n° 2002/036 du 4 février 2002 portant création et organisation de la Marine Nationale, *op. cit.*, art. 2.

palmeurs de combat, ainsi que des éléments de soutien[384]. Nous suivrons par conséquent cette structuration dans la construction de la Marine Nationale comme maillon essentiel dans le maillage hydro-stratégique du Cameroun.

1- Les forces de surface

En tant que l'une des composantes essentielles de la Marine Nationale, les forces de surface sont placées sous l'autorité d'un Commandant, assisté d'un Commandant en Second et d'un Chef d'Etat-major[385]. Toutes ces personnalités sont nommées par le Président de la République qui agit, à l'occasion, comme "*Chef des forces armées*"[386]. Ces officiers supérieurs sont subordonnés au pouvoir central incarné par le Chef de l'Etat, dans la mesure où "*l'exécution de leurs missions est soumise à l'accord préalable du Président de la République*"[387]. Ils sont finalement des instruments de perpétuation de la domination structurelle de l'Etat dans le champ hydro-politique intérieur du Cameroun.

Les forces de surface de la Marine Nationale ont des missions bien spécifiques par rapport à la configuration géographique des espaces hydriques. Dans les espaces offshores, elles "*sont chargées principalement de la défense maritime*"[388] contre les forces hostiles qui menacent l'ordre et la stabilité du champ hydro-politique du Cameroun. Enfin, dans les espaces hydriques continentaux, les forces de surface de la Marine Nationale "*participent avec les autres Forces de Défense à la défense des eaux intérieures (fleuves, lacs, eaux des criques)*"[389].

Le quadrillage des espaces maritimes et des voies navigables est assuré par des flottilles. Il s'agit des "*formations organiques et opé-*

384*Ibid.*, art. 3.
385*Ibid.*, art. 5.
386 Constitution du 18 janvier 1996, art. 8,2.
387 Décret n° 2002/036 du 4 février 2002 portant création et organisation de la Marine Nationale, *op. cit.*, art. 1.
388*Ibid.*, art. 5
389*Ibid.*

rationnelles de la Marine Nationale regroupant au moins deux Divisions de Bâtiments ou d'Embarcations"[390]. Sur le plan opérationnel, il existe trois grands groupes de flottilles, à savoir : "*les flottilles de combat composées de Divisions de Patrouilleurs ; les flottilles de Surveillance composées de Divisions de Vedette ; les Flottilles de Soutien et de Transport composées de Divisions de Bâtiments de Transport et de Divisions d'Embarcations*"[391].

Par ailleurs, pour rendre plus efficaces et plus efficientes les actions de la Marine Nationale, le Chef Suprême des Armées a procédé au découpage du territoire national en deux principales régions militaires interarmées. Cette stratégie centripète visait ainsi à maintenir la domination structurelle du centre dans le champ hydro-politique à travers un meilleur quadrillage des espaces maritimes et des voies navigables. Ce qui a débouché sur la création de la Première et de la Deuxième Région militaire Interarmées au sein de laquelle la Marine Nationale joue un rôle important à travers les flottilles de Combat, de Surveillance, de Soutien et de Transport[392].

2- Les forces de fusiliers marins et de palmeurs de combat

Dans sa stratégie de maillage des espaces maritimes et des voies navigables, l'Etat centralisateur a mis en place, à côté des forces de surface, une autre composante marine constituée des Forces de Fusiliers Marins et de Palmeurs de Combat (FFMPC). Cette force est placée sous l'autorité d'un Commandant, assisté d'un Commandant en Second et d'un Chef d'Etat-major, officiers de la Marine nommés par décret du Président de la République[393], Chef suprême des Armées. Les FFMPC sont ainsi chargées "*de la participation des opérations terrestres à partir de la mer ; de la participation à des opérations terrestres aux ordres du Commandant des Opérations Militaires ; de la protection des sites sensibles ; des opérations de type commando*"[394].

---

[390] *Ibid.*, art. 10.
[391] *Ibid.*, art. 11.
[392] *Ibid.*, art. 22.
[393] *Ibid.*, art. 23.
[394] *Ibid.*

A titre illustratif, la Marine Nationale s'est engagée, du déclenchement du conflit de Bakassi jusqu'à son règlement définitif, à la lutte contre toute tentative de déstabilisation des institutions du centre et la défense de l'intégrité territoriale du Cameroun. En qui ce concerne la protection des sites sensibles offshores, la Marine Nationale assure la sécurisation des installations pétrolières nationales sur les côtes et les eaux territoriales. Il s'agit, entre autres, de la SONARA à Limbé, de la plateforme d'Ebome et du pipepline Tchad-Cameroun au large de Kribi[395]. Enfin, selon le témoignage du vice-amiral Guillaume Ngouah Ngally, la Marine Nationale "*effectue aussi des missions humanitaires, notamment la lutte contre la pollution des espaces maritimes, le sauvetage en mer des naufragés ou le repêchage des corps. Ces interventions sont fréquentes non seulement au large de nos côtes, mais aussi sur nos fleuves* "[396].

Malgré toutes ces interventions protéiformes pour préserver l'intégrité territoriale du Cameroun et assurer des secours aux populations en détresse, l'efficacité des FFMPC dans la lutte contre des forces hostiles est actuellement contestée sur le terrain. En effet, suite à la répétition de plusieurs actes hostiles et surtout l'attaque du 24 juillet 2008, par "*une bande armée sans attributs militaires apparents*"[397], d'un détachement du 22ème Bataillon des fusiliers marins dans la localité de Kombo à Janéa (Bakassi), le Président de la République, Chef Suprême des Armées, a décidé de confier la sécurisation de l'espace maritime du Cameroun à une force spéciale, le BIR-Delta.

Cette immixtion du BIR-Delta dans les missions traditionnelles de la Marine Nationale ne minore cependant pas la place des FFMPC dans le champ hydro-stratégique du Cameroun. En effet, aux termes du Décret n° 2002/036 du 4 février 2002, ont été créées au sein de la Marine Nationale, des FFMPC comprenant :

---

[395]Guillaume N'gouah N'gally, *op. cit.*, p. 39.
[396]*Ibid.*
[397] Communiqué de Presse du Ministre délégué à la Présidence de la République chargé de la Défense in Cameroon-Tribune, 25 juillet 2008, n° 9148/5347.

- Première Région Militaire Interarmées :
- Le 11ème Bataillon de Fusiliers Marins (BAFUMAR) formé par la transformation du 21ème Bataillon de Fusiliers Marins Commandos (BAFUMACO), dont le Poste de Commandement est fixé à Campo ;

- Deuxième Région Militaires Interarmées :
- Le 21ème Bataillon de Fusiliers Marins (BAFUMAR) formé par la transformation du 11ème Bataillon de Fusiliers Marins Commandos (BAFUMACO), dont le Poste de Commandement est fixé à Ekondo-Titi ;
- Le 22ème Bataillon de Fusiliers Marins (BAFUMAR) formé par la transformation du 12ème Bataillon de Fusiliers Marins Commandos (BAFUMACO), dont le poste de Commandement est fixé à Mundemba ;
- La Compagnie des Palmeurs de Combat (COPALCO), dont le poste de Commandement est fixé à Issongo[398].

A l'observation, les principaux BAFUMAR sont installés dans les sous bassins du Rio del Rey (partie occidentale) et du Ntem-Nyong (partie méridionale). On peut également noter que le sous bassin du Wouri ne dispose pas de BAFUMAR. D'autre part, tandis que le BAFUMAR est une "*formation d'intervention spécialisée dans les opérations terrestres à partir de la mer et dans la protection des sites sensibles*"[399], la COPALCO est, quant à elle, "*chargée des opérations de type commando, de la reconnaissance et de la recherche du renseignement en profondeur, de la participation à des opérations aux ordres du Commandant des Opérations Militaires*"[400]. En dehors des forces de surface et des FFMPC, le maillage stratégique des espaces maritimes et des voies navigables est également assuré par des éléments de soutien et de formation.

---

[398]Décret n° 2002/036 du 4 février 2002 portant création et organisation de la Marine Nationale, *op. cit.*, art. 24.
[399]*Ibid.*, art. 28.
[400]*Ibid.*, art. 29.

3- *Les Eléments de Soutien et de Formation*

Aux termes du Décret n° 2002/036 du 4 février 2002, les Eléments de Soutien et de Formation (ESF) sont des composantes stratégiques de la Marine Nationale camerounaise qui contribuent, à leur façon, au quadrillage des espaces maritimes et des voies navigables. Les ESF sont ainsi constituées des Bases Navales et des Organismes spécialisés.

Les bases navales désignent des "*lieux de stationnement des Forces de la Marine et des moyens de soutien répartis éventuellement en unités et formations*"[401]. La principale mission des bases navales est de "*garantir la présence et la souveraineté de l'Etat dans leurs zones d'action. Pour cela, elles doivent détacher des éléments opérationnels avancés*"[402]. Au moment de la promulgation du Décret n° 2002/036 du 4 février 2002, le Cameroun disposait de trois bases navales situées dans les différents sous bassins de la région côtière. Située dans l'estuaire du Wouri, la base navale de Douala quadrille les sites de Mouanko et de Blangoua ; tandis que celle de Limbé couvre les régions d'Akwa, de Jabane et d'Ekondo Titi. Enfin, par son positionnement dans le sous bassin du Ntem, la base navale de Kribi s'étend sur les sites de Moloundou (Kika), de Campo et de Dipikar.

Par ailleurs, seuls les espaces maritimes du Cameroun ont été pourvus de bases navales. Les zones humides intérieures (lacs et fleuves) n'ont pas fait l'objet d'un maillage stratégique. Pourtant, les bases navales doivent également être installées dans les zones navigables du continent qui présentent un intérêt incontournable sur le plan géostratégique. Au final, l'appellation même de *Marine Nationale* trahit le fait que cette principale composante de l'armée nationale n'a été construite par le centre que comme une force de projection dans les seuls espaces maritimes.

Les ESF sont également constituées des organismes spécialisés. Ceux-ci comprennent des chantiers navals, des ateliers navals, des écoles et centre d'instruction, ainsi que des centres opérationnels de

---

[401]*Ibid.*, art. 32.
[402]*Ibid.*, art. 34.

surveillance côtière[403]. A ce niveau, le Décret n°2002/036 du 4 février 2002 a créé plusieurs écoles et centres d'instruction, parmi lesquels, l'Ecole d'Application des Officiers de la Marine de Douala, l'Ecole de Plongée d'Issongo, le Centre d'Instruction Naval des Spécialités de Douala, le Centre d'Instruction et de Perfectionnement des Fusiliers Marins de Man O'War Bay[404].

Les missions de la Marine Nationale ne se limitent pas seulement à la défense des intérêts de la Nation. Elle participe également, aux côtés d'autres institutions, à l'action de l'Etat en mer.

C- L'action de l'Etat en mer et dans les voies navigables

La découverte des ressources hydriques et les convoitises qui y sont cristallisées ont amené les autorités du centre à construire les zones humides comme des espaces stratégiques. L'accès et le contrôle de ces espaces hydriques jadis considérés comme des lieux communs, sont devenus des enjeux incontournables en vue d'un positionnement avantageux dans le champ hydro-politique du Cameroun. C'est sans doute dans ce sens qu'il faut comprendre *le décret portant organisation et conduite de l'action de l'Etat en mer et sur les voies navigables.*

Aux termes du décret n°2007/290/CAB/PR du 1er novembre 2007, l'organisation de l'Action de l'Etat en Mer (AEM) est une modalité de maillage des sources hydriques. L'objectif visé ici est de rendre présente et efficiente l'action de l'Etat dans des espaces hydriques qu'il avait toujours ignorés ou peu fréquentés. En effet, l'Etat centralisateur, faute de moyens ou de volonté politique, ne se projetait que dans les espaces continentaux jugés plus accessibles. Aujourd'hui, on assiste à une course effrénée vers les zones humides intérieures ou périphériques, lacustres, fluviales ou maritimes.

L'organisation de l'Action de l'Etat en Mer (AEM) correspond à "*la mise en place d'un cadre institutionnel et juridique en vue de coordonner et conduire l'action et la mise en œuvre des moyens des administrations agissant en mer et sur les voies navigables dans le*

---

[403]*Ibid.*, art. 47.
[404]*Ibid.*, art. 55.

cadre de leurs compétences propres afin d'en optimiser le rendement"[405]. A bien des égards, cette définition montre que la projection de l'Etat centralisateur dans les zones humides se fait à travers une synergie d'action entre les institutions centriques, concentriques et déconcentrées qui interviennent directement ou indirectement dans le champ hydro-politique du Cameroun.

La diversité de ces administrations civiles et militaires intervenant en mer montre que l'AEM est un projet hétéroclite ; car elle couvre, à la fois, des missions de service public et de police générale. En ce qui concerne le volet du service public en mer, sur les fleuves et les lacs, l'AEM porte sur "*la recherche et le sauvetage en mer des personnes et des biens ; la protection de l'environnement et la lutte contre les pollutions en mer ; la sécurité de la navigation et l'assistance aux navires en détresse*"[406]. Les missions de police générale et de souveraineté sur mer consistent à "*la surveillance maritime, fluviale et lacustre ; la sécurité, les contrôles, la lutte contre les trafics illicites, ainsi que le maintien et le rétablissement de l'ordre sur ces espaces*"[407].

Il serait judicieux de voir comment le centre a procédé au maillage stratégique du champ hydro-politique du Cameroun à travers l'organisation (1) et la conduite (2) de cette action de l'Etat en mer.

1- Les organes centraux d'implémentation de l'AEM

En vue de la perpétuation de sa domination structurelle dans le champ hydro-politique intérieur du Cameroun, le centre s'appuie généralement sur des institutions. C'est le cas des organes de l'échelon national de l'AEM. En effet, ces organes sont dits centraux parce qu'ils sont directement créés et structurés par l'Etat central.

Au sommet de la pyramide des organes qui relayent la suprématie du centre au niveau de la périphérie, se trouve le Comité National de la Mer (CNM). Contrairement aux institutions concentriques et déconcentrées jusqu'ici étudiées, le CNM est un organe regroupant

---

[405] Décret n°2007/290/CAB/PR du 1er novembre 2007 portant organisation et conduite de l'action de l'Etat en mer et sur les voies navigables, art. 2.
[406] *Ibid.*, art. 3,1.
[407] *Ibid.*, art. 3,2.

tous les chefs de départements ministériels et assimilés intervenant dans l'implémentation de l'AEM. Sa "*présidence est assurée par une personnalité nommée par le Président de la République*"[408]. Les autres membres du CNM sont les personnalités en charge des ministères de souveraineté et des ministères en charge des ressources plus ou moins à l'eau.

Comme on peut le voir, le CNM est une structure d'orientation générale et de définition des grands axes de l'AEM. Ses missions sont, entre autres, de "*définir la politique gouvernementale dans le domaine de la mer sous tous ses divers aspects nationaux et internationaux* [et de] *fixer les orientations de l'action gouvernementale dans tous les domaines de l'activité maritime, fluviale et lacustre* "[409].

Au cours des réunions du CNM qui se tiennent "*une fois par semestre en session ordinaire, et en cas de besoin, en session extraordinaire sur convocation de son Président*"[410], "*le secrétariat est assuré par le Délégué Général à la Mer*"[411].

Un cran en dessous de la CNM, au milieu même de la pyramide de l'AEM se trouve la Délégation Générale à la Mer (DGM). Véritable clé de voûte de "*la gouvernance maritime à la camerounaise*"[412], la DGM est une structure "*rattachée à la Présidence de la République et placée sous l'autorité d'un Délégué général à la Mer*"[413]. Comme "*instrument permanent de la coordination* [de l'AEM] *à l'échelon national*"[414], la DGM est chargée de la mise en œuvre de la politique arrêtée par le CNM[415]. C'est pourquoi dans l'accomplissement de cette mission fondamentale, le Délégué Général à la Mer, en tant que "*dépositaire de l'autorité de l'Etat en mer*

---

[408] *Ibid.*, art. 7.
[409] Décret n°2007/290/CAB/PR du 1er novembre, *op. cit.*, art. 7,1.
[410] *Ibid.*, art. 9, 1.
[411] *Ibid.*, art. 9, 2.
[412] Emmanuel Belinga Ela, "La Marine Nationale : socle de sauvegarde de l'espace économique maritime" in *Honneur et Fidélité*, numéro spécial, 20 mai 2008, p. 28.
[413] Décret n°2007/290/CAB/PR du 1er novembre, *op. cit.*, art. 10.
[414] *Ibid.*
[415] *Ibid.*

et sur les voies navigables"[416], travaille en synergie avec "*toutes les administrations agissant dans le cadre de l'exercice de la souveraineté de l'Etat dans ces espaces*"[417]. Par ailleurs, le Délégué général à la Mer préside la Conférence Maritime Nationale qui réunit toutes les administrations civiles et militaires qui opèrent dans le champ hydro-politique du Cameroun[418].

La base de cette pyramide hydro-stratégique est constituée de la Conférence Maritime Nationale (CMN). Cet organe est un maillon important dans le dispositif de quadrillage des espaces maritimes, fluviaux et lacustres. Il s'agit de l'organe opérationnel de l'échelon national de l'AEM. Il se réunit au moins une fois par semestre en session ordinaire, et en cas de besoin, en sessions extraordinaires sur convocation de son Président[419]. De plus, la CMN doit se tenir avant la session ordinaire du CNM du même semestre[420]. Pour réussir les missions qui lui sont assignées, la CMN dispose d'une "*Commission Technique chargée d'émettre des avis sur les dossiers techniques qu'elle lui confie*"[421]. Cette Commission est constituée des personnes ressources issues des administrations qui interviennent dans la mise en œuvre de l'AEM. En effet, la CMN regroupe les représentants civils et militaires des ministères de souveraineté et des administrations ayant en charge la gestion des sources et ressources péri-hydriques.

2- Les organes périphériques d'implémentation de l'AEM

Le décret portant organisation et conduite de l'AEM crée des organes de coordination au niveau central et local. Nos analyses antérieures ont consisté à montrer que les organes centraux d'implémentation de l'AEM constituaient les maillons forts dans le dispositif de domination du centre. En effet, ces organes font appel à l'implication directe du premier cercle de décideurs du centre, à l'instar des ministres et du Secrétaire Général de la Présidence de la République. Les organes centraux sont relayés, dans les confins de la périphérie, par un Comité Local de concertation, de conduite et de coordination

---

[416] *Ibid.*, art. 11.
[417] *Ibid.*
[418] *Ibid.*, art. 17,1.
[419] *Ibid.*
[420] *Ibid.*
[421] *Ibid.*, art. 18.

de l'Action de l'Etat en Mer ou sur les fleuves et les lacs. La composition de ce Comité dépend des différentes configurations hydrologiques de la région humide concernée.

En ce qui concerne les espaces maritimes, le Comité Local comprend le Commandant des Forces de la Marine Nationale ; l'Autorité Maritime compétente de la Marine Marchande ; le Responsable de l'Administration des Douanes de l'échelon considéré ; le Responsable des pêches de l'échelon considéré ; la Conférence Maritime Locale[422]. La composition du Comité Local pour les zones fluviales et lacustres est plus différente, car elle fait appel aux services des responsables des services de sécurité et de maintien de l'ordre public. Il s'agit des Préfets des départements concernés ; des responsables de la Marine Nationale ou de la Gendarmerie Nationale de ces départements ; le Responsable de l'Administration des Douanes compétent ; la Conférence Fluviale ou Lacustre Départementale[423].

Différente au niveau de la composition des membres, la conduite de l'AEM, à l'échelon local, est également singulière sur le théâtre des opérations. Elle tient, en effet, compte de la configuration des espaces hydrologiques. Dans les zones humides maritimes, la conduite de l'AEM est assurée par le Commandant des Forces de Surface de la Marine Nationale (COMFORSUR). Il est placé sous "*la double autorité du Ministre Délégué à la Présidence chargé de la Défense par l'intermédiaire du Chef d'Etat-major des Armées et du Délégué Général à la Mer*"[424]. Le COMFORSUR de la Marine Nationale est chargé "*de surveiller les approches maritimes et d'assurer la défense des espaces maritimes relevant de la souveraineté camerounaise* "[425].

Pour remplir avec succès cette mission, le COMFORSUR de la Marine Nationale bénéficie du concours des Services et Administrations de l'Etat qui mettent à sa disposition des moyens et informations d'intérêt maritime dont ils disposent[426]. Il préside également la Conférence Maritime Locale qui est le cadre de la concertation entre

[422]*Ibid.*, art. 19, 1.
[423]*Ibid.*, art. 19, 2.
[424]*Ibid.*, art. 20, 1.
[425]*Ibid.*, art. 20, 2.
[426]*Ibid.*, art. 21, 1.

toutes les autorités intervenant localement dans l'exercice de l'AEM[427].

Dans les espaces fluviaux et lacustres, la coordination de l'AEM est assurée, par délégation du Délégué Général à la Mer, aux Préfets dans les ressorts territoriaux desquels se trouvent des fleuves ou des lacs[428]. Alors que le COMFORSUR conduisait les opérations dans les zones maritimes, cette responsabilité incombe au responsable des forces de la Marine Nationale ou, à défaut, de la Gendarmerie Nationale du ressort territorial dudit fleuve. Au cas où les plans d'eau chevaucheraient sur plusieurs départements, les préfets et les responsables militaires chargés de la conduite de l'action de l'Etat sur ces espaces doivent travailler en synergie, suivant les instructions du Délégué Général à la Mer[429].

En définitive, afin d'occuper durablement une posture de domination dans le champ hydro-politique intérieur, les autorités du centre se sont engagées dans une entreprise de gestion monopolistique des sources et ressources hydriques. Ce jeu a d'abord consisté à procéder à un quadrillage institutionnel des espaces hydriques à travers la création des structures concentriques et déconcentrées du secteur de l'eau. Le verrouillage a été complet lorsque le centre a, par la suite, opéré un maillage stratégique des espaces maritimes et des voies navigables. Face à cette stratégie de monopolisation du champ hydro-politique intérieur, des forces périphériques, au risque de sombrer dans une sclérose totale, refusent de se contenter des ressources résiduelles. Aussi a-t-on assisté à une démonopolisation du

[427] De façon exhaustive, on peut citer les représentants des Gouverneurs des régions côtières (Littoral, Sud et Sud-ouest) ; les Préfets des départements côtiers ou leur représentant ; l'Autorité Maritime Locale compétente de la Marine Marchande ; le Responsable de l'Administration des Douanes de l'échelon considéré ; les Commandants des Bases Navales ; le Commandant de la Base Aérienne de Douala ; les Commandants de Légions de Gendarmerie du Sud-ouest ; du Littoral et du Sud ou leurs représentants ; les Commandants des Groupements des Sapeurs-pompiers implantés dans les ressorts territoriaux des départements côtiers ; les représentants des administrations et organismes exerçant des actions en mer ou situés dans les ressorts territoriaux des départements côtiers (*Ibid.*, art. 23, 2).

[428] *Ibid.*, art. 24, 2.

[429] *Ibid.*, art. 24,3

centre dans la gestion des ressources hydriques et à l'élaboration des contre-stratégies par les couches périphériques.

Section II : Démonopolisation du centre et contre-stratégies des périphéries dans la gestion des ressources en eau

Jusqu'ici, nous avons vu, dans une dynamique centripète, que les forces du centre élaboraient des jeux pour maintenir leur domination dans le champ hydro-politique intérieur du Cameroun. Seulement, la libéralisation de ce champ vers la fin du XXème siècle a considérablement réduit la marge de manœuvre de l'Etat, tout en favorisant l'irruption des acteurs non-étatiques. On observe ainsi, à partir des aires périphériques, un déploiement des stratégies et des contre-stratégies visant à décentrer l'Etat dans le champ hydro-politique. En effet, en dépit de sa prétention totalisante et de son statut monopolistique, le centre ne parvient jamais à couvrir intégralement le champ hydro-politique. La rencontre entre les forces centrales et périphériques ne se passe pas sans heurts : la volonté de puissance et le désir de domination des différents protagonistes engendrent de nombreux conflits hégémoniques (§1). Pour conserver sa position d'acteur central dans le champ hydro-politique intérieur, le centre élabore des mécanismes de contrôle et de répression "*face à la circulation des flux périphériques désordonnés qui échappent à la normalisation*"[430] (§2).

§1 : La multipolarité des conflits dans l'appropriation du champ hydro-politique

Sous peine de sombrer dans la sclérose, le champ hydro-politique intérieur du Cameroun, en tant qu'espace éclaté de relations et d'interrelations concurrentielles, doit être sans cesse animé par des agents non-étatiques dont les représentations et les intérêts sont différents des constructions monopolistiques du centre. Si l'Etat demeure l'acteur souverain du champ hydro-politique, il arrive toutefois que d'autres agents contestent sa position hégémonique.

---

[430] Jacques Chevallier, *op. cit.*, p. 36.

On observe ainsi des conflits, d'une part entre le centre et la périphérie (A) ; et d'autre part, entre les différentes couches périphériques (B).

A- Les conflits entre le centre et les couches périphériques dans le champ hydro-politique intérieur

Si le centre est perçu comme le lieu du permis et de la normativité dans le champ hydro-politique intérieur du Cameroun, les couches périphériques, quant à elles, adoptent "*un mouvement de déplacement, de fuite, de rupture, par rapport à l'ordre institué*"[431]. La difficile coexistence entre le centre et les différentes couches périphériques engendre des conflits hégémoniques en vue de la domination du champ hydro-politique. En fonction de la typologie d'organisations périphériques en présence, on distinguera des conflits mettant aux prises, d'une part, le centre et les collectivités décentralisées (1) ; et d'autre part, le centre aux entreprises du secteur de l'eau (2).

1- Les conflits hégémoniques entre l'Etat et les collectivités décentralisées

Construits sur le modèle administratif jacobin, les Etats africains postcoloniaux ont longtemps placé le centre au cœur de toute politique publique. Dans ce système centralisateur, le centre ubiquiste imposait à la périphérie des normes et des valeurs préconstruites. Seulement, l'amorce du processus de communalisation qui, dans un premier temps a consisté à perpétuer l'implication de l'Etat dans la gestion directe des collectivités locales, s'est finalement soldée par une meilleure insertion de la périphérie dans le jeu hydro-politique. La revanche des périphéries dans la gestion des sources et ressources hydriques apparait d'abord dans le positionnement hégémonique des chefferies traditionnelles dans le champ hydro-politique intérieur.

---

[431] *Ibid.*

Vestiges séculaires des sociétés ancestrales, les chefferies traditionnelles sont engagées dans une "*compétition foncière*"[432] qui les met aux prises avec l'Etat, en tant que "*gardien de toutes les terres*"[433].

Les chefferies de l'Ouest-Cameroun constituent l'un des exemples les plus illustratifs de ces luttes pour l'accès à la terre. La compétition est d'autant plus vive que ces terres regorgent bien souvent de nombreuses ressources hydriques. En effet, en pays bamiléké, "*le chef est le propriétaire éminent de toutes les terres. A ce titre, il gère le patrimoine foncier de la communauté villageoise et délègue certaines de ses fonctions foncières aux chefs de quartiers*"[434]. Dans bien de cas, le chef, pourtant auxiliaire de l'administration n'entend pas renoncer à ce droit séculaire à la propriété foncière. Dans ce contexte où la chefferie tend à devenir "*un Etat dans l'Etat*"[435], "*le chef, en sa qualité de possesseur de toutes les terres, découpe le territoire de la chefferie en sous-chefferies ou en quartiers à la tête desquels il place des chefs auxiliaires*"[436]. Les conflits naissent à partir d'une conception exclusive et hégémonique de l'accès à la propriété foncière. D'un côté, "*le système foncier bamiléké, dans son principe, prône le contrôle de toutes les terres et la négation de toute présence étrangère*"[437] ; de l'autre, l'Etat entend s'imposer sur l'échiquier géopolitique intérieur comme le principal garant et gérant des espaces hydriques. A ce titre, l'Etat peut intervenir en vue d'assurer un usage rationnel des terres ou pour tenir compte des impératifs de défense nationale ou des options économiques de la nation[438].

La revanche des périphéries sur le centre apparait encore plus prégnante dans le cadre de la décentralisation. Celle-ci implique en effet un "*transfert de certaines compétences du centre vers la périphérie,*

---

[432] Cf. Jean-Marie Fotsing, *Compétition foncière et stratégies d'occupation des terres en pays bamiléké (Cameroun)* in http://horizon.documentation.ird.fr/exl-doc/pleins_textes/pleins_textes_6/colloques2/42952.pdf.
[433]Ordonnance n° 74-1 du 6 juillet 1974 fixant le régime foncier, art. 1.
[434]Jean-Marie Fotsing, *op. cit.*, p. 134.
[435]*Ibid.*, p. 136.
[436]*Ibid.*
[437]*Ibid.*, p. 139.
[438]Ordonnance n° 74-1 du 6 juillet 1974 fixant le régime foncier, art. 1.

avec le pari qu'elles y seront mieux exercées"[439]. Il faut toutefois convenir que le transfert de ces compétences n'est pas une entreprise dénuée de tout calcul géopolitique : des pans entiers du service public avaient ainsi déjà été abandonnés par l'Etat avant même l'amorce des processus de décentralisation, à cause du manque de moyens financiers[440]. L'Etat ne cède que des ressources résiduelles à la périphérie.

Dans le cadre de l'implémentation de la décentralisation, le centre a procédé, en 2010, à la redistribution des cartes dans le jeu hydropolitique intérieur du Cameroun. Alors que le service de distribution de l'eau était jusque-là assuré par une entreprise fermière, la CDE, les autorités du centre ont décidé de transférer aux communes certaines compétences en matière d'alimentation en eau potable dans les zones non couvertes par le réseau public de distribution de l'eau concédé par l'Etat[441]. Aux termes du Décret n° 2010/0239/PM du 26 février 2010, les communes peuvent désormais, "*sur autorisation du concessionnaire de l'Etat, assurer sur leurs ressources propres, la maitrise d'ouvrage et la gestion des puits et des forages dans les zones concédées audit concessionnaire*"[442].

La gestion participative des ressources en eau ne se passe pas sans heurts entre l'entreprise concessionnaire et les collectivités territoriales décentralisées. Si le problème se posait avec moins d'acuité dans le cadre de l'organisation municipale, la régionalisation, l'un des derniers avatars du processus de décentralisation, oblige désormais l'Etat à se dépendre de certaines prérogatives traditionnelles. Il faudrait par conséquent prévoir non seulement d'éventuels conflits entre l'Etat central et les collectivités territoriales décentralisées, mais également entre les municipalités. En effet, on peut bien imaginer les problèmes que le processus de décentralisation occasionnera dans l'affectation des ressources hydriques. Les municipalités situées en amont de certains cours d'eau pourront imposer des taxes

---

[439] Charles Nack Mback, "La décentralisation en Afrique : enjeux et perspectives" in *Afrique contemporaine*, n°199, juillet-septembre 2001, p. 104.
[440]*Ibid.*, p. 105.
[441] Cf. Décret n° 2010/0239/PM du 26 février 2010 fixant les modalités d'exercice de certaines compétences transférées par l'Etat aux communes en matière d'alimentation en eau potable dans les zones non couvertes par le réseau public de distribution de l'eau concédé par l'Etat.
[442]*Ibid.*,

sur les ressources hydriques s'écoulant vers les régions qui retrouvent en aval.

2- *Les conflits hégémoniques entre l'Etat et les entreprises du secteur de l'eau*

La lutte pour un positionnement avantageux dans le champ hydropolitique intérieur du Cameroun est très âpre entre l'Etat centralisateur et les collectivités territoriales décentralisées. Cette concurrence se justifie par le fait que ces deux entités se posent comme répartiteur d'espace au Cameroun. A l'opposé de ce conflit qui se fonde sur l'accès aux sources hydriques, les tensions observées entre l'Etat et les entreprises du secteur de l'eau sont généralement relatives à la gestion des ressources hydriques. En effet, contrairement aux collectivités territoriales décentralisées qui ont un ancrage spatial, la compétence territoriale de la CDE ne s'étend qu'à "*l'intérieur affermé des 105 centres urbains (...), ainsi que leurs zones adjacentes lorsque celles-ci sont déjà desservies en eau potable ou font l'objet d'un projet d'urbanisation*"[443]. La CDE dispose également "*d'un droit d'occupation du domaine public et notamment des voies publiques dans la mesure où cette occupation est nécessaire*"[444]. De ce point de vue, les conflits entre l'Etat et les entreprises du secteur de l'eau portent davantage sur les modalités de gestion de la ressource hydrique.

Une analyse en profondeur du contrat d'affermage de 2007 liant l'Autorité Affermante (l'Etat du Cameroun), la CAMWATER (le Concessionnaire) et la Camerounaise des Eaux (Société Fermière) révèle la position hégémonique du centre dans la distribution des compétences et des responsabilités. En effet, le manquement grave aux obligations mises à la charge de l'Autorité Affermante ou de la société concessionnaire peut déboucher soit sur une révision des termes du Contrat d'Affermage, soit, en cas de désaccord persistant,

[443]Contrat d'affermage du service public de la production et de la distribution d'eau potable dans les centres urbains et périurbains du Cameroun entre le Cameroun, CAMWATER et CDE, art. 5.
[444]*Ibid.*, art. 22, 1.

à une résiliation de cet Accord[445]. Par contre, en cas de fautes imputables à la société fermière, il existe une gradation dans les sanctions qui vont des pénalités financières jusqu'à la déchéance[446].

Bref, si le centre se pose comme dépositaire naturel du patrimoine hydrologique national, il apparait généralement comme juge et partie en cas de conflit avec les autres signataires de l'accord d'Affermage (la société fermière et la société concessionnaire). Cette position arbitraire et non d'arbitrage est contestable dans la mesure où elle contribue à maintenir l'hégémonie de l'Autorité Affermante dans le champ hydro-politique intérieur du Cameroun.

Le centre ne se contente pas seulement de mettre en place des règles qui lui sont particulièrement favorables, il outrepasse également ses prérogatives en s'immisçant dans le domaine de compétence de la société fermière, la CDE. En effet, depuis la privatisation du secteur de l'eau au Cameroun, l'Etat est intervenu à maintes reprises dans le domaine du transport et de la distribution de l'eau potable aux populations. Pourtant, ces activités, auxquelles s'ajoute la production, relèvent des prérogatives exclusives de la CDE, en tant que société fermière. Le Contrat d'Affermage indique clairement que "*le fermier est seul responsable du fonctionnement du service affermé qu'il gère et exploite à ses risques et périls*"[447].

Dans les faits, cette disposition contractuelle n'est pas respectée par l'Autorité Affermante. Pour faire face à la pénurie d'eau qui frappe la ville de Yaoundé depuis l'entrée en vigueur du contrat d'affermage, l'Etat a adopté un train de mesures pour pourvoir aux besoins en eau des populations. C'est ainsi qu'avec la collaboration de la Communauté Urbaine de Yaoundé et des services de la police, les camions-citernes du Corps National des Sapeurs-pompiers (CNSP), devenus à l'occasion des aquatiers, assurent la fourniture de certains quartiers en eau. L'eau distribuée par les engins des sapeurs-pompiers est recueillie dans trois bouches d'incendies réquisitionnées à cet effet. Il s'agit de celles situées à Nlongkak, au quartier

---

[445] *Ibid.*, art. 23 et 24.
[446] *Ibid.*, art. 105.
[447] *Ibid.*, art. 19,1.

administratif et au garage administratif du Secrétariat d'Etat à la Défense (SED)[448].

Cette immixtion de l'Etat dans la distribution de l'eau potable aux populations peut apparaitre, à bien des égards, comme une réponse ponctuelle et conjoncturelle à une situation d'urgence. Selon Joseph Akongo Fouda, les interventions du CNSP dans l'opération de ravitaillement en eau des populations de la ville de Yaoundé répondent à un triple souci : préserver la paix et la stabilité sociales ; garantir la sécurité alimentaire des citoyens ; et contribuer au développement économique du pays[449].

Cette incursion récurrente et permanente du CNSP dans le domaine réservé de la CDE traduit et trahit, en fin de compte, la volonté inébranlable du centre d'occuper, au-delà de la libéralisation du secteur de l'eau au Cameroun, une position hégémonique dans le champ hydro-politique intérieur.

Au final, les conflits entre le centre et les couches périphériques (collectivités territoriales décentralisées, et société fermière) montrent que le champ hydro-politique intérieur du Cameroun est structuré par les luttes de positionnement en vue d'un contrôle total des ressources hydriques. Malgré cette compétition, le centre continue d'occuper une position hégémonique sur cet échiquier hydro-politique. C'est pourquoi les couches périphériques, faute de pouvoir renverser ce rapport de force qui leur est structurellement défavorable, se contentent de s'affronter entre elles pour accéder aux ressources résiduelles cédées par le centre.

B- Les conflits entre les différentes couches périphériques

Les conflits entre le centre et la périphérie reposent généralement sur une logique de domination ou de contestation de l'hégémonie du plus fort. Dans cette entreprise de décentration du centre, l'on a

---

[448] Joseph Akongo Fouda, *La contribution du Corps National des Sapeurs-pompiers du Cameroun dans la gestion des crises et des catastrophes : le cas de la crise de l'eau à Yaoundé (novembre 2009-mars 2010)*, Université de Yaoundé II-Soa, mémoire de Master professionnel en Stratégie, Défense, Sécurité, Gestion des Conflits et des Catastrophes, 2009-2010, p. 37.
[449] *Ibid..*, pp. 39-43.

pensé que toutes les couches périphériques s'allieraient naturellement pour asseoir leur suprématie. Dans les faits, cette alliance est peu probable dans la mesure où la périphérie n'est ni unifié ni homogène. Elle s'illustre par son caractère hétéroclite et sa divergence d'intérêts. D'où la récurrence des luttes inter-périphériques en vue d'un meilleur positionnement dans le champ hydro-politique intérieur du Cameroun. L'enjeu fondamental qui structure cette bataille se fonde sur le fait qu'une situation à proximité du centre confère un meilleur accès aux ressources stratégiques détenues par l'Etat centralisateur. Dans cette veine, des conflits de positionnement opposent, d'une part, les entreprises du secteur de l'eau et les consommateurs (1) ; et, d'autre part, les différents utilisateurs de l'eau (2).

1- Les conflits hégémoniques entre les entreprises du secteur de l'eau et les consommateurs

Les scénarii les plus catastrophiques ont présagé la montée des conflits entre les couches périphériques de l'Etat dans l'appropriation des sources et ressources en eau. On évoquait que la raréfaction des ressources hydriques provoquerait des manifestations sociales, allant des marches pacifiques aux émeutes sanglantes. S'il faut certes relativiser cette position qui vire au catastrophisme, on doit néanmoins reconnaitre que, sous d'autres cieux, plusieurs conflits ont mis aux prises des multinationales opérant dans le secteur de l'eau et des populations généralement assoiffées d'eau. En Inde par exemple, les multinationales sont régulièrement accusées de tirer de grandes dividendes du commerce lucratif de l'eau, alors même que cette ressource, en tant que bien relevant du patrimoine de l'humanité, exclue toute transaction financière[450].

---

[450]Le Parlement du Kerala, un Etat du sud de l'Inde, a voté, jeudi 24 février 2011, la mise en place d'un tribunal spécial pour statuer sur les demandes de compensation contre le géant américain Coca-Cola, accusé d'avoir pollué et surexploité des nappes phréatiques, mettant en danger la santé de milliers d'habitants. Les conséquences furent énormes : pertes agricoles, pollution aquatique, résurgence de certaines maladies hydriques, etc. Le montant des dommages a été évalué à 48 millions de dollars (34 millions d'euros). Pour plus d'informations, consulter l'article suivant : Julien Bouissou, "Coca-Cola au centre de conflits sur l'eau en Inde" *Le Monde*, 5 Mars 2011, in http://www.indiaresource.org/news/2011/1004.html. [Consulté le 22 juin 2014].

Depuis la libéralisation du champ hydro-politique du Cameroun, on a assisté à l'émergence de plusieurs conflits nourris par des coupures intempestives d'eau ou d'électricité. Le secteur de la fourniture de l'énergie hydroélectrique a été particulièrement affecté en septembre 2007, tout juste quelques années après la privatisation de l'ex-Société Nationale d'Electricité (SONEL). En effet, suite à un ultime délestage dans la ville d'Abong-Mbang, localité pourtant fortement arrosée par le complexe fluvial Kadéi-Ngoko, des émeutes furent déclenchées par une frange de la population mécontente. Au cours de ces mouvements de protestations, les populations s'en prirent aux symboles de la prépotence de l'Etat dans le champ hydro-politique : la préfecture et la maison du préfet furent incendiées. Sans sombrer dans la fatalité, il n'est pas exclu que d'autres manifestations puissent se produire dans certaines villes du Cameroun en réaction, cette fois-ci, au rationnement problématique de la fourniture en eau potable.

A l'immédiat, les populations contiennent difficilement leur ressentiment contre la CDE dont l'arrivée dans le marché camerounais coïncide avec le début des coupures intempestives d'eau. Même si le courroux de ces populations n'a pas encore débouché sur des manifestations violentes, il reste que des initiatives sont prises pour dénoncer les désagréments causés par les délestages. C'est ainsi qu'"*après sommation d'huissier servie à la CDE par un collectif de clients de Simbock, qui demandait le rétablissement de la livraison de l'eau courante, une plainte* [avait] *été déposée dans les tribunaux de Yaoundé*"[451].

En réalité, à travers le non-respect du calendrier de coupures d'eau dans certains quartiers, la CDE se positionne comme un acteur incontournable dans le jeu hydro-politique intérieur du Cameroun. Elle a ainsi réaménagé l'espace public et social du Cameroun, en fonction de ses intérêts propres. En effet, la ville de Yaoundé a été reconfigurée sur la base de la disponibilité ou non de la ressource hydrique. Selon la typologie établie par la CDE, on retrouve cinq principaux sites[452] :

[451] Jacques Bessala Manga, "Yaoundé à l'épreuve de la pénurie d'eau" in www.camnews.net, 18 décembre 2009. [Consultée le 26 mai 2014].
[452] Joseph Akongo Fouda, *op. cit.*, p. 34.

- Les quartiers sans eau : il s'agit des localités situées sur les pentes des collines ou non connectées au réseau CDE. On peut également y ajouter les quartiers tels que Damase Terre Rouge, Damase Simbock, Ahala, Nkolbisson Université Catholique, Nkolbisson CENEEMA, Mvog-Ada Ndi Samba, Etoug-Ebé Béatitude.
- Les quartiers à coupure de plus de trois jours : Nkolondom, Messassi, Messamendongo, Ayene, Plateau Atemengue, Carrière, Essos Plateau Mimboman Ecole, Omnisport face Stade Annexe.
- Les quartiers à coupure de moins de trois jours : Nkomo, Foire, Koweit, SOFAVIN (route Université de Yaoundé II à Soa), Mbog-Abang, Ekié, Mvan, Nsimeyong, Biyem-Assi.
- Les points stratégiques : la prison centrale de Kondengui, l'hôpital d'arrondissement de Nkolndongo, l'hôpital d'Efoulan.
- Les résidences de certaines hautes personnalités et diplomates accrédités à Yaoundé.

A l'observation, la fourniture en eau dans la ville de Yaoundé ne s'opère pas sur une base égalitaire : les zones stratégiques (hôpitaux et prisons) et les résidences des cadres de perpétuation de la domination structurelle sont régulièrement alimentés en eau. Par contre, les quartiers populeux et situés à la périphérie du centre urbain sont la cible permanente des délestages.

En dehors des ruptures intempestives de la fourniture en eau comme instrument de positionnement dans le champ hydro-politique intérieur du Cameroun, la CDE recourt également à une tarification contestable de la consommation des ménages et des entreprises. Pourtant, la fourchette des prix avait été arrêtée conjointement avec l'Etat dans le cadre du contrat d'affermage. Cependant, les contestations fusent de toutes parts pour dénoncer une tarification peu équitable. La CDE est accusée de procéder aux surfacturations, dans la mesure où, du fait des interruptions inopinées dans la fourniture de l'eau aux ménages, la consommation devrait en toute logique être basse. Pis, le programme de rationnement de l'eau n'est pas toujours publié, en violation des dispositions du contrat d'affermage. Celui-ci dispose, en effet, que "*l'eau sera mise à la disposition des Abonnés en permanence, toutefois, dans le cas où les ressources existantes ne permettraient plus de faire face aux besoins et en attendant l'installation de nouveaux captages et réseaux d'adduction, un horaire de distribution porté à la connaissance du public pourra être établi par le Fermier en accord avec le Concessionnaire et l'Autorité Affermante*"[453].

C'est pour dénoncer le non-respect de cette clause du contrat d'affermage et pour promouvoir le droit à l'information des consommateurs[454] que la Ligue Camerounaise des Consommateurs avait appelé les clients au boycott du paiement des quittances, si au plus tard le 1er février 2012, la CDE ne publiait pas le calendrier de rationnement de l'eau potable dans la ville de Yaoundé. A l'analyse, pour occuper une position dominante dans le champ hydro-politique du Cameroun, il est possible que la CDE ait décidé de contrôler de façon unilatérale l'agenda du rationnement de l'eau dans la ville de Yaoundé. Ce jeu peut se révéler productif dans la maitrise des ressources hydriques stratégiques.

Bref, les batailles ouvertes ou larvées structurent le champ hydro-politique du Cameroun. Les couches périphériques se disputent des positions secondaires dans ce champ. Dans ce contexte, les crises sociales sont nées d'une desserte insuffisante des populations et du non-respect du calendrier de rationnement. En tant que société fermière, la CDE distance nettement le groupe constitué par les consommateurs. Il faut reconnaitre ici que les conflits entre la CDE et ses clients peuvent être qualifiés de faible intensité par rapport aux batailles séculaires qui mettent aux prises les agriculteurs et les éleveurs.

2- *Les conflits hégémoniques entre différents utilisateurs des sources hydriques*

En dépit de sa position dominante dans le champ hydro-politique intérieur, le centre doit néanmoins faire face à l'irruption des acteurs qui réduisent considérablement sa sphère de pouvoir. Parmi ces acteurs périphériques insoumis au pouvoir régulateur du centre, on peut citer tous les utilisateurs des espaces hydriques, à savoir les agriculteurs, les éleveurs et les pêcheurs. Ils sont, en effet, engagés

---

[453] Contrat d'affermage du service public … *op. cit.*, art. 34,2,2.

[454] Ce droit est énoncé dans la Loi Cadre n° 2011/012 du 06 Mai 2011, portant Protection du Consommateur au Cameroun.

dans une lutte perpétuelle pour accéder aux positions de pouvoir. Armel Sambo a procédé à la caractérisation de ces conflits dans le bassin du lac Tchad qui, comme le bassin du Niger, présente des profils hydrographiques irréguliers. Il distingue ainsi des conflits entre pêcheurs, entre éleveurs et pêcheurs, enfin, entre agriculteurs et éleveurs[455].

Dans la première typologie, les conflits hégémoniques mettent généralement aux prises les pêcheurs tchadiens et nigérians. C'est ainsi qu'en 1983, une dispute entre ces pêcheurs a débouché sur une brève confrontation militaire entre les armées des deux pays. Le conflit se nourrit de la difficile cohabitation entre ces deux communautés. En effet, contrairement aux Camerounais, les pêcheurs tchadiens sont très hostiles à la présence des Nigérians, considérés comme des envahisseurs[456].

Pour ce qui est des conflits entre éleveurs et pêcheurs dans le bassin du lac Tchad, Armel Sambo pense qu'ils sont causés par la compétition pour l'accès aux sources hydriques. En effet, "*les bétails envahissent souvent en saison sèche certaines zones qui regorgent des poissons. Ce faisant, ils chassent les poissons occasionnant ainsi la colère des pêcheurs*"[457]. Pour résoudre ces conflits, les autorités des villages périphériques, à l'instar de Bagaram, Torroya et Bol, ont demandé aux pêcheurs d'éviter de fixer les filets dans les zones où les troupeaux sont fréquents. Dans certains endroits, il leur est demandé de pêcher dans la nuit, car les animaux se sont déjà retirés[458].

En ce qui concerne la dernière catégorie, les bassins hydrologiques de la Bénoué et du lac Tchad sont des théâtres des affrontements parfois sanglants entre les agriculteurs et les éleveurs. Les conflits sont nourris par des démarches unilatérales adoptées par ces usagers dans la gestion des sources et ressources hydriques. Selon Armel Sambo, "*les pâturages autour du Logone sont de plus en plus prisés par les éleveurs, car ils offrent une fourragère remarquable*

---

455 Armel Sambo, *Les cours d'eau transfrontaliers dans le bassin du lac Tchad : accès, gestion et conflits* (XIXè-XXè siècles), Université de N'gaoundéré, thèse pour le doctorat Ph.D d'Histoire, 2010, pp. 200-203.

456 *Ibid.*, p. 200.

457 *Ibid.*, p. 203.

458 *Ibid.*

(...). La berge camerounaise compte tenu des eaux provenant des Monts Mandara par le Mayo Tsanaga, et des nombreux défluents du Logone (Logomatia, Mayo Danay, Le Loromé, etc.) s'avère conserver toujours des pâturages en période de sécheresse"[459].

Or, ces zones péri-lacustres sont également des surfaces agraires où se pratiquent les cultures maraichères, céréalières et rizicoles. La confrontation devient donc inévitable en vue de l'accès à ces zones humides. L'illustration la plus patente semble être le conflit cyclique entre les Arabes Choa et les Kotokos dans le bassin du lac Tchad. Dans une chronique publiée en 1993 aux lendemains d'un affrontement sanglant entre ces deux communautés, David Ndachi Tagne relevait qu'"*en novembre 1992, les hostilités avaient été déclenchées par la divagation de troupeaux appartenant à des Arabes Choa dans des champs d'agriculteurs Kotokos.* "[460].

L'accès aux ressources hydriques constitue la principale cause des conflits entre les éleveurs et les agriculteurs. D'une part, les conflits deviennent très prégnants autour des points d'eau dans la mesure où des zones humides sont réservées à l'agriculture irriguée. D'autre part, les éleveurs nomades, généralement des Bororo, entrent également en compétition avec les agriculteurs dans l'utilisation comme pâturage, des parcelles agricoles. Ce phénomène a été observé dans la région des Grassfields[461], ainsi que dans les bassins du lac Tchad et du Niger. En 2009, 25 conflits agropastoraux ont été enregistrés mensuellement dans la localité de Toubouri, avec des pics au cours du dernier trimestre de l'année généralement consacré à la récolte[462].

---

[459] *Ibid.*, p. 190.

[460] David Ndachi Tagne, *Cameroun : accord de paix entre agriculteurs et éleveurs*, 1er novembre 1993, in www.syfia.info/index.php5?view=articles&action... Page consultée le 28 mai 2012.

[461] Sur ce sujet, lire : "Les Bamilékés font concurrence aux Bororos" in : http://www.leseptentrion.net/2011/03/les-bamilekes-font-concurrence-aux-bororos/. [Consultée le 28 mai 2014].

[462] Lire à ce sujet : "Touboro : difficile cohabitation entre agriculteurs et éleveurs", 12 mai 2010 in : Http: www.nordcamerouninfos.wordpress.com/2010/05/12/touboro-difficile-cohabitation-entre-agriculteurs-et-eleveurs/. [Consultée le 28 mai 2014].

La conflictualité entre les agriculteurs et les éleveurs semble se nourrir dans la course effrénée aux ressources hydriques limitées. Cette analyse d'inspiration néo-malthusienne a généralement été reprise par de nombreux chercheurs, dont Armel Sambo. Elle tend à montrer que les relations entre les agriculteurs et les éleveurs sont naturellement conflictogènes dans les bassins à régime irrégulier. En réalité, c'est bien le droit exclusif aux ressources du terroir réclamé par les différentes parties qui est à l'origine de ces conflits cycliques. Lorsque les vues et les intérêts des agriculteurs et des éleveurs sont inconciliables, on s'achemine vers des conflits ouverts entre ces deux communautés. C'est également à ce résultat qu'est parvenu Patrice Bigombé Logo dans ses travaux relatifs à la cogestion des plans d'eau dans le pourtour du barrage de retenue de Mape. Il conclut que

"*la mosaïque d'ethnies, la pluralité et la diversité des intérêts, des représentations divergentes de la gestion des espaces et les multiples incompréhensions ont ébranlé la cohésion et créé des tensions et des conflits permanents entre ethnies locales (Abesmoun et Tikar) et les autres, entre les ethnies ayant des vieux antécédents (Arabes et Mousgoum), entre éleveurs et agriculteurs, entre pêcheurs de types de pêche* "[463].

Il est donc certain que les conflits agropastoraux ne s'inscrivent pas dans l'ordre de la fatalité ; ils sont tout simplement construits par les acteurs qui structurent le jeu hydro-politique dans les bassins à régime irrégulier. C'est pourquoi ces conflits sont solubles. Pour réduire les points de friction entre ces deux communautés, le centre, dans un souci d'instauration de l'ordre dans les couches périphériques, a procédé à la délimitation et au partage des espaces hydriques. C'est ainsi qu'aux termes du décret 78-263 du 3 juillet 1978, l'autorité réglementaire du centre s'est prononcée en faveur d'une délimitation équitable des zones agro-pastorales, ainsi que sur la procédure de règlement des litiges pouvant éventuellement naitre entre agriculteurs et éleveurs.

Ce décret prévoit un découpage des zones rurales affectées par les conflits agropastoraux en fonction des besoins des populations et des

---

[463] Patrice Bigombe Logo, "La cogestion des plans d'eau au Cameroun et en Centrafrique" in *Enjeux*, n°16, juillet-septembre 2003, p. 30.

exigences de développement. Trois zones ont été clairement déterminées. La première qui est consacrée exclusivement aux activités agricoles se retrouve dans des parcelles agraires fertiles et humides. La seconde zone a été attribuée aux éleveurs nomades. Elle est constituée de prairie impropice au développement de l'agriculture. Si les deux premières ne posent pas de problèmes majeurs dans la mesure où elles délimitent les sphères de compétence de chaque activité, la troisième zone, quant à elle, est plus problématique. En effet, la zone mixte "*est utilisée en alternance entre l'agriculture et l'élevage en harmonie avec les conditions climatiques et les cycles de culture*"[464]. Elle apparait tantôt comme un pont tantôt comme un couloir d'isolement entre les deux communautés.

Somme toute, les analyses viennent de montrer que le champ hydro-politique intérieur du Cameroun est structuré par des conflits hégémoniques. La première forme de conflit met aux prises l'Etat centralisateur à la périphérie qui veut imposer un nouveau rapport de force. La seconde catégorie de conflit est une illustration des luttes de positionnement entre les différentes couches périphériques. Déjà relégué aux confins des cercles du pouvoir, les acteurs non-étatiques se battent pour ne pas se situer à la périphérie de la périphérie. Toutes ces batailles bouleversent l'ordre institué par le centre. D'où l'élaboration des stratégies en vue d'une répression du désordre périphérique.

§2 : Stratégies étatiques de répression du désordre périphérique

Les conflits incessants qui se déroulent dans le champ hydro-politique intérieur du Cameroun traduisent l'insoumission de la périphérie au système de valeurs imposées par le centre. Face à cette révolte orchestrée par les couches périphériques en quête de positions avantageuses dans le champ hydro-politique, le centre réagit à travers la mise en place des mécanismes de contrôle et d'assujettissement de ces flux désordonnés. Les stratégies centriques de répression du désordre périphérique s'appuient non seulement sur un recadrage juridique des comportements autorisés (A), mais également sur la désignation des agents assermentés chargés de reproduire la domination structurelle du centre (B).

[464] Augustin Mengome, *op. cit.*, p. 573.

A- Le recadrage juridique dans le contrôle étatique du champ hydro-politique

Le recadrage juridique a toujours été un outil stratégique utilisé par le centre pour réduire la surface d'action des couches périphériques. Plus qu'un instrument censé régir les rapports sociaux, le droit apparait ici comme la traduction des rapports de force favorables aux autorités du centre. De ce point de vue, le recours permanent et récurrent à l'argument juridique ne vise qu'à reproduire la subordination structurelle de la périphérie au centre. A travers la protection des ressources hydriques (1) et des points de captage d'eau (B), le centre tente de réprimer le désordre généré par les couches périphériques.

1- La protection des ressources hydriques

En tant que garant et gérant du patrimoine hydrique national, l'Etat viole les frontières qui ont été établies entre les différents acteurs du champ hydro-politique intérieur du Cameroun. Pour augmenter son champ d'action, et conserver une position de domination, il s'immisce régulièrement dans les affaires réservées aux acteurs privés du secteur de l'eau. A titre d'exemple, l'Etat intervient dans le domaine de la production, du transport et de la distribution de l'eau au Cameroun. Pourtant, dans le cadre de la privatisation de ce secteur, ces principales missions avaient été attribuées à la CDE. Les interventions de l'Etat concernent le contrôle de la quantité et surtout la qualité de l'eau distribuée aux populations. En ce sens, le centre doit s'assurer d'une meilleure fourniture en eau de ses populations, ainsi que de la qualité du produit distribué par la société fermière.

A l'observation, le contrôle de la qualité de l'eau vise à garantir sa potabilité. Aussi l'eau consommée par la population doit-elle préalablement être débarrassée des impuretés physiques, ainsi que des substances minérales et chimiques toxiques. Pour ce faire, le centre contraint les entreprises qui interviennent dans le secteur de la production et de la distribution des produits hydriques à lutter contre les pollutions qui pourraient affecter la potabilité de l'eau.

Le mécanisme de protection des sources et ressources hydriques contre la pollution interdit les déversements, écoulements, rejets, infiltrations, enfouissements, épandages, dépôts directs ou indirects dans les eaux, de toute matière solide, liquide ou gazeuse et, en particulier, tout déchet industriel, agricole ou atomique[465].

Le contrôle de la qualité de l'eau s'exerce au moins à deux niveaux. Tout d'abord par rapport à la société fermière responsable de la production, du transport et de la distribution de l'eau de boisson, l'Etat se pose comme le principal régulateur de la qualité des eaux consommées par sa population. Certes, l'Etat n'intervient pas directement dans le contrôle de la potabilité bactériologique et physico-chimique de l'eau de boisson. Il existe, en effet, des laboratoires agréés qui examinent la qualité de l'eau consommée par les Camerounais. C'est le cas par exemple du Centre Pasteur de Yaoundé qui dispose d'un laboratoire d'Hygiène et d'Environnement (LHE). Celui-ci dispose de deux unités dont les activités sont complémentaires : l'analyse chimique et toxicologique, d'une part ; et l'analyse bactériologique sur les produits agroalimentaires (eaux, aliments), les produits industriels (cosmétiques) et les produits de l'environnement (eaux de rejet, eaux de piscine, boues), d'autre part.

Malgré l'existence de cette structure spécialisée, l'Etat continue d'énoncer des normes générales de qualité de l'eau potable produite, transportée et distribuée sur l'étendue de son territoire. En l'absence actuelle de normes nationales en matière de qualité de l'eau de boisson, l'Etat du Cameroun recommande à la société fermière de se conformer à celles édictées par l'OMS[466]. Par conséquent, le centre apparait comme le régulateur et le certificateur de la qualité des eaux de boisson ; ce d'autant qu'il a la mission régalienne de veiller sur les produits consommés par sa population. Cependant, la société fermière reste "*toujours responsable des dommages qui pourraient être causés par la mauvaise qualité de l'eau à charge pour lui de se retourner, s'il y a lieu, contre les responsables de la pollution*"[467].

En dehors de la société fermière, l'Etat exerce également un contrôle de qualité sur les activités des entreprises et des particuliers

---

[465]*Ibid.*, art. 3,1.

[466]Pour un regard rapide sur les normes OMS en matière d'eau potable, bien vouloir suivre le lien : http://www.lenntech.fr/applications/potable/normes/normes-oms-eau-potable.htm. Page consultée le 11 juillet 2012.

[467] Contrat d'affermage du service public de la production et de la distribution d'eau potable … *op. cit.*, art. 40,3.

qui prélèvent des eaux superficielles et souterraines à des fins industrielles ou commerciales. En réalité, si la CDE a reçu l'agrément de produire, de transporter et de distribuer les ressources hydriques au Cameroun, l'Etat a toutefois prévu la possibilité que les particuliers et les entreprises puissent exploiter les eaux souterraines et superficielles. L'autorisation d'exploitation est subordonnée à la satisfaction de certaines conditions. Le requérant doit adresser, au ministre chargé de l'eau, un dossier comportant une demande d'autorisation dont l'original est timbré au tarif en vigueur ; une étude d'impact accompagnée de la décision y afférente de l'administration chargée de l'environnement ; les renseignements et les documents mentionnés dans un formulaire ; un reçu de versement auprès de l'agent intermédiaire des recettes du ministère chargé de l'eau[468].

Lorsque l'autorisation est obtenue, l'exploitant ou le responsable d'une installation de prélèvement des eaux doit noter mensuellement, sur un registre spécialement ouvert à cet effet, les volumes prélevés, le nombre d'heures de prélèvement, l'usage et les conditions d'utilisation des eaux exploitées, les variations éventuelles de la qualité des eaux et les conditions de rejet des eaux prélevées[469]. Au final, les acteurs privés qui exploitent les eaux à des fins commerciales ou industrielles sont obligés de soumettre aux dispositions normatives et juridiques édictées par les autorités du centre. L'Etat centralisateur protège également les points de captage, de traitement et de stockage des eaux potabilisables.

2- La protection des sources hydriques

Le processus de normalisation des produits hydriques qui est actuellement en cours au Cameroun vise en général à déterminer le dosage et les propriétés des substances minérales et chimiques présentes dans l'eau de boisson. Tout se passe comme si la qualité de l'eau ne tient qu'à sa composition chimique et à l'absence des éléments polluants. Pourtant, la qualité de l'eau est garantie, en amont,

---

[468] *Ibid.*, art. 5,2, d. Les sommes sont échelonnées sur le volume d'eau prélevé :
- 50.000 FCFA pour les prélèvements inférieurs à 100 m^3/an ;
- 200.000 FCFA pour les prélèvements compris entre 100 m^3/an et 500 m^3/an ;
- 300.000 FCFA pour les prélèvements compris entre 500 m^3/an et 1.000 m^3/an ;
- 500.000 FCFA pour les prélèvements supérieurs à 1.000 m^3/an.

[469] *Ibid.*, art. 19.

par des conditions hygiéniques satisfaisantes dans le périmètre dans et autour des zones d'exploitation des eaux potabilisables.

Dans son rôle de garant et de gérant du patrimoine hydrique du Cameroun, l'autorité réglementaire du centre a pris, en 2001, un décret réglementant les périmètres de protection autour des points de captage, de traitement et de stockage des eaux potabilisables[470]. L'immixtion du centre dans le domaine privé est ici révélatrice : "*les terrains compris dans les périmètres de protection sont déclarés d'utilité publique*"[471]. A travers cette disposition, le centre réduit le champ d'action des acteurs privés, tout en accroissant sa position dominante dans le champ hydro-politique intérieur du Cameroun.

Deux principaux points caractérisent ce texte à portée juridique. Tout d'abord, il insiste sur la détermination des périmètres de protection autour des points de captage, de traitement et de stockage des eaux consommables par la population. Dans cette veine, les particuliers et les entreprises qui exploitent l'eau à des fins commerciales ou industrielles sont tenus de se soumettre au strict respect des dispositions de ce décret, sous peine des sanctions[472]. Les périmètres de protection sont constitués, suivant les cas, des aires de protection immédiate, rapprochée et/ou éloignée. Par périmètre de protection immédiate, il faut entendre, dans le sens de l'autorité réglementaire, toute "*aire géographique dans laquelle les ouvrages de captage, de traitement et de stockage des eaux peuvent être atteints par tout polluant sans que celui-ci soit dégradé ou dissous de façon suffisante, ou sans qu'il soit possible de récupérer le polluant de façon efficace*"[473]. Dans cette zone, toute autre activité, en dehors de celles relatives au captage, au traitement et au stockage des eaux potabilisables, est formellement interdite[474]. Pour éviter des intrusions extérieures, les terrains situés à l'intérieur des limites du périmètre de protection immédiate doivent être acquis en pleine propriété, et au besoin, clôturés.

---

[470] Cf. Décret n° 2001/163/PM du 8 mai 2001 réglementant les périmètres de protection autour des points de captage, de traitement et de stockage des eaux potabilisables.
[471] *Ibid.*, art. 3,3.
[472] *Ibid.*, art. 12, 1.
[473] *Ibid.*, art. 4,2.
[474] *Ibid.*, art. 5,2.

Quant au périmètre de protection rapprochée, il "*couvre l'aire géographique comprenant tout ou partie du bassin géographique susceptible d'alimenter les points de captage d'eau existant ou potentiel*"[475]. Les limites de ce périmètre sont contenues dans l'acte d'autorisation de prélèvement des eaux signé par le Ministre chargé de l'eau[476]. A l'observation, le périmètre de protection rapprochée est plus étendu que celui du périmètre immédiat qui ne couvre, en réalité, que l'enceinte abritant les installations d'exploitation.

Outre la détermination des périmètres à protéger contre les intrusions extérieures et les polluants, le décret susmentionné aborde également la question de la protection des points de captage, de traitement et de stockage des eaux potabilisables. Aussi, sans préjudice des dispositions législatives et réglementaires régissant la protection des eaux de surface ou souterraines contre la pollution, sont interdits à l'intérieur des périmètres de protection immédiate, "*le transport, l'entreposage, le dépôt, l'évacuation ou l'enfouissement des ordures ménagères, des immondices, détritus et produits radioactifs ainsi que de tous autres produits ou matières susceptibles d'altérer la qualité des eaux*"[477].

L'édiction de toutes ces mesures en vue de la protection des points de captage, de traitement et de stockage des eaux potabilisables vise en général à maintenir le centre dans une position structurelle de domination. Dans cette veine, il se pose comme l'instance suprême de normalisation des sources hydriques. Rien d'étonnant donc si "*la surveillance et le contrôle des installations de prélèvement des eaux sont exercés sous l'autorité du Ministre chargé de l'eau par des agents assermentés et commissionnés à cet effet*"[478].

B- Les agents de répression du désordre périphérique

Nous venons de voir comment le centre manie et manipule le droit pour *normaliser* les comportements désordonnés des acteurs péri-

[475]*Ibid.*, art. 6,2.
[476]*Ibid.*, art. 7,1.
[477]*Ibid.*, art. 10, 1.
[478]*Ibid.*, art. 20, 1.

phériques du champ hydro-politique intérieur du Cameroun. En réalité, cette entreprise serait vouée à l'échec si elle n'était pas portée par des agents d'exécution au service du système de domination structurelle de l'Etat centralisateur. La répression du désordre périphérique prend deux principales formes : d'une part, elle est organisée et opérée par des agents recrutés directement par le système central (1). Dans ce cas de figure, cette répression n'est ni voulue ni acceptée par les couches périphériques qui contestent la position dominante de l'Etat dans le jeu hydro-politique intérieur du Cameroun. D'autre part, afin de contrer le jeu hégémonique et monopolistique du centre, les couches périphériques peuvent directement recruter des agents pour ordonner les flux parfois diffus produits par la périphérie (2).

1- Les agents étatiques de répression du désordre périphérique

Afin de se maintenir dans une position de domination dans l'échiquier hydro-politique intérieur du Cameroun, le centre s'appuie sur des structures concentriques et déconcentrées pour réprimer et normaliser les comportements désordonnés des couches périphériques. Il s'agit d'une vaste entreprise qui met à contribution l'ensemble des institutions concentriques et déconcentrées qui opèrent directement ou indirectement dans le domaine des sources et ressources hydriques au Cameroun. En effet,

> "*sans préjudice des prérogatives reconnues aux Ministère public, aux officiers de police judiciaire à compétence générale, les agents assermentés de l'administration chargée de l'Eau ou des autres administrations concernées, notamment de la Santé et de l'Environnement sont chargés de la recherche, de la constatation et des poursuites en répression des infractions*"[479].

En ce qui concerne le MINEE, en tant que structure centrale dans la stratégie de monopolisation du jeu hydro-politique par le centre, il est la clé de voûte du dispositif de répression du désordre observé dans les espaces hydriques intérieurs du Cameroun. La normalisation des comportements diffus des acteurs périphériques est l'œuvre des "*agents assermentés de l'administration chargée de l'eau (...),*

[479] Loi n°98/005 du 14 avril 1998 portant régime de l'eau, art. 19, 1.

dûment commissionnés à cet effet"[480]. Ceux-ci ne sont ni des contrôleurs et des surveillants ordinaires des zones humides. Il s'agit, en réalité, des fonctionnaires qui ont prêté serment de fidélité et de loyauté devant les représentants de l'autorité centrale. A ce niveau, on retrouve deux principaux groupes d'agents assermentés pour la surveillance et le contrôle de la qualité des eaux.

Il s'agit tout d'abord des "*Inspecteurs de l'eau* [qui] *sont désignés parmi les fonctionnaires de la catégorie A et les contractuels d'Administration de la 10ème à la 12ème catégorie, spécialisés dans le domaine de l'eau, service au Ministère chargé de l'eau*[481]". Quant aux Inspecteurs-adjoints de l'eau, ils sont choisis parmi les fonctionnaires des catégories B et C et les contractuels d'Administration de la 7ème à la 9ème catégorie, et en service au MINEE[482]. Au-delà des spécificités propres liées à leurs catégories, ces agents assermentés "*sont chargés du contrôle de la qualité des eaux, de la recherche, de la constatation et des poursuites en répression des infractions aux dispositions de la loi portant régime de l'eau et de ses textes d'application*"[483].

En définitive, les agents assermentés travaillent à la production et à la reproduction de la domination structurelle du centre dans le champ hydro-politique intérieur du Cameroun. En cas de non-respect de la déontologie établie ou de violation du serment, ces agents assermentés, ou plus précisément insermentés, sont déchus de leurs titres et prérogatives par le Ministre de l'Eau et de l'Energie, en tant qu'autorité de tutelle et représentant du centre.

D'une manière générale, le travail de ces agents assermentés porte sur la surveillance et le contrôle de la qualité des ressources hydriques. L'Etat veille sur les conditions de production et de distribution des eaux consommées par sa population. Aussi a-t-il mis en place des mécanismes coercitifs en vue de la surveillance des points

---

[480] Décret n° 2001/163/PM du 8 mai 2001 réglementant les périmètres de protection autour des points de captage, de traitement et de stockage des eaux potabilisables, art. 11,1.
[481]Décret n°2001/162/PM du 8 mai fixant les modalités de désignation des agents assermentés pour la surveillance et le contrôle de la qualité des eaux, art. 7, 1.
[482]*Ibid.,* art. 7, 2.
[483]*Ibid.,* art. 1, 3.

d'eau. De ce point de vue, "*la surveillance et le contrôle des installations de prélèvement des eaux sont exercés sous l'autorité du Ministre chargé de l'eau par des agents assermentés et commissionnés à cet effet*"[484]. Lorsque ces agents constatent une infraction au cours du contrôle, ils peuvent, pour des raisons de sécurité et de validité avérées interdire provisoirement l'utilisation d'installations et d'appareils n'étant pas en état de fonctionner de manière conforme ou apposer des scellés pour garantir les interdictions, saisies et immobilisations[485].

A l'observation, les pouvoirs reconnus aux agents assermentés sont revêtus du sceau de l'autorité et de la force publique. C'est pourquoi ces agents peuvent poser des actes coercitifs qui se ramènent à l'interdiction ou à la saisie des installations et appareils défectueux appartenant aux opérateurs véreux du secteur de la production des eaux potabilisables.

2- Les agents périphériques de répression du désordre périphérique

Nous venons de voir que les agents étatiques de répression du désordre périphérique sont des fonctionnaires assermentés qui ont juré fidélité et loyauté au strict respect des valeurs édictées par le centre. Cette soumission tend à renforcer la position de domination du centre dans le champ hydro-politique intérieur du Cameroun. En effet, les actes posés par ces agents assermentés visent généralement à confiner les couches périphériques dans une attitude permanente de subordination vis-à-vis du centre.

Pourtant, les couches périphériques, pour échapper à la domination totale du centre, élaborent également des stratégies d'autonomisation afin de détenir des positions de pouvoir sur l'échiquier hydro-politique intérieur. La répression du désordre périphérique par la périphérie elle-même peut s'opérer à deux niveaux. Tout d'abord,

---

[484] Décret n° 2001/164/PM du 8 mai 2001 précisant les modalités et conditions de prélèvement des eaux de surface ou des eaux souterraines à des fins industrielles ou commerciales, art. 20, 1.

[485]Décret n° 2001/163/PM du 8 mai 2001 réglementant les périmètres de protection autour des points de captage, de traitement et de stockage des eaux potabilisables, art. 12,1.

dans les zones rurales, les collectivités territoriales décentralisées assurent la normalisation des comportements déviants des consommateurs. En effet, les communes ont fait leur entrée sur l'échiquier hydro-politique camerounais à travers le transfert octroyé par le centre des compétences en matière d'alimentation en eau potable dans les zones non couvertes par le réseau public de distribution de l'eau concédé par l'Etat[486]. Pour ce faire, le maire assure la police de la production et de la distribution de l'eau. Les services d'hygiène de la mairie opèrent des descentes régulières sur le terrain pour contrôler la qualité bactériologique et chimique de l'eau distribuée aux consommations, sous réserve des contrôles éventuels effectués plus tard par le personnel de l'Etat relevant des administrations chargées de l'eau, de l'environnement et de la santé publique, assermentés et commis à cet effet[487].

En milieu urbain et périurbain, c'est la société fermière qui assure la normalisation des comportements déviants des consommateurs. Dans l'exercice de ses missions de production, de transport et de distribution de l'eau dans les zones urbaines et périurbaines, la société fermière s'appuie sur des agents de terrain. Pour remplir leurs fonctions de reproduction de la domination structurelle de la société fermière par rapport aux consommateurs, les agents doivent être porteurs d'un signe distinctif visible et munis d'un titre mettant en exergue leur identité et leur commission[488]. Ces badges leur donnent "*accès aux branchements des abonnés pour tous relevés, vérifications et travaux utiles à l'exploitation du service affermé dans le respect de la propriété privée*"[489].

En général, on peut distinguer, au moins, deux types d'agents. D'une part, nous avons des *agents ordinaires* chargés du relevé des compteurs et/ou de la distribution des factures. Ceux-ci proviennent généralement des entreprises qui sous-traitent ce service auprès de

---

[486] Cf. Décret n°2010/0239/PM du 26 février 2010 fixant les modalités d'exercice de certaines compétences transférées par l'Etat aux communes en matière d'alimentation en eau potable dans les zones non couvertes par le réseau public de distribution de l'eau concédé par l'Etat.

[487] *Ibid.*, art. 6.

[488] Décret n° 2001/163/PM du 8 mai 2001 réglementant les périmètres de protection autour des points de captage, de traitement et de stockage des eaux potabilisables, art. 12,1.

[489] *Ibid.*, art. 33, 2.

la CDE. Les agents techniques sont quant à eux chargés des travaux d'aménagement et de réfection des installations vétustes ou défectueuses. Outre ces travaux d'entretien et de réparation des branchements, les agents que le Fermier commissionne sont chargés de "*la surveillance et [de] la police de production, de transport et de distribution publique de l'eau potable*"[490].

Par ailleurs, les agents sont soumis à un code comportemental imposé par la CDE, en tant que l'un des acteurs privés majeurs sur l'échiquier hydro-politique intérieur du Cameroun. En effet, la CDE "*fait assermenter*"[491] ces agents pour garantir, au premier abord, le respect de la déontologie. La symbolique de ce serment va cependant plus loin. Dans un contexte marqué par l'affrontement des stratégies centriques et périphériques, cet acte peut également être la traduction de la soumission des agents de terrain à la société fermière. Par conséquent, le serment est l'expression de la fidélité et de la loyauté envers la CDE.

En définitive, les contre-stratégies élaborées par les couches périphériques pour parer au jeu monopolistique du centre ont produit des résultats paradoxaux. De prime abord, on a observé, tout au long des analyses, que l'insertion de la périphérie dans l'échiquier hydro-politique s'est soldée par des conflits hégémoniques avec le centre. On peut ainsi citer des conflits permanents et récurrents entre l'Etat et les différentes couches périphériques (CDE, collectivités décentralisées, etc.). Cependant, la stratégie de démonopolisation du centre jeu hydro-politique intérieur par le centre a également produit des conflits entre les différents acteurs périphériques. Le retour du centre sur la scène hydro-politique intérieur, malgré les tentatives plus ou moins réussies de libéralisation du jeu hydro-politique, vise finalement à ramener l'ordre dans un champ qui n'a cessé de s'illustrer par des conflits.

---

[490]Contrat d'affermage du service public de l'alimentation en eau potable des centres urbains et périurbains du Cameroun, art. 33, 1.

[491]*Ibid.*, art. 33, 1.

<u>CHAPITRE</u> IV : EMERGENCE TARDIVE D'UNE GESTION DECENTRALISEE DES RESSOURCES HYDRIQUES INTERIEURES DU CAMEROUN

Dans le champ hydro-politique intérieur du Cameroun, la gestion des sources et ressources hydriques s'est faite, dans un premier temps, dans une perspective centripète. Celle-ci a consisté à montrer comment l'Etat centralisateur mobilise toutes les ressources institutionnelles pour dominer le champ hydro-politique intérieur du Cameroun. L'Etat se positionne ici comme un acteur dominant et parfois totalitaire qui ne cède que des ressources résiduelles aux couches périphériques. Il est non seulement l'acteur majeur, mais également l'arbitre qui définit les règles mêmes du jeu hydro-politique. La libéralisation du champ hydro-politique intérieur va finalement déboucher sur une gestion centrifuge des sources et ressources en eau.

Par *gestion centrifuge*, il faut entendre toute démarche managériale consistant à intégrer toutes les parties prenantes dans le jeu hydro-politique intérieur du Cameroun. Contrairement à l'approche centripète qui consacre la domination structurelle du centre, on assiste ici à une redistribution des cartes entre les joueurs impliqués dans le jeu hydro-politique intérieur du Cameroun. Reconnues comme acteurs déterminants dans la structuration du champ hydro-politique au même titre que le centre, les couches périphériques sont désormais intégrées dans la gestion des sources et ressources hydriques intérieures.

La gestion centrifuge du champ hydro-politique intérieur du Cameroun soulève plusieurs problèmes. On peut tout d'abord se demander si une telle gestion se fait à part égale entre les différents acteurs du jeu hydro-politique. Dans ce cas, on assisterait à un renversement des rapports de force et à une nouvelle structuration du champ hydro-politique intérieur. D'autre part, et par voie de conséquence, le centre et la périphérie seraient finalement des vacuités dans la mesure où la gestion centrifuge consacre le dépassement des cloisonnements identitaires.

Il serait pourtant erroné de penser que les frontières devenues ténues entre le centre et la périphérie soient appelées à disparaitre dans le cadre d'une gestion participative des ressources stratégiques du champ hydro-politique intérieur du Cameroun. La gestion centrifuge n'entraine pas la dilution d'une entité dans l'autre. Elle est tout simplement le résultat de la construction d'une communauté de valeurs et de destin entre le centre et les couches périphériques. Dans cette veine, l'hypothèse même d'un champ hydro-politique reste problématique. En effet, au sens où l'entend Pierre Bourdieu, le champ est moins un espace de rencontre et de concertation qu'une sphère fortement marquée par la compétition, la concurrence, voire le conflit en vue de l'occupation des positions de domination. Il semble dès lors urgent de dépasser cette conception restrictive du champ pour envisager de possibles jeux basés sur la coopération.

Au final, l'objectif visé ici est de voir comment l'approche centrifuge s'est lentement imposée comme mode apaisé et pacifié de gestion du champ hydro-politique intérieur du Cameroun. Pour ce faire, partant d'une topique historique sur les différents modes de gouvernance des ressources hydriques du Cameroun (section I), nous aboutirons à la consécration du modèle centrifuge dans la gestion du champ hydro-politique intérieur du Cameroun (section II).

Section I : La lente gestation d'une gestion coopérative des sources et ressources hydriques intérieures du Cameroun

Dans l'histoire de la constitution du champ hydro-politique intérieur du Cameroun, on a noté une pluralité de modes de gestion du service public de l'eau. A notre sens, deux grandes périodes ont marqué la gestion des ressources en eau. La première s'étend tout au long de la période coloniale. Elle est dominée par la gestion en régie du service public de l'eau. Ici, le pouvoir central colonial et les municipalités assurent directement ou indirectement le service public de l'eau dans les villes et les agglomérations concentrant une population importante d'expatriés. Quant à la seconde période, elle s'ouvre dès le lendemain de l'accession du pays à l'indépendance. La gestion coopérative des ressources en eau déjà amorcée pendant l'ère coloniale se répand peu à peu sur l'ensemble du territoire national. Par ailleurs, deux approches managériales ont empreint cette période postindépendance. La première trajectoire est marquée par des efforts de territorialisation du service public de l'eau. Celle-ci consacre la prédominance de l'Etat ou des communes dans la gestion en régie directe ou assistée du service public de l'eau. D'autre part, une tentative de déterritorialisation du management de la fourniture de l'eau a été amorcée à partir de la libéralisation du jeu monopolistique (§1). La deuxième trajectoire a consisté à construire des pôles hydrosolidaires dans la gestion du service public de l'eau au Cameroun (§2).

§1 : De la territorialisation à la déterritorialisation des modes centrifuges du service public de l'eau au Cameroun

Au Cameroun, la gestion du service public de l'eau a été très tôt assurée par des acteurs marqués du sceau de la légitimité. Il s'agissait des leaders investis à travers le suffrage direct ou indirect des populations. On peut distinguer deux principales formations territoriales qui ont structuré le jeu hydro-politique au Cameroun. Il s'agit, d'une part, de l'Etat dont l'une des principales missions régaliennes est d'assurer le bien-être de sa population à travers une meilleure fourniture en eau potable. En zone rurale, la distribution de l'eau ressortit de la compétence des collectivités territoriales décentralisées (CTD). En ce sens, le Maire, en tant que chef de l'exécutif communal, est le principal responsable de l'approvisionnement en eau sur toute l'étendue de sa circonscription administrative.

Ces jalons posés, il est question de voir comment le service public de l'eau a été assuré à partir d'une approche territoriale depuis l'accession du Cameroun à la souveraineté internationale. Pour ce faire, il importe sans doute de revisiter les différents modes de gestion du service de l'eau qui ont été adoptés par les autorités étatiques et communales. Plus concrètement, nous verrons que la régie (A) et la concession (B) sont apparues comme des approches managériales qui consacraient une dynamique centrifuge du champ hydro-politique intérieur du Cameroun. Nous ne saurons ignorer ou minorer la contribution des acteurs privés dans la construction d'une gestion concertée des ressources hydriques intérieures du Cameroun (C).

A- La gestion en régie des ressources hydriques intérieures du Cameroun postcolonial

Dès l'accession du Cameroun à la souveraineté, la régie qui avait déjà cours pendant la période coloniale fut reconduite comme mode par excellence de gestion du service public de l'eau. Par régie, il faut entendre, toute gestion consistant pour l'autorité administrative d'assurer directement le service de l'eau et/ou de l'assainissement. Pour y parvenir, l'administration a fait appel à son propre personnel. Les financements des équipements nécessaires et la maitrise des services sont tirés des bénéfices obtenus par le règlement des factures de consommation des usagers. Le principal inconvénient de la gestion en régie est de croire que l'Etat ou la commune peut disposer, en tout temps, de l'expertise ou des fonds nécessaires pour assurer adéquatement le service public de l'eau.

Moins d'une décennie après l'accession du Cameroun à la souveraineté (1960-1967), le service public de l'eau repris par les nouvelles autorités administratives a continué d'être assuré à travers le régime de régie. L'Etat (1) et les communes (2) étaient les principaux acteurs du champ hydro-politique intérieur du Cameroun.

1- L'étatisation de la gestion de l'eau au Cameroun

L'Etat est le principal garant et gérant du patrimoine hydrique du Cameroun. Il doit par conséquent assurer à tous le libre accès à une eau de bonne qualité et en quantité suffisante. C'est pourquoi l'indépendance aussitôt obtenue, le nouvel Etat s'est employé à satisfaire les besoins en eau de sa population. Pour y parvenir, l'Etat a adopté le mode de gestion en régie assistée du service de l'eau. Cette politique consacre l'omniprésence de l'Etat dans le champ hydro-politique intérieur : désormais seul le centre intervient dans toutes les étapes du processus de production, de transport et de distribution de l'eau. En même temps, l'Etat participe également à la construction, à la réhabilitation et à la recherche des financements en vue de l'extension du réseau de distribution de l'eau.

Le choix de la régie dans la gestion du service de l'eau au Cameroun peut se justifier au moins à deux niveaux. D'une part, le domaine de la production, du transport et de la distribution de l'eau est un "*monopole naturel*"[492] de l'Etat, en tant que garant et gérant du patrimoine national. Il est donc évident que l'Etat a opté, au

---

[492] Gérard Verger, *La délégation de gestion dans le secteur de la distribution de l'eau potable*, février 1997, p. 3 in http://spid.com/acrobat/eau.pdf. Article [Consulté le 20 juin 2014].

lendemain de l'indépendance, à une formule centralisée qui maintiendrait les couches périphériques dans une position de domination dans le champ hydro-politique intérieur. D'autre part, la régie parait moins incertaine que les autres modes de gestion : l'autorité détient ici une marge de manœuvre, en vertu même de sa posture monopolistique. Dans un contexte marqué par le triomphe de l'Etat-providence, le centre a multiplié des interventions directes dans le secteur de l'eau. La gestion en régie participait finalement à la construction de l'économie nationale, tout en assurant des emplois aux jeunes diplômés.

Au lendemain des indépendances, l'Etat centralisateur n'appliquait pas le mode de gestion en régie sur l'ensemble du territoire national. Il recourrait sans cesse à une régie assistée qui consistait à solliciter l'appui d'une entreprise généralement publique pour assurer le service de l'eau. Dans cette veine, trois principales entreprises feront ainsi leur entrée dans le champ hydro-politique intérieur du Cameroun. Il s'agit, tout d'abord, de l'ancienne Compagnie Coloniale de Distribution d'Energie Electrique (CCDEE) qui assurait déjà le service de l'eau dans la capitale politique, Yaoundé. A la faveur de l'accession à l'indépendance, elle fut rebaptisée en Compagnie Centrale de Distribution d'Energie Electrique pour traduire l'autonomisation du champ hydro-politique camerounais.

Constituée désormais de plusieurs cadres *indigènes*, cette nouvelle société étendait également ses activités dans les villes secondaires, tels que Maroua, Nkongsamba et Mbalmayo[493]. Quant à la Société Eaux et Assainissement (SOCEA), elle fut, dès 1949, la première société de traitement d'une retenue d'eau faite sur la Méfou[494]. Elle assurait par ailleurs le service public de l'eau dans la ville de Douala. Enfin, la Société Energie Electrique du Cameroun (ENELCAM) intervenait dans l'alimentation des ménages en eau et en électricité dans certaines villes secondaires, à l'instar de Dschang, Ebolowa, Edéa, Foumban et Kribi[495].

---

[493] Mesmer Tchinang, *L'énergie pour le développement au Cameroun*, Paris, L'Harmattan, 2011, p. 20.

[494] J.M Zambo Nsah, *Diagnostic socio-économique de l'installation de l'usine d'eau d'Akomnyada I (Mbalmayo)*, Université de Yaoundé I, 2007-2008, mémoire de maitrise en géographie, p.35.

[495] Mesmer Tchinang, *op. cit.*, p. 20.

La profusion des entreprises intervenant en régie assistée dans la gestion du service public de l'eau s'avéra très vite improductive et onéreuse pour l'Etat. Non seulement l'émiettement des projets d'adduction d'eau induisait un surcroit de charges financières, mais également, la gestion simultanée du secteur de l'eau et de l'électricité devenait pénible pour des entreprises opérant en régie[496]. Pour pallier à ce problème, l'Etat prit deux principales mesures en 1964 : les secteurs de l'eau et de l'énergie électricité furent clairement dissociés, tandis que les entreprises intervenant dans le service de l'eau fusionnèrent en une seule entité. C'est ainsi que furent créés l'Electricité du Cameroun (EDC) et le Service Provisoire des Eaux du Cameroun (SPEC)[497]. Toutes ces mesures visaient à optimiser les performances dans le domaine de l'approvisionnement en eau.

Au final, l'Etat est un acteur dominant qui est intervenu indirectement dans la gestion en régie du service public de l'eau. Il remplissait ainsi l'une de ses principales missions régaliennes : assurer le libre accès à une eau de qualité à ses populations. Cependant, l'Etat a également eu recours aux communes pour assurer efficacement le service de l'eau, notamment dans les villes secondaires qui bénéficiaient d'un grand boum démographique.

2- La municipalisation de la gestion de l'eau au Cameroun

De nos jours, l'Etat, les CTD et la société civile travaillent conjointement en vue de la mise en place d'un véritable partenariat public-privé dans le domaine de la gestion du service de l'eau. Cette volonté de cogestion des ressources en eau trouve un ancrage historique dans l'implémentation de la politique de décentralisation. Pourtant, au lendemain de l'accession à l'indépendance, les communes étaient déjà parties prenantes dans la production, le transport et la distribution de l'eau. Suite aux stratégies monopolistiques de l'Etat centralisateur dans le champ hydro-politique intérieur, la sphère d'action des communes n'a cessé de se réduire.

---

496 MINEE/GWP, *Plan d'Action National de Gestion Intégrée des Ressources en Eau (PANGIRE). Etat des lieux du secteur : Cadre législatif, réglementaire, institutionnel et ressources humaines*, n°4, décembre 2009, document provisoire, p. 35.

497 Mesmer Tchinang, *op. cit.*, p. 20.

La mise à l'écart progressive des communes dans la gestion du service public de l'eau tient à la consécration même de l'Etat comme gérant du patrimoine hydrique national. Ce modèle stato-centré n'est pas, par exemple, pratiqué par plusieurs pays occidentaux. En France, le service public de l'eau est géré dans le cadre de la commune. Cette pratique remonte à la Révolution lorsqu'une loi de 1790 avait confié aux communes la responsabilité de la fourniture de l'eau potable et l'assainissement des eaux usées[498]. Il revient aux collectivités décentralisées de choisir le mode adéquat de gestion du service de l'eau, entre la régie, la concession ou l'affermage. Cependant, certaines décisions prises par les communes sont soumises à l'approbation des autorités de tutelle. En 1995, sur les 2.109 unités qui desservaient des collectivités de plus de 5.000 habitants, 24% étaient gérées en régie directe ou assistée ; 74% en affermage ou en concession ; et 2% en modes d'exploitation diverse[499].

Au Cameroun, l'implication des communes dans le champ hydro-politique intérieur a débuté au lendemain des indépendances. S'inspirant sans doute de la tradition française, le pouvoir central développa la municipalisation du service de l'eau. Le recours permanent aux communes pouvait apparaitre, à bien des égards, comme une grande avancée vers l'autonomisation des CTD. Pourtant, comme dans plusieurs pays africains de l'ère du monolithisme politique, "*la municipalisation du territoire camerounais relevait du contrôle du processus conscient par lequel l'Etat maitrise l'espace social à travers la sous-traitance hégémonique*"[500]. On peut donc conclure que dès la formation du champ hydro-politique intérieur du Cameroun, les communes se sont retrouvées dans une posture de subordination et d'instrumentalisation par le centre. D'où la formule judicieuse de Luc Sindjoun : "*Municipalisation et étatisation sont liées. La commune, c'est le masque sous lequel avance l'Etat*"[501].

---

[498]Lire principalement: *L'eau, un service local et public, souvent délégué à des sociétés privées* in :
http://www.cnrs.fr/cw/dossiers/doseau/decouv/france/07_eau.htm. [consulté le 20 juin 2014].
[499]*Ibid.*
[500] Luc Sindjoun, *L'Etat ailleurs..., op. cit.*, p. 156.
[501]*Ibid.*

Le régime de municipalisation de la gestion du service public de l'eau ne s'est pas appliqué à toutes les régions du Cameroun. En effet, dans les villes de Bafang, Bafia, Garoua, Mbanga et Sangmélima, l'eau et l'électricité étaient gérées par des régies municipales autonomes[502]. Toutes ces villes qui ont été créées pendant la période coloniale disposaient d'infrastructures rudimentaires en matière d'adduction d'eau. Il est difficile de croire que le recours aux communes n'ait pas reposé sur des calculs hydro-politiques. Le retrait de l'Etat peut s'expliquer soit par les coûts élevés d'une régie étatique directe, soit par l'éloignement de certaines communes par rapport au centre de décisions (Yaoundé).

Au final, la gestion en régie du service de l'eau au Cameroun postcolonial s'est effectuée à travers l'implication directe ou indirecte de l'Etat et des communes dans la production, le transport et la distribution de l'eau. Au-delà de la posture hégémonique de l'Etat et de l'autonomie relative des communes, on peut toutefois noter que la régie a été une tentative de gestion coopérative du service de l'eau. En effet, pour la première fois, on a vu l'Etat se départir de certaines de ses prérogatives pour confier le service public de l'eau aux communes. Si elle a permis une meilleure implication des CTD dans le domaine de la gestion de l'eau, les communes ont été, cependant, confrontées aux difficultés liées au déficit d'expertise technique et de moyens financiers. La régie directe ou assistée sera finalement remplacée par le régime concessionnaire dans le service public de l'eau au Cameroun.

B- Gestion concessionnaire des ressources hydriques intérieures du Cameroun

Pour pallier aux pesanteurs liées à la gestion en régie du service public de l'eau au Cameroun, l'Etat postcolonial a exploré d'autres voies moins onéreuses. C'est ainsi qu'ont été diligentées des études en vue de la mise en place des organismes nationaux chargés de produire, de transporter et de distribuer les ressources en eau[503]. Ces études se sont concrétisées finalement par la création, le 22 mai 1967, de la Société Nationale des Eaux du Cameroun (SNEC)

---

502 Mesmer Tchinang, *op. cit.*, p.20.
503 *Ibid.*

chargée, en régime de concession, des activités de production et de distribution d'eau potable dans les agglomérations urbaines et périurbaines du pays.

Par concession, il faut entendre tout mode de gestion du service public "*consistant à confier la gestion à un concessionnaire recruté contractuellement agissant à ses risques et rémunéré par des perceptions prélevées sur les usagers*"[504]. Généralement, la durée de la concession tend à refléter le nombre d'années qu'il faut au concessionnaire pour recouvrer son investissement. Cette durée peut parfois être supérieure à trente ans. Dans le cas de la SNEC, la concession qui va de 1967 à 2005, s'est étendue sur une période de 38 ans.

1- La relative autonomisation administrative de la SNEC

Dire qu'il existe une gestion centrifuge du champ hydro-politique intérieur du Cameroun revient sans doute à reconnaitre que chaque acteur concourt singulièrement à la gestion du service public de l'eau. L'autonomie de la SNEC suppose qu'elle n'est pas structurellement inféodée au centre. En effet, cette société "*n'est pas soumise à une tutelle de l'Etat ; ce qui revient à dire que la SNEC est une personne morale privée et non publique*"[505]. L'autonomie de la SNEC tient à son mode de création : contrairement à certaines concessions conclues par décret du Chef de l'Exécutif, la SNEC a été, quant à elle, créée par la loi du 8 juillet 1967.

Au moment de sa création, la SNEC avait reçu, dans le cadre d'une concession d'une durée de 40 ans, d'effectuer toutes les activités de production, de transport, de distribution et de commercialisation de l'eau potable en milieu urbain et périurbain au Cameroun. A la fin de son mandat, en 2007, le bilan de la SNEC était le suivant :

- 105 centres créés pour une couverture de près de 90% de la population urbaine du pays ;
- plus de 225.000 abonnés pour 90 millions de m^3 d'eau vendus par an ;
- un système de production d'une capacité de 450 000 m^3/jour ;

[504] Serge Guinchard, Gabriel Montagnier (s. dir.), *Lexique de termes juridiques*, 8ème éd., Paris, Dalloz, 1990, pp. 114-115.
[505] Augustin Mengome, *op. cit.*, p. 797.

- et d'un réseau de distribution de 4.200 km[506].

En tant que personne morale privée, "*la SNEC a un nom, un domicile, une nationalité, un patrimoine, une compétence, des représentants*"[507]. Tout d'abord, par rapport à la dénomination, la SNEC, en tant qu'entreprise concessionnaire, occupe une position monopolistique dans le service de l'eau au Cameroun. Elle est la seule entreprise habilitée à exploiter aussi bien les eaux superficielles que les eaux souterraines du Cameroun. Pour ce faire, la SNEC est chargée d'entreprendre des opérations industrielles, commerciales, financières, mobilières et immobilières relatives au captage, l'épuration, l'adduction et la distribution de l'eau.

En ce qui concerne le domicile, le siège social de la SNEC est basé dans la ville balnéaire de Douala. Toutefois, comme l'indiquent les statuts, ce siège peut être transféré en tout autre endroit du Cameroun sur simple décision du Conseil d'Administration. Par ailleurs, le Conseil d'Administration (C.A.) de la SNEC peut, en toute souveraineté, décider de décentraliser les services avec sièges correspondants : services administratifs, services d'exploitation, Direction Générale, etc. Ce qui montre que la SNEC est une société décentralisée qui repose sur une organisation flexible et orientée fondamentalement vers la rentabilité.

L'autonomisation de la SNEC se reflète également dans sa structuration pyramidale. A la base de cette pyramide, on retrouve l'Assemblée Générale, "*formation interne qui regroupe tous les actionnaires de la société*"[508]. En tant que société d'actions, la participation au financement du capital social de la SNEC est, en effet, ouverte à toute personne qui désire détenir un titre sur l'entreprise. L'Assemblée Générale peut être considérée comme "*le parlement de la SNEC en ce qu'elle est l'organe délibérant qui se prononce à l'occasion des sessions*"[509] (ordinaires ou extraordinaires, voire exceptionnelles). Lors des sessions ordinaires annuelles, l'Assemblée

---

[506] Bruno Magloire Kamgho Tezanou, "L'accès à l'eau potable et à l'assainissement au Cameroun : situation actuelle, contraintes, enjeux et défis pour l'atteinte de l'OMD 7" in www.seg.univ-tlemcen.dz/.../KAMGHO. [Consulté le 23 juillet 2014].

[507] Augustin Mengome, *op. cit.*, p. 797.

[508] *Ibid.*, p. 800.

[509] *Ibid.*

Générale est appelée à se prononcer sur la gestion courante de la société. Elle émet aussi des avis sur l'approbation ou la désapprobation du bilan, et des comptes de la SNEC ; la nomination des membres du C.A., des commissaires aux comptes ; l'audition du rapport du C.A.[510], etc.

Au-dessus de l'Assemblée Générale, se trouve la Direction Générale considérée comme l'exécutif opérationnel de la SNEC. La Direction Générale est dirigée par un Directeur général, assisté d'un Adjoint et d'un Comité de direction, éventuellement. Le Directeur Général est nommé par le C.A à la majorité des ¾ de voix présentes ou représentées parmi les personnalités hautement qualifiées. Dans l'histoire de la SNEC, M. Clément Obouh Fégué, ingénieur hydraulicien, a été le Directeur Général dont le mandat a été le plus long[511].

Le C.A. se trouve au sommet de l'organisation pyramidale de la SNEC. Véritable Exécutif de cette société concessionnaire du service public de l'eau au Cameroun, le C.A. est "*une formation collégiale de 12 membres avec titre d'administrateurs élus par l'Assemblée Générale*"[512]. Ceux-ci sont élus parmi les actionnaires et bénéficient d'un statut. Par conséquent, est inéligible, tout administrateur ayant été déchu de ses droits civils et politiques suite à une condamnation à une peine afflictive ou infamante d'une durée cumulée de 3 ans[513].

Au final, sur la base de son organisation, la SNEC apparait comme une société autonome qui joue un rôle dans le champ hydropolitique intérieur du Cameroun. Cette autonomie tient non seulement à l'organigramme de la SNEC, en tant que seule société concessionnaire du service de l'eau au Cameroun dans la période de l'après-indépendance, mais également à ses propres sources de financement.

---

[510] Cf. art. 30 des statuts de la SNEC.
[511] Il a été nommé le 23 mai 1973 avant d'être révoqué au début des années 90.
[512] Augustin Mengome, *op. cit.*, p. 802.
[513] Cf. art. 22 des statuts de la SNEC.

2- La relative autonomisation financière de la SNEC

Le contrat de concession octroyé par l'Etat à la SNEC a consacré une gestion centrifuge du champ hydro-politique intérieur du Cameroun. En effet, dans le cadre de la capitalisation de cette entreprise concessionnaire, l'Etat détenait 73,33% des actions. En tant qu'actionnaire majoritaire, l'Etat désignait un représentant pour assurer les fonctions de Président du C.A. Celui-ci s'engageait, en vertu de son allégeance au centre, à défendre les intérêts de l'Etat dans les opérations engagées par la SNEC. Le reste du capital de l'entreprise concessionnaire était détenu par la SONEL.

Le régime de concession a également assuré une autonomie financière à la SNEC. A bien des égards, cette autonomie fut sans doute relative, tout au moins dans les premières années d'existence de la SNEC. En effet, au moment de sa création, la SNEC ne disposait ni d'actifs ni de passifs. Par la suite, elle s'est vue doter d'un capital social de 100 millions de FCFA avec possibilité de l'augmenter à travers d'éventuels investissements. Au cours de l'exercice 70-71, l'exploitation des ressources en eau du Cameroun avait généré un bénéfice de l'ordre de 19.744.000 FCFA à la SNEC[514]. Par ailleurs, la SNEC a toujours bénéficié du soutien continu de l'Etat. En effet, par son statut de société industrielle et commerciale, la SNEC devrait payer des impôts à l'Etat. Cependant, en tant que société d'Etat en gestation, la SNEC a été exonérée de taxes et d'impôts par l'Etat camerounais, pendant une période de 25 ans.

Outre l'apport des capitaux pour le démarrage des activités d'exploitation de la SNEC, l'Etat lui a également constitué un patrimoine immobilier considérable. C'est ainsi qu'un décret d'application attribue à la SNEC un terrain de 9,33 hectares dans la localité de Koumassi (Douala). Ce terrain comprenait sept parcelles destinées à abriter les installations et les bâtiments de la SNEC. Selon Augustin Mengome, la reconstitution d'un patrimoine foncier à une entreprise nouvellement créée était une pratique habituelle chez les autorités camerounaises. En effet, cette politique visait à émanciper les entreprises d'Etat en les dégrevant de toutes charges financières qui pourraient les paralyser au moment de leur création[515]. Une fois mise en

---

[514] Augustin Mengome, *op. cit.*, p. 805
[515] *Ibid.*, p. 799

route, l'entreprise ainsi créée jouissait d'une autonomie financière totale.

Au regard de ce qui précède, il apparait que la SNEC, au moment de sa création, était une personne morale privée. Elle est soumise au régime financier du capital social, de comptabilité privée, de faillite et de liquidation judiciaire contrairement au régime financier et comptable des établissements publics. Mieux, la SNEC ne peut pas s'attendre à des budgets annuels de fonctionnement et d'investissement de l'Etat, même si elle assure un service public. Elle doit par conséquent se contenter des bénéfices tirés de ses prestations en matière de production, de transport et de distribution de l'eau potable dans les zones urbaines.

Somme toute, la gestion du service public de l'eau au Cameroun a évolué tout au long de l'histoire. Contrairement à certains pays comme la RDC qui n'ont connu que le régime de régie, plusieurs modes de gestion du service de l'eau ont été tour à tour adoptés par les autorités camerounaises. D'une manière générale, trois grands moments ont caractérisé la gestion des ressources en eau au lendemain de l'indépendance du Cameroun. Le premier moment est marqué par l'animation du jeu hydro-politique entre l'Etat et les communes. Aussi a-t-on assisté à l'application du régime de régie dans le service de l'eau. Cette cohabitation ne pouvait perdurer dans la mesure où l'Etat a très tôt affiché ses prétentions monopolistiques en écartant les CTD de la gestion directe des ressources en eau.

S'ouvre ainsi la deuxième grande période marquée par l'omniprésence du centre dans le champ hydro-politique. Si la création de la SNEC comme société concessionnaire a permis un décentrement de l'Etat dans le champ de la production, du transport et de la distribution de l'eau, il reste que les rapports de force ne se sont pas fondamentalement renversés. L'Etat a continué d'exercer sa domination dans l'administration et la capitalisation de la SNEC. En assurant, pendant près d'une quarantaine d'années, le service public de l'eau dans les villes du Cameroun, la SNEC s'est imposée, en tant que société concessionnaire, durablement dans le champ hydro-politique camerounais. Son déclassement de cette sphère de compétition s'est opéré à la faveur de la libéralisation du marché de l'eau.

C- L'irruption des acteurs non-étatiques dans la gestion du service public de l'eau au Cameroun

Les analyses antérieures viennent de révéler que la gestion de l'eau a été de tout temps confiée aux acteurs légitimes. C'est d'abord l'Etat qui a été construit comme le garant de la gestion et de la distribution des ressources en eau sur son territoire. Dans cette vision jacobine, la gestion de l'eau apparait comme l'une des missions régaliennes de tout Etat moderne. La crise de l'Etat-providence et la consécration de la décentralisation administrative ont conduit à une démonopolisation du service public de l'eau. Dans les zones rurales et périphériques, les communes sont des acteurs essentiels dans la production, le transport et la redistribution de l'eau potable.

Pendant la période du monolithisme politique, on a assisté timidement à l'émergence des acteurs non investis de la légitimité dans le champ hydro-politique intérieur du Cameroun. En effet, les missions de production, de transport et distribution des ressources en eau ont été inscrites dans l'agenda des ONG qui opèrent dans le secteur de l'humanitaire et du développement. Il sera donc intéressant de voir comment les jeux de ces nouveaux acteurs participent à la construction d'une gestion intégrée des ressources en eau au Cameroun.

1- La désétatisation du jeu hydro-politique dans les bassins à régime irrégulier du Cameroun

La partie septentrionale du Cameroun se caractérise par un déficit pluviométrique et une insuffisance des ressources hydriques superficielles et souterraines. Dans une perspective néo-malthusienne, ce profil hydrique contribue à ériger les bassins à régime irrégulier de la zone septentrionale comme des espaces stratégiques. La multiplicité et la diversité des acteurs impliqués dans le jeu hydro-politique témoignent, en effet, de l'intérêt sans cesse croissant que revêtent ces régions hydrologiques.

Malgré sa posture de principal garant de l'approvisionnement en eau de ses populations, l'Etat ne peut, en situation de crise, remplir toutes ses missions régaliennes. C'est pourquoi l'Etat recourt aux organisations humanitaires nationales et internationales pour participer aux tâches de production, de transport ou de distribution de l'eau potable aux populations des zones arides. Par rapport à la partie septentrionale du pays, les bassins hydrologiques à régime irrégulier du nord-Cameroun sont des zones de projection des organisations humanitaires qui travaillent indépendamment ou en synergie avec les acteurs étatiques et non-étatiques.

Dans le cadre de la présente analyse, il nous semble plus pertinent de nous intéresser uniquement aux actions menées en tant de crise ou de catastrophe naturelle dans la partie septentrionale du Cameroun. Nous occulterons de fait les actions menées par les ONG locales et l'élite politique locale dans l'approvisionnement en eau des populations locales. Le déploiement des organisations à vocation humanitaire met davantage en exergue la construction d'un partenariat solide entre le centre et les différents acteurs périphériques.

Parmi les nombreux acteurs non-étatiques qui participent à une gestion centrifuge des ressources en eau du Cameroun, on peut citer la Croix Rouge Camerounaise (CRC). Créée à l'issue du décret n°63/DF/6 du 9 janvier 1963, la CRC est une société de secours volontaire. Elle se présente comme auxiliaire des pouvoirs publics dans le domaine humanitaire, conformément aux dispositions des Conventions de Genève. En effet, la CRC est la seule société étatique autorisée à exercer ses activités sur l'étendue du territoire national. De ce point de vue, elle conserve une autonomie relative à l'égard des pouvoirs publics.

A travers ses missions, la CRC participe à la construction d'une gestion décentrée des ressources hydriques au Cameroun. Selon les dispositions de ses statuts, la CRC participe non seulement à l'amélioration de la santé et à l'allègement des souffrances des populations sinistrées, mais également au développement local à travers la réalisation des projets à caractère communautaire dans les domaines les plus divers[516].

En définitive, la partie septentrionale du Cameroun a été investie par des organisations internationales et de la société civile qui travaillent généralement en synergie pour permettre un meilleur approvisionnement en eau des populations locales. Les actions de ces acteurs non-étatiques sont généralement ponctuelles et conjoncturelles.

[516] Cf. article 5 et 6 du statut de la Croix Rouge Camerounaise.

Elles s'inscrivent, en effet, dans la logique de l'aide humanitaire en cas de catastrophe naturelle, d'épidémie ou de conflits armés.

2- La désétatisation du jeu hydro-politique dans les bassins à régime régulier du Cameroun

Il peut paraitre surprenant, à bien des égards, que les bassins à régime régulier du Cameroun soient également au cœur du jeu hydro-politique national. Dans une optique néo-malthusienne, la rareté et la distribution inégale de l'eau sur la surface de la terre, et les crises humanitaires y afférentes, favorisent des calculs en vue d'une gestion unilatéraliste et monopolistique des ressources hydriques. Seulement, la question de l'approvisionnement en eau dans la partie méridionale du Cameroun ne se pose pas en termes de quantité, mais de qualité. Nonobstant leur immense potentiel hydrique, les bassins du Congo, de la Sanaga et des fleuves côtiers sont actuellement confrontés à la récurrence des maladies hydriques générées par la consommation des eaux non-potables. D'où l'engagement de certains acteurs de la société civile d'aménager des puits et des fontaines pour mieux garantir aux populations rurales un accès facile à une eau de bonne qualité.

La gestion désétatisée du service public de l'eau au Cameroun n'est pas une production récente. En effet, au plus fort de la gestion monopolistique de la SNEC, des opérateurs privés avaient peu à peu investi le champ hydro-politique du Cameroun. Cette irruption des acteurs privés dans le secteur du service public de l'eau peut consacrer la *dé-mission* de l'Etat. En effet, le centre ne concentre ses actions que sur les zones riches en ressources stratégiques. Les zones périphériques qui ne disposent que des ressources insignifiantes et résiduelles sont délaissées aux acteurs de la société civile, à l'instar de l'Eglise catholique qui opère depuis longtemps dans les domaines divers, tels que l'éducation, la santé et l'approvisionnement en eau.

Dans la partie méridionale du Cameroun drainée par des bassins à régime régulier, on a noté plusieurs initiatives issues de la société civile pour permettre un meilleur approvisionnement en eau des populations locales. C'est le cas du Projet d'Eau Potable (PEP) baptisée "L'eau, c'est la vie" qui opère dans la localité d'Otélé depuis 1989. Il s'agit de l'initiative du Père bénédictin Urs Egli qui fut longtemps Directeur de la mission catholique d'Otélé, à 60 km de Yaoundé.

Cette localité était confrontée à une très forte mortalité infantile causée par l'état défectueux des points d'eau. L'idée du promoteur était donc de puiser de l'eau propre provenant des nappes phréatiques à travers la construction de simples et solides puits-fontaines. Au départ, le PEP prévoyait la construction de 44 fontaines, puis de 400 autres. Aujourd'hui, plus de 1.100 puits ont été construits dans et audelà de la localité d'Otélé[517].

La réalisation de ces ouvrages hydrauliques repose sur une synergie d'action nécessaire entre le promoteur et les populations locales. En effet, dans le PEP, les populations sont impliquées dans toutes les phases de la réalisation des puits et des fontaines. Tout commence avec l'information et la sensibilisation des populations. Avant de construire un nouveau puits, le PEP informe les habitants des villages environnants, le plus souvent éloignés les uns des autres. Les villageois bénéficiaires du nouveau puits sont ainsi instruits sur les maladies hydriques générées par la consommation d'eau sale et par le manque d'hygiène. Par la suite, les instructeurs préparent les villageois à prendre eux-mêmes en charge la responsabilité de leur puits. Ce qui passe par une organisation locale en vue de l'entretien permanent du puits.

La synergie d'action requise pour la soutenabilité d'un puits va au-delà des frontières nationales. En effet, vu le coût relativement élevé d'un puits d'eau potable, soit environ près de 15.000 francs suisses, le PEP bénéficie des contributions des donateurs nationaux et internationaux. Selon leurs possibilités, les villageois et les hameaux prennent en charge environ 10% du coût total, en partie sous forme de contributions en espèces, mais principalement par des services en nature comme l'aide pour le creusage, le logement et la restauration des équipes spécialisées. Par ailleurs, au moins 90% des coûts sont couverts par des fonds étrangers. C'est ainsi qu'au cours de la période 2006-2009 l'Union Européenne a donné un appui financier au PEP pour la réalisation de 100 puits communautaires

---

[517] Pour une liste exhaustive de tous les puits et fontaines construits par le PEP, consulter le lien suivant : http://www.martinstiftung.org/leau_cest_la_vie/. [Consulté le 21 juillet 2014].

dans la région du Centre. Cette contribution s'élevait à 548.816 euros[518].

En définitive, le processus de désétatisation du jeu hydro-politique au Cameroun a suivi deux principales trajectoires. Dominée par des bassins à régime irrégulier (bassins du lac Tchad et du Niger), la partie septentrionale du pays présente un profil hydrologique conflictogène et accidentogène. C'est pourquoi plusieurs organisations à vocation humanitaire y travaillent pour faciliter l'accès des populations à une eau abondante et de bonne qualité. Par contre, dans la partie méridionale du Cameroun, les organisations de la société civile œuvrent surtout dans l'amélioration de la qualité de l'eau consommée par les populations. La désétatisation du jeu hydro-politique est un préalable nécessaire en vue de la construction des pôles hydrosolidaires au Cameroun.

§2 : La construction des pôles hydrosolidaires dans la gestion du service public de l'eau au Cameroun

D'une manière générale, la territorialisation du service public de l'eau a considérablement empreint la période du monolithisme politique au Cameroun. Cette période fut marquée par la centralisation de la gestion de l'eau par l'Etat. Dans certains cas, les communes étaient associées à la fourniture en eau, notamment dans les zones rurales. Ce qui montre à l'évidence que les CTD devaient se contenter des ressources périphériques résiduelles du champ hydro-politique du Cameroun.

La situation va peu à peu connaitre une profonde mutation avec la libéralisation du marché hydro-politique. Désormais, les entités territoriales qui intervenaient directement (régie) ou indirectement (concession) dans le service public de l'eau vont s'effacer au profit des acteurs non légitimes. Il s'agit ici des opérateurs économiques nationaux, transnationaux et internationaux en quête d'un meilleur positionnement dans le champ hydro-politique du Cameroun. Aujourd'hui, plus que jamais, on assiste à l'implémentation d'un partenariat public-privé en vue d'un service optimal du service de l'eau.

---

[518] MINEE/GWP, *Plan d'Action National de Gestion Intégrée des Ressources en Eau (PANGIRE). Etat des lieux du secteur : connaissances et usages des ressources en eau*, n°1, décembre 2009, document provisoire p. 162.

Ce partenariat s'appuie sur la tension permanente entre le centre et la périphérie. Les acteurs et les stratégies diffèrent lorsqu'on passe des milieux urbains et périurbains (A) au milieu rural (B).

A- Le partenariat public-privé dans la gestion coopérative des ressources en eau en milieu urbain

En renonçant à l'Etat providence sous la pression des bailleurs de fonds, les autorités du centre ont ouvert le champ hydro-politique camerounais à la concurrence et à la compétition. Si dans un premier temps, la gestion du service public de l'eau en milieu urbain avait été confiée à une entreprise concessionnaire, la SNEC, le pouvoir central va finalement procéder, vers la fin du XXème siècle à la privatisation du secteur de l'eau. C'est dans ce sens qu'un premier appel d'offres dans le cadre de la privatisation de la SNEC a été lancé en septembre 1999 par l'Etat camerounais. La formule alors retenue était la mise en concession. Cet appel d'offres a abouti à la désignation d'un adjudicataire provisoire, à savoir l'entreprise française Lyonnaise des Eaux (Ondéo Services).

Cependant, l'appel d'offres ayant finalement été déclaré infructueux, il a été décidé de relancer la recherche d'un partenariat avec les acteurs de la périphérie, en collaboration avec la Banque Mondiale. S'appuyant sur cet échec, les autorités du centre ont choisi un nouveau mode de gestion privée du service public de l'eau en milieu urbain et périurbain : l'affermage. Si au niveau international, l'option de la mise en concession était à la mode dans les années 90, aujourd'hui, force est de constater que les investisseurs préfèrent l'affermage[519]. Il s'agit d'un "*mode de gestion des services publics dans lequel une personne privée (fermier), physique ou morale, traite à forfait avec la collectivité publique qui reçoit une somme fixée à l'avance, le fermier conservant le surplus des recettes qu'il réalise ou supportant les pertes éventuelles*"[520].

Abordant, le mode de rémunération de la société fermière, l'Agence Française de Développement notait que :

---

[519] Rousseau-Joël Foute, "Comprendre l'affermage" in *Cameroon-Tribune*, n°8505/4704, 28 décembre 2005, p.7.

[520] Serge Guinchard, Gabriel Montagnier (s. dir.), *op. cit.*, pp. 234-235.

"le fermier encaisse l'intégralité des recettes de ventes d'eau, abonnements et prix de branchements. Il se rémunère sur la base d'un prix moyen au mètre cube (prix initial de 176 FCFA HT/m^3 indexé sur l'inflation) appliqué aux montants effectivement recouvrés, plus une part fixe par abonné et par mois (500 FCFA HT). Sa rémunération globale est ajustée en fonction du rendement de réseau. Le barème des prix de vente de l'eau au public est indexé trimestriellement sur l'inflation, néanmoins la décision d'application reste à l'Etat. Le reste des recettes revient à la société de patrimoine CAMWATER pour le financement des investissements et la couverture de ses frais de fonctionnement"[521].

En ce qui concerne le service public de l'eau au Cameroun, l'affermage "*permet de confier le système de distribution de l'eau à un professionnel qui pourra, par son savoir-faire, améliorer la qualité du service, et permettre à l'Etat de lever les investissements auprès des bailleurs de fonds qui sont désormais rassurés parce qu'il y aura un professionnel à la tête de l'entreprise*"[522]. Au Cameroun, le contrat d'affermage apparait comme un partenariat étroit entre l'Etat (1), la CAMWATER (2) et la CDE (3). Ces trois entités qui interviennent à différents degrés dans le service public de l'eau, en milieu urbain et périurbain, sont liées par des contrats d'objectifs et de performances[523].

1- Le centre : l'Autorité affermante

Dans le cadre de la privatisation du secteur de l'eau au Cameroun, un partenariat public-privé a été mis en place pour mettre fin à la position naguère monopolistique de l'Etat dans le champ hydro-politique intérieur. Contrairement aux idées reçues, le processus de privatisation de l'ancienne société concessionnaire du service public de l'eau (la SNEC) n'a pas débouché sur la mise à l'écart de l'Etat du champ hydro-politique intérieur du Cameroun. On a sans doute

[521]Agence Française de Développement, *Le secteur de l'eau au Cameroun : enjeux et enseignements* in www.afd.fr/.../afd/.../SECTEURS/EAU.../.... [Consulté le 20 juin 2014].

[522] Serge Guinchard, Gabriel Montagnier (s. dir.), *op. cit.*, pp. 234-235

[523]Décret n°2005/493 du 31 décembre 2005 fixant les modalités de délégation des services publics de l'eau potables et de l'assainissement liquide en milieu urbain et périurbain, art. 7.

assisté à un repositionnement stratégique de l'Etat dans le domaine de l'alimentation des zones urbaines et périurbaines en eau potable.

Tout d'abord, l'Etat centralisateur dévoile sa suprématie dans la détermination du cadre juridique du processus de privatisation de l'ancienne SNEC. Tel est le sens profond du décret de 2005 qui fixe les modalités de délégation des services publics de l'eau potable et de l'assainissement liquide en milieu urbain et périurbain[524]. Dans ce texte, l'Etat se positionne comme la seule autorité compétente habilitée à céder la gestion du service de l'eau potable à une entreprise privée. Le décret précise, en effet, que le service public de l'eau potable est confié par l'Etat à une société à capital public et à une ou plusieurs sociétés chargées de la production et de la distribution de l'eau potable en milieu urbain et périurbain[525]. L'Etat peut également céder le service public d'assainissement d'eaux usées en milieu urbain et périurbain à des sociétés d'économie mixte ou à des sociétés privées[526]. La légitimité des actes étatiques en matière de délégation du service public de l'eau potable et de l'assainissement liquide dans les villes et aux alentours trouvent un fondement dans la posture du centre en tant que garant du patrimoine hydrique du Cameroun.

L'hégémonie du centre dans le champ hydro-politique intérieur du Cameroun se révèle également dans la formulation des termes du contrat d'affermage du service public de l'eau en milieu urbain et périurbain. Ici, plus qu'ailleurs, l'Etat du Cameroun se positionne comme l'"*Autorité affermante*"[527]. Or, l'autorité désigne le droit ou le pouvoir de commander, de se faire obéir[528]. C'est dire que le retrait de l'Etat du service public de l'eau potable renforce en amont son statut de force dominante dans le champ hydro-politique, en dépit de la libéralisation du marché de l'eau.

---

[524] *Ibid.*

[525] *Ibid.*, art. 3.

[526] *Ibid.*, art. 4.

[527] Cf. Préambule duContrat d'affermage du service public de la production et de la distribution d'eau potable dans les centres urbains et périurbains du Cameroun.

[528] Dictionnaire.

En tant qu'autorité affermante, l'Etat veille à :

- "*définir la politique générale du secteur ;*
- *assurer la gestion des ressources en eau et en faciliter l'accès à tous ;*
- *définir la politique tarifaire ;*
- *approuver les programmes d'investissement de la société de patrimoine ; assurer la police de l'eau ;*
- *encadrer et accompagner les CTD dans la mise en œuvre des programmes*"[529].

Le Contrat d'affermage reste peu disert sur les obligations qui incombent à l'Autorité affermante. En cas de non-respect des engagements du centre, ce contrat, qui peut apparait à bien des égards comme un accord léonin, prévoit soit une révision des termes soit une résiliation du partenariat. Lorsque le fermier demande la résiliation du contrat pour manquement ou faute d'une particulière gravité de la part de l'Autorité Affermante, cette mesure entraine l'obligation pour l'Etat de supporter les conséquences pécuniaires pour continuer d'assurer la continuité du service de l'eau potable[530]. En aucun cas, il n'est évoqué d'éventuelles pénalités financières éventuellement imputables à l'Etat. Cependant, les fautes de la société fermière peuvent donner lieu tantôt aux pénalités contractuelles[531], à l'établissement d'une régie et substitution d'office[532] ou à sa déchéance pure et simple[533].

Tout comme l'Autorité affermante, la CAMWATER est un acteur majeur dans le jeu hydro-politique intérieur du Cameroun. Il s'agit d'une société publique partenaire de l'Etat dans la gestion des ressources hydriques en milieu urbain. Cependant, elle a des pouvoirs moins étendus que la force publique qu'incarne l'Etat.

---

[529]Lettre de politique sectorielle de l'Hydraulique urbaine, 13 avril 2007, II,3.1.
[530]Contrat d'affermage du service public de la production et de la distribution d'eau potable dans les centres urbains et périurbains du Cameroun, art. 106,1.
[531]*Ibid.*, art. 103.
[532]*Ibid.*, art. 104.
[533]*Ibid.*, art. 105.

2- La CAMWATER : la nouvelle société concessionnaire du secteur de l'eau

La Cameroon Water Utilities Corporation (CAMWATER) a fait son entrée dans le champ hydro-politique intérieur du Cameroun à la faveur de la libéralisation du service de l'eau en 2005. Jusqu'à cette date, la gestion de l'eau dans les villes, a-t-on vu, était assurée par la SNEC. En tant que nouvelle société concessionnaire du service de l'eau potable dans les centres urbains, la CAMWATER a bénéficié des actifs et du passif de la SNEC[534]. Plus concrètement, aux fins d'un meilleur démarrage de ses activités, la CAMWATER a reçu un patrimoine mobilier et immobilier de l'Autorité Affermante : "*les actifs immobiliers et mobiliers appartenant à la SNEC comptabilisés comme biens propres de la SNEC ou biens de reprise (...) comme nécessaires à l'exercice de l'objet social de la CAMWATER, lui sont transférés au titre d'apport en nature de l'Etat à son capital*"[535]. Cet héritage ne signifie pas pour autant la filiation de la CAMWATER à l'ancienne SNEC. En réalité, il existe un grand fossé entre ces deux entreprises. Alors que la SNEC était une personne morale privée à économie mixte, la CAMWATER, quant à elle, est une société à capital public. En ce sens, la nouvelle société concessionnaire du service public de l'eau au Cameroun est placée sous la double tutelle, technique du MINEE, et financière du ministère chargé des finances[536].

Créée le 31 décembre 2005 à la suite d'un acte de l'autorité réglementaire, la CAMWATER est devenue la nouvelle société concessionnaire "*ayant pour objet la gestion des biens et droits affectés au service de l'eau potable en milieu urbain et périurbain*"[537]. A ce titre, la CAMWATER a comme missions principales :

- "*La planification, la réalisation d'études, la maitrise d'ouvrage, la recherche et la gestion des financements pour l'ensemble des*

---

[534] Décret n°2005/493 du 31 décembre 2005 fixant les modalités de délégation des services publics de l'eau potables et de l'assainissement liquide en milieu urbain et périurbain, art. 11,2.

[535] Décret n°2005/494 du 31 décembre 2005 portant création de la Cameroon Water Utilities Corporation, art. 5.

[536] *Ibid.*, art. 3.

[537] *Ibid.*, art. 2.

infrastructures et ouvrages nécessaires au captage, à la production, au transport et au stockage à la distribution de l'eau potable ;

- *La construction, la maintenance et la gestion des infrastructures de production, de stockage et de transport de l'eau potable ;*
- *Le contrôle de la qualité de l'exploitation du service public de la distribution de l'eau potable et autres missions confiées aux sociétés chargées de l'exploitation du service public de distribution de l'eau ;*
- *En coopération avec les sociétés d'exploitation, l'information et la sensibilisation des usagers du service public de l'eau potable et de celui de l'assainissement liquide en milieu urbain et périurbain ;*
- *Et généralement, toutes les opérations commerciales, industrielles, mobilières, immobilières et financières qui se rattachent, directement ou indirectement, aux objets définis ci-dessous de nature à favoriser leur développement"*[538].

Le partenariat scellé entre les différentes parties intervenant dans le service public de l'eau dans les zones urbaines et périurbaines entraine un certain nombre d'obligations que la CAMWATER, en tant que société de patrimoine, doit respecter. Sur le terrain, cette entreprise est appelée à travailler en étroite collaboration avec la Camerounaise des Eaux (CDE). C'est pourquoi leur Contrat de Performance stipule que ces deux partenaires, tout en reconnaissant le caractère interdépendant de leurs obligations, ne sauraient, en cas de défaillance de l'une d'elles, s'en exempter sans avoir au préalable, recherché ensemble tout moyen permettant de remédier à cette défaillance ou toute solution alternative permettant d'atteindre les objectifs poursuivis[539].

Plus spécifiquement, la CAMWATER doit s'engager à remplir des obligations en matière de programmation des investissements. D'une part, elle est tenue de programmer la réalisation des investissements nécessaires pour le renouvellement et l'extension de l'infrastructure dans un Plan Directeur de l'hydraulique urbaine et périurbaine. Ce plan directeur d'une période de 21 ans sera basé sur la

---

[538] *Ibid.*, art.

[539] *Contrat de Performance entre l'Etat du Cameroun, la CAMWATER et la CDE*, art. 3.

politique de gestion des ressources en eau, sur les possibilités financières du secteur et sur les propositions d'investissements du Fermier[540]. Résultant d'un consensus nécessaire entre la société concessionnaire et la société fermière, ce Plan Directeur sera soumis pour approbation au MINEE et au MINEFI, puis présenté pour adoption à l'Autorité Affermante. D'autre part, en ce qui concerne toujours la programmation des investissements, la CAMWATER s'est également engagée à élaborer un programme triennal intégrant des investissements compatibles avec l'équilibre financier du secteur de l'eau[541].

A l'observation, le succès du contrat de performance tient à une meilleure collaboration entre la CAMWATER et la CDE. Ce partenariat montre qu'une gestion centrifuge du service public de l'eau en milieu urbain et périurbain est possible. Ce qui suppose préalablement que les champs d'action de chaque partenaire soit clairement établis pour éviter d'éventuels conflits de compétence.

3- La CDE : la nouvelle société fermière du secteur de l'eau

Dans le processus de libéralisation du marché de l'eau qui s'est produit en 2005, la Camerounaise des Eaux (CDE) peut apparaitre, à bien des égards, comme un acteur nouveau dans le champ hydro-politique du Cameroun. D'une part, l'Etat, en tant que garant du patrimoine hydrique national, a toujours été présent dans les différents modes de délégation du service public de l'eau. C'est le centre, en effet, qui délègue la fourniture de l'eau potable, par régie ou par concession, à certaines sociétés prestataires de service. L'avènement de la CDE dans le jeu hydro-politique du Cameroun peut s'inscrire dans l'instauration d'un ordre nouveau : le partenariat public-privé.

La CDE a fait son apparition dans le champ hydro-politique du Cameroun à la suite d'un appel d'offres international lancé par le gouvernement camerounais. Après l'échec de la tentative de concession[542], l'option du mode d'affermage fut finalement adoptée. Il était donc question de prendre en main une partie des prérogatives anciennement dévolues à la SNEC, à savoir la production, le transport, le

---

540 *Ibid.*, art. 7,1.
541 *Ibid.*, art. 7,2.
542 *Supra*, p. 447.

traitement, le stockage, la distribution et la commercialisation de l'eau potable dans les centres urbains et périurbains. Le recours aux entrepreneurs privés se justifie par le fait qu'ils sont "*mieux à même de mobiliser les moyens humains, d'éliminer les dysfonctionnements, les gaspillages, les fraudes, les sureffectifs, toutes choses qui concourent à renchérir le coût du service à l'usager*"[543].

L'Autorité affermante avait d'avance esquissé le portrait de la future société fermière du service public de l'eau dans les villes. En effet, son capital social devait être détenu à hauteur de deux tiers au moins par des actionnaires privés, dont 51% au moins par un actionnaire de référence, et 24% au moins par les actionnaires camerounais[544]. En compétition avec "*Veolia Water Ami*" et les "*Eaux de Marseille et Saur*", le consortium qui a remporté l'appel d'offre pour gérer le service public de l'eau regroupait l'*Office National de l'Eau Potable* du Maroc (ONEP), la *Delta Holding*, une société spécialisée dans les finances ainsi que l'entreprise de travaux publics *Ingema*. Cette association a donné naissance à une entreprise privée dénommée Camerounaise des Eaux (CDE).

Tout comme la CAMWATER, la CDE fait son apparition effective dans le jeu hydro-politique intérieur du Cameroun le 2 mai 2008. Cette date marque, en effet, la prise en charge, par ces deux institutions, du secteur public de l'eau au Cameroun. En tant que nouvelle société fermière du service public de l'eau en milieu urbain et périurbain, la CDE a des missions qui englobent la fourniture en eau potable. Elle est chargée "*de produire, de transporter et de distribuer l'eau potable sur l'étendue du territoire affermé, d'exploiter le service confié selon les règles de l'art et dans des conditions qui assurent à la fois la rentabilité optimale des matériels mis à sa disposition et aux meilleures conditions de coûts pour les usagers*"[545].

Pour éviter l'instauration du désordre dans le champ hydro-politique intérieur du Cameroun, l'Autorité affermante a clairement

[543] Emile Tanawa, "L'eau au Cameroun, un enjeu de politique locale" in *Enjeux*, n°16, juillet-septembre 2003, p. 11.

[544] Décret n°2005/493 du 31 décembre 2005 fixant les modalités de délégation des services publics de l'eau ..., *op. cit.*, art. 6,1.

[545] Contrat d'affermage du service public de la production ..., *op. cit.*, art. 17,1.

circonscrit le champ d'action de la CDE. En même temps, ses activités ont été conditionnées au respect de la législation et de la réglementation en vigueur. A ce titre, la CDE n'entend utiliser le potentiel de ressources naturelles que sur la base d'un objectif de bonne gestion prévisionnelle et de minimisation des effets négatifs sur l'environnement[546]. Elle doit aussi exploiter le service affermé dans le respect permanent de la protection de l'environnement quant aux choix des matériels et matériaux acquis et utilisés ainsi que des technologies et modes d'exploitation adoptés[547]. Enfin, le contrat d'affermage indique que la CDE doit assurer l'exploitation du service affermé dans le strict respect de la législation en vigueur au Cameroun et notamment les réglementations relatives au régime de l'eau (irrigation, police des eaux, protection contre les inondations, etc.), au respect et à la préservation de l'environnement, à l'urbanisme, à la protection des sites et des paysages, à la santé publique, à la défense nationale, à la voirie ; bref à la sécurité en général[548].

En conclusion, dans les villes et les agglomérations périurbaines, le partenariat public-privé met en scène trois principaux acteurs dont les jeux convergent vers une gestion centrifuge du champ hydropolitique intérieur du Cameroun. En effet, nous avons pu voir que l'Etat, en tant qu'autorité affermante, élaborait des stratégies pour rendre efficient et rentable le service public de l'eau. Ne pouvant plus intervenir directement dans ce domaine, comme ce fut le cas dans la régie, il a confié certaines de ses prérogatives traditionnelles à une société concessionnaire, à savoir la CAMWATER. Celle-ci se charge de la (re)dynamisation des infrastructures de production, de transport et distribution de l'eau ; tandis que la CDE assure, en tant que société fermière, la fourniture de l'eau potable aux populations. Ce partenariat est appelé à s'étendre en milieu rural, cependant, avec des acteurs différents.

---

[546]*Ibid.*
[547]*Ibid.*
[548]*Ibid.*, art. 17,2.

B- Le partenariat Etat-CTD dans la gestion concertée des sources et ressources en eau en milieu rural

La libéralisation du marché du service public de l'eau a débouché sur la démonopolisation de l'Etat dans le champ hydro-politique, et par voie de conséquence, sur l'émergence de nouveaux acteurs non-étatiques. Afin d'éviter des collisions et des conflits éventuels dans l'approvisionnement en eau potable, l'Etat, sous la pression des bailleurs des fonds, a mis en place une plateforme de travail avec tous les intervenants du secteur hydro-politique. Le partenariat public-privé est une illustration d'une gestion centrifuge du service public de l'eau au Cameroun.

On peut distinguer deux types de partenariats en fonction des acteurs convoqués. En milieu urbain et périurbain, on retrouve, depuis décembre 2005, le partenariat scellé entre l'Etat (Autorité affermante), la CAMWATER (société concessionnaire) et la CDE (société fermière). Dans les zones rurales non couvertes par la CDE, le processus de décentralisation et de transfert de certaines prérogatives traditionnelles de l'Etat aux formations périphériques a entrainé un nouveau partenariat. Il s'agit du partenariat entre le centre (l'Etat) et les périphéries (CTD). Le transfert de compétence consacre par conséquent la démonopolisation du jeu du centre (1) et le repositionnement des CTD dans la gestion du service public de l'eau dans les communes (2).

1- La démonopolisation du centre dans la gestion du service public de l'eau

La libéralisation du jeu hydro-politique intérieur du Cameroun a débouché sur la démonopolisation du centre dans la gestion du service public de l'eau, notamment dans les régions rurales. En même temps, on a assisté à l'émergence des acteurs non-étatiques en quête positionnement avantageux dans le champ hydro-politique. Parmi ces acteurs émergents dans le service public de l'eau, on retrouve "*principalement des organisations non-gouvernementales, des associations de solidarité internationale, des associations de quartiers, des églises, et des différents ménages qui prennent des initiatives au niveau de leur parcelle*"[549].

Pourtant, avant et quelques années après l'accession du Cameroun à l'indépendance, seules les communes, à côté de l'Etat, étaient des acteurs majeurs dans la gestion du service public de l'eau. Pour remplir leur mission en matière d'approvisionnement en eau, les communes recouraient essentiellement au régime de régie. Leurs interventions se limitaient dans les zones rurales qui disposaient d'infrastructures d'adduction d'eau. L'objectif visé ici était de parvenir à une alimentation optimale en eau potable des communautés de cadres et de coopérants expatriés en service dans les régions rurales.

Nonobstant leur rôle essentiel dans l'approvisionnement en eau potable des populations locales, les communes seront finalement déclassées dans le champ hydro-politique intérieur du Cameroun par le centre. Les velléités hégémoniques et totalisantes du centre ont, en effet, débouché sur la monopolisation du service public de l'eau à travers la création de la SNEC. Il faudrait attendre finalement la libéralisation du jeu hydro-politique pour voir réapparaitre les communes dans la gestion du service public de l'eau.

Le retour en puissance des communes dans le champ hydro-politique intérieur du Cameroun coïncide avec l'implémentation de la politique de décentralisation dont l'une des conséquences majeures est le transfert de certaines prérogatives jadis régaliennes du centre à la périphérie. De ce fait, "*la décentralisation préconisée dans nos pays vise à donner davantage de compétences aux collectivités publiques décentralisées, à leur octroyer les moyens pour les assumer, à mieux les impliquer dans la coopération décentralisée*"[550]. C'est donc dans ce contexte qu'a été promulguée la loi portant régime de l'eau au Cameroun. Elle stipule en effet, que "*l'Etat peut transférer toute ou partie de* [ses] *prérogatives aux Collectivités*

[549] Emile Tanawa, "L'eau au Cameroun, un enjeu de politique locale" in *Enjeux*, n° 16, juillet-septembre 2003, p. 10.
[550] *Ibid.*, p. 9.

Territoriales Décentralisées"[551]. Les prérogatives dont il est question ici concernent la protection, la gestion et la facilitation de l'accès de l'eau à tous[552].

L'intégration des CTD dans le jeu hydro-politique intérieur du Cameroun se justifie largement dans un contexte marqué par le double mouvement d'intégration, sur le plan supra-étatique, et de désintégration, sur le plan local. Par conséquent, la démonopolisation du centre dans la gestion du champ hydro-politique peut s'expliquer par la libéralisation du marché de l'eau et les impératifs de transfert de compétence aux CTD. L'Etat est obligé d'impliquer les communautés locales dans la gestion de leurs propres ressources hydriques de manière à ce qu'elles contribuent directement à leur développement.

Le processus de désétatisation et de démonopolisation de la gestion du service public de l'eau a été amorcé au milieu des années 2000. C'est ainsi que, tout en consacrant la décentralisation comme mode d'administration de la périphérie par elle-même, les lois du 22 juillet 2004 ont replacé les CTD dans le jeu hydro-politique intérieur du Cameroun. Le transfert et la répartition des compétences aux périphéries obéissent au principe de subsidiarité, de progressivité et de complémentarité entre les régions, les communautés urbaines et les communes.

A la tête de cette nouvelle architecture, on retrouve les régions dont les compétences s'étendent désormais dans le domaine du développement local. De manière plus spécifique, elles ont en charge la gestion des eaux d'intérêt régional[553]. Pour remplir efficacement cette mission régalienne, les régions peuvent recourir à la coopération et à la solidarité interregionales. A cet effet, les régions peuvent adhérer à des organisations internationales de régions jumelées, ou à d'autres organisations internationales de régions[554].

---

[551] Loi n°98/005 du 14 avril 1998 portant régime de l'eau, art. 1,2.

[552] *Ibid.*, art. 1,1.

[553] Loi n°2004/018 du 22 juillet 2004 fixant les règles applicables aux Régions, art. 18.

[554] *Ibid.*, art. 83 et 84.

En dehors des régions, les communautés urbaines constituent également l'une collectivité territoriale décentralisée mise en place par la réforme de 2004. Certes, les compétences des communautés urbaines sont spatialement moins étendues ; cependant, celles-ci ont été détaillées par le législateur camerounais. Les compétences ci-après ont été transférées aux communautés urbaines :

- "*La gestion des lacs et des rivières d'intérêt communautaire ;*
- *La création, l'aménagement, l'entretien, l'exploitation et la gestion des équipements communautaires en matière d'assainissement des eaux usées et pluviales ;*
- *La création, l'aménagement, l'entretien, l'exploitation et la gestion des voiries communautaires primaires et secondaires, de leurs dépendances et leurs équipements, y compris l'assainissement pluvial, les équipements de sécurité et les ouvrages ;*
- *La coordination des réseaux urbains de distribution d'eau potable ;*
- *Le suivi et le contrôle des déchets industriels dans le cadre de la garantie de la qualité d'eau*"[555].

Dernier maillon du dispositif de décentralisation, la commune a été investie des compétences locales. Par rapport aux autres CTD, les compétences de la commune s'étendent au domaine de la fourniture du service public de l'eau, notamment dans les zones rurales.

2- Le repositionnement des CTD dans la gestion du service public de l'eau dans les zones rurales

Maintes fois annoncé dans les discours des hommes politiques, le processus de transfert effectif des prérogatives anciennement dévolues au centre s'est finalement concrétisé à travers un texte réglementaire datant du 26 février 2010. Il s'agit du décret n°2010/0239/PM fixant les modalités d'exercice de certaines compétences transférées par l'Etat aux communes en matière d'alimentation en eau potable dans les zones non couvertes par le réseau public de distribution de l'eau concédé par l'Etat. Ce décret est un texte d'application de la loi portant régime de l'eau au Cameroun, notamment dans certaines de ses dispositions relatives au transfert des prérogatives aux CTD. A travers une analyse de ce texte réglementaire,

[555] Loi n°2004/018 du 22 juillet 2004 fixant les règles applicables aux communes, art. 110.

nous pouvons voir comment les CTD sont repositionnés par le centre dans la gestion du service public de l'eau en milieu rural. Deux principaux enseignements peuvent être tirés de l'étude de ce texte.

L'Etat s'est engagé de manière partielle, voire partiale, dans le processus de transfert de certaines de ses prérogatives aux CTD. Malgré l'irruption des acteurs périphériques dans le jeu hydro-politique, le centre continue d'occuper une position de domination. Cette posture hégémonique se traduit par le contrôle administratif et la tutelle exercée sur les couches périphériques. Sous couvert du respect de la cohésion nationale et de l'intégrité territoriale du Cameroun, le centre exerce une tutelle technique et financière sur les CTD à travers les ministres en charge de l'administration du territoire et des finances. Bien plus, à l'intérieur de l'Exécutif des CTD, on retrouve un représentant de l'Etat garant non seulement des intérêts nationaux, mais également censeur des comportements déviants des CTD. Enfin, la politique de décentralisation peut, à bien des égards, apparaitre comme une entreprise de recentrement du centre dans le jeu hydro-politique. Le transfert de certaines compétences du centre aux couches périphériques ne consacre pas la mise à l'écart de l'Etat dans le jeu hydro-politique intérieur.

La décentralisation n'est pas non plus une opération totale ou globalisante, puisque l'Etat a d'emblée identifié des matières qui resteront toujours dans son giron. Au-delà des calculs hydro-politiques, l'attitude de l'Etat vise sans doute à se maintenir comme le gérant principal du patrimoine hydrique national. Dans cette veine, les responsabilités et les prérogatives suivantes qui resteront dans le ressort de l'Etat sont :

- *"l'élaboration et la mise en œuvre des plans ou projets de développement durable en matière d'eau et d'assainissement ;*
- *la définition des orientations, des politiques et des stratégies nationales en matière de gestion de l'eau ;*
- *l'exploitation des eaux de source et des eaux minérales ;*
- *la détermination des conditions de protection et d'exploitation des eaux minérales ;*

- *la détermination des conditions de protection et d'exploitation des eaux de surface et des eaux souterraines*"[556].

A l'analyse, on peut voir que l'Etat ne cède aux périphéries communales que des matières résiduelles du secteur de l'eau. L'exploitation industrielle et commerciale des eaux de source ou minérales sont du ressort de l'Etat. Il est pourtant clair qu'un tel secteur d'activités aurait pu contribuer au développement économique des communes pourvues en ressources hydriques souterraines ou superficielles.

Le deuxième enseignement est relatif aux nouveaux domaines de compétence des CTD. Désormais, celles-ci peuvent, sur autorisation de la CAMWATER, assurer sur leurs ressources propres, la maitrise d'ouvrage et la gestion des puits et des forages dans les zones concédées par cette société concessionnaire[557]. Les ouvrages d'adduction réalisés antérieurement par l'Etat en vue de l'alimentation en eau potable sont ainsi directement affectés à la commune qui en assure la gestion. Cependant, "*lesdits puits et les forages restent dans le patrimoine de l'Etat et ne peuvent être cédés ni à titre gratuit, ni à titre onéreux*"[558]. Par ailleurs, le transfert par l'Etat des compétences en matière de maitrise d'ouvrage et de gestion des puits et des forages, s'accompagne du transfert concomitant des ressources nécessaires à leur exercice normal par les communes[559].

Le champ d'action des CTD est clairement défini par les autorités du centre qui déterminent les règles du jeu hydro-politique intérieur du Cameroun. On assiste par conséquent à une soumission de la périphérie communale à l'Etat centralisateur. C'est pourquoi, en tant que bénéficiaires des ouvrages de production et de distribution de l'eau potable, les communes ne s'engagent à mener que les actions suivantes au niveau local :

- *"Les études, la construction et l'aménagement des puits et des forages ;*

---

[556] Décret n°2010/0239/PM fixant les modalités d'exercice de certaines compétences transférées par l'Etat aux communes en matière d'alimentation en eau potable dans les zones non couvertes par le réseau public de distribution de l'eau concédé par l'Etat, art. 3.
[557] *Ibid.*, art. 2.
[558] *Ibid.*, art. 7,2.
[559] *Ibid.*, art. 9.

- *la conservation, la protection et l'utilisation durable de l'eau ;*
- *l'entretien et la maintenance de l'ensemble des puits et des forages du ressort communal ;*
- *la prise de toutes les mesures nécessaires pour assurer l'hygiène et la salubrité autour desdits puits et forages ;*
- *l'entretien et la maintenance des ouvrages d'alimentation en eau potable ;*
- *la tenue d'un fichier communal des ouvrages d'alimentation en eau potable"*[560].

Le défi incombe donc aux communes d'assurer ces nouvelles prérogatives cédées par le centre. Or, la situation de ces entités territoriales périphériques n'est pas reluisante : plusieurs communes, par manque de ressources humaines et financières, connaissent des problèmes en matière d'alimentation en eau potable et, surtout, d'assainissement.

Au final, dans une dynamique diachronique, nous avons vu comment a émergé la gestion coopérative des sources et ressources hydriques intérieures du Cameroun. D'une manière générale, deux grands moments sont apparus dans le processus de construction d'un mode centrifuge de gestion du service public de l'eau. Le premier est marqué par une logique de territorialisation de la gestion de ce service. C'est pourquoi, avant et après l'accession à l'indépendance, les entités territoriales, à l'instar de l'Etat et des communes, étaient engagées dans l'approvisionnement en eau potable des populations. La concession accordée, plus tard, à la SNEC n'a fait que confirmer cette approche basée sur la prépotence des blocs territoriaux. Le deuxième grand moment s'ouvre avec la libéralisation du champ hydro-politique au début du XXIème siècle. Apparaissent ici de nouveaux acteurs non légitimes. Jadis confiné dans une position de monopolisation du jeu hydro-politique, le centre est désormais obligé de céder certaines de ses prérogatives soit à une nouvelle société fermière privée (la CDE) soit aux CTD.

Si on s'arrête sur ce deuxième moment, on pourrait presque se complaire de ce que le jeu hydro-politique ait été ouvert à de nouveaux acteurs. Pourtant, la nouvelle dynamique de gestion centrifuge des sources et ressources hydriques semble toujours dominée par des

---

[560] *Ibid.*, art. 5.

relents monopolistiques du centre. D'une part, le domaine d'activités dévolu à la CDE ne se réduit qu'à la production, au transport et à la distribution de l'eau potable en milieu urbain et périurbain. En tant que société de patrimoine, la CAMWATER se situe en amont, dans la mesure où elle est chargée de la maintenance et/ou de la construction des infrastructures liées à la production, au transport et à la distribution de l'eau. D'autre part, sur le plan de la gestion de l'eau, le rôle de la municipalité est de plus en plus minoré, voire ignoré dans le service public de l'eau[561]. Il est donc nécessaire de procéder à une véritable gestion intégrative des ressources en eau en impliquant tous les acteurs dans le jeu hydro-politique intérieur du Cameroun.

Section II : La consécration d'une approche centrifuge dans la gestion du champ hydro-politique intérieur du Cameroun

Depuis la fin du XXème siècle, le Cameroun s'est doté d'un arsenal juridique en matière de gestion des ressources hydriques. Il s'agit notamment de la loi de 1998 portant régime de l'eau au Cameroun, ainsi que de ses textes d'applications de 2001. Cette architecture normative et juridique est une grande avancée dans le processus d'élaboration d'une vision politique globale dans le secteur de l'eau. Cependant,

"*il est difficile de considérer qu'il existe une véritable politique de l'eau au Cameroun, prise sous le prisme de politique publique. En effet, étudier une politique publique, c'est traiter de l'action du Gouvernement. C'est comprendre quelles facettes de la gestion du collectif sont prises en charge par quelles autorités, politiques ou administratives, locales ou nationales, de quelle manière, en réponse à quels problèmes, à travers quelles modalités concrètes, et en suscitant quelles conséquences pour qui*"[562].

C'est donc dire que le "*Cameroun ne dispose pas d'une politique nationale de l'eau*"[563]. Tout au plus assiste-on, d'une part, à une superposition des textes juridiques ; et d'autre part, à une transposition des politiques éparses et parcellaires dans le domaine de l'eau. In fine, il manque de cohérence et d'agencement entre les différents

[561]Emile Tanawa, *op. cit.,* p. 9.
[562] GWP/MINEE, Etat des lieux du secteur. Cadre législatif…, *op. cit.*, pp. 10-11.
[563]*Ibid.*, p. 6.

projets et programmes déployés par le centre. A côté de la floraison des politiques sectorielles portant sur l'eau (§1), il existe des politiques globales souvent inarticulées et calquées sur des programmes économiques généraux du pays (§2).

§1 : Elaboration des politiques sectorielles dans la gestion du champ hydro-politique intérieur du Cameroun

Faute d'une politique de l'eau clairement énoncée, on assiste, au Cameroun, à un émiettement de stratégies sectorielles qui abordent accessoirement la question de l'eau sous certains aspects. Il est difficile, à partir de ces politiques fractionnées et fragmentaires, de déterminer la logique et les ressorts d'une vision globale de l'eau à l'échelle nationale. Une telle approche aurait pu permettre aux acteurs qui structurent le champ hydro-politique du Cameroun de connaitre l'étendue de leur responsabilité en vue de l'implémentation d'une véritable synergie d'action efficiente. Le déficit de politique globale conduit finalement ces acteurs à prendre des initiatives unilatérales, et par conséquent peu coordonnées, dans la gestion des sources et ressources hydriques. Il importe de voir comment se construit lentement et péniblement une gestion concertée du champ hydro-politique intérieur du Cameroun (2) à partir de la fragmentation et de la segmentation actuelle des politiques dans le domaine de l'eau (1).

A- La segmentation et la fragmentation problématiques des politiques dans le domaine de l'eau

L'absence d'une politique globale de l'eau au Cameroun se traduit par la segmentation des micro-politiques sectorielles. Elles ont la particularité d'aborder de façon explicite ou implicite certains aspects de la problématique de l'eau au Cameroun. En ce qui concerne le premier volet, le gouvernement a mis en place des stratégies sectorielles centrales dans le domaine de l'eau (1). Celles-ci sont dites centrales dans la mesure où elles traitent explicitement et directement certains aspects des usages communs de l'eau. Le second volet est constitué des politiques sectorielles périphériques qui abordent implicitement les questions hydriques (2).

1- Les politiques sectorielles centrales de l'eau

Comme la plupart des ressources naturelles du pays, l'eau a fait l'objet de plusieurs politiques sectorielles. Celles-ci sont tellement fractionnées et segmentées qu'il est difficile de parler d'une véritable politique nationale de l'eau. Suivant notre démarche binaire et dialectique inspirée de la tension permanente entre le centre et la périphérie, nous ne retiendrons que deux principales politiques sectorielles dans le domaine de l'eau. Il s'agit, d'une part, de la Lettre de Politique Sectorielle de l'Hydraulique Urbaine ; et, d'autre part, de la Politique d'Approvisionnement en Eau Potable et d'Assainissement en Milieu Rural (PAEPAMR). Loin d'être arbitraire, ce choix se justifie par le fait que ces deux textes permettent de reconstituer les rudiments de la politique camerounaise de l'eau en milieu urbain et rural.

Signée le 19 avril 2007 par le Premier Ministre, la Lettre de Politique Sectorielle de l'Hydraulique Urbaine (LPSHU) se présente comme "*un document de référence en matière d'alimentation en eau potable et d'assainissement dans les zones urbaines et périurbaines*"[564]. Après avoir fait l'état des lieux du secteur de l'eau, le LPSHU élabore les stratégies que le gouvernement déploiera pour renforcer l'alimentation en eau potable et l'assainissement.

Le sous-secteur de l'alimentation en eau potable se caractérise par une couverture des ménages à 86%, pour un total de 226.638 abonnés. Avec une capacité totale de production s'élevant à 177.000.000 m^3/an, la SNEC, l'ancienne SNEC ne produisait, en 2005, que 102.580.167 m^3/an. Ce qui ne représente que près de 58% des capacités réelles de production. Pour (re)dynamiser ce sous-secteur, le gouvernement s'emploie ou s'est employé depuis 2007 à :

- "*la poursuite de l'élaboration du PANGIRE de manière participative jusqu'en 2008 ;*
- *la poursuite de la mise en œuvre du Partenariat Public-Privé (PPP) pour l'alimentation en eau potable ;*
- *la maitrise de la consommation des services publics en vue de ramener la consommation aux taux de 25% à l'horizon 2011 ;*
- *la réhabilitation et le renforcement des équipements ;*

[564] *Ibid.*, p. 13.

- *l'extension des installations d'alimentation en eau potable ;*
- *la poursuite de l'équipement des centres non encore pourvus ;*
- *appliquer une politique tarifaire en vue d'atteindre l'équilibre financier du secteur au bout de 5 ans de PPP ;*
- *la réalisation de 350.000 branchements à l'horizon 2015 ;*
- *la promotion des mesures d'économie d'eau ;*
- *favoriser l'émergence des petits opérateurs dans le secteur*"[565].

Dressant par ailleurs l'état des lieux des actions engagées dans le domaine de l'assainissement, le gouvernement reconnait également dans la LPSHU que ce sous-secteur se caractérise par un quasi absence de réseaux collectifs en dehors de l'assainissement pluvial. Bien plus, les plans directeurs ont été développés pour certaines villes, tels que Yaoundé et Douala, mais n'ont été mis en œuvre à l'exception de quelques actions ponctuelles[566]. Pour rendre ce secteur performant, le gouvernement s'est engagé, entre autres, à la finalisation du processus d'élaboration des plans directeurs et leur mise en application en liaison avec les CTD ; la réhabilitation des systèmes existants, la promotion des techniques d'assainissement appropriées à faibles coûts ; la mise place des conventions de gestion de l'assainissement liquide entre les pouvoirs publics et les sociétés délégataires des services publics de la distribution de l'eau potable[567].

Par ailleurs, en vue d'assurer une gestion optimale du service public de l'eau, la LPSHU prône une meilleure clarification des rôles entre tous les acteurs impliqués dans le champ hydro-politique urbain, à savoir l'Etat, la CAMWATER, la CDE et les CTD[568]. La réalisation de tous ces objectifs repose sur un financement tous azimuts. Tout en comptant sur l'appui des partenaires au développement, le gouvernement entend investir, à l'horizon 2015, 220 milliards FCFA (hors taxe), dont 30 milliards pour des réhabilitations

---

[565]Lettre de politique sectorielle de l'Hydraulique urbaine, *op. cit.*, II,1.
[566]*Ibid.,* I.2.2.
[567]*Ibid.,* II,2.
[568]*Ibid.,* II.3.

sur l'ensemble des centres, 185 milliards pour les extensions et 5 milliards pour le renforcement des capacités[569].

Le Document de Politique d'Approvisionnement en Eau Potable et d'Assainissement en Milieu Rural, il est en cours de validation dans les services du premier ministère. D'après des informations glanées sur le terrain, ce document aurait été élaboré avec le concours de l'Agence Française de Développement. Selon le MINEE/GWP, ce document de référence dans le secteur de l'eau potable et de l'assainissement en milieu rural relève des échecs de projets et du manque généralisé d'efficience des investissements consentis[570]. D'où l'appel lancé en vue d'une meilleure réorganisation de ce secteur en vue rationnaliser et d'optimiser les rôles et les interventions des différents acteurs. Plus concrètement, il est prévu, dans ce document :

- "*de recentrer les missions de l'Etat ;*
- *de transférer des compétences de maitrise d'ouvrage aux acteurs locaux de la gestion de l'approvisionnement en eau potable en milieu rural ;*
- *de renforcer les capacités d'intervention des acteurs locaux ;*
- *d'améliorer les ressources humaines des services en charge des questions de l'eau ;*
- *de favoriser la prise de conscience des populations et de susciter leur participation*"[571].

Par ailleurs, le programme se décline en un ensemble de projets d'extension et de réhabilitation des structures d'approvisionnement en eau potable, des projets d'adduction d'eau, et la construction des forages et des puits en priorité dans les zones défavorisées, notamment celles de la partie Nord du pays.

En conclusion, les stratégies sectorielles que nous venons d'étudier ne permettent pas de rendre compte d'une véritable politique de l'eau au Cameroun. La difficulté est plus accrue dans la mesure où l'émiettement de ces stratégies s'étend également dans des champs qui ne relèvent pas directement du domaine de l'eau.

---

[569] *Ibid.*, II.6.

[570] MINEE/ GWP, Etat des lieux du secteur. Cadre législatif…, *op. cit.*, p. 14.

[571] *Ibid.*

2- *Les politiques sectorielles périphériques de l'eau*

Il ressort de nos analyses antérieures que les questions de l'eau étaient abordées principalement par le MINEE, et secondairement par des institutions qui interviennent dans le champ hydro-politique intérieur du Cameroun. Parmi les institutions péri-hydriques qui structurent le jeu hydro-politique, se retrouvent plusieurs ministères, à l'instar de ceux en charge de la santé publique, de la protection de la nature, des transports, etc. Ces institutions ont élaboré des politiques qui intègrent accessoirement le volet hydrique. On peut, entre autres, citer la Stratégie et Plan d'Action National sur la Biodiversité (SPANB), le Plan d'Action Forestier National (PAFN) et le Plan National de Gestion de l'Environnement (PNGE).

En ce qui concerne particulièrement ce dernier document, il existe un lien évident entre l'eau et l'environnement. En effet, "*l'eau est l'un des éléments essentiels de l'environnement. Elle est indispensable à la survie de tous les organismes vivants sans exception : hommes, animaux, végétaux et organismes inférieurs*"[572]. D'où l'insertion de la question de l'eau dans le PNGE. En effet, la problématique des sources hydriques est abordée dans le cadre de la protection des milieux récepteurs de l'environnement. Ceux-ci sont constitués de l'air, de la terre (sol et sous-sol), et de l'eau. Pour ce qui est des récepteurs hydriques, la loi-cadre relative à la gestion de l'environnement distingue la protection des eaux continentales et des plaines d'inondation[573] (yaérés), de celle du littoral et des eaux maritimes[574].

La problématique de la protection des aires hydriques s'inscrit dans le cadre général de l'élaboration quinquennale d'un PNGE. En effet, dans la loi-cadre de 1996, il est stipulé que "*le gouvernement est tenu d'élaborer un Plan National de Gestion de l'Environnement. Ce plan est révisé tous les cinq ans*"[575]. Dans cette optique, l'Administration en charge des questions environnementales est tenue de

---

[572] *Ibid.*, p. 9.

[573] Loi 96/12 du 5 août 1996 portant loi-cadre relative à la gestion de l'environnement, art. 25-30.

[574] *Ibid.*, art. 31-35.

[575] *Ibid.*, art. 13.

procéder à la planification et à la gestion rationnelle de l'environnement, de mettre en place un système d'information environnementale comportant une base de données sur les différents aspects de l'environnement, au niveau national et international[576]. En application de cette disposition législative, le gouvernement a élaboré, en 1996, un Plan National de Gestion de l'Environnement qui consacre une section à l'eau, en tant que l'un des principaux milieux récepteurs de l'environnement.

Outre l'obligation d'élaborer un PNGE, l'Administration est également tenue d'établir un rapport biannuel sur l'état de l'environnement au Cameroun qu'il soumet plus tard à l'approbation du Comité Interministériel de l'Environnement[577]. Ce rapport est ensuite publié et largement diffusé[578]. Depuis son adoption en 1996, le PNGE n'a pas encore fait l'objet d'une révision, en violation des dispositions de la loi-cadre sur l'environnement. Les raisons évoquées tiennent à l'absence de mécanismes de coordination et des ressources suffisantes pour la mise en œuvre du PNGE[579].

D'autres programmes abordent également la question de l'eau, quoique de manière parcellaire. C'est le cas du Plan d'Action National Energie pour la Réduction de la Pauvreté (PANERP) qui vise à faciliter l'accès aux énergies renouvelables aux populations rurales. Le Programme Sectoriel Forêt-Environnement (PSFE), quant à lui, a été adopté en 2005. Il consiste à apporter des solutions à la dégradation des forêts (exploitation industrielle anarchique, réduction du couvert forestier, etc.). A l'observation, "*la coordination des initiatives environnementales dont la dimension est par nature transversale demeure parmi les défis à relever par le nouveau département ministériel qu'est le MINEP*"[580].

Au final, l'absence d'une politique nationale de l'eau au Cameroun se traduit par la segmentation des politiques sectorielles dans le domaine de l'eau. Pis, la transposition, voire la superposition

[576]*Ibid.,* art. 15.
[577]*Ibid.,* art. 16,1.
[578]*Ibid.,* art. 16,2.
[579]Nations Unies, *Analyse Pays des défis de développement au Cameroun. Bilan commun du système des Nations Unies fondé sur le Document de Stratégie de Réduction de la Pauvreté du Gouvernement du Cameroun,* décembre 2006, p. 18.
[580]*Ibid.,* p. 19.

de ces politiques conduit à des planifications problématiques et contradictoires des projets et des programmes hydriques ou hydrauliques. Le risque est donc grand de tomber sur des conflits d'intérêts ou de compétence entre les différents acteurs qui structurent le jeu hydro-politique du centre. Pour remédier à cette situation qui ne met pas suffisamment en exergue le partenariat public-privé, l'Etat s'est engagé, depuis le début de XXIème siècle, à élaborer une véritable politique globale de l'eau au Cameroun.

B- L'élaboration des politiques globalisantes dans le domaine de l'eau

Les analyses précédentes sur les politiques sectorielles de l'eau ont débouché sur deux principales constatations. D'une part, ces politiques sont généralement des initiatives endogènes. Il s'agit des politiques publiques construites par l'Etat en écho aux problèmes d'approvisionnement ou d'assainissement de l'eau en milieu urbain et rural. D'autre part, ces politiques sectorielles sont le fruit d'une concertation préalable entre l'Etat et tous les intervenants du champ hydro-politique intérieur du Cameroun.

A l'opposé, les politiques globalisantes dans le domaine de l'eau reposent sur une démarche singulière. Elles se situent à l'échelle macroéconomique. En effet, elles se présentent comme des applications sectorielles des politiques économiques élaborées par le Cameroun. Depuis la libéralisation du marché hydro-politique du pays, deux principales politiques économiques ont été adoptées par le Cameroun. Il s'agit du Document de Stratégie de Réduction de la Pauvreté (1) et le Document de Stratégie pour la Croissance et l'Emploi (2). La lecture de ces deux documents met en exergue des visions différentes de la politique nationale de l'eau.

1- La politique de l'eau selon le DSRP

Elaboré d'abord en 2003, puis révisé deux ans plus tard (2005), le DSRP a été adopté dans un contexte particulièrement marquant. Sur le plan national, le Cameroun venait de franchir une étape décisive à travers l'atteinte, en octobre 2000, du point de décision dans le cadre de l'initiative renforcée d'allègement de la dette des Pays Pauvres et Très Endettés (PPTE). En effet, au terme de l'exécution réussie du premier programme économique et financier triennal 1997-2000, avec le soutien de la communauté financière internationale, le Cameroun s'est alors engagé dans la poursuite des réformes ayant abouti au point d'achèvement de l'initiative PPTE. Le franchissement de cette étape a permis à l'Etat, sous la pression des bailleurs de fonds, d'élaborer un programme économique afin de lutter durablement contre la pauvreté.

Sur le plan international, le DSRP fait écho aux recommandations des Nations Unies en vue de l'atteinte des Objectifs du Millénaire pour le Développement (OMD) à l'horizon 2015. En effet, la poursuite des OMD est la boussole vers laquelle s'oriente l'économie du Cameroun dans la perspective du DSRP. De plus, le DSRP a été élaboré par le Gouvernement, "*dans le cadre d'un processus dynamique et ouvert, mettant à contribution la pleine participation des populations à la base, de la société civile, du secteur privé et des partenaires au développement, aux côtés des administrations publiques*"[581]. Pour le suivi et la mise en œuvre de ce document, le Gouvernement s'est doté d'un cadre institutionnel de pilotage de la stratégie qui comprenait un Comité interministériel de suivi de la mise en œuvre du DSRP, et d'un Comité technique de suivi et d'évaluation de la mise en œuvre de la nouvelle stratégie de réduction de la pauvreté.

La vision globale de l'eau à l'horizon 2015 est contenue dans les dispositions de l'Axe 4 du DSRP relatives au développement des infrastructures de base, des ressources naturelles et de la protection de l'environnement. Cet axe correspond à l'objectif 7 des OMD qui vise à "*assurer à tous un environnement durable*", d'ici à 2015. La cible 10 concerne le secteur de l'approvisionnement en eau. Sur ce point, les Etats se sont engagés "*à réduire de moitié, d'ici à 2015, le pourcentage de la population qui n'a pas accès de façon durable à un approvisionnement en eau potable salubre*".

Au sens du DSRP, la question de l'approvisionnement en eau des populations cache des situations criardes de pauvreté. En milieu rural, le problème de l'eau se pose en termes de "*disponibilité et de qualité*"[582]. Les services publics de l'eau sont généralement opérants

---

[581]*Document de Stratégie de Réduction de la Pauvreté*, 2003, préface.
[582]*Ibid.*, 30.

dans les grandes agglomérations. L'hydraulique villageoise semble se limiter à l'adduction en eau à travers la construction des bornes-fontaines. En milieu urbain, il existe "*une couverture adéquate en eau potable, bien que des problèmes de qualité de l'eau continuent de se poser*"[583]. Bref, l'accès à l'eau potable est estimé à 86,2% pour les zones urbaines et 31,3% pour les zones rurales en 2001, soit environ 50% pour l'ensemble du Cameroun[584].

Pour réduire ces écarts considérables dans l'approvisionnement en eau, le Gouvernement s'est engagé, dans le DSRP, à mettre en œuvre des réformes dont la privatisation de la SNEC et le lancement du "Programme Hydraulique Rurale II". Celui-ci vise particulièrement à porter le taux de couverture du monde rural en potable à 75% à l'horizon 2015, et à rendre disponibles les services adéquats d'assainissement dans les régions[585]. En ce qui concerne les zones urbaines et périurbaines, le Gouvernement s'engage :

- à mettre en œuvre un programme de production et de distribution d'eau potable dans 113 centres de catégories secondaires, qui abritent une très forte proportion de la population semi-urbaine. A ce titre, seront construits des forages et de mini adductions d'eau sur financement PPTE ;
- à créer des stations mobiles d'alimentation en eau potable pour des interventions en cas de situations d'urgence (sévères pénuries dans des agglomérations et structures sanitaires, grandes sécheresses, épidémies, incidents civils et humanitaires, inondations, éruptions volcaniques, etc.) ;
- à alimenter en eau potable les écoles et centres de santé sur l'ensemble du territoire ;
- à mettre en place des mesures d'assainissement, notamment en milieu urbain et semi-urbain à travers le traitement des eaux usées, l'extension du réseau primaire de drainage des eaux et la construction de nouvelles stations d'épuration[586].

Nonobstant les intentions exprimées dans le DSRP de 2003, les objectifs fixés par le gouvernement camerounais ne seront pas vraisemblablement atteints. Même la révision du DSRP opérée en 2005

[583] *Ibid.*
[584] *Ibid.*
[585] *Ibid.*, 31.
[586] *Ibid.*, 32.

n'a pas inversé la tendance. La précipitation qui a été observée dans l'élaboration du Document et les délais relativement courts (2015) peuvent expliquer la non-atteinte probable des OMD dans le secteur de l'eau[587]. En effet, en matière d'accès à l'eau potable, la proportion de la population ayant accès à l'eau potable ne s'est que légèrement améliorée. Elle passe de 40,6% en 2001 à 43,9% en 2007, soit un peu plus de la moitié de la cible (72,1%) à atteindre en 2015. La seule cible atteinte concerne la proportion de la population ayant accès à un meilleur système d'assainissement. Elle est passée de 8,5% en 2001 à 31,7% en 2007, soit près du double de la cible qui était fixée à 17% pour 2015.

Tous ces résultats mitigés ont amené l'Etat à formuler une nouvelle stratégie de développement en vue de l'atteinte des OMD liés aux ressources hydriques. Cette approche innovante a été adoptée dans le cadre du DSCE qui repose sur une vision à moyen et à long terme du développement du Cameroun.

2- La politique de l'eau selon le DSCE

Quoique reposant formellement sur une démarche participative, le premier et le deuxième DSRP n'ont pas pu apporter satisfaction dans la mise en œuvre des réformes structurelles. Dans cette veine, "*la révision du DSRP visait, entre autres, la correction des distorsions ou des manquements relevés lors des évaluations successives de la mise en œuvre, et des consultations participatives de mars 2008*"[588]. Le processus de révision de la stratégie a abouti à un Document de Stratégie pour la Croissance et l'Emploi (DSCE), et confirmé l'option d'implication des populations à la base, dans une démarche participative. En effet, les populations ont notamment souhaité que les stratégies soient l'émanation d'une vision de développement à long terme assortie de programmes de développement pluriannuels[589]. Cette recommandation semble avoir été satisfaite à

[587] Nations Unies, *Analyse Pays des défis de développement au Cameroun..., op. cit.*, p.16.
[588] *Document de Stratégie pour la Croissance et l'Emploi*, 2008, préface.
[589] *Ibid.*

travers la formulation par le Gouvernement d'une vision de développement à l'horizon 2035, et l'adoption en décembre 2007 du nouveau régime financier.

Conçue comme "*l'expression empirique d'un cadre intégré de développement humain durable à moyen terme pour le Cameroun*"[590], le DSCE entend proposer un "*cheminement progressif du pays vers les objectifs du millénaire pour le développement (OMD) et la vision*"[591] d'émergence à l'horizon2035. En ce qui concerne le volet eau et assainissement, le DSCE développe une stratégie de développement reposant sur la démarcation entre l'urbanité et la ruralité.

En milieu urbain, le DSCE dresse un tableau reluisant de l'approvisionnement en eau des populations. Il souligne, en effet, que les grandes villes qui abritent la majorité de la population sont dans leur quasi-totalité équipées en systèmes d'alimentation en eau potable. Le taux de couverture du service public de l'eau se situe aux environs de 86,2%. Cependant, la réalité de la situation de l'approvisionnement en eau potable est traduite ici par le taux d'accès direct des ménages à l'eau potable qui est de l'ordre de 29%, pour 226.638 abonnés. De plus, en dehors de quelques actions isolées visant à réaliser les réseaux d'évacuation des eaux pluviales à Yaoundé et à Douala, on note une quasi-inexistence des réseaux de collecte et d'évacuation des eaux usées[592].

Pour assurer une émergence réussie du secteur de l'eau en milieu urbain à l'horizon 2035, le Gouvernement entend privilégier une approche centrifuge qui intègre tous les acteurs du champ hydropolitique intérieur du Cameroun. L'option retenue, notamment dans la LPHU de 2007, est le partenariat public-privé qui se décline par la création d'une société de patrimoine à capitaux publics, la CAMWATER, chargée entre autres de la construction, de la maintenance et de la gestion des infrastructures de captage, de production, de transport et de stockage de l'eau potable. Ce partenariat public-privé est renforcé également par le recrutement par appel à la concurrence d'une société fermière privée, la Camerounaise des Eaux

---

[590]*Ibid.*, 10.
[591]*Ibid.*
[592]*Ibid.*, 182.

(CDE) chargée entre autres de la production, de la distribution, de l'entretien des infrastructures et de la commercialisation de l'eau potable[593]. Cette synergie d'action permettra de porter le taux d'accès à l'eau potable à 75% en 2020.

Pour y parvenir, le Gouvernement entend mener des actions prioritaires visant à mettre en œuvre à cette échéance, la réalisation de 700.000 branchements, au lieu des 250.000 actuels[594]. Par ailleurs, en matière d'assainissement, le Gouvernement entend poursuivre ses efforts. Aussi compte-t-il porter le taux d'accès aux infrastructures d'assainissement de 15 à plus de 60% à l'horizon de la stratégie. A cet effet, il envisage notamment mettre en place un programme d'installation de bloc de latrines avec poste d'eau dans les établissements qui accueillent le public[595].

En milieu rural, le DSCE fait état d'une faible extension du réseau d'approvisionnement en eau. Cette situation peut s'expliquer par le fait que le service public de l'eau n'est pas assuré par la société fermière, mais par les CTD qui, généralement, ne disposent pas de moyens financiers et techniques pour de tels investissements. Tout comme la LPHU, la stratégie d'émergence adoptée en milieu rural s'articule autour de la nécessaire synergie d'action entre tous les intervenants du champ hydro-politique du Cameroun. Contenue dans la Politique d'Approvisionnement en milieu rural, cette nouvelle vision est basée sur une approche participative. Elle vise une meilleure planification des ouvrages à construire, une pérennisation des investissements en favorisant les contributions de la société civile et des partenaires au développement, afin de réduire la dépendance totale vis-à-vis de l'Etat[596].

Dans les faits, cette synergie d'action pourrait se traduire par la construction ou la réhabilitation des infrastructures réalisées depuis plus d'une vingtaine d'années. Les objectifs visés sont, entre autres, de réaliser des extensions des réseaux existants qui n'ont pas suivi le

---

[593] *Ibid.*, 185.
[594] *Ibid.*, 184.
[595] *Ibid.*, 187.
[596] *Ibid.*, 186.

rythme d'expansion urbain et démographique ; et de favoriser la réalisation des programmes de branchements à grande échelle[597]. Ces objectifs passent nécessairement par la réalisation, d'ici à 2020, de 40.000 équivalents points d'eau, la réhabilitation de 6.000 autres, ainsi que la réfection de 1 200 000 latrines en vue de l'assainissement du milieu de vie des populations[598].

En somme, l'étude des politiques globales dans le domaine de l'eau a été particulièrement féconde. Elle a, en effet, montré que, contrairement aux plans de stratégie qui abordaient de manière conjoncturelle la question de l'eau, les politiques économiques ont plutôt des approches prospectives de la gestion de l'eau au Cameroun. Cette nouvelle approche managériale de l'eau repose sur le nécessaire partenariat public-privé. Celle-ci a été adoptée dans le Plan National de Gestion Intégrée des Ressources en Eau (PANGIRE) qui est en cours d'élaboration au Cameroun.

§2 : Le PANGIRE : une nouvelle approche participative dans la gestion des ressources hydriques du Cameroun

Les différentes stratégies mises en place pour implémenter une véritable gestion participative des ressources en eau se sont révélées jusqu'ici insuffisantes. Deux principales raisons peuvent expliquer les difficultés observées dans la mise en place du GIRE. La première tient à la prédominance d'une gestion stato-centrée des ressources en eau du Cameroun. Les autres acteurs sont faiblement insérés dans le jeu hydro-politique intérieur. Tel est le cas des autorités traditionnelles qui jouaient un rôle essentiel dans la répartition des terres, notamment dans les zones du grand nord, de l'ouest, du nord-ouest et du sud-ouest. La seconde raison se rapporte à la fragmentation des politiques appliquées dans le domaine de l'eau

Pour remédier à cette situation, le Cameroun s'est engagé, depuis les différents sommets de la Terre, dans une gestion intégrée de ses ressources en eau (GIRE). Même s'"*il n'existe pour l'instant aucune définition ne prêtant pas à équivoque*"[599], la GIRE peut se concevoir

---

[597] *Ibid.*, 183.
[598] *Ibid.*, 184.
[599] Comité Technique Consultatif (Partenariat Mondial pour l'Eau), "La gestion intégrée des ressources en eau", *Tac Backgrounds papers*, n°4, p. 24.

comme tout "*processus qui favorise le développement et la gestion coordonnés de l'eau, des terres et des ressources connexes, en vue de maximiser, de manière équitable, le bien-être économique et social en résultant, sans pour autant compromettre la pérennité d'écosystèmes vitaux*"[600]. La définition proposée par les pouvoirs publics camerounais se veut encore plus explicite :

"*La GIRE est fondée sur une vision globale qui tient compte de la dynamique des ressources en eau au sein des espaces naturels que sont les bassins hydrographiques ou les aquifères, avec une implication de l'ensemble des acteurs du domaine de l'eau dans un nouveau cadre de gestion, permettant de concilier au mieux l'ensemble des usages pour le développement continu d'une région ou d'un pays, tout en préservant les besoins des générations futures*"[601].

Il est donc clair que la GIRE peut contribuer à la gestion adéquate des ressources en eau, en prenant en compte les divers intérêts sociaux, économiques et environnementaux parfois divergents des différents acteurs du champ hydro-politique intérieur du Cameroun. Tout en reconnaissant ces dynamiques centrifuges qui caractérisent le jeu hydro-politique, la GIRE vise à éliminer les nombreux dysfonctionnements observés dans la gestion des ressources en eau. L'approche intégrée permet de coordonner la gestion des ressources en eau pour l'ensemble des secteurs et groupes d'intérêt et à différents niveaux (local, national, transnational et international). Elle met l'accent sur la participation des acteurs à tous les niveaux dans l'élaboration des textes juridiques, et privilégie la bonne gouvernance et les dispositions institutionnelles et réglementaires efficaces de façon à promouvoir des décisions plus équitables et viables[602]. Un ensemble d'outils, tels que les évaluations sociales et environnementales, les instruments économiques et les systèmes d'information et de suivi soutiennent ce processus[603].

---

[600] *Ibid.*

[601] MINEE, *Processus d'Elaboration du PAGIRE du Cameroun : Document d'Orientation*, p. 9.

[602] GWP, *Manuel de gestion intégrée des ressources en eau par bassin*, 2009, p. 10 inwww.mediaterre.org/.../actu,20120410111013.html. [consulté le 20 juin 2014].

[603] *Ibid.*

Il serait erroné de penser que le GIRE est une approche managériale qui est apparue *ex nihilo* dans le champ hydro-politique intérieur du Cameroun. En réalité, il s'agit d'un long processus qui a pris corps avec les différents sommets de la Terre (A) avant d'être consacré comme modèle de gestion des ressources en eau du Cameroun (B).

A- L'émergence d'une gestion participative des ressources en eau sur l'échiquier hydro-politique mondial

C'est au début des années 1970 qu'est inscrite pour la première fois la problématique de l'eau dans l'agenda international des Etats. Depuis la Conférence sur la biosphère organisée par l'UNESCO en 1968, les rencontres internationales se sont succédé sans relâche sur les questions environnementales. Le cycle des Sommets de la Terre s'ouvre en 1972 avec le Sommet de Stockholm (Suède). Plus d'une quarantaine d'années après ce sommet, le modèle coopératif et participatif s'est peu à peu imposé comme mode par excellence de gestion des ressources en eau tant sur le plan national qu'international.

L'eau a été l'objet d'une double construction par les Etats. D'une part, en tant que ressource certes renouvelable, elle doit désormais s'inscrire dans la perspective du développement durable. L'objectif affiché ici est de déboucher sur une gestion parcimonieuse, rationnelle et responsable de cette ressource. D'autre part, il est possible de mettre en place une gestion intégrée des ressources en eau à travers l'implication de tous les acteurs locaux, nationaux et internationaux qui travaillent et traversent le champ hydro-politique.

1- La mobilisation de la communauté internationale en faveur de la GIRE

La Conférence de Stockholm (Suède) s'est tenue du 5 au 16 juin 1972 dans un contexte mouvant fortement marqué par l'affrontement idéologico-politique entre les deux blocs. Egalement appelée Conférence des Nations Unies sur l'Environnement Humain (CNUEH), celle-ci a été rebaptisée, a posteriori, Sommet de la Terre, pour traduire l'intérêt croissant porté par l'opinion internationale sur les problématiques liées à la survie de la planète bleue. Face aux conséquences désastreuses de l'industrialisation (changements climatiques, pollutions diverses, etc.), l'attention de la communauté internationale était portée sur la protection de l'environnement.

Le concept d'environnement a été au cœur d'âpres débats au cours de la Conférence de Stockholm. La définition consensuelle issue de ces travaux sur l'environnement l'appréhendait comme "*l'ensemble des milieux naturels ou artificialisés dans lesquels l'homme s'est installé, qu'il exploite et qu'il aménage, ainsi que l'ensemble des milieux non anthropisés nécessaires à sa survie*"[604]. Dans le même sens, le législateur camerounais conçoit l'environnement comme "*l'ensemble des éléments naturels ou artificiels et des équilibres biogéochimiques auxquels ils participent, ainsi que des facteurs économiques, sociaux et culturels qui favorisent l'existence, la transformation et le développement du milieu, des organismes vivants et des activités humaines*"[605]. Ces deux acceptions mettent en lumière deux éléments principaux : l'un est naturel et l'autre est relatif à ce que l'homme a lui-même créé[606]. Par conséquent, "*l'homme est à la fois créature et créateur de son environnement*"[607], lequel lui assure sa subsistance physique et lui offre la possibilité d'un développement intellectuel, moral, social et spirituel.

Le mérite de la Conférence de Stockholm est d'avoir déplacé le débat du champ politique et stratégique ambiant des années 70 vers les questions écologiques. Désormais celles-ci devenaient des préoccupations de priorité internationale. En effet, "*la protection et l'amélioration de l'environnement est une question d'importance majeure qui affecte le bien-être des populations et le développement économique dans le monde entier*"[608]. C'est donc dire que la sécurité des Etats ne s'énonce plus exclusivement en termes militaires. Elle

---

604 Marie-Claude Smouts, Dario Battistela, Pascal Vennesson, *Dictionnaire des Relations Internationales, approches, concepts, doctrines*, Paris, Dalloz, 2003, p. 189.

605 Loi 96/12 du 5 août 1996 portant loi-cadre relative à la gestion de l'environnement, art. 4, k.

606 Conférence des Nations Unies sur l'environnement humain, Stockholm, 1972, 1.

607 *Ibid.*

608 *Ibid.*, principe 2.

connait une extension sémantique pour englober les aspects environnementaux.

Le Sommet de Stockholm a été particulièrement fécond. Il a permis non seulement la création du Programme des Nations unies pour l'environnement (PNUE), mais également l'adoption d'un vaste plan d'action pour lutter contre la pollution. D'autre part, une déclaration de 26 principes fut adoptée par les participants. Ces principes s'articulaient autour de plusieurs points, à savoir la responsabilité de l'homme dans la préservation de l'environnement, les impératifs d'un développement durable, la mobilisation nécessaire de la communauté internationale (Etats, ONG, entreprises, etc.) dans la lutte contre toute forme de pollution, etc.

Le succès de ce Sommet a amené les parties prenantes à arrêter le principe d'une rencontre internationale décennale pour faire le point sur l'état de la Terre. C'est donc dans cette lignée appelée à s'inscrire dans la tradition et la continuité que fut organisé, à Nairobi (Kenya), du 10 au 18 mai 1982, un Sommet de la Terre humide. Malgré les promesses ébauchées, dix ans, plus tôt, ce Sommet se solda par un cuisant échec. Le contexte international de la "guerre des étoiles" explique la faible mobilisation des grandes puissances, préoccupées qu'elles étaient par leur sécurité militaire. La nomination de la fille du Président comme déléguée des Etats-Unis traduisait et trahissait le désintérêt de ce pays pour des questions périphériques, telle que la préservation de l'environnement. Rien d'étonnant donc si, de l'avis de plusieurs observateurs, cette Conférence n'est pas véritablement considérée comme un Sommet officiel de la Terre.

Par rapport aux précédentes rencontres, le Sommet de Rio de Janeiro présente des caractères spécifiques. Tout d'abord, il s'est tenu quelques années après la fin de la Guerre froide et le délitement du bloc soviétique. Ce Sommet fut organisé du 3 juin au 14 juin 1992, sous l'égide de l'Organisation des Nations unies. Son succès éclatant tient également au glissement du débat idéologico-politique caractéristique de la bipolarité vers l'instauration d'un nouvel ordre mondial. D'où la participation d'une centaine de chefs d'Etat et de gouvernement, et plus de 1.500 ONG œuvrant dans le secteur de la préservation de l'environnement. Toutes choses qui font de Rio 92, le plus grand sommet mondial sur l'environnement.

D'autre part, le Sommet de Rio ne se contente pas seulement d'énoncer de grands principes généraux pour la gestion harmonieuse, à l'instar de la Conférence de Stockholm. En effet, il s'est conclu par la signature d'une Déclaration qui fixe non seulement les lignes d'action visant à assurer une meilleure gestion de la planète, mais fait également progresser le concept des droits et des responsabilités des pays dans le domaine de l'environnement. Par ailleurs, le Sommet de Rio a conduit à l'adoption du Programme Action 21 qui comprend près de 2.500 recommandations, dont la plupart n'ont certes jamais été appliquées.

Le Programme Action 21 (Agenda 21, en anglais) aborde de façon sectorielle et exhaustive certains domaines de l'environnement qui doivent faire l'objet d'une préservation et d'une protection de l'environnement. C'est dans ce cadre que la problématique des sources et ressources hydriques est particulièrement abordée. En effet, le chapitre XVIII de l'Action 21 traite de la protection des ressources en eau douce et de leur qualité. Pour la première fois dans l'histoire, la communauté internationale entendait promouvoir l'application d'une approche intégrée de la mise en valeur, de la gestion et de l'utilisation des ressources en eau. La GIRE "*est fondée sur l'idée que l'eau fait partie intégrante de l'écosystème et constitue une ressource naturelle et un bien social et économique dont la quantité et la qualité déterminent l'affectation*"[609].

La GIRE est assortie de plusieurs objectifs à atteindre à l'horizon 2000, puis 2025. Dans un premier temps, en s'appuyant sur leurs propres moyens ou sur la coopération bilatérale et multilatérale, les Etats devaient s'engager, à moyen terme, à atteindre les résultats suivants :

- "*avoir conçu et lancé des programmes d'action nationaux chiffrés et ciblés et mis en place des structures institutionnelles et des instruments juridiques appropriés ;*
- *avoir établi des programmes productifs d'utilisation des ressources en eau aux fins d'une utilisation durable des ressources*"[610].

[609] Agenda 21, chapitre 18, 8.
[610] *Ibid.*, chapitre 18, 11, a.

Malgré l'immense succès du Sommet de Rio et l'insertion particulière de la problématique particulière de la GIRE dans le champ hydro-politique, une nouvelle rencontre décennale s'est tenue au début du XXIème siècle. En effet, le troisième sommet de la Terre s'est tenu du 26 août au 4 septembre 2002 à Johannesburg (Afrique du Sud) sous l'égide des Nations-Unies. Il est aussi appelé "*Sommet Mondial sur le Développement Durable*" (SMDD). Par conséquent, ce sommet constituait une occasion idoine pour faire le bilan des initiatives adoptées lors des précédentes rencontres, et compléter le programme lancé lors du Sommet de Rio. Evénement ayant rassemblé un centaine de Chefs d'Etat et quelque 40.000 délégués[611], le SMDD de Johannesburg visait à inciter les États à réitérer leur engagement politique en faveur du développement, ainsi qu'à favoriser le renforcement d'un partenariat entre le Nord et le Sud. Le Sommet a adopté un plan d'action en 153 articles dont l'un est focalisé sur la gestion des ressources hydriques, ainsi que sur l'assainissement de l'eau.

Suivant le chemin déblayé par la Conférence de Rio, le SMDD aborde la question de la gestion de l'eau au moment où "*l'environnement mondial continue d'être malmené*"[612]. A cet égard, pour pallier la dégradation progressive de l'environnement, le Sommet de Johannesburg recommande de mettre en œuvre des stratégies basées sur la gestion intégrée des ressources hydriques. L'eau constitue un enjeu majeur pour le développement durable, dans la mesure où elle est étroitement liée à la santé, l'agriculture, l'énergie et la biodiversité[613]. Sans gestion rationnelle des ressources en eau, il est certain que les autres OMD ne seraient pas atteints. C'est sans doute pourquoi les Etats s'étaient engagés à élaborer, au plus tard à l'horizon 2005, des plans intégrés de gestion et d'utilisation efficace des ressources en eau au niveau des bassins hydrographiques, des bassins versants et des aquifères souterrains[614].

---

[611] Ce qui en fait la plus grande rencontre jamais organisée par les Nations Unies.
[612] Rapport du Sommet mondial pour le développement durable, Johannesburg (Afrique du Sud), 26 août-4 septembre 2002, 13.
[613] MINEE/GWP, *Plan d'Action National de Gestion Intégrée des Ressources en Eau (PANGIRE). Etat des lieux du secteur : eau et environnement*, n°2, décembre 2009, document provisoire, p. 1, citant Klaus Toepfler, Directeur Général du PNUE.
[614]*Ibid.*, 26, a.

Dix ans après la tenue du SMDD, la Conférence des Nations-Unies sur le Développement Durable (CNUDD), mieux connue sous le nom de Rio +20, a eu lieu du 20 au 22 juin 2012 à Rio de Janeiro (Brésil). L'accent a été mis sur la promotion d'une économie verte, c'est-à-dire respectueuse de la conservation et de la protection de l'environnement. Les pays en développement ont exprimé leur crainte que la transition vers cette économie faible en carbone n'hypothèque leur croissance.

A l'observation, la GIRE a été construite, au fil des différents sommets de la Terre, comme le mode adéquat de gestion des ressources hydriques intérieures et périphériques des Etats. Le défi actuel est de voir comment le Cameroun, en tant qu'Etat bâti sur le modèle jacobin, s'est dépris de toute démarche unilatérale pour privilégier le partenariat public-privé dans la gestion de ses ressources en eau.

2- Les principes de la GIRE

En réponse aux recommandations du SMDD pour la mise en œuvre des plans intégrés de gestion de l'eau à l'horizon 2005, le Cameroun s'est engagé dans la voie d'un management participatif des ressources hydriques. Bien que tardif par rapport aux échéances fixés, cet engagement s'est concrétisé par la volonté d'élaborer un Plan d'Action National de Gestion Intégrée des Ressources en Eau (PANGIRE). Pour y parvenir, plusieurs études préalables ont été menées en partenariat avec le GWP dans le but de faire l'état des lieux du secteur de l'eau au Cameroun[615].

Dans la mesure où le PANGIRE est encore au début de sa phase d'élaboration, nous nous contenterons, dans le cadre de cette analyse, de dégager les principes généraux, ainsi que les défis qui sous-tendent la mise en œuvre de la GIRE au Cameroun. Cette analyse s'inscrit donc dans une démarche prospective, dans la mesure où elle

[615] Quatre thèmes ont ainsi été retenus :

- Connaissances et usages des ressources en eau ;
- Cadre économique, financier et social ;
- Cadre législatif, réglementaire, institutionnel et ressources humaines ;
- Eau et environnement.

déblaie le terrain à emprunter en vue d'une meilleure gestion intégrée des ressources hydriques intérieures du Cameroun.

La mise en œuvre de la GIRE, en tant que processus participatif dans la gestion centrifuge du champ hydro-politique intérieur du Cameroun, s'appuie sur les principes énoncés lors du Sommet de Dublin et de Rio. Ces deux rencontres internationales qui se sont tenues en 1992 ont, en effet, défini des principes généraux, des approches et des lignes directrices en vue d'une exploitation coordonnée des ressources en eau. Ces sommets ont identifié quatre principes dont la mise en œuvre peut contribuer efficacement à l'implémentation de la GIRE. Aux fins d'une meilleure analyse, il nous a paru opportun de les regrouper au sein deux principales rubriques se rapportant soit à la ressource hydrique elle-même soit aux acteurs impliqués dans la gestion du champ hydro-politique.

La première catégorie de principes se rapporte à la protection et à la sauvegarde de la ressource hydrique face à la dégradation croissante de l'environnement. Le principe retenu par le Sommet de Rio peut s'énoncer en ces termes : l'eau est une ressource limitée et vulnérable. En d'autres termes, "*l'eau douce, ressource fragile et non renouvelable, est indispensable à la vie, au développement et à l'environnement*"[616]. En tant que ressource indispensable à tous les niveaux d'usage, l'eau doit être gérée dans une approche globale qui concilie les nécessités du développement socio-économique et les impératifs de préservation des écosystèmes naturels.

Bref, ce principe souligne le besoin d'une approche intégrée de la gestion en prenant en compte toutes les caractéristiques du cycle de l'eau et son interaction avec les autres ressources et écosystèmes naturels. L'eau est nécessaire à de nombreuses fins, et est liée à divers services et fonctions. Par conséquent, la GIRE doit prendre en compte les exigences et menaces liées à cette ressource. L'eau est d'abord une ressource limitée. En effet, sur le plan empirique, le cycle de l'eau produit naturellement une quantité immuable et fixe

[616]MINEE/GWP, *Plan d'Action National de Gestion Intégrée des Ressources en Eau (PANGIRE). Etat des lieux du secteur : Cadre législatif, réglementaire, institutionnel et ressources humaines*, n°4, décembre 2009, document provisoire, p. 15.

d'eau. Cette quantité globale ne peut être modifiée de manière conséquente par une intervention humaine. Cependant, l'eau reste fondamentalement une ressource vulnérable. Sa qualité est menacée par des activités anthropiques. Les analyses antérieures ont par exemple montré que dans la zone côtière du Cameroun, les déversements des effluents et dans les cours d'eau littoraux constituaient une atteinte grave à la sauvegarde de l'environnement. De plus, il a été également démontré que les activités humaines pouvaient diminuer, altérer, voire modifier les schémas d'utilisation des terres (boisement, déboisement, urbanisation). La reconfiguration des espaces hydriques peut créer des conflits entre les usagers en aval et en amont. C'est pourquoi dans le cadre de la GIRE, les usagers en amont doivent prendre en considération les besoins légitimes de ceux qui sont en aval.

En dehors de la dimension limitative et vulnérable de l'eau, le Sommet de Rio a également énoncé un principe lié à la ressource hydrique. Il s'agit, suivant l'énumération faite par ce Sommet, du quatrième principe de la GIRE. Celui-ci se rapporte à la dimension économique et sociale de l'eau[617]. Ce principe est généralement attaqué par des partisans des cercles intellectuels altermondialistes, voire antimondialistes qui dénient à l'eau toute valeur marchande. Cette représentation capitaliste de l'eau est contraire à la vision africaine traditionnelle de l'eau qui se ramène à un bien gratuit et non-marchand, au même titre que l'air. On a coutume de dire qu'on ne vend pas l'eau ! Par contre, pour le Sommet de Rio, "*trop souvent, les erreurs commises dans le passé en matière de gestion des ressources en eau découlaient du fait que l'eau était considérée comme une ressource gratuite ou, du moins, que la valeur totale de l'eau n'était pas prise en compte*"[618].

Le caractère économique de l'eau peut se justifier, au moins, à deux niveaux. D'une part, dans un contexte marqué par la concurrence et la compétition en vue de l'accès à une ressource limitée, une

[617] Il faut noter ici que l'eau est considérée comme "*un bien économique*" dans les principes de Dublin, alors que le chapitre 18 d'Agenda 21 fait état d'"*un bien économique et social*".
[618] Comité Technique Consultatif (Partenariat Mondial pour l'Eau), *op. cit.,* p. 24.

conception non-marchande et sacralisée de l'eau ne peut que déboucher sur des gaspillages et des pertes. Par conséquent,

> "*fixer un prix à l'eau revient à appliquer un instrument économique en vue d'orienter les comportements vers la préservation et une utilisation rationnelle de l'eau, de favoriser une gestion axée sur la demande, de garantir le recouvrement des coûts et d'indiquer si les consommateurs sont prêts à payer pour des investissements supplémentaires dans des services d'approvisionnement*"[619].

D'autre part, l'eau a une importance certaine en tant que bien social concourant à la satisfaction des besoins fondamentaux. En tant que bien économique, l'eau a également une valeur reconnue dans la mesure où elle est affectée à différents usages concurrentiels. D'où la nécessite de substituer le principe de la *gratuité de l'eau* dans toutes ses formes d'usage par celui de *l'eau payée* en fonction d'un système de tarification compatible aux spécificités de chaque usage, en tenant compte du pouvoir d'achat de toutes les couches sociales[620].

Parmi les quatre principes directeurs élaborés par les Sommets de Rio et de Johannesburg dans le cadre de l'implémentation de la GIRE, deux sont relatifs aux ressources humaines. Or, jusqu'ici, nous avons vu que la ressource hydrique elle-même doit face l'objet d'une approche globale et concertée en vue de l'instauration des relations pacifiées entre les différents utilisateurs. En réalité, si l'eau doit être appréhendée comme un bien limité et économique, il reste qu'elle est intrinsèquement dénuée de toutes significations. Ce sont bien les différents utilisateurs qui lui donnent une signification au gré de leurs représentations et de leurs intérêts. Les différents sommets de la Terre ont relevé cette dimension ambivalente des constructions sur l'eau, généralement appréhendée tantôt comme une source de conflit tantôt comme un facteur de paix et de coopération.

Au rang des principes liés aux ressources humaines, on peut tout d'abord évoquer l'approche participative. Le développement et la gestion de l'eau devraient, en effet, être fondés sur une démarche

---

[619] *Ibid.*,

[620] GWP, *PANGIRE. Cadre législatif, réglementaire…, op. cit.*, p. 17.

intégrative et concertée qui implique tous les usages, les planificateurs et les décideurs à tous les niveaux. Il s'agit ici d'un défi qui incombe à l'Etat centralisateur qui s'est toujours positionné en tant qu'acteur dominant et dominateur dans le champ hydro-politique camerounais. L'enjeu serait donc de procéder au décentrement du centre dans la gestion des ressources hydriques à travers l'implication des acteurs périphériques. L'effacement de l'Etat, et non sa disqualification, pourrait contribuer à susciter une démarche participative qui favorise le partenariat public-privé.

L'approche participative peut se révéler, à bien des égards, difficile à cerner. D'une manière générale, elle va bien au-delà de la simple consultation. En effet, une participation efficace revient à permettre aux différents acteurs périphériques, et à tous les échelons de la strate sociale, d'avoir une action déterminante dans le processus de prise de décisions. Elle ne peut par conséquent se limiter aux mécanismes de consultation, tels que les comités ou les commissions qui n'ont pour objet que de légitimer des décisions déjà prises en amont[621].

La mise en place du PANGIRE au Cameroun doit également prendre en compte l'approche genre. De tout temps, le champ hydro-politique intérieur est travaillé des hommes qui agissent soit individuellement soit à travers des institutions hydriques. A ce niveau, on observera qu'aucune femme n'a encore assumé des fonctions à la tête d'un département ministériel en charge des questions de l'eau. Les institutions péri-hydriques sont également animées par des hommes. Pis encore, "*les arrangements institutionnels relatifs à la mise en valeur et à la gestion des ressources en eau tiennent rarement compte du rôle primordial des femmes comme utilisatrices d'eau et gardiennes du milieu vivant*"[622].

Les femmes sont par conséquent réduites aux ressources résiduelles du champ hydro-politique du Cameroun. Il est incontestable que les femmes jouent un rôle primordial en matière d'approvisionnement et de préservation de l'eau à des fins ménagères et, bien souvent, agricoles, mais que leur influence est moindre par rapport aux hommes en ce qui concerne la gestion, l'analyse des problèmes et le

[621]Comité Technique Consultatif (Partenariat Mondial pour l'Eau), *op. cit.*, p. 17.
[622]GWP, *PANGIRE. Cadre législatif, réglementaire..., op. cit.*, p. 15.

processus décisionnel liés à l'eau[623]. Au vu de leurs interventions répétées dans les secteurs d'activités liés à l'eau (approvisionnement en eau des ménages, agriculture, etc.), les femmes devraient jouer un rôle plus accru dans tous les processus de prise de décision.

En somme, le chemin vers l'adoption du PANGIRE reste encore très insidieux pour le Cameroun. Car, il s'agira pour l'Etat de se déprendre de certaines de ses prérogatives en vue de la promotion d'une approche partenariale de la gestion des ressources hydriques intérieures. La construction du modèle managérial centrifuge peut donc se décliner en un décentrement de l'Etat au profit d'un meilleur repositionnement des forces périphériques dans le champ hydro-politique.

B- La consécration du modèle de la GIRE dans le champ hydro-politique intérieur du Cameroun

En acceptant d'implémenter une nouvelle stratégie de gestion centrifuge de ses ressources en eau, le Cameroun mettait fin aux postures hégémoniques des acteurs du centre pour privilégier une approche participative. La GIRE a ainsi été consacrée comme le modèle efficace et efficient pour gérer de manière intégrée, responsable et durable les ressources hydriques. La mise en œuvre d'un tel processus débouche sur un changement radical de comportements des utilisateurs et un engagement vers une vision holiste dans la gestion des ressources en eau.

La présente analyse s'inscrit dans une approche prospective. En effet, le processus de la GIRE est en cours d'implémentation au Cameroun (2). Cependant, en tant qu'approche participative dans la gestion des ressources hydriques, la GIRE débouche sur une nouvelle structuration du jeu hydro-politique des différents acteurs nationaux et transnationaux (1).

---

[623]Comité Technique Consultatif (Partenariat Mondial pour l'Eau), *op. cit.,* p. 19.

1- Les enjeux de la mise en œuvre du processus de GIRE au Cameroun

La mise en œuvre du processus de la GIRE au Cameroun correspond à un contexte marqué par une gestion dispendieuse et fragmentée des ressources hydriques. D'une part, le manque de concertation dans l'utilisation des ressources hydriques a occasionné des gaspillages et de nombreuses pollutions de points d'eau. Cette situation justifie la tendance haussière actuelle de la consommation et du prix élevé de l'eau. L'eau est utilisée comme une ressource inépuisable. D'où la nécessité d'une révision des comportements. D'autre part, la gestion unilatéraliste des ressources hydriques a généré de nombreux conflits entre les différents utilisateurs de l'eau.

L'implémentation de la GIRE au Cameroun ne peut se faire qu'à travers une prise en compte des enjeux actuels liés à l'accès et à l'utilisation des ressources en eau. En ce qui concerne les besoins domestiques, l'accès à l'eau potable reste un défi majeur pour des populations tant en zone urbaine que rurale. Sur 42% de la population nationale n'ayant pas accès à l'eau potable, 58% est issu du milieu rural, contre 23% en milieu urbain.

La situation n'est pas non plus reluisante en ce qui concerne les besoins agricoles et pastoraux. Les aléas climatiques et les invasions acridiennes ne permettent pas un meilleur rendement des surfaces naturellement irriguées dans la partie septentrionale du pays. Le manque d'eau explique également les mouvements transhumants des ovins et des bovins vers les pâturages verdoyants du sud-Cameroun. Cependant, le bétail doit faire face à la menace endémique de la mouche tsé-tsé.

Les besoins hydroénergétiques du Cameroun sont croissants. Malgré son immense potentiel hydrologique, le Cameroun reste confrontée à un déficit énergétique qui se traduit par le rationnement de l'énergie électrique dans les centres urbains. Les grandes variations de débit sur le bassin versant de la Sanaga sont, en grande partie, responsables de cette crise énergétique. Pour y faire face, l'Etat a aménagé de nouvelles infrastructures hydrauliques pour améliorer la fourniture énergétique en vue de l'essor du secteur industriel[624].

En ce qui concerne l'utilisation des espaces hydriques aux fins de la navigation, nos analyses antérieures ont également montré que le trafic fluvial était modeste et peu répandu. L'explication la plus plausible de la léthargie de ce secteur est liée la présence des rapides, des récifs et de chutes sur le cours de plusieurs cours d'eau. D'autre part, l'ensablement et l'envasement sont des phénomènes endémiques dans certains cours d'eau. Toutes choses qui rendent difficile la navigabilité des cours d'eau au Cameroun.

Enfin, il a été observé que les végétaux flottants constituent actuellement une menace grave pour l'existence des cours d'eau et pour le développement des activités socio-économiques comme la pêche, le transport fluvial, la distribution d'eau, la production d'énergie hydro-électrique.

Au vu de tous ces défis, il est clair qu'une approche fragmentée et sectorielle ne peut permettre de résoudre de manière durable les problèmes inhérents à l'accès et à l'utilisation des ressources en eau au Cameroun. Par conséquent,

"seule une vision globale grâce à la mise en œuvre de la GIRE qui tienne compte de la dynamique des ressources en eau au sein des espaces naturels que sont les bassins hydrographiques ou les aquifères, avec une implication de l'ensemble des acteurs du domaine de l'eau dans un nouveau cadre de gestion, permettra de concilier au mieux l'ensemble des usages pour le développement continu du pays sans hypothéquer les capacités des générations futures à assurer le leur"[625].

Au final, la conduite réussie du processus de GIRE au Cameroun dépend des réponses apportées pour résoudre les problèmes cruciaux en matière d'eau qui se traduisent par les pénuries d'eau et les pollutions multiformes. Les défis ayant été identifiés, il reste maintenant

---

[624] A cet effet, l'Etat a construit de nouveaux barrages hydroélectriques pour augmenter l'offre énergétique du Cameroun (Memveélé, Lom-Pangar, Mekin, etc.)

[625] MINEE, *Processus d'Elaboration du PAGIRE…, op. cit.*, p. 23.

à voir comment le processus de la GIRE est mis en œuvre au Cameroun.

2- L'implémentation du processus de la GIRE au Cameroun

La gestion de l'eau, en tant que ressource naturelle non substituable, est une entreprise unique et singulière. Elle dépend non seulement du contexte géographique, historique, culturel et socio-économique de chaque pays, mais également de la volonté politique des pouvoirs publics. De ce point de vue, la mise en œuvre du processus de GIRE peut différer d'un pays à un autre. Il est intrinsèquement lié à la réalisation des réformes en matière de gestion participative des ressources en eau. Afin de créer l'intérêt politique indispensable, il faut focaliser ce processus sur la résolution des enjeux urgents et cruciaux en rapport avec les ressources en eau.

Au Cameroun, les besoins en infrastructures hydrauliques de base sont fondamentaux et constituent une préoccupation constante des autorités politiques. C'est pourquoi la première grande étape de déroulement du processus de GIRE (Etat des lieux) doit permettre d'identifier, entre autres, les besoins en équipements pour la satisfaction de la demande des populations en eau potable et en assainissement. Il sera par conséquent aisé d'entamer la réalisation d'un des objectifs du millénaire relatif à la réduction de moitié de la proportion de la population qui n'a pas accès à l'eau potable et à l'assainissement d'ici 2015.

Le succès de la conduite du processus de GIRE dépend en grande partie de la stratégie mise en œuvre par les différents partenaires. Aux termes des concertations et des consultations menées avec de certains partenaires de la société civile, le MINEE a élaboré un Document d'Orientation pour la mise en œuvre du PANGIRE au Cameroun. Ce Document d'Orientation ambitionne de proposer à l'ensemble des acteurs du domaine de l'eau, au regard des importants acquis existants déjà en la matière, une "feuille de route"[626] pour la conduite efficace, sur l'ensemble du territoire national, d'un processus de GIRE. Ce qui permettra de disposer à terme d'un

[626] *Ibid.*, p. 10.

PANGIRE. Il s'ensuit que trois orientations stratégiques doivent guider en permanence le processus de GIRE.

Le premier défi qui incombe au MINEE, en tant que plaque tournante de l'implémentation de la politique de GIRE, est de créer et d'animer un centre unique de pilotage du processus de gestion participative des ressources hydriques du Cameroun[627]. Or, jusqu'ici, l'absence d'un centre unique de réflexion de référence de la GIRE au niveau national, a favorisé la multiplication des initiatives unilatéralistes et monopolistiques de gestion des ressources en eau. Par conséquent, afin de s'assurer de la bonne exécution du projet, un Comité de Pilotage comprenant les représentants des différents ministères intervenant dans l'aménagement du territoire, la direction nationale du projet, et les représentants des partenaires au développement devra être mis en place. Sa principale mission sera de suivre trimestriellement la bonne exécution du projet en approuvant les programmes et budgets prévisionnels, ainsi que les rapports trimestriels d'activités y afférents[628].

La mise en place d'un centre unique de réflexion et de concertation ne consacre pas nécessairement le triomphe des positions hégémoniques des acteurs du centre, à l'instar du MINEE ou des organismes étatiques de gestion des ressources en eau. Il est plutôt question ici d'intégrer toutes les initiatives en vue d'une meilleure conduite du processus de GIRE[629]. Actuellement, il existe au Cameroun un potentiel important d'opportunités techniques et financières pour la mise en œuvre de la GIRE. Le besoin d'assurer le financement des différentes composantes du processus de GIRE peut conduire à développer d'autres initiatives avec certains partenaires au développement (Banque Mondiale, Union Européenne, Coopération Canadienne, Coopération Française et Danoise, etc.). Ces initiatives doivent être fédérées afin d'offrir au processus de GIRE, le maximum de chance de réussite et ce, dans un esprit de complémentarité satisfaisante pour toutes les parties prenantes au processus. Une telle synergie d'action est fondamentale, car le coût global pour

[627]*Ibid.*, p. 39.
[628]*Ibid.*, p. 40.
[629]*Ibid.*, p. 39.

la conduite du processus du PANGIRE est estimé à 1.523.335.275 FCFA[630].

Enfin, suivant les recommandations du Document d'Orientation pour la mise en œuvre du PANGIRE, il est nécessaire de créer une équipe pluridisciplinaire homogène, stable et compétente chargée de la conduite quotidienne du processus GIRE[631]. La conduite du processus GIRE est complexe, dans la mesure où, par définition, il s'agit d'une réforme aux implications politiques et socio-économiques énormes. Aussi est-il indispensable de disposer d'une équipe pluridisciplinaire dont le mandat principal sera d'assurer l'orientation stratégique du processus tout en garantissant l'implication de tous les acteurs du secteur de l'eau du pays pour l'élaboration du PANGIRE. Hormis le personnel administratif d'appui, les experts, fonctionnaires ou contractuels, composeront l'équipe de projet.

En somme, le Cameroun s'est engagé dans la voie d'une gestion intégrée de ses ressources hydriques. Cette nouvelle approche participative a deux principales conséquences. Tout d'abord, elle traduit la volonté des différents acteurs du champ hydro-politique intérieur de se considérer moins comme des partenaires pour une gestion des ressources en eau. Or, jusqu'ici, dans le but d'occuper des positions de pouvoir sur l'échiquier hydro-politique local, ils se percevaient comme des rivaux, voire des ennemis. D'autre part, la synergie d'action mise en place à travers le processus GIRE garantit une meilleure gestion durable et responsable des ressources en eau. Les gaspillages et les pollutions induits par une gestion monopolistique des ressources hydriques seront amenuisés grâce à la construction d'une communauté d'intérêts entre les différents acteurs du champ hydro-politique intérieur du Cameroun.

---

[630] *Ibid.*, p. 4.
[631] *Ibid.*, p. 39.

PARTIE III : LE GRAND JEU DES PUISSANCES MAJEURES DANS LA GESTION DES RESSOURCES HYDRIQUES TRANSFRONTALIERES DU CAMEROUN

Jusqu'ici, nos analyses précédentes ont montré qu'il existe un champ hydro-politique éclaté au Cameroun, alternant entre le local, le national, le transnational et l'international. Ce champ est structuré par des enjeux liés à la configuration des espaces hydriques. Les ressources hydriques deviennent ainsi stratégiques car elles suscitent l'appétit et la convoitise des acteurs locaux et transnationaux. En tant qu'agents structurant du champ hydro-politique du Cameroun, les acteurs étatiques et non-étatiques élaborent des stratégies, voire des stratagèmes pour s'approprier ces ressources, et occuper, par conséquent, des positions de domination et de pouvoir. On assiste ainsi à la constitution d'un "*Grand jeu*"[632] entre les puissances majeures du champ hydro-politique intérieur et extérieur du Cameroun.

En général, deux types de jeux ont été déployés par les acteurs dans leur quête et conquête des ressources en eau. En fonction des calculs hydro-politiques et de leurs intérêts propres, on peut distinguer des stratégies centripètes et centrifuges. Les Etats ont tout d'abord opéré des stratégies centripètes dans la gestion des ressources hydriques. Dans cette démarche, l'Etat considère les acteurs périphériques comme des opposants, et parfois, des ennemis qu'il doit repousser aux extrêmes confins du champ hydro-politique, dans sa quête des ressources stratégiques en eau (chapitre V). Pour ce faire, l'Etat doit occuper une position monopolistique dans le marché hydro-politique. Souvent, la gestion unilatérale de ces ressources hydriques peut déboucher sur des conflits larvés ou ouverts entre les différents acteurs du champ hydro-politique.

Par contre, dans le modèle centrifuge, on assiste à un démonopolisation du jeu hydro-politique jadis animé par le centre (chapitre

[632] Cette expression renvoie à la rivalité coloniale entre la Russie et la Grande Bretagne en Asie au XIXème siècle. Par extension, elle qualifie les luttes d'influence contemporaines entre les grandes puissances sur un échiquier géopolitique donné. A ce sujet, lire : Gérardinot Lemarchand (dir.), *op. cit.*, p. 270.

VI). Il est admis ici que la gestion concertée des ressources hydriques repose sur la prise en compte du rôle même de tous les acteurs du champ hydro-politique. D'inspiration libérale, voire néolibérale, cette approche repose sur le fait qu'il y a convergence d'intérêts et de vues entre les différents acteurs du champ hydro-politique. Ceux-ci se considèrent ici comme des partenaires. L'atteinte des intérêts des différents partenaires ne saurait être inconciliable. L'approche centrifuge est dominée par la logique du partenariat gagnant-gagnant. De ce point de vue, le centre et toutes les couches périphériques peuvent contribuer, à divers degrés, à la pacification des relations hydro-politiques.

Pour mieux structurer notre analyse, tout en validant cette catégorisation de jeux déployés en vue de l'accès aux ressources stratégiques, il nous semble approprié de nous appuyer sur la tension permanente qui existe entre le centre et la périphérie. En effet, l'opposition entre ces deux entités permet de mieux comprendre les logiques qui sous-tendent chaque type de jeu. Nous verrons, dans le cadre de cette analyse, qu'il existe une approche dialectique, une démarche par opposition, dans la gestion des ressources en eau du champ hydro-politique périphérique du Cameroun.

CHAPITRE V : RELENTS SOUVERAINISTES AUTOUR DE LA GESTION DES RESSOURCES HYDRIQUES PERIPHERIQUES DU CAMEROUN

En tant qu'espace de cristallisation des luttes de positionnement en vue de l'accès aux sources et ressources hydriques, le champ hydro-politique périphérique du Cameroun se présente comme une constellation d'acteurs étatiques et non-étatiques aux intérêts, par définition, différents, voire divergents. Cette divergence d'intérêts conduit à l'élaboration des jeux généralement centripètes et monopolistiques en vue d'un meilleur positionnement dans l'échiquier hydro-politique. D'autre part, le champ hydro-politique périphérique peut être appréhendé comme un espace stratégique dans la mesure où tous les acteurs qui le structurent mettent en place des jeux pour contrôler les ressources, et contrer par le fait même, les projections des forces concurrentes ou ennemies.

L'analyse des jeux opérés dans le champ hydro-politique périphérique du Cameroun peut se révéler intéressante à plus d'un titre. En effet, elle a le mérite de montrer comment deux entités étatiques qui assurent leur pleine souveraineté dans la gestion de leurs richesses nationales, sont obligées, face à la présence d'autres acteurs affranchis ou non des valeurs et normes nationales, de revoir leurs prétentions légitimes sur les ressources transnationales. Dans ce cas, on peut s'interroger sur les différentes stratégies élaborées par ces Etats pour s'approprier des ressources qui, bien que situées sur leur territoire, ne peuvent plus être gérées de manière souverainiste.

En réalité, dans la gestion des ressources transfrontalières, les jeux déployés par les formations étatiques se sont généralement ramenés à une dynamique centripète. Ce schéma consiste à dire que "*tout Etat a le droit inaliénable de disposer librement de ses richesses et de ses ressources naturelles conformément à ses intérêts et dans le respect de l'indépendance économique des Etats*"[633]. Sur le plan juridique, cette résolution de l'Assemblée Générale de l'ONU a souvent fondé l'unilatéralisme de certains Etats dans la gestion des

[633] Résolution 1803 (XVII) du 14 décembre 1962 de l'Assemblée Générale de l'ONU.

ressources transfrontalières. La volonté de puissance des formations étatiques se traduit par des positions et des postures monopolistiques dans la gestion des ressources hydriques transnationales (section I). La configuration des bassins hydrologiques peut certes conférer un positionnement avantageux dans la course effrénée aux sources et ressources hydriques stratégiques. Cependant, le leadership sur l'échiquier hydro-politique sous-régional se construit et se reconstruit, en fonction de ses intérêts propres, et des jeux élaborés par les adversaires.

Dans cette dynamique centripète, les hydro-puissances hégémoniques imposent leur domination sur les autres Etats. Il arrive également que ces derniers, au risque d'être relégués vers les confins éculés du champ hydro-politique, élaborent des stratégies de puissance ou de nuisance pour contrer le jeu monopolisant mis en œuvre par les Etat puissants. Dans ce cas, cette divergence d'intérêts et d'approches dans la gestion des ressources périphériques peut déboucher sur une confrontation ouverte ou larvée entre les Etats riverains (section II).

Section I : Configuration et reconfiguration du champ hydro-politique périphérique du Cameroun

Le champ hydro-politique n'est pas un espace fixe, figé et immuable qui scellerait, une fois pour toutes, les rapports entre les différents acteurs. Il s'agit plutôt d'une configuration de relations construites et caractérisées par la concurrence en vue de l'accès aux ressources stratégiques. La possession de ces ressources constitue un capital, et par conséquent, donne droit aux positions de domination. C'est d'ailleurs le cas du champ hydro-politique périphérique du Cameroun qui est sans cesse construit et reconstruit par les acteurs en quête de puissance (§1). Le caractère dynamique de l'échiquier hydro-politique transnational du Cameroun débouche finalement sur un essor et une redistribution de la puissance, en fonction des jeux des uns et des autres (§2). A terme, on peut obtenir une configuration pyramidale de la puissance dans le champ périphérique du Cameroun.

§1 : Structuration de la puissance dans les bassins transfrontaliers du Cameroun

L'appréhension d'un véritable champ hydro-politique périphérique ne peut pas s'opérer à partir des catégories épistémologiques et paradigmatiques actuelles. En effet, les Communautés Economiques Régionales (CER) actuelles ne reposent pas sur des fondements hydro-politiques. Elles apparaissent davantage comme des constructions arbitraires, sans philosophie ni orientation géopolitiques. L'enlisement du processus d'intégration peut s'expliquer par conséquent, par un morcellement approximatif des CER, sans véritable ancrage géo-historique, géoculturel et géopolitique.

La problématique du morcellement de nouvelles entités politiques conformes aux enjeux hydro-politiques actuels peut permettre de comprendre les constructions géopolitiques qui ont sous-tendu la dénomination des Etats en Afrique (A). Ce défi relevé, il ne restera plus qu'à esquisser un nouveau morcellement géopolitique des régions africaines afin de mieux percevoir les jeux mis en place par les formations étatiques et non-étatiques pour le contrôle des sources ressources hydriques périphériques (B).

A- Fondements historiques et constructions hydro-politiques des Etats des bassins transfrontaliers du Cameroun

D'une manière générale, la dénomination des Etats a toujours pris en compte les particularités et les particularismes liés à l'histoire ou à la géographie de chaque peuple. Ces caractéristiques dominantes et déterminantes qui se voulaient singulières, constituaient, en quelque sorte, la carte d'identité particulière de l'Etat nouvellement construit. La nécessité d'un ancrage historique, géographique ou géo-historique a toujours été un enjeu d'autonomisation politique, voire géopolitique, dans un contexte dominé par une pluralité de formations étatiques.

L'intérêt de l'analyse que nous nous proposons de mener se situe dans l'effort de déceler les logiques éventuellement hydro-politiques qui ont sous-tendu la formation des Etats limitrophes des bassins hydrologiques du Cameroun. Au-delà de tout déterminisme historique et géographique, une telle démarche a le mérite de montrer les orientations "*hydronymiques*" dans la construction des Etats des bassins transfrontaliers à régime irrégulier (1) et régulier (2) du Cameroun.

1- Dans les bassins transfrontaliers à régime irrégulier

Grâce à son hydrologie contrastée, alternant entre les zones arides et les régions fortement arrosées, le Cameroun, se situe au cœur de l'hydro-politique de l'Afrique. En tant qu'*Afrique en miniature*, ce pays illustre toute la permanence et la variabilité de l'hydrologie du continent africain. De ce point de vue, le Cameroun est inséré dans le champ hydro-politique couvert par les bassins transfrontaliers à régime irrégulier. Il s'agit notamment des espaces hydro-politiques de l'Autorité du Bassin du Niger (ABN) et de la Commission du Bassin du Lac Tchad (CBLT).

Dans l'espace hydro-politique reconstruit ABN-CBLT, le processus de dénomination des Etats amorcé déjà pendant la période coloniale, s'est poursuivi au lendemain des indépendances. Le débat était cristallisé autour de la question du nom approprié à attribuer aux nouveaux Etats indépendants. Deux modèles vont ici se présenter. D'une part, les partisans d'une approche historique postulaient que la dénomination de l'Etat devait se fonder sur le passé glorieux des peuples locaux. Cette démarche apparaissait comme une reprise des royaumes précoloniaux qui avaient présenté une organisation politique et sociale quasi-moderne. L'enjeu était non seulement de reproduire l'apogée de ces anciens royaumes, mais également de s'inspirer de certaines figures emblématiques ou héroïques. Le recours permanent aux référents historiques permettait de suivre une trajectoire endogène au moment où les Etats nouvellement indépendants tentaient de se défaire des modèles occidentaux dominants. De façon non exhaustive, le Mali, le Ghana (ancien Gold Coast) et le Dahomey[634] (actuel Bénin) ont puisé, dans leur histoire, la dénomination de leur Etat.

---

[634] L'un des monarques les plus mythiques du royaume du Dahomey, le roi Béhanzin (ayant pour emblème le requin) attaqua en 1890 les Français à Cotonou, garda 73 jours des otages français, puis assiégea d'autres villages proches de Porto-Novo protégés des Français.

En ce qui concerne le référent géographique, il a été également au cœur de la construction identitaire des pays du bassin du Niger. Le Burkina Faso, ancienne Haute Volta a longtemps porté le nom du principal cours d'eau qui l'arrose (la Volta) avant d'être rebaptisé *"pays des hommes intègres"*. Le nom *mali,* qui trouve des fondements dans les langues bambara, mandingue et dioula, désignerait, en réalité, l'un des animaux emblématiques du pays : l'hippopotame. Ce mammifère pachyderme fréquente, en effet, les eaux du fleuve Mali. Etymologiquement, le mot *hippopotame*, qui dérive deux mots grecs *hippos* (cheval) et *potamos* (rivière), signifie *cheval de rivière*. Tout comme le Mali, le nom Sénégal semble avoir une origine mythique. Selon l'Abbé David Boilat, le nom Sénégal procèderait de la déformation de l'expression wolof *suñu gaal*, "notre pirogue". Cette image a longtemps inspiré les médias et les hommes politiques dans la mesure où elle constitue un référent essentiel dans la construction de l'unité nationale. La thèse de l'Abbé David Boilat est largement contestée par une partie de la classe intellectuelle sénégalaise[635].

Le Tchad a également une origine aquatique. En effet, emprunté au kanouri (l'une des langues locales), le mot *tchad* désigne une grande étendue d'eau. Originellement, cette appellation fut attribuée au lac Tchad, vaste mer fermée qui arrose les régions transfrontalières du Tchad, du Cameroun, du Niger et du Nigeria. On peut par ailleurs remarquer que ces deux derniers pays ont des dénominations relatives au fleuve Niger. Pourtant, l'étymologie du nom fleuve Niger est controversée. Pour certains experts, le mot Niger ne serait que la traduction du latin *niger* (noir). Cette origine semble peu plausible pour d'autres spécialistes qui posent que les Portugais, premiers explorateurs et colonisateurs des côtes africaines, auraient, dans ce cas, baptisé ce cours d'eau, *rio negro*[636]. Pour eux, l'étymologie la plus probable est que le Niger tienne son nom du touareg "*gher n gheren*" ("fleuve des fleuves"), abrégé en "*ngher*" dont l'usage est assez répandu le long des rives à Tombouctou.

---

[635] A ce sujet, lire : Saliou Kandji, *Sénégal n'est pas Sunugal, ou de l'étymologie du toponyme Sénégal*, Dakar, Presses universitaires de Dakar, 2006.

[636] C'est le cas avec le Rio Muni (Guinée Equatoriale), le Rio dos Cameroes (ancien Wouri), Rio del Rey (Cameroun), Rio de Janeiro (Brésil),

Au final, sur les 9 pays de l'espace hydro-politique ABN-CBLT[637], seuls le Burkina Faso et le Bénin ont actuellement des dénominations non-hydronymiques. Les autres pays ont des dénominations qui évoquent tantôt des cours d'eau (Tchad, Niger et Nigeria) et les régions côtières (Côte d'Ivoire), tantôt la faune aquatique (Cameroun, Guinée et Mali).

2- Dans les bassins transfrontaliers à régime régulier

En tant que pays fortement arrosé dans sa partie méridionale par des cours d'eau permanents, le Cameroun se trouve inséré dans les bassins transfrontaliers à régime régulier. Si on prend uniquement en compte les périphéries frontalières du Cameroun, deux principaux bassins hydrologiques se retrouvent à la lisière avec d'autres Etats. Il s'agit des bassins du Congo et de l'Atlantique qui sont insérés dans le jeu hydro-politique sous-régional dans le cadre respectif de la Commission Internationale du Bassin du Congo-Oubangui-Sangha (CICOS) et de la Commission du Golfe de Guinée (CGG). Dans le cadre de cette analyse, nous n'étudierons que les pays limitrophes du Cameroun qui se retrouvent dans l'espace CICOS-CGG, à savoir la RCA, le Congo, le Gabon et la Guinée Equatoriale.

Si près de 78% des pays de l'espace hydro-politique reconstitué ABN-CBLT ont des dénominations hydronymiques, les statistiques sont encore plus impressionnantes dans l'espace CICOS et de la CGG. En effet, la quasi-totalité des pays de l'espace CICOS-CGG ont une toponymie qui tient aux cours d'eau. Le recours massif à l'hydronymie peut se justifier ici par l'importance du réseau hydrologique. Cet espace hydro-politique se présente comme une gigantesque éponge d'eau. Rien d'étonnant donc si la logique hydronymique a présidé à la dénomination des Etats. Dans l'espace reconstitué CICOS-CGG, tous les pays tiennent leur nom des sources ou des ressources hydriques. En ce qui concerne les sources, la République du Congo tient son nom du fleuve Congo et de ses principaux affluents qui l'arrosent du nord au sud (l'Alima et la Sangha). D'autre part, l'ancien territoire français de l'Oubangui-Chari a été débaptisé pour devenir, au moment de son indépendance, la République centrafricaine (RCA).

---

[637] Il s'agit du Bénin, du Burkina Faso, du Cameroun, Côte d'Ivoire, Guinée, Mali, Niger, Nigeria et Tchad.

Par ailleurs, les ressources du milieu maritime ont été mobilisées pour désigner trois Etats. Il s'agit tout d'abord du Cameroun dont les origines sont très controversées. La première allusion historique aux côtes camerounaises se retrouverait dans le récit dit "*périple d'Hannon*", d'après un texte grec très controversé. Au Ve siècle avant J.-C., ce Carthaginois aurait atteint le mont Cameroun qu'il baptisa alors le "*Char des Dieux*". Il est donc clair que la première dénomination du Cameroun tient à la toponymie, la montagne à l'occurence. La mutation vers une logique hydronymique ne s'est opérée que plus de 20 siècles plus tard. En effet, en 1472, les hommes du marin portugais Fernando Pô, en entrant dans l'estuaire du Wouri, auraient été conquis par l'abondance des crevettes dont regorgeait ce fleuve. Ils ont fini par l'appeler *Río dos Camarões* (rivière des crevettes). Les marins anglais adoptèrent également ce nom en l'anglicisant ; d'où le nom actuel de *Cameroon* (en anglais).

Les origines sémantiques du terme *Guinée* semblent très controversées, ce d'autant que cette appellation a été attribuée à plusieurs autres pays africains (Guinée Bissau, Guinée Conakry, Guinée Equatoriale) et océanien (Papouasie Nouvelle Guinée). Tous ces pays ont la caractéristique d'abriter des populations noires ou aborigènes. C'est pourquoi, pour certains spécialistes, le terme *guinée* origine du mot berbère *aguinau* ou *aguinaw* ("le pays des hommes noirs"). Quelle que soit l'interprétation historique donnée, il faut toutefois convenir que ces pays ont également une ouverture à la mer. Il est donc possible que leur dénomination tienne à cette situation géographique ou aux ressources qui s'y trouvent. Dans ce cas, la dénomination de la Guinée Equatoriale (ancienne *Guinée Espagnole*) semble liée aux ressources halieutiques. En effet, la guinée est un "*poisson pélagique côtier pouvant atteindre 90 cm, commun en Afrique de l'Ouest mais peu estimé en raison de sa chair fade contenant de nombreuses arêtes*"[638]. Enfin, le nom Gabon viendrait du terme portugais gabao, vêtement porté par les marins dont la forme évoquerait l'estuaire du fleuve. Le *gabao* portugais correspond au *caban* français, veste croisée en drap épais porté généralement par les matelots.

---

[638] *Ibid.*, p. 579.

Au final, on peut constater que l'orientation hydronymique des pays situés dans les bassins transfrontaliers du Cameroun n'a pas eu une action décisive sur leur avenir. Au contraire, on assiste à une faible animation des activités marchandes et navales dans les espaces maritimes, lacustres (lac Tchad), et fluviaux (Congo, Niger, Mali). Toutes choses qui contribuent à dépasser une éventuelle lecture déterministe de l'histoire qui lierait les orientations hydro-politiques d'un Etat à son hydronymie originelle.

B- Esquisse d'un découpage hydro-politique de nouvelles sous-régions africaines

Une meilleure analyse de la structuration de la puissance dans les bassins transfrontaliers est inopérante dans le cadre des morcellements actuels des sous-régions africaines. En effet, le découpage des entités géopolitiques amorcé dans le Plan d'Action de Lagos (1980) et concrétisé dans le Traité d'Abuja (1991) a conduit à la fragmentation du continent africain en cinq sous-régions suivant la logique des points cardinaux (Nord, Sud, Est, Ouest et Centre). Or, ce morcellement arbitraire n'a pas suffisamment pris en compte les éléments historiques, culturels et géographiques intégrateurs de chaque région africaine. Rien d'étonnant donc si la formation des couples saisonniers en l'absence d'un leadership avéré a conduit au délitement de plusieurs sous-régions, à l'instar de l'Afrique centrale[639].

En général, les chercheurs qui ont procédé au découpage des régions géopolitiques en Afrique ont adopté, au moins, trois grandes variables sur laquelle se fonde la dynamique intégratrice actuelle. La première qui repose sur la prise en compte de la dimension sociodémographique débouche inexorablement sur la dichotomie inappropriée Afrique noire/Afrique blanche[640]. A bien des égards, ce modèle parait réducteur puisqu'on observe, partout en Afrique, un brassage des populations locales et au métissage culturel (Afrique du sud,

[639]Joseph-Vincent Ntuda Ebode, "La redistribution de la puissance en Afrique médiane CEMAC : la nouvelle configuration des alliances sous-régionales" in *Enjeux*, n° 22, janvier-mars 2005, pp. 34-37.

[640]Voir : Marc-Louis Ropivia, "Géopolitique et géostratégie : l'Afrique noire et l'avènement de l'impérialisme tropical gondwanien" in *Cahiers de géographie du Québec*, vol 30, n°79, avril 1986, pp. 5-19 ; Michel Foucher, *Fronts et frontières. Un tour du monde géopolitique*, Fayard, Paris, 1991.

Zimbabwe, etc.). La deuxième variable est sociolinguistique[641] et se caractérise par la distinction Afrique francophone, anglophone, hispanophone, lusophone, latine, etc. Cette approche pèche par son caractère boréo-centré car elle minore les réalités linguistiques africaines (swahili, lingala, berbère, etc.).

La troisième variable, aux allures hydro-politiques, se présente comme une alternative aux deux précédentes. Elle a une orientation tantôt continentaliste tantôt maritimiste. Dans le premier cas, le découpage des espaces géographiques repose sur la mise en exergue des aires hydrologiques continentales. A la suite de David Blanchon, nous pouvons distinguer "*trois Afrique*", à savoir : l'"*Afrique du peu d'eau*" (les zones désertiques du Sahara, du Namib et du Karoo), l'"*Afrique du trop-plein d'eau*" (la façade littorale du Golfe de Guinée et du bassin du Congo) et "*la majeure partie du continent marquée par une forte variabilité des précipitations*"[642]. Nous désignerons ce dernier ensemble comme "*l'Afrique du ni peu ni trop plein d'eau*". Mais, à l'observation, un tel schéma offre peu de perspectives en matière de coopération en vue d'une véritable intégration en Afrique.

Enfin, l'orientation maritimiste a été envisagée par le géographe gabonais Albert Didier Ougoulat qui, procédant au morcellement des espaces géopolitiques africains, distinguait : au nord, l'Afrique méditerranéenne ; à l'est, l'Afrique érythréenne ; au sud-est, l'Afrique indianocéanique ; et, l'Afrique Atlantique dans laquelle "*se localise le secteur maritime du golfe de Guinée qui souvent, est mis pour Afrique centrale*"[643]. Cette caractérisation ne nous satisfait pas également car elle exclut tout ancrage continental : il serait par exemple difficile de situer géopolitiquement les Etats enclavés, à l'instar du Tchad ou de la RCA.

---

[641]Lire principalement : Joseph-Vincent Ntuda Ebode, "Géopolitique des régions africaines : quel destin pour l'Afrique médiane latine ?" in *Diplomatie magazine*, n° 11, 38-45 ; "Francophonie et piraterie maritime dans le Golfe de Guinée" in *Les Cahiers de la Revue Défense nationale,* hors-série, janvier 2010, pp. 24-36.

[642]David Blanchon, "La question de l'eau en Afrique : de la variabilité climatique aux tensions hydro-politiques" in *Géopolitique*, n° 107, octobre 2009, p. 65.

[643]Albert Didier Ogoulat, "Afrique centrale et golfe de Guinée : géopolitique des termes de l'échange entre deux régionymes sous-continentaux" in *Enjeux*, n° 26, janvier-mars 2006, p. 7.

En conséquence, il faudrait sans doute abandonner cette voie aporétique qui consiste à opérer une opposition inadéquate entre continentalité et maritimité. Une approche conjonctive serait particulièrement pertinente pour construire les régions géopolitiques africaines, condition *sine qua non* d'une véritable dynamique intégrative. L'objectif de la présente analyse est de procéder à un meilleur découpage des sous-régions africaines en fonction de la configuration de leur bassin hydrologique, afin de mieux y déceler la répartition de la puissance hydro-politique.

1- Les sous-régions hydro-politiques transfrontalières du Cameroun

Le nouveau découpage des communautés sous régionales auquel nous adhérons contribue à la reconfiguration du champ hydro-politique périphérique du Cameroun. Cinq régions hydro-politiques apparaissent ainsi en fonction de la configuration transfrontalière des bassins hydrologiques. Elles épousent partiellement les contours actuels des sous-régions africaines.

Tout d'abord, dans la perspective d'un morcellement des espaces territoriaux envisagé sous le prisme de l'hydro-politique, l'Afrique centrale peut fort opportunément être substituée par le bassin du Congo. De loin la sous-région la plus pourvue en ressources naturelles, le bassin du Congo se présente comme un scandale géologique, l'un des poumons du globe, voire l'une des principales provinces pétrolifères et aquifères du continent. Couvrant une superficie cumulée de 3.699.149 km^2 soit 12,4% du continent, le bassin du Congo est le plus vaste complexe hydrologique africain. Il arrose les pays suivants : l'Angola, le Burundi, le Cameroun, la RCA, le Congo, la RDC, le Rwanda, la Tanzanie et la Zambie.

Pourtant, contrairement aux autres bassins, celui du Congo n'a débouché que sur la création d'une organisation partielle de bassin (Commission Internationale du bassin Congo-Oubangui-Sangha, en abrégé CICOS). En effet, plusieurs Etats riverains du fleuve Congo et de ses principaux affluents n'appartiennent pas au CICOS[644] qui a pourtant la prétention de mettre au point une stratégie de gestion commune des sources et ressources hydriques. Aujourd'hui, la

[644] On peut citer l'Angola, le Burundi, le Rwanda, la Tanzanie et la Zambie.

CICOS ne regroupe que quatre pays, à savoir le Cameroun, la RCA, le Congo et la RDC. La vocation de cette organisation est de s'étendre à l'ensemble des pays arrosés par le Congo et ses affluents.

<u>Carte</u> 17: Sous-région hydropolitique du Congo

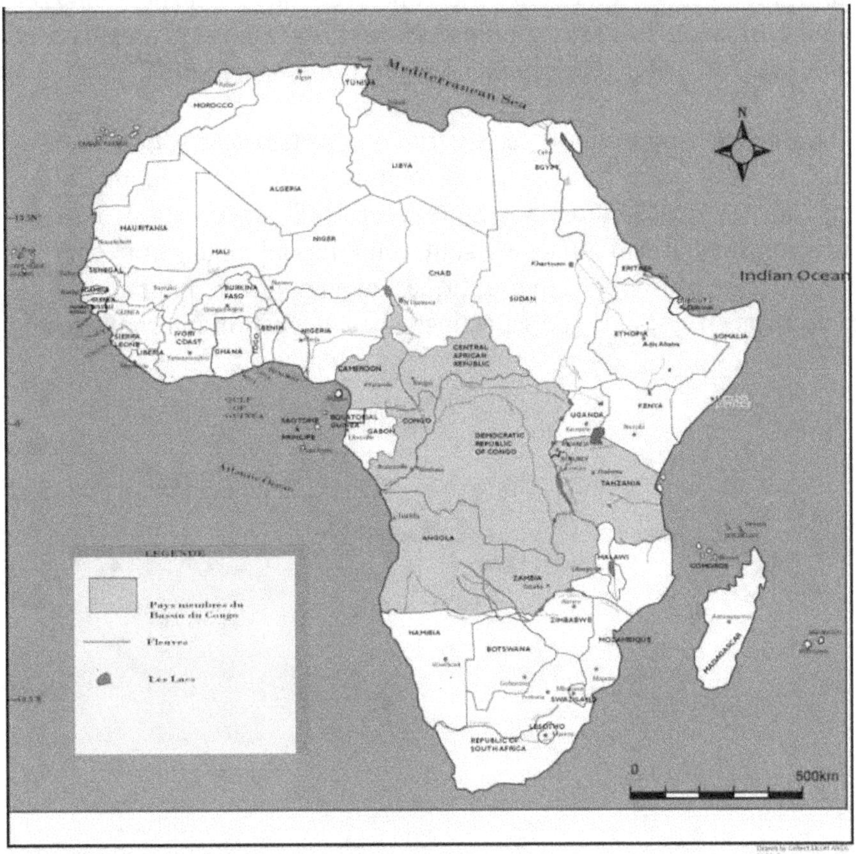

SOURCE: Atlas of Africa , Les Editions du JAGUAR, 2000
Modified By EBOGO Frank

Constituée des complexes hydrologiques regroupant les espaces hydro-politiques de l'Autorité du Bassin du Niger (ABN) et de la Commission du Bassin du Lac Tchad (CBLT), la deuxième aire hydro-politique englobe l'espace CEDEAO, plus le Cameroun et le Tchad. De ce point de vue, l'ancienne Afrique de l'Ouest peut être valablement remplacée par le nouvel espace hydro-politique de l'ABN/CBLT à laquelle viendront se greffer les pays qui, à l'instar du Sénégal, du Togo et du Ghana, ne sont arrosés ni par le Niger ni par le lac Tchad. La sous-région hydro-politique ABN/CBLT apparait ainsi comme une :

"région très contrastée, présentant des déserts arides et des oasis abondamment arrosés. Les principaux cours d'eau de la région (Niger, Sénégal, Gambie, Volta, etc.) prennent leur source dans le château d'eau de la Guinée, avant de traverser des zones sahéliennes où les déficits pluviométriques sont chroniques depuis le début des années 70. Ces cours d'eau permettent un transfert interzonal d'eau douce des régions humides vers les régions arides, créant ainsi une forte interdépendance des pays ouest-africains"[645].

Dans cette sous-région, le Nigéria, nonobstant sa position de pays situé en aval des fleuves transfrontaliers (Niger, Bénoué, etc.), apparait comme la seule véritable hydro-puissance, car il possède suffisamment d'influence au sein d'un bassin pour empêcher la construction d'ouvrages hydrauliques ou au contraire pour établir un consensus en sa faveur dans les instances de gestion internationale.

---

[645]Frank Ebogo, "Reconquête des espaces hydriques continentaux en Afrique de l'Ouest... ", *op. cit.*, p. 22.

Carte 18: Sous-région hydropolitique de l'ABN/CBLT

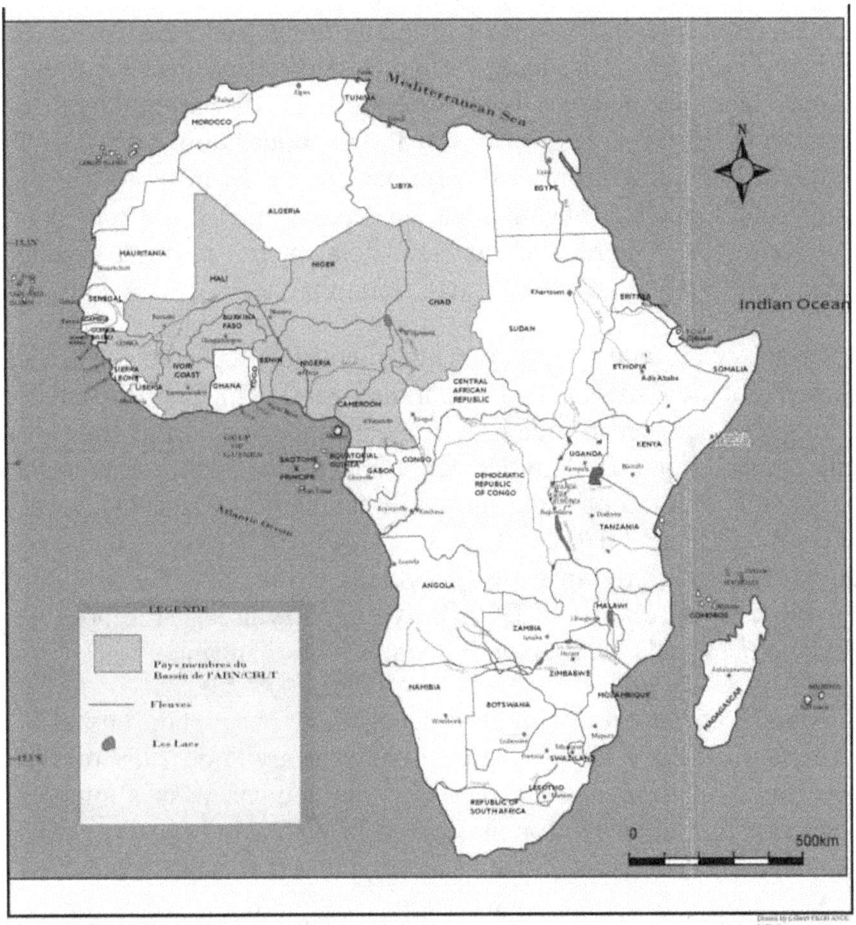

SOURCE: Atlas of Africa, Les Editions du JAGUAR, 2000
Modified By EBOGO Frank

Au final, le champ hydro-politique du Cameroun est constitué de deux nouveaux espaces géopolitiques, à savoir le CICOS et l'ABN-CBLT. Le Cameroun se projette dans ces espaces transfrontaliers à la quête des ressources stratégiques pour se positionner en tant que puissance dans le champ hydro-politique sous-régional. Par ailleurs, il serait intéressant d'étudier les autres régions hydro-politiques non transfrontalières qui peuvent néanmoins influencer le jeu des Etats riverains du Cameroun.

2- *Les sous-régions hydro-politiques non-transfrontalières du Cameroun*

Dans notre démarche de construction de nouvelles sous-régions africaines sur la base des logiques hydro-politiques, nous venons distinguer deux principaux blocs géopolitiques transfrontaliers du Cameroun. En effet, les espaces hydro-politiques de l'ABN-CBLT et du CICOS structurent et déterminent le jeu hydro-politique du Cameroun tant sur le plan national qu'international. Tel n'est pas le cas des autres sous-régions qui ne s'étendent pas jusqu'au champ hydro-politique transfrontalier du Cameroun.

Parmi ces nouveaux espaces hydro-politiques, figure l'actuelle sous-région de l'Afrique de l'Est drainée par le Nil. En effet, située à la lisière de l'océan indien, la troisième sous-région hydro-politique de l'Afrique est dominée par le Nil, fleuve transfrontalier qui prend sa source au pied du mont Kilimandjaro en Tanzanie. Avec une superficie de 3.076.256 km^2, soit 10,4% de l'Afrique, le bassin du Nil regroupe la plupart des pays de l'Afrique de l'Est jusqu'en Egypte : le Burundi, la RDC, l'Egypte, l'Erythrée, l'Ethiopie, le Kenya, le Rwanda, le Soudan, l'Ouganda et la Tanzanie.

Malgré une situation de quasi-dépendance par rapport aux eaux du fleuve (98%), l'Egypte, dans le cadre du traité de 1959 qui lui octroyait 55,5 km^3, contre 18,5 km^3 au Soudan, a su s'imposer comme la principale hydropuissance de la Nil Basin Initiative (NIB) face aux pays en amont (Soudan, Ethiopie, notamment). "*Outre son savoir-faire hydraulique dont la manifestation la plus éclatante est le haut barrage d'Assouan, l'Egypte se distingue par l'importance donnée aux questions liées à l'eau dans les débats politiques*"[646], au point que le Président Anouar El-Sadate déclarait en 1878 que "*toute action qui mettrait en danger les eaux du Nil bleu devra faire face à une ferme réaction de la part de l'Egypte, même si cette réaction devait conduire à la guerre (...). L'Egypte est prête à rentrer en guerre si l'Ethiopie entreprend de construire un barrage sur le lac Tana*"[647]. En effet confrontée à un défi démographique hors norme, auxquelles s'ajoutent une accélération de l'érosion de ses terres

[646]David Blanchon, *op. cit.*, p. 69.
[647]Ibid., citant le Président égyptien Anouar El-Sadate.

fertiles et une réduction des surfaces agricoles utiles, l'Egypte a des besoins hydriques sans cesse croissants.

L'Initiative du Bassin du Nil semble avoir entériné des accords léonins en faveur de l'Egypte. En effet, comment comprendre que, contrairement à la célèbre maxime du Général de Gaulle "*qui tient le haut, tient le bas*"[648], l'Egypte pourtant situé en aval du Nil continue de déterminer l'agenda hydro-politique sous régional ? Pis, "*alors que le Nil Bleu, fleuve mythique que les 30 millions de chrétiens d'Ethiopie appellent Abbay, baigne un cinquième du territoire éthiopien et fournit 86% du débit du Nil en aval, l'Ethiopie ne consomme que 0,3% de son potentiel*"[649].

Carte 19: Sous-région hydropolitique du Nil

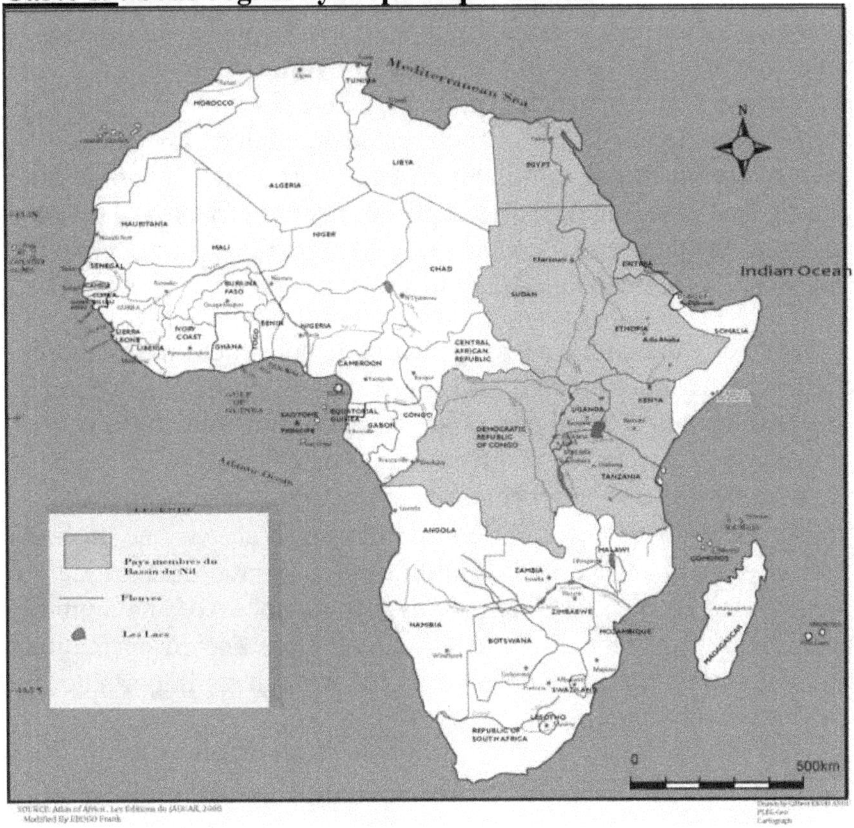

---

[648]Frank Galland, *op. cit.*, p. 60, citant Charles de Gaulle, alors colonel, dans son ouvrage *Le Fils de l'Epée.*
[649]*Ibid.*

L'Afrique australe offre une situation assez particulière car elle est traversée par de petits bassins hydrologiques transfrontaliers. Parmi ceux-ci, on peut citer le bassin du fleuve Orange-Senqu qui arrose le Botswana, le Lesotho, la Namibie et l'Afrique du Sud. D'une superficie de 968.581 km^2, cette région hydrologique est sans doute la plus développée de l'Afrique australe, avec une variété de systèmes de transferts d'adduction d'eau. De ce point de vue, le bassin du fleuve Vaal qui fait partie du bassin du fleuve Orange se trouve au cœur de l'économie de l'Afrique du Sud. En effet, plus de 25% du PIB de l'Afrique du Sud est produit dans cette région hydrologique, et près de 12 millions de personnes dépendent du fleuve Vaal et de ses affluents[650].

Tout comme le bassin du fleuve Orange-Senqu, la région hydrologique du Zambèze a fait l'objet d'un accord entre les différents Etats riverains. Il s'agit du vaste bassin hydrologique de l'Afrique australe avec une superficie estimée à 1.388.224 km^2. En termes de comparaison, le bassin du Zambèze est le quatrième plus vaste complexe hydrologique du continent africain, derrière le Congo, le Nil, le lac Tchad et le Niger. Il arrose plusieurs pays africains, à savoir : l'Angola, le Botswana, le Malawi, le Mozambique, la Namibie, la Tanzanie, la Zambie et le Zimbabwé.

Dans notre démarche de construction de nouvelles entités géopolitiques en Afrique, on peut parvenir à une fusion de ces différents bassins (Okavango, Zambèze, Orange-Senqu). En effet, tous les pays de l'Afrique australe se retrouvent, au moins, dans l'un de ces bassins transfrontaliers. Aussi peut-on envisager un vaste complexe hydro-politique qui s'étendrait de l'Angola jusqu'en Afrique du Sud. Dans ce nouvel espace hydro-politique d'intégration, l'Afrique du Sud apparait comme la principale hydropuissance avec notamment un puissant ministère de l'eau, un savoir-faire ancien en matière d'ingénierie hydraulique, des ressources financières importantes et une forte volonté politique[651].

---

[650]*Etude sur le Programme de développement des Infrastructures en Afrique (PIDA). Rapport de la Phase I provisoire*, p. 20.
[651]David Blanchon, *op. cit.*, pp. 66-67.

Carte 20 : Sous-région hydropolitique du Zambèze-Orange-Senqu (ZOS)

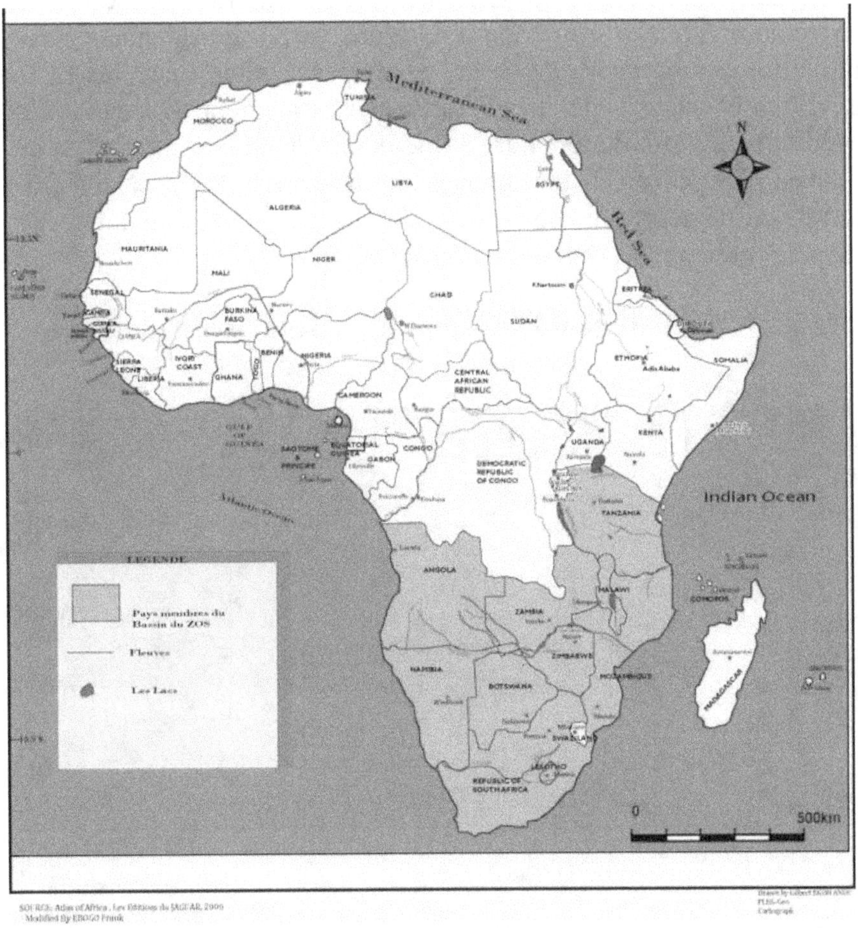

Enfin, les Etats du pourtour africain de la Méditerranée (Algérie, Maroc, Tunisie et Libye) constituent la cinquième sous-région hydro-politique de l'Afrique. Le choix de cet espace maritime peut se justifier au moins à deux niveaux. Tout d'abord, la sous-région hydro-politique méditerranéenne se substitue ainsi à l'ancien Maghreb, terme arabe qui signifie occident. Or, une telle dénomination parait approximative dans la mesure où le Maghreb semble se situer plus au nord qu'à l'ouest du continent africain.

D'autre part, la raréfaction des ressources hydriques en Afrique du nord[652] a amené l'Algérie, la Tunisie et la Libye à mettre en place une plateforme de coopération en vue d'une gestion concertée du Système d'Aquifères du Sahara du Nord-Ouest. En attendant l'exploitation proprement dite de ces ressources souterraines, les Etats africains envisagent des possibilités de dessalement de l'eau de la Méditerranée afin de répondre à une demande en consommation de plus en plus accrue. Toutes choses qui montrent que l'espace méditerranéen demeure une sous-région hydro-politique pouvant servir de pôle intégrateur pertinent en Afrique.

Carte 21 : Sous-région hydropolitique de la Méditerranée

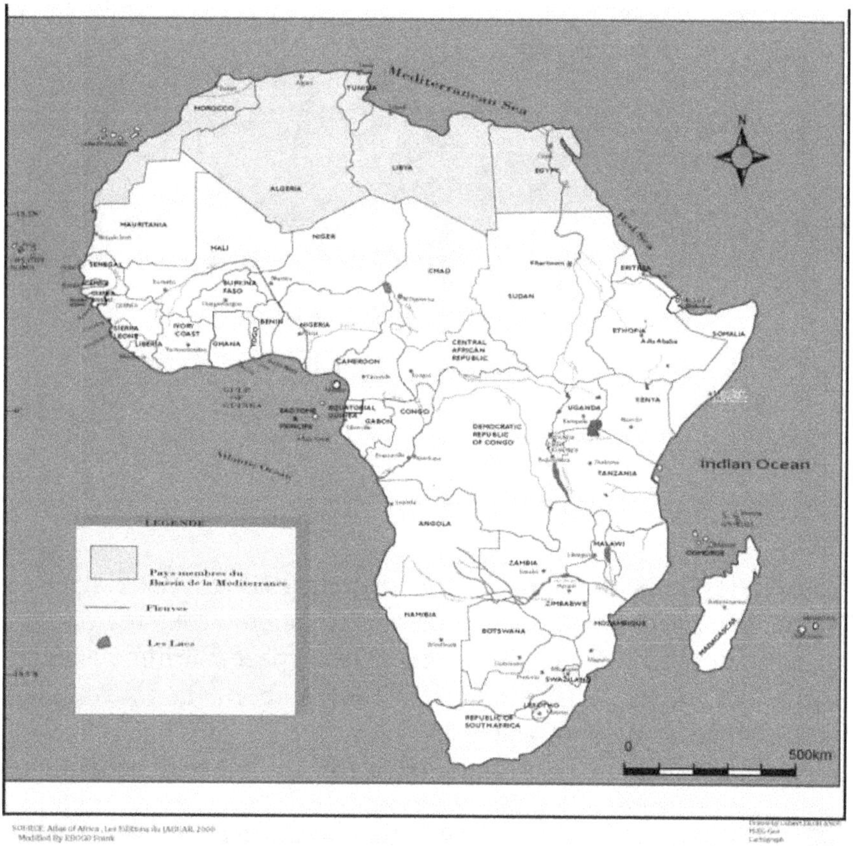

---

[652]L'Algérie, le Maroc, la Tunisie et la Lybie ont une production interne des eaux de surface estimée respectivement à 10 km³/an, 22 km³/an, 3 km³/an et 0 km³/an.

Au final, le continent africain peut être stratégiquement reconfiguré à partir des différents bassins hydrologiques transfrontaliers. Ces régions hydrologiques qui constituent aujourd'hui d'importants pôles de puissance en Afrique peuvent avantageusement se substituer aux sous-régions géopolitiques actuelles issues des logiques exogènes.

§2 : Essor et redistribution de la puissance étatique dans la gestion du champ hydro-politique transfrontalier du Cameroun

Après avoir procédé à un redécoupage des sous-régions africaines sur la base d'une logique hydro-politique, il est à présent intéressant de voir comment est répartie et redistribuée la puissance entre les différents acteurs transnationaux. Pour ce faire, nous nous inspirerons de la catégorisation opérée par David Blanchon qui distinguait des puissances hydro-hégémoniques, des châteaux d'eau et des Etats marginalisés sur l'échiquier hydro-politique africain[653].

Le premier groupe évoqué ici désigne les Etats qui, bien que souvent situés en aval de certains cours d'eau transfrontaliers, déterminent ou influencent l'agenda hydro-politique d'un bassin hydrologique. Ils disposent d'une expertise technique pour construire des ouvrages hydrauliques, une capacité financière, et des soutiens politiques sur le plan international[654]. Les Etats-châteaux d'eau sont des lieux stratégiques dans la mesure où les cours d'eau transfrontaliers y prennent leur source. De nombreux fleuves, tels le Niger, le Sénégal, la Gambie, ainsi que leurs principaux affluents (Tinkisso, Milo, Niandan, Falémé) trouvent leur source en Guinée, faisant de ce pays le "*château d'eau*" de l'Afrique de l'Ouest. Ces cours d'eau partent des massifs guinéens et se dirigent au début de leur parcours vers le nord ou vers l'est. En tant qu'acteurs relégués aux confins du champ hydro-politique, les Etats marginalisés se contentent des ressources résiduelles et insignifiantes. "*Ne pouvant agir sans l'aide de leurs voisins ou d'institutions internationales, car ils ne disposent ni du savoir faire technique, ni de ressources financières*

[653] David Blanchon, *op. cit.*, pp. 65-72.
[654] Cf. Zeitoun, J. Warner, "Hydro-hegemony: a framework for analysis of transboundary water conflicts", in *Water policy,* 8, 2006, pp. 435-460.

suffisantes"[655], ces pays sont considérés comme des acteurs marginalisés du point de vue hydro-politique. Ils sont structurellement dominés, même si bien souvent, ils se situent en amont des cours d'eau transfrontaliers.

Cette catégorisation de David Blanchon peut être rajustée aux fins d'une meilleure analyse des jeux monopolistiques déployés dans le champ hydro-politique périphérique du Cameroun. Nous distinguerons par conséquent des puissances hydro-hégémoniques, des puissances hydro-politiques moyennes ou secondaires et des Etats marginalisés dans les bassins périphériques à régime régulier (A) et irrégulier (B) du Cameroun.

A- Structuration pyramidale de la puissance dans les bassins à régime régulier

Le jeu hydro-politique du Cameroun et de ses voisins est structuré non seulement par la quête de satisfaction de leurs intérêts nationaux, mais également par la configuration des bassins hydrologiques périphériques. Il est clair ici que les stratégies d'accès aux ressources hydriques varient en fonction des bassins à régime régulier ou irrégulier. Dans cette veine, les bassins du Congo (1) et de l'Atlantique (2) situés dans la partie méridionale du Cameroun sont les cadres d'exécution des stratégies centripètes visant à monopoliser le jeu hydro-politique sous-régional. D'où la redistribution et la hiérarchisation de la puissance entre les Etats drainés par ces régions hydrologiques.

1- Dans le bassin du Congo

Il serait erroné de penser que le champ hydro-politique périphérique du Cameroun se limite au niveau des pays limitrophes arrosés par le fleuve Congo et ses affluents. Il s'agit, en réalité, du champ hydro-politique immédiat dans la mesure où il met le Cameroun au contact avec ses principaux voisins (RCA et Congo). Pour mieux analyser les jeux qui se déploient dans le bassin du Congo, il faut sans doute élargir cette surface de relations pour y insérer les autres pays non-limitrophes du Cameroun et pourtant arrosés par le Congo.

---

[655] David Blanchon, *op. cit.*, p. 67.

En effet, les stratégies prises par la RDC, en tant que principal récepteur des eaux du Congo peuvent avoir des incidences en amont sur le déploiement du jeu du Cameroun.

L'analyse des jeux déployés dans l'espace hydro-politique du Congo débouche sur une structuration de la puissance autour d'un leadership incontesté assuré par la RDC. Après près d'une décennie de troubles politiques, le retour de la RDC sur l'échiquier géopolitique sous-régional s'est concrétisé par la montée en puissance de la CEEAC au détriment de la CEMAC[656], et la mise en place de la CICOS.

Désormais, ce pays se présente comme la principale puissance hydro-hégémonique du bassin du Congo, au moins pour trois raisons. Tout d'abord, "*de tous les atouts pourtant considérables dont dispose le Congo, le plus important est la richesse hydrologique du fleuve qui porte son nom*"[657]. De ce point de vue, la RDC dispose de 14 ouvrages hydrauliques, tous situés sur le cours du fleuve Congo[658]. Le barrage d'Inga a la capacité d'alimenter toute l'Afrique en énergie hydroélectrique. D'autre part, la RDC détient la plus importante marine marchande du bassin du Congo. A ce sujet, l'Office National de Transport (ONATRA) exploite plus de 20 ports fluviaux à l'intérieur du pays. Kinshasa dispose d'un port public d'une capacité de 1.600.000 tonnes par an. On y dénombre également plus de 47 *beachs* privés, y compris les petits points d'accostage des baleinières[659]. Enfin, sur un effectif de la flotte opérationnelle en 2007 estimé à 1.511 unités (barges et pousseurs confondus) et 838 baleinières dans l'ensemble de l'espace du CICOS, la RDC détenait, toute seule, 1256 unités et 800 baleinières[660]. Le déploiement massif de la RDC dans le champ hydro-politique de la CICOS peut finalement se justifier par sa position en aval du bassin du Congo. Cette situation lui permet de construire des infrastructures sur le cours du Congo

[656] A ce sujet, lire Joseph-Vincent Ntuda Ebodé, "Le retour de la République Démocratique du Congo et la redistribution des cartes en Afrique central" in *Diplomatie*, n° 30, janvier-février 2008, pp. 82-88.
[657] Marie France Cros, Misser, *op. cit.*, p. 27.
[658] Cf. www.fao.org/nr/water/aquastat/damsafrica/african_damsfra.xls. Page consultée le 23 juillet 2012.
[659]CICOS, *Plan d'action stratégique pour la promotion de la navigation dans le bassin Congo-Oubangui-Sangha, op.cit.*, p. 23.
[660]*Ibid.*, p. 17.

sans poser de préjudice aux autres pays qui bien que situés en amont, enregistrent une faible animation fluviale.

Derrière cette puissance hydro-hégémonique, on retrouve des puissances secondaires, à l'instar du Congo et de la RCA qui abritent plusieurs affluents et sous-affluents du fleuve Congo (Oubangui, Sangha, Alima, etc.). Ces pays sont considérés comme des puissances secondaires dans la mesure où leur "*influence n'est que locale ou partielle*"[661]. Si la RCA ne dispose pas d'ouvrage hydraulique, la République du Congo, quant à elle, a construit un barrage sur le cours du fleuve Djoué, dans la région du Pool. La flotte navale de ces pays est modeste par rapport à celle de la RDC. Elle est estimée à 55 et 200 unités respectivement pour la RCA et le Congo[662]. De plus, tandis que la SOCATRAF exploite les ports de Bangui et de Salo, la SOGAL gère le terminal pétrolier de Kolongo à Bangui. Du côté congolais, les ports fluviaux sont gérés par le Port Autonome de Brazzaville et Ports Secondaires (PABPS). Depuis l'extension effectuée en 1975, le Port de Brazzaville a disposé d'une capacité permettant de traiter un trafic de 1,2 millions de tonnes par an[663].

Dans cette hiérarchisation de la puissance, le Cameroun apparait comme un Etat marginalisé qui se contente des ressources résiduelles du champ hydro-politique du Congo. D'une part, aucune infrastructure hydraulique n'a été érigée sur les principaux affluents du Congo, à l'instar de la Boumba, de la Ngoko ou de la Sangha. Le Cameroun a opté de construire des barrages sur le cours de la Sanaga, fleuve qui coule entièrement sur le territoire national avant de se jeter dans l'océan Atlantique. D'autre part, contrairement aux autres Etats, le Cameroun ne dispose pas non plus de ports fluviaux. On enregistre tout juste quelques points d'accostage comme celui de Mouloundou sur la rivière Ngoko qui connait, par ailleurs, une forte activité industrielle. En effet, il est utilisé par les exploitants forestiers. Selon les statistiques de 2007, la flotte fluviale du Cameroun était insignifiante : deux bacs et cinq menues embarcations[664]. Si le Cameroun veut se positionner durablement sur l'échiquier hydro-

---

[661] David Blanchon, *op. cit.*, p. 67.

[662]CICOS, *Plan d'action stratégique pour la promotion de la navigation dans le bassin Congo-Oubangui-Sangha, op.cit.*, p. 17.

[663]*Ibid.*, p. 23.

[664]*Ibid.*, p. 17.

politique du bassin du Congo, il devrait matérialiser sa présence dans cette zone périphérique à travers la dynamisation du transport fluvial, et la construction des infrastructures hydrauliques, voire hydroélectriques.

2- *Dans le bassin de l'océan Atlantique*

Depuis le début du XXème siècle, le bassin de l'Atlantique est devenu une région importante sur l'échiquier hydro-politique africain. Trois raisons fondamentales semblent en effet expliquer l'émergence de ce bassin comme nouveau théâtre hydro-stratégique. Tout d'abord, la fin du différend de Bakassi, considéré comme un conflit pour l'appropriation des espaces hydriques continentaux et maritimes, a conduit à une meilleure délimitation des souverainetés nationales dans le pourtour camerounais du bassin de l'Atlantique[665]. Concomitamment, le Golfe de Guinée, portion maritime du bassin de l'Atlantique, a émergé comme une zone pétrolifère stratégique pour l'approvisionnement en énergie des puissances classiques (Etats-Unis, notamment) et émergentes (Chine, Inde, etc.). Enfin, avec le Golfe d'Aden, le bassin international de l'Atlantique sert de sanctuaire aux formations politico-militaires et aux pirates de tous bords[666].

A notre connaissance, la plupart des travaux jusqu'ici effectués, ont soit ignoré soit minoré l'importance géopolitique et géostratégique du bassin de l'Atlantique, au profit du Golfe de Guinée. Pis, le bassin de l'Atlantique a été dilué dans le Golfe de Guinée, au point de former une zone géopolitique homogène. La configuration du bassin de l'Atlantique pourrait bien se ranger dans la catégorie des espaces oubliés ou minorés des analyses géopolitiques et géostratégiques. Pourtant, les problèmes de sécurité inhérents au bassin de l'Atlantique ne se posent pas nécessairement dans les mêmes termes dans le Golfe de Guinée. Tandis que l'insécurité peut se ramener,

---

[665] Cf. Alain Didier Olinga, L'Accord de Greentree du 12 juin 2006 relatif à la presqu'ile de Bakassi, Paris, L'Harmattan, 2009.

[666] Lire : Joseph-Vincent Ntuda Ebode, "La nouvelle posture géopolitique du Cameroun et la lutte contre la piraterie dans le golfe de Guinée" in CREPS/FES, *Terrorisme et piraterie : de nouveaux défis sécuritaires en Afrique centrale*, Presses universitaires d'Afrique, Yaoundé, mars 2010, pp. 43-92 ; Joseph-Vincent Ntuda Ebode, "Francophonie et piraterie maritime dans le golfe de Guinée", in *Les Cahiers de la Revue Défense nationale*, hors-série, janvier 2010.

dans le Golfe de Guinée, à la piraterie maritime, à la pollution du milieu marin et à l'immigration clandestine, elle revêt, dans le bassin de l'Atlantique, un caractère amphibie. Par conséquent, parler du bassin de l'Atlantique, en tant que région arrosée par la Sanaga et les fleuves côtiers (Wouri, Mungo, Rio Del Rey, Ntem, etc.), consiste à prendre en compte à la fois les dimensions maritime et continentale de cet espace hydro-politique.

Sur le plan international, le bassin de l'Atlantique a été reconfiguré en plusieurs entités géopolitiques. Dans cette veine, on peut citer l'AMAOC, la COMHAFAT et, surtout, la CGG qui est actuellement un espace géopolitique de projection des puissances étatiques (tableau 31).

Tableau 17***: Redistribution de la puissance dans le champ thalassapolitique de la CGG***

Pays	Budget défense (millions $)	Effectif des armées (hommes)	Effectifs des marines nationales (hommes)	% des marines par rapport à l'armée	Armement des marines nationales
Angola	2.290	107.000	1.000	0,93%	---
Cameroun	324	14.000	1.300	9,28%	2 patrouilleurs
Congo	97	10.000	800	8%	---
Gabon	80	4.700	500	10,63%	3 patrouilleurs
Guinée Equatoriale	12	1.300	100	7,69%	---
Nigeria	988	80.000	8.000	10%	1 frégate
RDC	181	134.500	6.000	4,46%	---
Sao-Tome& Principes[667]	---	---	---	---	---

Source : données compilées : Pascal Boniface (s. d.), *L'année stratégique 2009 : analyse des enjeux internationaux*, Paris, Dalloz, 2008.

A l'analyse, l'espace thalassapolitique de l'océan Atlantique, dans sa configuration de la CGG, est structuré par une distribution inégale de la puissance entre les différents pays riverains. Au sommet de cette pyramide hydro-politique, on retrouve le Nigeria qui dispose de l'une des plus grandes marines nationales africaines (8.000 hommes et une frégate). Cette force de projection lui permet non seulement de lutter contre les menaces asymétriques incarnées

[667] Les données concernant Sao Tomé & Principes sont insignifiantes : vu la taille réduite de sa population, ce pays ne dispose pas d'une armée au sens classique.

par les pirates de mer, mais également de convoiter les richesses transfrontalières du golfe de Guinée.

Par ailleurs, dans sa partie continentale drainée par le bassin de l'Atlantique, le Nigeria a construit 19 barrages sur le cours des fleuves côtiers, à l'instar de l'Oye et de l'Ogun. Il dispose également de plusieurs ports et installations offshore pour l'exploitation des hydrocarbures. La projection actuelle du Nigeria vers le bassin Atlantique peut être perçue comme une quête de puissance en vue du contrôle d'une région devenue stratégique sur l'échiquier hydropolitique. De ce point de vue, la Commission du Golfe de Guinée (CGG) apparait, pour le Nigeria, comme un instrument de production et de reproduction de sa domination dans le bassin de l'Atlantique. En effet, pour le Nigeria, une fois mise en place, la CGG devait s'imposer comme cadre de référence de règlement du conflit frontalier qui oppose au Cameroun, au sujet de la péninsule de Bakassi, au détriment de la CIJ. D'une part, "*fort de ses atouts naturels et de son statut de leader régional, le Nigeria voudrait faire de la CGG l'instance d'arbitrage des conflits entre les pays de la sous-région*"[668]. D'autre part, de son influence grandissante dans la CGG, en tant que principale hydro-puissance du bassin de l'Atlantique, le Nigeria devait peser d'un grand poids sur le positionnement de certains pays, parties prenantes du conflit de Bakassi, à l'instar de la Guinée Equatoriale[669].

Derrière le Nigeria, se retrouvent plusieurs hydro-puissances secondaires qui élaborent également des jeux monopolistiques pour occuper des positions de pouvoir dans le champ hydro-politique du bassin de l'Atlantique. On peut tout d'abord citer le Gabon qui, bien que défavorisé par sa faible taille, élabore des stratégies pour influencer le jeu hydro-politique dans la CGG. Pour ce pays, la CGG devait être un instrument pour asseoir ses prétentions hégémoniques en Afrique centrale. C'est pourquoi après l'échec du projet de dilution de la Commission de Paix et de Sécurité de l'Afrique Centrale

---

[668]Karie Ngamondi Youssoufou, *La politique étrangère du Cameroun en Afrique centrale : constances et fluctuations*, Université de Yaoundé II-Soa, thèse de doctorat Ph.D en science politique, mai 2011, p. 302.
[669] Come-Damien Awoumou, "Le golfe de Guinée face aux convoitises" in *CODESRIA, Repenser le développement africain : au-delà de l'impasse, des alternatives*, décembre 2005, Maputo, in www.codesria.org/IMG/pdf/awoumou.pdf. [Consultée le 3 août 2014].

(COPAX) dans la CGG, "*le Gabon a réussi par la suite à récupérer à son profit le processus de création du COPAX, lorsqu'il a obtenu des autres membres qu'on l'intègre au sein de la CEEAC, au détriment de la thèse camerounaise qui prônait l'autonomisation du COPAX*"[670]. Cependant, le Gabon est desservi par la taille réduite de sa marine nationale (500 hommes). Ce chiffre peut paraitre trompeur dans la mesure où la marine nationale, qui dispose de trois patrouilleurs, représente 10,63% des effectifs de l'armée.

Au-delà de son potentiel maritime (port en eau profonde de Kribi, pêcheries en plein essor, etc.), le Cameroun reste structurellement desservie par un espace maritime peu étendu et, surtout discontinu à cause de la présence aux larges de l'ile de Bioko. C'est pourquoi il apparait comme une puissance secondaire dans la structuration du jeu hydro-politique dans le bassin de l'Atlantique. Malgré sa position géographique désavantageuse, le Cameroun apparait comme le contrepoids de la position hégémonique du Nigéria dans l'espace géopolitique de l'Atlantique. En effet, "*la participation du Cameroun dans la CGG était d'empêcher le Nigeria de concrétiser ses objectifs politiques dans l'organisation*"[671]. En termes d'effectif, le Cameroun détient la deuxième marine nationale de l'espace CGG (1.300 hommes et deux patrouilleurs), malgré l'exiguïté de ses côtes et de son territoire maritime.

Les puissances marginalisées dans le champ hydro-politique du bassin de l'Atlantique sont entre autres, l'Angola et la RDC. Pour faire face aux guerres civiles dans les années 80 et 90, ces deux pays ont massivement enrôlé de jeunes combattants. C'est ainsi qu'ils n'ont développé que la composante terrestre de leur armée afin de juguler des menaces provenant des groupes paramilitaires disposant d'un fort ancrage territorial. Les effectifs élevés de l'armée de terre s'expliquent par l'application des programmes dits DDR (Désarmement, Démobilisation et Réinsertion). Ceux-ci consistaient à intégrer certains éléments démobilisés et désarmés des forces illégitimes au sein des forces nationales. Avec des effectifs estimés respectivement à 134.000 et 107.000 hommes, la RDC et l'Angola apparaissent comme des puissances terrestres devant le Nigeria (80.000 hommes) et le Cameroun (14.000 hommes). Seulement, ces puissances

---

[670] *Ibid.*, p. 14.
[671] Karie Ngamondi Youssouf, *op. cit.*, p. 303.

continentales ne se sont pas suffisamment projetées vers le large. D'où finalement leur statut de puissances thalassapolitiques marginales.

Malgré les progrès économiques effectués par la Guinée Equatoriale grâce notamment aux pétrodollars, ce pays continue d'être placé sous le giron du Gabon, et dans une certaine mesure du Nigeria. Son jeu semble se ramener à une politique de la bascule qui consiste à établir des alliances saisonnières dans le but de mieux défendre ses intérêts, et assurer par conséquent son intégrité territoriale. Sa prise de position en faveur du Nigeria au plus fort du conflit de Bakassi, au détriment du Cameroun avec qui elle entretient pourtant des relations culturelles[672] et politiques[673] étroites, illustre mieux cette stratégie de la bascule.

En conclusion, l'analyse des bassins à régime régulier a mis en exergue deux principaux pôles de puissance. Dans le bassin périphérique du Congo, la RDC, principale région hydrologique africaine, est apparue comme la principale puissance hydro-hégémonique. Le leadership de la RDC est renforcé par une faible présence du Cameroun et le déploiement insuffisant des autres pays (Congo et RCA) dans ce bassin périphérique. Par contre, dans le bassin de l'Atlantique, le Nigeria occupe une position de domination sur l'échiquier hydro-politique, grâce notamment à l'importance de ses ouvrages hydrauliques. La diplomatie et la stratégie navale du Nigeria apparaissent comme des instruments de construction de son hégémonie en vue d'une gestion monopolistique des ressources hydriques transfrontalières.

B- Structuration pyramidale de la puissance dans les bassins à régime irrégulier

Plus que les bassins à régime régulier, les régions hydrologiques drainées par les cours d'eau à faible débit cristallisent des luttes de positionnement en vue de l'appropriation des sources et ressources hydriques. Dans un contexte marqué par l'assèchement de certains

---

[672] Avec le Gabon, le Cameroun et la Guinée Equatoriale abritent des populations issues des Fang, groupe ethnique transfrontalier.

[673] La Guinée Equatoriale et le Cameroun sont membres de la CEMAC et de la CEEAC.

plans d'eau transfrontaliers (le lac Tchad, notamment), les Etats déploient des jeux centripètes dans le but de constituer des monopoles dans la gestion des ressources hydriques transfrontalières. Cette concurrence, mieux cette compétition, conduit à une structuration pyramidale de la puissance dans les bassins du lac Tchad (1) et du Niger (2).

1- Dans le bassin du Lac Tchad

Le bassin périphérique du lac Tchad s'est construit comme champ hydro-politique au lendemain des indépendances africaines au début de la décennie 60. En effet, dès 1964 est créée la Commission du Bassin du Lac Tchad (CBLT) qui apparaissait comme une première tentative de gestion concertée des ressources en eau de cette région transfrontalière. En réalité, au-delà de la création de cette organisation, le jeu hydro-politique a été structuré par des initiatives centripètes prises par des Etats riverains. Ce qui a conduit à une hiérarchisation de la puissance dans cette région transfrontalière.

Le jeu hydro-politique est largement déterminé par le Nigeria qui apparait, à bien des égards, comme la principale puissance hydro-hégémonique de ce bassin transfrontalier. Pourtant, le Nigeria figure parmi les pays qui occupent une portion moins étendue dans la région hydrologique du lac Tchad. Sa superficie qui représente près de 19,45% du bassin conventionnel du lac Tchad, soit 188.000 km^2, est moins importante que celles du Tchad[674] ou de la RCA[675]. Au-delà de cette superficie assez modeste, le Nigeria domine le champ hydro-politique du bassin du lac Tchad. Cette domination se traduit tout d'abord par la construction de plusieurs ouvrages hydrauliques dans le cours des fleuves qui alimentent le Komadougou et la Yobé, principaux affluents du lac Tchad. Dans cette veine, le Nigeria a érigé 17 barrages de retenue d'eau dans le sous bassin d'Hadedja. Ces infrastructures contribuèrent à pomper d'énormes quantités d'eau aux fins d'irrigation. Les récriminations répétées du Tchad ne changèrent guère la situation.

---

[674] La superficie lacustre du Tchad est estimée à 361.980 km^2, soit 37,43% du bassin conventionnel du lac Tchad.

[675] La superficie lacustre de la RCA est estimée à 197.800 km^2, soit 20,46% du bassin conventionnel du lac Tchad.

Par son poids diplomatico-stratégique, le Nigeria se positionne également comme la principale puissance hydro-hégémonique du bassin du lac Tchad. Son déploiement diplomatique se traduit par la détermination de l'agenda hydro-politique régional. Le Nigeria actionne le levier financier pour asseoir son hégémonique dans cet espace hydro-politique. En effet, malgré le principe de représentation égalitaire des Etats, leurs contributions financières ont été statutairement fixées en fonction de leur poids économique. C'est ainsi que le Nigeria apparait comme le principal contributeur de la sous-région, avec des contributions qui représentent 52% du financement des programmes de la CBLT[676].

D'autre part, en fonction de ses intérêts, le Nigeria a tantôt paralysé l'action de la CBLT en refusant de ratifier le document approuvé, en 1994, par les Chefs d'Etat sur la démarcation des frontières[677], tantôt défendu "*le recours au mécanisme multilatéral pour résoudre les conflits frontaliers aux abords du lac Tchad*"[678]. Enfin, le projet de création d'une Force Commune de Sécurité pour remplacer les patrouilles mixtes a été interprété par le Cameroun comme une illustration de l'impérialisme nigérian. D'où, d'ailleurs, l'absence de la délégation camerounaise lors de la réunion des ministres en charge des relations extérieures qui s'était tenue en août 1998, rencontre qui avait connu la participation de tous les autres pays riverains du lac Tchad.

Derrière le Nigeria, le Cameroun se positionne comme la plus importante puissance secondaire du bassin du lac Tchad. Deux raisons peuvent expliquer ce positionnement du Cameroun dans le champ hydro-politique du lac Tchad. Tout d'abord, les principaux affluents de ce lac proviennent du Cameroun. En effet, le Chari et la Logone fournissent plus de 90% des eaux superficielles qui alimentent le lac Tchad. En tant que pays situé en amont, le Cameroun structure le jeu hydro-politique de ce bassin à travers notamment le détournement des eaux de ces fleuves aux fins de l'irrigation des surfaces rizicoles

---

[676] En vertu du principe de solidarité dans la participation des Etats riverains au financement des programmes de la CBLT, les contributions des Etats sont ainsi réparties : Nigéria : 52% ; Cameroun : 26% ; Tchad : 11% ; Niger : 7% ; RCA : 4%.

[677] Issa Saïbou, "Le mécanisme multilatéral de la CBLT…", *op. cit.*, p. 32.

[678] *Ibid.*

exploitées par la SEMRY. D'autre part, les barrages de retenue d'eau de Mokolo et de Maroua ont été construits sur le cours des sous-affluents du lac Tchad. Le Cameroun a également installé quatre stations de pompage d'eau sur le cours du fleuve Logone[679]. Pour le Tchad, "*le Cameroun viole à travers toutes ces réalisations les accords qui les lient*"[680], tandis que le Nigeria proteste contre l'impact du barrage de Maga sur le lac Tchad[681]. Toutes choses qui montrent que le Cameroun a élaboré des stratégies centripètes visant à gérer de manière unilatérale les sources et ressources hydriques du lac Tchad.

Dans la structuration de la puissance dans le bassin du lac Tchad, le Tchad et le Niger apparaissent comme des puissances marginales qui se contentent des ressources résiduelles laissées par le Cameroun et le Nigeria. L'isolement du Tchad peut s'expliquer par les crises à répétition que ce pays a connues depuis son accession à l'indépendance. La faiblesse structurelle de cet Etat a conduit à la déstructuration de son jeu dans le champ hydro-politique du lac Tchad. Le Tchad n'a pu installer qu'une station de pompage d'eau tout le long de la Logone. Il est donc certain que le jeu du Tchad n'est que protocolaire dans la mesure où il ne se réduit qu'à l'organisation des sommets de la CBLT. A ce sujet, le Tchad est l'un des pays qui a abrité le plus grand nombre de sommets de la CBLT[682]. Le Tchad est également desservi par sa situation de pays situé en aval dans le bassin du lac Tchad. Malgré les récriminations de l'ancien Président tchadien Hissène Habré qui "*soulignait qu'en plus de la sécheresse, l'utilisation des eaux par les Etats était la cause de l'amenuisement des ressources du lac*"[683], le Nigeria et le Cameroun ont continué d'élaborer des jeux centripètes et monopolistiques.

2- Dans le bassin du Niger

De tous les bassins hydrologiques transfrontaliers africains, le bassin du Niger se présente, avec celui du Nil, comme l'une des régions à haut risque hydro-politique. La conjonction de trois facteurs

679 Armel Sambo, *op. cit.*, p. 162.

680 *Ibid.*

681 *Ibid.*, p. 252.

682 Depuis la création de la CBLT, le Nigeria et le Tchad ont respectivement organisé 6 et 5 sommets de la CBLT.

683 Issa Saïbou, *op. cit.*, p. 31.

imbriqués, au moins, semble expliquer ce profil conflictogène[684]. Tout d'abord, en dehors du Cameroun, tous les autres pays du bassin du Niger font face à une disponibilité relativement insuffisante de la ressource hydrique. Pis, certains pays sont déjà confrontés au stress hydrique, dans la mesure où les ressources disponibles couvrent à peine les besoins domestiques, industriels et agricoles des populations. Découlant du précédent, le second facteur tient à la forte pression qui pèse sur les ressources disponibles en eau. Depuis le début du XXIème, on assiste à un accroissement notable des grands barrages. Le dernier facteur est lié à la forte interdépendance hydrique des pays du bassin du Niger. Or, le bassin du Niger est un espace hydro-politique très étroit qui, tout en regroupant 9 pays, brasse plus de 250.000 habitants dont plus de la moitié provient du Nigeria.

A l'observation, le champ hydro-politique du Niger se présente comme un espace cristallisé par des luttes de positionnement en vue de l'accès et du contrôle des ressources stratégiques. Sur cet échiquier hydro-politique, le Nigeria, en tant que "*pivot continental*"[685] apparait comme la principale puissance hydro-hégémonique. Pourtant, cet Etat aurait pu souffrir de sa position désavantageuse de pays situé en aval du fleuve Niger. Ce handicap est compensé par la position géographique stratégique occupée par le Nigeria. En effet, les fleuves Bénoué et Niger se rejoignent dans la localité nigériane de Lokoja avant de converger jusqu'à l'Océan Atlantique.

De plus, le bassin du Niger draine neuf (9) pays de l'Afrique de l'Ouest et du Centre, avec les proportions suivantes : Tchad (1%), Côte d'Ivoire (1%), Benin (2%), Burkina Faso (4%), Cameroun (4%),Guinée (6%), Niger (21%), Mali (25%) et Nigeria (32%).Le fait que ces superficies soit inégalement réparties entre les riverains du Niger se traduit par une proportionnalité dans les contributions budgétaires attribuées aux pays-membres de l'ABN. En effet, depuis le 6ème sommet des Chefs d'Etat et de Gouvernement de l'ABN tenu en décembre 2000 à Bamako (Mali), une nouvelle formule dans la répartition des charges a été adoptée sur une base quasi-hydro-politique. Par conséquent, les pays les arrosés par le Niger (Mali, Niger et Nigeria) deviennent les plus grands contributeurs de l'ABN,

---

684 Frank Ebogo, *L'eau en Afrique de l'Ouest..., op. cit.*, pp. 212-213.

685 Viatcheslav Avioutskii, *Géopolitique continentale. Le monde au XXIème siècle*, Paris, Armand Colin, 2006, p. 177.

tandis que les autres Etats ont des charges de plus en plus allégées. A titre d'exemple, la répartition des charges varie de 30% pour le Nigeria à 1% pour le Tchad.

En tant que principale région hydrologique du Niger, premier contributeur de l'ABN, le Nigeria se pose aujourd'hui, comme une véritable puissance hydro-politique. Sa posture hégémonique dans le champ hydro-politique se traduit par la construction de plusieurs barrages hydroélectriques et des lacs artificiels de retenue d'eau. En effet, le Nigeria dispose d'une cinquantaine d'ouvrages hydrauliques construits sur le cours du Niger et de certains de ses affluents[686].

Le Nigeria a consenti d'énormes investissements hydro-agricoles et énergétiques dans la partie aval du fleuve Niger avec les grands barrages de Kainji et de Jebba : 1,6 million d'hectares de périmètres irrigués, des aménagements pour le transport fluvial et l'approvisionnement en eau des villes. En même temps, il exerce une pression constante sur les autres riverains du Niger afin qu'ils ne construisent pas de barrages en amont. Le Nigeria redoute particulièrement que la construction de barrages en amont du fleuve Niger (barrage de Kandadji au Niger et dans une moindre mesure celui de Tossaye au Mali) n'entraine une baisse des débits dans sa partie nigériane. Les craintes du Nigeria sont d'autant plus justifiées que le Burkina Faso a pu construire 77 barrages de retenue, dont 28 sur le cours du fleuve Niger[687]. Les luttes de positionnement sont très âpres, derrière le Nigeria, dans le bassin du Niger. Il n'est pas exclu ici que l'augmentation des populations et des besoins hydriques contribuent au terme à une redistribution des cartes sur l'échiquier hydro-politique. Dans ce cas des pays châteaux d'eau (la Guinée) ou situés en amont (Côte d'Ivoire, Burkina Faso) pourraient se poser comme de véritables concurrents au Nigeria, en tant que principale puissance hydro-hégémonique.

Dans le sous bassin de la Bénoué qui arrose le Cameroun et le Nigeria, les rapports de force ne semblent pas bien différents. Bien que situé en amont de ce sous bassin, le Cameroun a élaboré un jeu

---

[686] Suivre le lien suivant : www.fao.org/nr/water/aquastat/damsafrica/african_damsfra.xls. [Consulté le 5 août 2014].
[687] *Ibid.*

hydro-politique déterminé, en grande partie, par la position du Nigeria, en aval. Certes, le Cameroun a construit, en amont, un barrage hydroélectrique, sur le cours de la Bénoué, dans la localité de Lagdo. Cependant, sous la pression du Nigeria, le Cameroun n'a pas pu construire d'autres ouvrages hydrauliques. Il s'est finalement engagé à garantir l'accès des ressources au Nigeria dans le cadre d'un protocole d'accord signé en 2000, visant à harmoniser les lâchers d'eau à partir du barrage de Lagdo.

En somme, tout au long de nos analyses, il est apparu que le champ hydro-politique périphérique du Cameroun est structuré par des jeux monopolistiques visant à occuper des positions de pouvoir. Cette redistribution de la puissance débouche finalement sur une gestion centripète et unilatérale des sources et ressources hydriques transfrontalières. Dans cette veine, plusieurs formations étatiques sont engagées, au gré de leurs intérêts, dans une course pour le contrôle exclusif de ces ressources transfrontalières. En fonction de la logistique diplomatico-stratégique et de l'importance des ouvrages hydrauliques érigés sur le cours des fleuves principaux ou de leurs affluents, on peut obtenir une hiérarchisation de la puissance dans le champ hydro-politique périphérique du Cameroun. Si la RDC se positionne comme la principale formation dominante du bassin international du Congo, le Nigeria quant à lui apparait comme la puissance hydro-hégémonique dans les bassins du Niger, du lac Tchad et de l'Atlantique. Le Cameroun n'est qu'une puissance secondaire sur l'échiquier hydro-politique de la sous-région.

Section II : Velléités unilatéralistes et monopolistiques pour le contrôle du champ hydro-politique périphérique du Cameroun

Le champ hydro-politique périphérique est structuré par des Etats qui occupent des positions inégalitaires en vue de l'accès aux ressources stratégiques. Cette inégalité est renforcée par la volonté des puissances dominantes de monopoliser le jeu hydro-politique à travers une gestion unilatérale des ressources transnationales. Malgré leur position de puissances marginalisées, les puissances secondaires ne peuvent se contenter des ressources résiduelles ; ce d'autant que, dans la plupart des cas, il s'agit des pays situés en amont des bassins hydrologiques ou disposant d'un potentiel considérable en eau superficielle et souterraine.

La quête d'un positionnement avantageux sur l'échiquier hydro-politique amène les différents acteurs à élaborer des jeux monopolistiques. Deux cas de figures se présentent ici : d'une part, les Etats riverains mettent en place des stratégies conventionnelles (§1) ; d'autre part, les forces illégitimes recourent aux méthodes illicites et asymétriques (§2).

§1 : Projections hégémoniques des centres étatiques dans la gestion des sources et ressources hydriques transfrontalières du Cameroun

Dans la gestion de ses sources et ressources périphériques, le Cameroun doit faire face à la présence d'autres Etats souverains qui, comme lui, sont soucieux de la préservation de leur patrimoine hydrique. Les conflits hégémoniques sont cristallisés, de part et d'autre, par la volonté des Etats d'occuper une position dominante dans le champ hydropolitique périphérique du Cameroun. En tant qu'acteur rationnel, l'Etat déploie des jeux hydro-stratégiques qui respectent le droit de la guerre. Par conséquent, les conflits hydro-politiques revêtent un caractère symétrique, dans la mesure où les formations étatiques disposent de moyens, d'infrastructures et d'unités comparables. Les unités combattantes recourent aux logiques similaires et poursuivent des objectifs politiques de même nature, à savoir surclasser les forces adverses du théâtre hydro-stratégique. La symétrie d'un conflit n'exclut cependant pas une dissymétrie dans les moyens et les méthodes employés. Les guerres conventionnelles ont eu lieu, ou peuvent se déclencher, dans les bassins hydrologiques à régime régulier (A) et irrégulier (B) du Cameroun.

A- Les conflits hégémoniques dans les bassins à régime régulier

Il faudrait sans doute ici de dépasser une opinion assez répandue qui avance que les bassins à régime régulier, du fait de leurs immenses ressources hydriques et péri-hydriques, ne peuvent pas faire l'objet des conflits hégémoniques. Une telle position tend à montrer que les Etats se battraient à cause de la rareté d'une ressource quelconque. En réalité, les conflits hégémoniques ne sont pas liés à la problématique néo-malthusienne du déséquilibre croissant entre l'explosion démographique et la disponibilité de la ressource hydrique.

Les conflits hydro-politiques larvés ou ouverts qui se déroulent dans les espaces hydriques périphériques du Cameroun sont construits par les Etats qui sont structurellement en quête de position de pouvoir et de domination. Cette hypothèse peut se vérifier à travers l'étude des litiges frontaliers entre le Cameroun et ses voisins dans les bassins de l'Atlantique (1) et du Congo (2).

1- Les litiges frontaliers entre le Cameroun et ses voisins dans le bassin de l'Atlantique

Le bassin de l'Atlantique qui englobe le sous bassin camerounais des fleuves côtiers est un espace hydro-politique périphérique de projection des Etats riverains du golfe de Guinée. Aux frontières du Cameroun, on retrouve le Nigeria et la Guinée Equatoriale qui se livrent des batailles permanentes en vue de l'accès aux ressources hydriques. En effet, la gestion monopolistique de ces ressources débouche, bien souvent, sur des conflits hégémoniques dans le bassin périphérique des fleuves côtiers. On note ici deux principaux conflits hydro-politiques qui opposent tantôt le Cameroun à la Guinée Equatoriale, tantôt le Cameroun au Nigeria.

Les conflits hydro-politiques entre le Cameroun et la Guinée Equatoriale sont les moins médiatisés dans la sous-région. Pourtant, "*les différends frontaliers ou territoriaux remontent à la période de la Guinée encore espagnole*"[688]. Maintenant, tout se passe comme si les relations entre les deux pays étaient pacifiques, hormis les expulsions périodiques des immigrés illégaux camerounais. Le jeu hydro-politique déployé par le Cameroun est perçu, du côté équato-guinéen, comme une stratégie aux visées expansionnistes. En effet, "*le Cameroun revendiquait la Guinée Equatoriale comme prolongement naturel, en développant les arguments historiques et*

[688] Jean Koufan Menkene, Cassimir Tchudjing, "Un exemple de blocage du processus d'intégration en Afrique centrale : la persistance des facteurs conflictuels entre la Guinée Equatoriale et ses voisins francophones depuis 1979" in ABWA Daniel (dir.), *Dynamiques d'intégration régionale en Afrique*, Yaoundé, Presses Universitaires de Yaoundé, 2001, p. 328.

géostratégiques. Il souhaitait et soutenait l'éventualité d'une indépendance de la Guinée Equatoriale et son intégration dans la Fédération camerounaise"[689].

D'une manière générale, on a noté peu d'escarmouches entre les armées camerounaise et équato-guinéenne dans les eaux transfrontalières ; ce d'autant que les deux pays ne sont pas de véritables puissances marines. On peut cependant noter un incident qui a déteint sur les relations diplomatico-stratégiques entre les deux pays. Suite à une attaque, par quelques éléments supposés incontrôlés du BIR, d'un bateau qui ravitaillait une plate-forme pétrolière, l'aviation équato-guinéenne décide de mener des représailles en territoire maritime camerounais. La riposte est fulgurante : un navire non identifié est bombardé et 17 personnes trouvent la mort. Il n'est pas exclu que tels incidents se multiplient dans le futur compte tenu de la forte animation que connaitra le golfe de Guinée à la faveur de la densification des activités liées au trafic portuaire et à l'exploitation des hydrocarbures.

L'essentiel des conflits territoriaux entre les deux voisins se déroule non pas dans les eaux maritimes, mais dans les espaces fluviaux continentaux. Dans cette veine, en 1973 et 1985, Karie Ngamondi a pu noter 19 contentieux frontaliers qui ont opposé le Cameroun et la Guinée Equatoriale[690]. La quête d'appropriation du fleuve Ntem s'inscrit au cœur du théâtre hydro-stratégique local :

"La nationalité des ilots du Ntem n'est pas clairement déterminé. Si l'ile de Dipikar (Bassek) est neutre et copropriété de la Guinée Equatoriale et du Cameroun depuis l'époque allemande, la situation est loin d'être limpide ailleurs. Ainsi quand bien même les données topographiques des conventions et les travaux des levées attribueraient les ilots au Cameroun, là où le fleuve sert de frontière, la Guinée Equatoriale conteste la camerounité de certains ilots ; comme l'atteste le différent [SIC] de 1945 sur la nationalité de l'ilot Einda situé à 8 km de l'embouchure du Ntem et à 3 km sur le confluent au Bongola"[691].

[689] *Ibid.*
[690] Karie Ngamondi Youssoufou, *op. cit.*, p. 161.
[691] Jean Koufan Menkene, Cassimir Tchudjing, *op. cit.*, p. 328.

Malgré la délimitation naturelle de la frontière formée par le fleuve Ntem, des contestations sont nées de part et d'autre, nourries par la volonté d'occuper des positions avantageuses sur l'échiquier géopolitique local. A cet effet,

"*les contentieux territoriaux recensés sont souvent provoqués par les tentatives de matérialisation unilatérale de la frontière, les affrontements entre populations locales, les incursions militaires en territoire étranger, les extensions territoriales, les traversées illicites de la frontière commune par les populations frontalières, les tentatives d'exercice de la souveraineté en territoire étranger, les actes de provocation de toute sorte*"[692].

Pour contrecarrer les prétentions hégémoniques du Cameroun dans le bassin de l'Atlantique, la Guinée Equatoriale a opté pour l'intensification des échanges avec le Nigéria. Cette alliance de raison et de saison était "*quelque peu étrange*", dans la mesure où le Cameroun avait été longtemps un partenaire et un "*protecteur*"[693] de la Guinée Equatoriale. Déjà amorcé dans les années 1980, le rapprochement entre la Guinée Equatoriale et le Nigeria atteint son paroxysme dans le différend frontalier de Bakassi.

Les conflits hégémoniques qui se sont produits dans le bassin de l'Atlantique ont également opposé le Cameroun et le Nigéria en vue du contrôle monopolistique des sources et ressources hydriques. Le théâtre des opérations était incontestablement la péninsule de Bakassi située sur le golfe de Guinée. Joseph-Vincent Ntuda Ebodé la décrivait en ces termes :

" *Composée de nombreuses petites iles et assise sur une base de 12 km sur l'océan Atlantique, la péninsule s'enfonce sur 30 km de longueur sur le continent, sur une superficie de près de 665 km². Le climat est chaud et humide, marqué par une courte saison sèche et une pluviométrie pouvant atteindre annuellement 5 à 6 mètres. La mangrove qui en résulte est un milieu très favorable pour la faune*

692 Karie Ngamondi Youssoufou, *op. cit.,* pp. 161-162.
693 *Ibid.,* p. 161.

aquatique, d'où le développement de nombreux villages de pêcheurs venant essentiellement du Nigéria"[694].

Quant au conflit proprement dit, il débute véritablement le 21 décembre 1993, lorsque Jabane et Diamond Island (deux ilots camerounais de la péninsule de Bakassi) sont attaqués et envahis par l'armée nigériane. Après avoir repoussé, dans un premier temps, les forces nigérianes le 18 février 1994, le Cameroun, dans un souci de préservation de l'intégrité territoriale de ses différentes périphéries hydriques, décide, quelques mois plus tard, de porter le différend devant la Cour Internationale de Justice (CIJ) de la Hayes. Suivra le bal des différentes délégations à la CIJ pour défendre leur cause jusqu'à l'épilogue de l'affaire à travers l'Arrêt prononcé par le Tribunal de la Hayes, le 10 octobre 2002, en faveur du Cameroun. Jusqu'aux accords de Greentree (12 juin 2006), le Nigeria a tenté vainement de conserver sa position d'hydro-puissance sous régionale en refusant de rétrocéder au Cameroun les espaces hydriques occupés.

Plusieurs lectures ont été proposées pour comprendre l'attitude guerrière du Nigeria à travers l'occupation de la péninsule de Bakassi. On peut tout d'abord retenir l'analyse politique. Celle-ci se base sur le fait que la prise de Bakassi devait contribuer à détourner l'attention de l'opinion publique nigériane au moment où les récriminations et les critiques fusaient de toutes parts pour dénoncer la gestion opaque de la manne pétrolière par la junte militaire dirigée par le Général Sani Abacha[695]. "Au-*delà du divertissement*"[696], pour d'autres analystes, les visées étaient géostratégiques et géoéconomiques. En effet, du point "*de vue de la posture géostratégique, l'action du Nigeria s'expliquerait par le changement d'orientation de sa politique africaine survenu au début des années quatre-vingt-dix*"[697]. Bakassi est donc devenu une zone de contact et de projection du Nigeria en vue d'un meilleur positionnement en Afrique Centrale.

---

[694] Joseph-Vincent Ntuda Ebode, "Le Cameroun et le Nigeria enterrent la hache de guerre à Bakassi. Et après ?" in *Diplomatie*, n° 35, novembre-décembre 2008, p. 35.
[695]Onana Mfegue, *op. cit.*, p. 90.
[696]Joseph-Vincent Ntuda Ebode, "Le Cameroun et le Nigeria enterrent la hache de guerre à Bakassi…", *op. cit.*, p. 70.
[697]*Ibid.*

Sur le plan géoéconomique, l'occupation de Bakassi se fonde sur trois éléments :

"D'abord, la forte présence des Nigérians à Bakassi (90% des 230.000 âmes de la presqu'ile). Ensuite, l'existence, l'existence avérée de gaz et de pétrole de très bonne qualité dans cette zone (10% environ des réserves mondiales). Enfin, le traité, qualifié par certains d'inégal, signé en février 2001 entre Sao Tomé-et-Principe et le Nigeria et instituant une zone d'exploitation commune couvrant 28.000 km2. (...) L'on sait par ailleurs que le Nigeria a entrepris les mêmes démarches vis-à-vis de la Guinée Equatoriale et que la proposition de résoudre le différend de Bakassi par des négociations bilatérales faite au Cameroun quelques mois après l'occupation de la presqu'ile avait en réalité pour but de faire admettre au Cameroun cette idée d'une zone d'exploitation conjointe"[698].

A notre sens, cette double lecture géostratégique et géoéconomique peut paraitre pertinente. En effet, en tant que principale puissance hydro-hégémonique du bassin de l'Atlantique, le Nigeria entendait s'approprier les sources et surtout les ressources hydriques périphériques du Cameroun afin d'occuper une position de domination dans le champ hydro-politique de l'océan Atlantique.

Le conflit de Bakassi peut s'inscrire dans une logique de monopolisation du jeu hydro-politique du bassin de l'Atlantique par le Nigeria. Cette stratégie passait nécessairement par l'occupation de la zone frontalière de Bakassi, riche en hydrocarbures, ainsi qu'en ressources hydriques et halieutiques. L'arrêt de la CIJ avait auguré une période de paix durable entre le Cameroun et le Nigeria. Si le litige de Darak s'est résolu sans véritables difficultés, la péninsule de Bakassi est restée au cœur des projections hydro-politiques nigérianes. C'est pourquoi, en dehors de la voie judiciaire, le Cameroun s'est également engagé dans la voie diplomatique pour garantir l'intégrité de son territoire.

L'Accord de Greentree signé entre les deux parties, sous l'égide des Etats témoins (Etats-Unis, France, Allemagne et Grande-Bretagne) marque un tournant décisif dans la résolution définitive du conflit de Bakassi. Le processus de rétrocession de la péninsule

[698]*Ibid.*, p. 71.

querellée au Cameroun s'opère en trois phases. Au cours de la première, d'une durée non renouvelable de deux ans, "*le Cameroun autorise le Nigéria à maintenir son administration civile et une force de police nécessaire au maintien de l'ordre dans la zone*"[699] de Bakassi. Cette période de transition a effectivement pris fin le 14 août 2008 avec le retrait de l'administration et de la police nigériane dans la péninsule de Bakassi. Au cours de la seconde phase, "*après le transfert d'autorité de la Zone au Cameroun, celui-ci s'engage à appliquer à la zone un régime spécial transitoire pour une durée de cinq ans non renouvelable*"[700]. La période du régime spécial transitoire a pris fin depuis août 2013. Le Cameroun exerce, désormais, en toute plénitude ses droits de souveraineté sur la zone.

Dans la rhétorique politico-diplomatique, l'application d'un régime spécial dans cette zone querellée répondait à un souci "*de préparer les ressortissants nigérians vivant dans la presqu'ile de Bakassi (...) au transfert d'autorité à l'Etat du Cameroun*"[701]. A notre sens, le transfert progressif de la souveraineté de Bakassi au Cameroun traduit toutes les projections hydro-politiques faites par les deux pays. Il souligne également l'importance de cet exutoire maritime par rapport aux autres sources hydriques du Cameroun, à l'instar du bassin du Congo.

2- Les litiges frontaliers entre le Cameroun et ses voisins dans le bassin du Congo

Peu d'études ont été réalisées sur l'hydro-stratégie dans le bassin périphérique du Congo. Cet espace hydro-politique a été longtemps considéré comme une zone pacifiée et exempte de conflits hégémoniques. Les partisans des approches néo-malthusiennes semblaient avancer que le bassin du Congo ne peut faire l'objet de litiges en vue de l'accès aux ressources hydriques. Deux principales raisons peuvent être évoquées ici. D'une part, la faible densité de la population dans cette zone transfrontalière peut expliquer l'absence de compétition entre les différents acteurs structurant le champ hydro-

---

[699] Accord entre la République du Cameroun et la République Fédérale du Nigeria concernant les modalités de retrait et de transfert d'autorité dans la presqu'ile de Bakassi, Annexe I, 2,a.
[700] *Ibid.*, Annexe I, 4.
[701] *Ibid.*, annexe I, 1.

politique du Cameroun. D'autre part, enfin, la profusion des ressources hydriques crée des situations d'abondance. Jacques Sironneau semble confirmer cette apparente absence d'enjeux hydro-politiques dans le bassin du Congo, puisqu'il n'a observé que "*simples incidents de frontière entre pays amis se limitant à des arraisonnements de bateaux sur le Congo ou l'Oubangui*"[702].

Cette approche néo-malthusienne est battue en brèche par des analyses constructivistes auxquelles nous adhérons dans le cadre de la présente étude. Les espaces hydriques périphériques du Cameroun ne sont pas de longs fleuves tranquilles. Tout comme la périphérie maritime, le bassin du Congo fait l'objet des litiges frontaliers entre le Cameroun et les autres Etats riverains. Ces différends sont liés à la difficile détermination du tracé des frontières héritées de la colonisation. D'autre part, le théâtre des opérations est moins l'espace fluvial que terrestre. Rien d'étonnant donc si le mont Gaoui, montagne d'une altitude de 1.400 m, est au cœur d'un difficile frontalier entre le Cameroun et la RCA[703].

Au vu de la faible animation fluviale, les conflits ne semblent pas se ramener aux batailles navales ni à l'arraisonnement des embarcations. C'est ainsi que depuis les indépendances, un différend territorial oppose régulièrement le Cameroun à la RCA. Tout débute en 1961 lorsque le Cameroun installe un poste douanier au niveau de l'une de ses périphéries avec la RCA. Des querelles sont nées de la situation exacte de la frontière entre les deux pays. Pour le Cameroun, le poste douanier est entièrement situé sur le territoire national, la frontière étant localisée 100 mètres plus loin. Du côté centrafricain, la frontière entre les deux pays coïnciderait avec le poste de douane camerounais ; le lopin de terre querellé étant considéré comme une zone tampon. Cette situation a perduré jusqu'à la construction de la route Bertoua-Garoua Boulaï. Dans le but de prolonger la route jusqu'à la frontière estimée 100 mètres en avant, le Cameroun décide de déplacer son poste douanier.

Cette initiative va créer des accrochages entre les armées camerounaises et centrafricaines. Le climat délétère qui prévalait entre les

---

[702] Jacques Sironneau, "La géopolitique de l'eau. Permanences et perspectives" in *Géopolitique*, n° 107, octobre 2009, p. 23.
[703]Karie Ngamondi Youssoufou, *op. cit.,* p. 133.

deux pays est retombé à la faveur du déploiement d'une mission de l'ONU sur le terrain. Cette mission avait pour mandat d'assurer un retour au *statu quo ante* et la démilitarisation de la zone querellée. C'est alors qu'une délégation centrafricaine s'est rendue à Yaoundé le 26 mars 2001. Elle s'accorde avec les responsables camerounais sur la nécessité de mettre sur pied un comité d'experts pour évaluer la situation et proposer des solutions qui seront examinées plus tard par la grande commission mixte. Conformément aux recommandations de la rencontre bilatérale de Yaoundé, une réunion des experts des deux pays a eu lieu à Bouar, puis à Beloko et à Garoua Boulai du 7 au 13 mai 2001. A l'issue des assises, les experts ont émis les propositions suivantes : la sécurisation urgente de la borne n° 14 ; le resserrement immédiat des bornes intermédiaires entre les bornes principales ; la préservation de la borne secondaire implantée à la source de la rivière Batoro. Ils ont aussi convenu que la borne n° 14 devrait être reliée à la borne n° 13 par la ligne droite qui rejoint la ligne du talweg jusqu'à la source la Kadéi[704].

Toujours dans le département du Lom et Djérem, un autre différend territorial oppose le Cameroun et la RCA, notamment dans la localité de Gari Gombo. La pomme de discorde porte sur la délimitation de la frontière par rapport à la borne numéro 8 implantée en plein centre de Gari Gombo[705]. Celle-ci est considérée par les autorités centrafricaines comme la frontière naturelle entre les deux pays. Or, pour le Cameroun, la dyade se situe plutôt au niveau de la rivière Koundeng. Pour régler ce litige, une commission mixte s'est réunie du 31 au 2 avril 1965. A l'issue des travaux, elle adopta une solution provisoire : la bande de terre de 4.600 m située entre la borne n°8 et la rivière Koundeng devait être considérée comme un no man's land jusqu'à ce qu'une commission paritaire chargée de reconstituer la frontière soit mise sur pied. Finalement, cette décision sera confirmée, en 1985, par la Commission paritaire.

Les conflits hégémoniques entre le Cameroun et le Congo dans le bassin du Congo trouvent également leurs fondements dans le découpage arbitraire des blocs coloniaux opéré par les anciennes

---

[704] Cf. Procès-verbal de la rencontre des experts centrafricains et camerounais sur la question de la frontière commune, tenue Bouar, Beloko et Garoua Boulai, 7 au 13 mai 2001.

[705] Karie Ngamondi Youssoufou, *op. cit.*, p. 132.

puissances tutélaires. Cependant, ces conflits ont été longtemps nourris par des divergences idéologiques dès les premiers moments de l'indépendance des deux pays. En effet, les divergences idéologiques ont considérablement déteint sur les relations diplomatico-politiques entre le Cameroun et le Congo au cours de la bi-décennie 1960-70. Au lendemain de la chute du gouvernement du Président Fulbert Youlou en 1963, "*le Congo s'est mué en terre d'accueille [SIC] pour les rebelles de l'UPC résolus à renverser le régime d'Ahidjo*"[706].

Les miliciens de l'Armée de Libération Nationale du Kamerun (ALNK) recevaient des entrainements permanents dans les camps congolais de Gambana, de Loubomo, de Mfilou, de Kimonga, de Ouesso et du "Camp du kilomètre 100". Entrainés par des moniteurs cubains et soviétiques, ces combattants étaient, pour la plupart, en faction près de la frontière entre les deux pays. De là, ils lançaient des incursions militaires et des embuscades en territoire camerounais. L'un des multiples incidents ayant mis aux prises les rebelles upécistes et les militaires camerounais est rapporté par un communiqué du ministère des forces armées : "*le 3 décembre 1967, un groupe de gendarmes en nomadisation de routine a été surpris aux environs de la rivière Lélé, arrondissement de Djoum vers la frontière Cameroun-Congo par des individus armés qui ont tiré sur eux faisant deux morts et quelques blessés*"[707].

Devant la répétition de ces actes d'hostilité, le gouvernement camerounais décide de traquer les rebelles upécistes au-delà des frontières nationales, afin de réduire leurs bases-arrières. C'est ainsi qu'en 1967, les localités congolaises de Souanké et Balam sont envahies par l'armée camerounaise. En représailles, le gouvernement congolais intensifie des pressions contre les ressortissants camerounais vivant des deux côtés de la frontière : "*les autorités congolaises procèdent régulièrement aux arrestations de travailleurs camerounais dans le chantier de Solambo, situé au bord de la Sangha, leur délivrent des tickets d'impôts et se permettent même de convoquer les responsables dudit chantier à Ouesso*"[708].

---

[706]*Ibid.*, p. 79.
[707]*Ibid.*, p. 81, citant Nkou.
[708]Karie Ngamondi Youssoufou, *op. cit.,*, p. 82.

En somme, la récurrence des conflits dans cette périphérie montre à suffisance que le champ hydro-politique est marqué par des conflits en vue de l'accès aux ressources symboliques ou stratégiques.

B- Les conflits hégémoniques dans les bassins à régime irrégulier

Par rapport aux bassins hydrologiques du Congo ou de l'Atlantique, les régions arrosées par les cours d'eau à régime irrégulier présentent un profil hydro-politique favorable à l'émergence de la conflictualité. Certes, la problématique de la pénurie-rareté des ressources n'est pas en elle-même le facteur déclencheur des conflits. Ce sont en réalité les jeux centripètes et monopolistiques déployés par les Etats riverains qui peuvent expliquer la survenue des conflits hégémoniques dans le champ périphérique du Cameroun. Cependant, l'inégalité des ressources hydriques et le difficile accès des populations aux points d'eau peuvent constituer des facteurs aggravant des conflits hydro-politiques.

Les bassins périphériques à régime irrégulier du Cameroun sont constitués des régions hydrologiques du Niger et du lac Tchad. Reconstruites comme des espaces hydro-politiques, ces zones hydrographiques apparaissent de nos jours comme des théâtres incontournables d'opérations hydro-stratégiques, tantôt entre le Cameroun et le Nigeria dans le bassin du Niger (1), tantôt entre le Cameroun et le Tchad (2), ainsi que le Cameroun et le Nigeria (3) dans le bassin du lac Tchad.

1- Les litiges entre le Cameroun et le Nigeria dans le bassin du Niger

Les conflits territoriaux qui ont mis aux prises le Cameroun et le Nigeria se sont déroulés le long de leur frontière commune. Dans une perspective hydro-politique, nous pouvons distinguer trois principaux théâtres d'opérations entre les armées des deux pays. Situé dans le bassin des fleuves côtiers, le premier théâtre hydro-stratégique se trouve à la lisière de l'océan Atlantique. Il est structuré par la péninsule de Bakassi. Plus au nord, aux abords du lac Tchad, se trouve le second théâtre d'opération. Il coïncide avec les iles camerounaises de Darak qui furent occupées par l'armée et l'administration nigérianes. On retrouve entre ces deux théâtres le sous bassin de la Bénoué.

Par rapport aux deux premiers théâtres, le sous bassin de la Bénoué n'a pas véritablement fait l'objet d'un conflit armé de grande envergure entre le Cameroun et le Nigeria. Une raison principale peut expliquer la dimension peu stratégique du sous bassin de la Bénoué dans le jeu hydro-politique entre le Cameroun et le Nigéria. En effet, cet espace hydrologique apparait comme une véritable enclave fermée : il ne débouche pas, comme les territoires de Darak ou de Bakassi, sur un exutoire ni une embouchure. Or, les exutoires lacustres et maritimes du Cameroun apparaissent comme des théâtres principaux d'affrontements entre les Etats riverains ou côtiers.

Il serait cependant erroné de penser que le sous bassin de la Bénoué se présente comme un théâtre mineur et négligeable sur l'échiquier hydro-stratégique. Parmi les nombreux incidents ayant mis aux prises les forces armées camerounaise et nigériane, nous ne retiendrons que deux accrochages majeurs. Tout d'abord, en 1982, dans le département de Manyu, la mise en construction d'un projet de barrage hydroélectrique sur la Cross River à Ikom (Nigeria) a créé un incident diplomatique entre les deux pays[709]. Le Cameroun reprochait au Nigeria d'avoir procédé unilatéralement aux travaux d'aménagement de cet ouvrage hydraulique. Ce qui obligeait le Cameroun à renoncer à tout autre projet hydraulique afin de garantir un niveau d'eau stable au Nigeria situé en aval.

Le second incident rapporté par Paul Ango Ela concerne la localité de Dassing[710]. Le différend a eu lieu en 1985. Il est né de la mise en œuvre de façon unilatérale, par la partie nigériane, d'un projet de construction d'un barrage de retenue sur la Bénoué, à 35 km de la frontière entre les deux pays. Le but poursuivi par le Nigeria était de résorber les problèmes d'approvisionnement en eau potable que connaissait déjà la ville de Yola. Or, le barrage de Lagdo construit en amont dans le territoire camerounais avait déjà considérablement réduit le débit d'eau s'écoulant vers le Nigeria. La construction d'un

---

[709] Paul Ango Ela, *op. cit.*, p. 42.
[710] *Ibid.*, p. 44.

autre ouvrage hydraulique en aval aurait par conséquent obligé le Cameroun à procéder aux lâchers permanents et récurrents d'eau.

Ces deux incidents montrent à suffisance que le sous bassin de la Bénoué est un champ de revendication territoriale entre le Cameroun et le Nigeria. Cependant, les différends n'ont jamais débouché sur des conflits ouverts entre ces pays riverains. Les divergences ont été chaque fois aplanies par la négociation. Tel n'est pas le cas du bassin du lac Tchad qui est le théâtre permanent d'affrontements armés entre le Cameroun et ses principaux voisins.

2- Les litiges entre le Cameroun et le Tchad dans le bassin du lac Tchad

Moins visibles que le différend de Darak, les litiges entre le Cameroun et le Tchad sont, par contre, permanents et récurrents dans le bassin du lac éponyme. D'une manière générale, les conflits symétriques dans le bassin du lac Tchad se ramènent à l'occupation illégale des sources hydriques appartenant au Cameroun. Tout comme le Nigeria, le Tchad a occupé certaines iles camerounaises du lac Tchad, notamment les territoires insulaires de Karakaya, de Kofia et de Nimeri[711].

Outre l'occupation de certaines sources périphériques, les conflits entre le Cameroun et le Tchad sont nés de la gestion unilatérale des ressources hydriques transfrontalières. Les aménagements hydro-agricoles effectués par la SEMRY semblent être ici la pomme de discorde. Les incidents qui se sont produits dans cette zone transfrontalière ont mis aux prises tantôt les populations des deux pays tantôt les deux gouvernements. Nous nous appesantirons sur deux principaux incidents pour montrer comment l'aménagement des surfaces irriguées du côté camerounais est au cœur de l'hydrostratégie du bassin du lac Tchad.

Au milieu des années 80, plusieurs accrochages se sont produits entre les deux Etats riverains du Logone. Cette période coïncidait avec des pics de sécheresse enregistrés dans le bassin du lac Tchad. La ressource hydrique s'en est trouvée amenuisée sous l'effet des retenues d'eau effectuées au niveau des ouvrages hydrauliques. Pour

---

[711] Michel Douryang, *op. cit.*, p. 32.

l'essentiel, ces conflits ont généralement opposé, sur les berges du Logone, les populations tchadiennes et les autorités de la SEMRY. Pour pallier à la disponibilité insuffisante de l'eau pendant les saisons sèches, la SEMRY apportaient des modifications aux aménagements réalisés. Ce qui provoquait des protestations du côté tchadien[712]. En effet, suite au niveau d'étiage bas du Logone en 1984, la SEMRY avait été contrainte d'établir, en face de la station 3 de Vounaloum, des installations à l'aide des sacs de sable afin de remonter le niveau d'eau de l'ordre de 15 à 30 cm. Dès le début de ce chantier, les populations tchadiennes mécontentes ont immédiatement détruit cette installation. Ces actes d'hostilités compromettaient la protection rizicole qui représentait près de 16.000 tonnes de paddy, soit 75 millions de FCFA de ration alimentaire. Il va sans dire que le spectre de l'insécurité alimentaire pèserait sur l'ensemble de la région, y compris le Tchad. Pour pallier à cette situation, la SEMRY a par la suite procédé au creusage à nouveau et à l'endiguement des chenaux pour les stations n° 1, n° 3 et n° 4 sur sa rive[713].

Le second incident s'est produit, quelques mois plus tard, au niveau de la station 4 de Balgam. L'aménagement d'un chenal de 1550 m pour atteindre l'eau qui était littéralement penché vers la rive tchadienne permettait à la SEMRY de disposer de nouvelles surfaces irriguées pour le développement de la riziculture. Aussitôt les travaux achevés, dans la journée du 4 mars 1984, les militaires tchadiens munis des armes, et en toute violation de la souveraineté du Cameroun, traversent le fleuve Logone et arrachent les clés de la pelle hydraulique. L'engin est resté bloqué pendant huit jours et surveillé à partir de la rive tchadienne par les militaires. Dans la nuit du 12 mars, profitant de l'absence des militaires tchadiens, la SEMRY récupère finalement sa pelle hydraulique. Après ce retrait clandestin, le 21 mars, une centaine de Tchadiens ayant à leur tête cinq militaires bouchent le chenal litigieux[714].

A l'analyse, les conflits entre le Cameroun et le Tchad se nourrissent d'une délimitation approximative de leur zone frontalière. En effet, le Logone sert de frontière naturelle entre les deux pays. Ce cours d'eau aurait causé peu de problèmes s'il ne disposait pas d'un

[712] Armel Sambo, *op. cit.*, p. 168.
[713] *Ibid.*, pp. 168-169.
[714] *Ibid.*, pp. 169-170.

débit irrégulier renforcé par de nombreuses sinuosités observables sur son cours. Le Logone est divisé en plusieurs bras sur une distance de 280 km. Il arrive qu'à un moment, ce fleuve change de bras, sans que la frontière suive juridiquement cette modification géographique. "*Lorsqu'un bras meurt du côté du Tchad pour être au Cameroun, les Tchadiens considèrent le nouveau bras comme limite. Ils occupent cet espace et s'éloignent de la vraie frontière. Le changement de bras entraine que certains territoires du Cameroun soient occupés par les Tchadiens*"[715].

En somme, les conflits hégémoniques entre le Cameroun et le Tchad se rapportent aux aménagements hydro-agricoles des surfaces périphériques. Par contre, les différends entre le Cameroun et le Nigeria portent davantage sur l'accès aux ressources hydriques présentes sur certaines terres exondées du lac Tchad.

3- Les litiges entre le Cameroun et le Nigéria dans le bassin du lac Tchad

Dans le bassin du lac Tchad, les litiges entre le Cameroun et le Tchad se sont limités aux conflits larvés et à quelques escarmouches entre les deux armées. Il faut reconnaitre par ailleurs que d'autres litiges sont apparus dans le bassin du lac Tchad, cette fois-ci, mettant aux prises le Cameroun et le Nigeria. Il est intéressant de se demander pourquoi le Cameroun et le Nigeria ne sont que les seuls pays, parmi les membres de la CBLT, qui ont connu un conflit armé ouvert pour le contrôle des sources et ressources hydriques périphériques transfrontalières. Deux raisons semblent expliquer la permanence et la récurrence des conflits ouverts entre ces deux pays riverains du lac Tchad.

La première raison tient à la configuration géographique même du bassin du lac Tchad. En effet, la superficie maximale inondée du lac Tchad a baissé de 37.000 km^2, au début des années 1950, à 15.000 km^2 au début des années 1990, pendant que la superficie inondée pendant quatre mois consécutifs baissait de 23.000 à 2.000 km^2 au cours de la même période. Ce qui en fait un espace stratégique aux dimensions très réduites. La deuxième raison, qui découle de la première, est relative à la forte concentration des populations

[715]Armel Sambo, *op. cit.*, p. 160.

nigérianes -la plupart sont des pêcheurs- dans le pourtour du lac Tchad. Les données démographiques montrent que le bassin du lac Tchad comprend une population cosmopolitique estimée aujourd'hui à plus de 30 millions d'habitants, dont 22 millions de Nigérians.

La conjonction de l'exigüité des territoires exondés et de la croissance démographique a créé des situations explosives dans le bassin du lac Tchad. En effet, la longue sécheresse de la fin des années 1970 a conduit à un déplacement massif des populations, surtout nigérianes vers les parties exondées du lac Tchad situées au Cameroun, notamment dans la localité de Darak (voir carte). Selon Armel Sambo, "*la gestion inéquitable des eaux du bassin est sujette à des conflits surtout dans une situation où l'eau devient rare et la population s'accroit*"[716].

Le différend frontalier qui a opposé le Cameroun au Nigeria dans le bassin du lac Tchad s'est concentré autour de la localité de Darak et des villages environnants. Situé à 35 km à l'Est de la frontière avec le Nigeria, Darak est un vaste territoire de 658,60 km² qui aurait été créé, vers 1987, par des pêcheurs nigérians. Constituée de 21 villages et de 14 iles, Darak brassait, en 2006, une population d'environ 20.000 habitants (dont une majorité de Nigérians), pour une densité de 75,90 hbts/km². En 2009, sur les douze chefs traditionnels que comptait Darak, neuf étaient nigérians, deux camerounais, contre un tchadien[717].

L'apparition des terres exondées fertiles et le confinement de certains points d'eau dans la partie camerounaise du lac Tchad a débouché sur un afflux des populations nigérianes en quête de ressources hydriques et péri-hydriques. Peu après, l'administration nigériane du Borno State a appuyé cette occupation en y établissant sa domination sur des territoires qui, théoriquement, ressortissent de la compétence exclusive du Cameroun. Dès lors, l'économie de Darak était arrimée à celle du Nigéria, comme en témoigne l'utilisation du Naira, la monnaie nigériane. C'est pourquoi "*Darak est souvent dénommée*

[716]*Ibid.*, p. 252.
[717] Michel Douryang, *op. cit.*, p. 32.

'Darak Naira' à cause de ce que rapporte en argent l'activité de la pêche pour les populations dans cette contrée"[718].

Paradoxalement, l'installation nigériane dans cette localité n'a pas été très tôt perçue, par les autorités camerounaises, comme une violation de territoire[719]. En réalité, ce conflit frontalier est cristallisé par des enjeux géoéconomiques (contrôle du flux commercial et de ses retombées) et géopolitiques (contrôle des migrations et de l'intégrité territoriale) liés au retrait des eaux du lac Tchad et à la migration de ses ressources (eaux, poissons, pâturages, etc. vers le Cameroun[720].

Le conflit de Bakassi a véritablement occulté le différend qui se déroulait, dans le lac Tchad, entre le Cameroun et le Nigeria. Sans doute la maritimité de Bakassi, ainsi que ses richesses offshores soupçonnées ou confirmées ont-elles primé sur les enjeux continentaux illustrés par ce qu'il convient d'appeler à juste titre le conflit de Darak. Le peu d'intérêt vis-à-vis de la périphérie lacustre querellée de Darak s'est traduit par le fait que, suite aux travaux de la 10ème Commission mixte Cameroun-Nigeria, tenue les 1er et 2 juin 2004, le Nigeria a consenti le retrait de ses troupes et le transfert d'autorité à la partie camerounaise.

Au final, le champ hydro-politique périphérique du Cameroun a fait l'objet des projections monopolistiques des Etats riverains dans le but d'accéder aux sources et aux ressources hydriques stratégiques. Rien d'étonnant donc si la collision des intérêts et des jeux a débouché sur des conflits hégémoniques. Les analyses antérieures ont largement montré que l'occurrence des conflits ne tient pas à la problématique néomalthusienne du rapport nécessaire entre la disponibilité des ressources et la croissance démographique. En effet, si le bassin du lac Tchad semble obéir à cette théorie, celui de l'Atlantique montre bien que les jeux monopolisants des Etats conduit à la conflictualité. Il serait erroné de circonscrire le champ hydro-stratégique périphérique du Cameroun aux seules projections monopolistiques des Etats riverains. Le jeu hydro-politique est

---

718 Armel Sambo, *op. cit.*, p. 186, d'après un entretien avec Zigla Idrissa, Darak le 06 juin 2007.

719 Halirou Abdouraman, *op. cit.*, p. 57.

720 *Ibid.*, p. 61.

également structuré par des acteurs non-étatiques en quête de position de pouvoir sur l'échiquier géopolitique sous régional.

§2 : Projections hégémoniques des périphéries insoumises dans le champ hydro-politique transfrontalier du Cameroun

Jusqu'ici, les analyses ont montré que le champ hydrologique camerounais était caractérisé par la présence des acteurs légitimes engagés dans une compétition en vue de l'accès à la ressource stratégique. Ces acteurs sont davantage des concurrents et des adversaires que des ennemies, c'est-à-dire des formations hostiles qui se nient mutuellement le droit à l'existence. L'Etat, en tant que détenteur de la contrainte légitime et par ailleurs garant du patrimoine hydrique du Cameroun, ne peut tolérer l'existence sur son sol d'un acteur périphérique qui recourt aux moyens illicites et illégitimes pour occuper une position avantageuse dans son champ hydrologique. D'où de nombreux conflits hégémoniques entre les acteurs légitimes et illégitimes dans les bassins à régime régulier (A) et irrégulier (2). Ces conflits non conventionnels mettent aux prises l'armée camerounaise et des groupes paramilitaires illégaux et illégitimes.

A- Les conflits asymétriques dans les bassins à régime régulier

Les bassins à régime régulier sont aujourd'hui, plus que jamais, le théâtre des opérations entre des Etats, détenteurs de la contrainte légitime, et les acteurs non-étatiques illégitimes. La récurrence des conflits asymétriques dans cet espace hydro-stratégique semble paradoxale dans la mesure où l'abondance des ressources hydriques ne devrait pas constituer un casus belli entre les différents acteurs du champ hydro-politique périphérique du Cameroun. Pourtant, dans le sillage de l'analyse structuraliste de Pierre Bourdieu, le champ est toujours travaillé par des luttes de positionnement en vue du contrôle des ressources stratégiques. Les conflits asymétriques qui se déroulent dans les bassins de l'Atlantique (1) et du Congo (2) montrent à suffisance que le champ hydro-politique cristallise des conflits conventionnels et non-conventionnels.

1- Les conflits asymétriques dans le bassin de l'Atlantique

De tous les bassins qui arrosent le Cameroun, le bassin de l'Atlantique est sans doute celui qui est le plus traversé par des conflits asymétriques. Si dans le cadre des bassins à régime irrégulier du Niger ou du Lac Tchad, les conflits mettaient aux prises des puissances terrestres utilisant accessoirement l'espace hydrique, le bassin de l'Atlantique, en vertu de la complexité de ses côtes constituées d'estuaires et de presqu'iles, est le théâtre des affrontements récurrents entre les forces armées étatiques et les groupes périphériques transnationaux anarchiques.

Une analyse hydro-stratégique montre que les conflits asymétriques qui se déroulent dans le bassin Atlantique ont l'espace fluvial continental comme théâtre accessoire des opérations. Cette situation a été observée au niveau de la région transfrontalière entre le Cameroun et la Guinée Equatoriale. On peut se rappeler que le pillage d'un important stock d'armes lourdes dans un camp militaire de Malabo par 300 mercenaires nigérians a été au cœur d'une crise diplomatique entre les deux Etats riverains du Ntem. Par peur des infiltrations de ces mercenaires sur son territoire à partir du Rio Muni, le Cameroun décide unilatéralement de fermer sa frontière et de déployer des troupes au niveau d'Olamzé. La Guinée Equatoriale proteste en arguant que ce déploiement de troupes constitue une menace pour sa sécurité[721].

L'espace maritime du Golfe de Guinée constitue également l'un des théâtres majeurs des conflits asymétriques. En effet, le retrait des troupes nigérianes de la péninsule de Bakassi à la suite des Accords de Greentree (12 juin 2006) a entrainé une nouvelle distribution des cartes dans le champ hydrologique camerounais. Au conflit symétrique ayant mis aux prises, pendant plus d'une quinzaine d'années, les armées nigériane et camerounaise, se sont succédés des conflits asymétriques qui précipitent sur la scène géopolitique des groupes paramilitaires et les forces armées régulières[722]. En l'espace de quatre ans, les périphéries maritimes du bassin interne de

[721]Karie Ngamondi Youssoufou, *op. cit.*, p. 167.
[722] A ce sujet, au lendemain de certaines attaques, Cameroon-Tribune titrait à la une : « Barbarie et perfidie à Bakassi » (n° 8976/5175 du 14 novembre 2007), « Bakassi : le danger rode » (n° 9116/5313 du 11 juin 2008).

l'Atlantique ont été le théâtre des affrontements entre l'armée camerounaise et des groupes d'insurgés.

Ce qui apparaissait au début comme des actes isolés de banditisme a commencé à retenir l'attention des autorités camerounaises. On peut noter deux moments principaux qui ont marqué l'histoire des conflits asymétriques dans le bassin de l'Atlantique. Le premier moment qui prend racine, au lendemain du désengagement nigérian, à travers l'attaque des forces camerounaises stationnées, conformément aux Accords de Greentree, au Poste C3, "*au carrefour de navigation entre le Rio del Rey et la crique Isangelé*" [723] s'achève en juillet 2008. Cette date correspond à la débâcle infligée par le Cameroun à une "*bande armée sans attributs militaires apparents*"[724] qui venait de s'attaquer à un détachement du 22ème bataillon des fusiliers marins dans la localité de Janéa.

Face aux insurgés[725] qui s'attaquaient aux positions camerounaises afin de contrôler les espaces hydriques frontaliers du bassin de l'Atlantique, la force de dissuasion chapeautée par l'Opération Delta était constituée par un bataillon des fusiliers marins. Le sang-froid manifesté par les assaillants et leur maitrise de l'art du combat ont fait penser à l'opinion publique camerounaise (à tort ou à raison) que ces groupes recevaient le soutien logistique de l'armée nigériane ou la caution morale de la classe politique, mécontentes de l'arrêt de la CIJ.

Le deuxième moment correspond à la mutation des objectifs des assaillants, des techniques et des méthodes d'opération. Toutes choses qui ont conduit le Chef de l'Etat, et par ailleurs Chef suprême de l'armée au Cameroun, à dissoudre l'"Opération Delta" et à confier la sécurisation des périphéries maritimes au Bataillon d'Intervention Rapide (BIR), dont la notoriété avait été établie dans la lutte contre l'insécurité transfrontalière au nord du pays. En effet, si au cours du

---

723 Communiqué de presse publié par le Ministre délégué à la Présidence, chargé de la Défense. Cf Cameroon-Tribune, n° 8976/5175 du 14 novembre 2007.

724 Communiqué de presse publié par le Ministre délégué à la Présidence, chargé de la Défense. Cf Cameroon-Tribune, n° 9148/5347 du 25 juillet 2008.

725 Pendant cette période, la plupart des attaques perpétrées contre les positions de l'armée camerounaise ont été revendiquées par les Bakassi's Freedom Fighters (BFF). La dénomination même de ce groupe montre qu'il s'agit d'insurgés soit nostalgiques de l'administration nigériane soit des indépendantistes.

premier moment, les motivations des assaillants avaient, au début, une orientation hydro-politique (récupérer les sources hydriques cédées au Cameroun), elles prendront par la suite un caractère hydro-économique à travers la volonté d'accéder aux ressources du bassin de l'Atlantique.

La démarche hydro-stratégique mise en place par les groupes illégitimes ne consiste pas à exploiter directement les ressources disponibles dans le bassin de l'Atlantique, mais, à extorquer des fonds aux opérateurs économiques de l'espace maritime, à travers des actes de rapt et de piraterie. Alors que la première séquence est marquée par la figure du soldat illégitime incarnée par les "Bakassi's Freedom Figthers" qui combattaient pour un objectif politique, la figure du flibustier opportuniste - à l'instar de l'"African Marine Commando"- écumant les eaux territoriales camerounaises à la recherche d'un butin, a, quant à elle, profondément empreint le deuxième moment. Contrairement aux Bakassi's Freedom Fighters qui s'attaquaient au cibles continentales (les positions de l'armée camerounaise), les pirates ont eu tantôt recours aux opérations amphibies[726], tantôt aux attaques des chalutiers[727] et des tankers[728].

En somme, le bassin de l'Atlantique est un théâtre d'affrontement incontournable sur l'échiquier hydro-stratégique. A côté de cette région hydrologique, le bassin du Congo est également l'un des foyers de tensions entre des formations étatiques légitimes et des acteurs informels en vue de l'accès aux ressources stratégiques.

---

[726] Cf. les attaques survenues dans la ville de Limbé en octobre 2008.

[727] Cf. Les attaques échouées des assaillants contre la Rose 3 de la société Atlantic Shrimper Ltd (Communiqué de presse du Mindef, in Cameroon-Tribune, n° 9455/5656 du jeudi 15 octobre 2009) et contre un chalutier dont le nom a été tu par les autorités camerounaises (Communiqué de presse du Chef de la Division de la Communication du Mindef, in Cameroon-Tribune, n° du 20 octobre 2008).

[728] Cf. L'attaque perpétrée, avec succès, contre un remorqueur de la société Bourbon opérant sur une plateforme du groupe Total qui s'est soldée par la prise en otage de dix (10) membres de l'équipage ; l'attaque du tanker "Perenco" qui a eu lieu dans la nuit du 16 novembre 2010, au large de Bakassi. Cette attaque s'était soldée par la mort de trois membres du BIR-Delta, du pilote et de l'un des mécaniciens du navire.

2- Les conflits asymétriques dans le bassin du Congo-Oubangui-Sangha

L'espace hydro-politique de la CICOS est une zone transfrontalière qui est structuré par des jeux monopolisants en vue de l'accès aux ressources stratégiques. En dehors des Etats riverains qui se posent comme de sérieux concurrents dans le champ hydro-politique périphérique, le Cameroun fait également face à la compétition déloyale imposée par des acteurs transnationaux illégitimes. Ceux-ci déploient des stratégies asymétriques qui ne respectent pas les règles du jeu hydro-politique conventionnel.

Le bassin du Congo, a-t-on vu, est un espace hydro-politique qui regorge d'énormes ressources hydriques. Aussi présente-t-il un profil géopolitique favorable aux trafics de toutes sortes. Il s'agit en effet d'un sanctuaire pour le commerce illicite des pierres précieuses, ainsi que des ressources faunistiques et floristiques. Ce commerce s'appuie sur la configuration géographique complexe de la région dont la forêt constitue un repaire imprenable. Le facteur irrédentiste permet aux trafiquants de fondre au sein de la population pour échapper aux forces de maintien de l'ordre.

Les menaces asymétriques qui se présentent sur l'échiquier hydro-stratégique de de la CICOS se ramènent, tout d'abord, aux trafics des pierres précieuses. Ce commerce souterrain constitue une menace sécuritaire dans la mesure où le diamant a alimenté des conflits déstructurés en Afrique de l'Ouest et du Centre. D'où l'initiative prise par la communauté internationale d'établir une traçabilité des diamants dans le cadre du processus dit de Kimberly. L'idée visée ici était "*de réduire -à défaut d'éliminer- les conflits et les guerres dans les territoires riches en diamants et sous contrôle des forces rebelles par le biais d'un nouveau régime de certification international présumé entraver le commerce mondial des diamants*"[729]. En tant que nouveau producteur des ressources diamantifères, le Cameroun a intégré cette initiative en juillet 2012.

[729] Isaac Tamba, Jean-Claude Tchatchouang, Raymond Dou'a, "Les initiatives internationales en matière de gouvernance financière", in *L'Afrique centrale : le paradoxe de la richesse. Industries extractives, gouvernance et développement local*, Yaoundé, Presses Universitaires d'Afrique, 2007, p. 140.

Les périphéries entre le Cameroun, le Congo et la RCA apparaissent comme des zones grises dans lesquelles se développe le commerce illicite des pierres précieuses. Si les "creuseurs" d'or se recrutent au sein des populations autochtones et allogènes venues des localités voisines, les négociants appartiennent bien souvent à des organisations opaques. Il s'agit bien souvent des acteurs transnationaux qui écument toute la région transfrontalière, obligés de se dissimuler dans la forêt pour échapper aux agents des Eaux et Forêts. Ces négociants sont généralement issus des groupes d'ex-combattants et de militaires démobilisés qui ont été déçus par les politiques de sortie de crise initiées par les gouvernements congolais à l'issue des guerres civiles.

La dissémination des Armes Légères et de Petit Calibre (ALPC) et la banalisation de l'usage des armes à feu contribuent à instaurer un climat d'insécurité permanent dans cet espace transfrontalier. Ces armes sont utilisées dans le pillage des essences forestières et fauniques. Ces actes sont perpétrés dans les parcs et les réserves naturels (Réserve du Dja, Parc national de la Lobéké) par des hordes de braconniers plus ou moins bien organisés. Dans bien de cas, ceux-ci chassent des espèces protégées (gorilles, chimpanzés, buffles, éléphants, etc.). C'est ainsi qu'il a été démontré, dans la partie nord du Congo, que 5 à 7% de la population des chimpanzés et des gorilles sont tuées chaque année. Si à Brazzaville, on retrouvait, en 1998, plus de 15.000 carcasses d'animaux relevant d'espèces protégées, à Yaoundé, on pouvait estimer, à la même période, à environ une tonne la quantité de gibier boucané déchargé à la gare ferroviaire[730].

Au final, l'épicentre classique de la criminalité transfrontalière jadis confiné dans le Triangle de la Mort (Cameroun-RCA-Tchad) s'est peu déplacé vers la zone transfrontalière Cameroun-RCA-Congo. D'où la proposition qui avait été faite par les experts camerounais, tchadiens et centrafricains d'étendre l'Initiative Tripartite vers l'ensemble de la sous-région CEMAC ; car le "Triangle de la Mort" est entrain de se transformer en "Trapèze de la Mort"[731].

---

[730] APE Alliance, *The African Bushmeat trade- A recipe for extinction*, Ape Alliance, Great Eastern House, Tenison Roas, Cambridge,1998.

[731] Joseph-Vincent Ntuda Ebodé, "*La nouvelle posture géopolitique du Cameroun...*", *op. cit.*, pp. 43-92

Les conflits asymétriques sont certainement plus âpres dans les bassins à régime irrégulier, en vertu de l'indisponibilité de la ressource hydrique et la densité de la population vivant dans ces régions transfrontalières.

B- Les conflits asymétriques dans les bassins à régime irrégulier

Les bassins hydrologiques périphériques du Cameroun sont des espaces qui cristallisent des convoitises chez les acteurs étatiques et non-étatiques. Ceci est d'autant plus vrai que l'indisponibilité des ressources hydriques dans les bassins de la partie septentrionale du Cameroun est au cœur de l'hydro-politique de la CBLT. A côté des Etats, acteurs principaux du champ hydro-politique périphérique, les groupes paramilitaires illégitimes se présentent aujourd'hui comme des menaces asymétriques. Les conflits non-conventionnels opposent le Cameroun aux forces illégitimes dans les bassins du lac Tchad (1) et du Niger (2).

1- Les conflits asymétriques dans le bassin du Lac Tchad

De toutes les régions hydrologiques à régime irrégulier du Cameroun, le bassin du lac Tchad se présente, sans doute, comme celle qui est le plus traversé par des conflits hégémoniques. Les analyses ont montré à suffisance que les luttes de positionnement dans le champ hydro-politique opposent généralement les différents Etats riverains du lac Tchad. Le conflit de Darak est assez illustratif des batailles menées par ces Etats en vue du contrôle des sources et ressources hydriques périphériques. Ce tableau serait assez réducteur s'il ne prenait pas en compte les nombreuses escarmouches qui mettent aux prises les Etats aux formations transfrontalières illégitimes et illégales.

En tant que théâtre incontournable d'opérations sur l'échiquier hydro-stratégique périphérique du Cameroun, le bassin du lac Tchad cristallise de nombreux conflits asymétriques. En effet, les conflits asymétriques qui se déroulent dans cet espace hydro-politique traduisent également les stratégies mises en place par des acteurs illégitimes en quête de ressources stratégiques. Les actes de brigandage enregistrés dans les iles camerounaises du lac Tchad sont répertoriés dans le tableau ci-contre.

Tableau : Actes de piraterie dans le bassin du lac Tchad (janvier 2008-septembre 2009)

Date	Actes
17 janvier 2008	4 pêcheurs sont attaqués au large de l'ile camerounaise de Darak par un groupe de 4 militaires tchadiens, leurs matériels de pêche ont été confisqués contre le paiement d'une rançon de 25.000 naira, environ 100.000 FCFA
18 février 2008	5 militaires tchadiens armés de kalachnikov à bord d'une embarcation installent un poste fixe de contrôle à l'ile de Birnigoni (Cameroun) afin de rançonner les commerçants et pêcheurs se rendant au marché de Kofia.
22 février 2008	Au large de l'ile camerounaise de Nimeri, six pêcheurs sont attaqués par 4 militaires tchadiens. Leurs pirogues sont confisquées contre le paiement d'une rançon de 40.000 naira, soit 160.000 FCFA.
22 avril 2008	5 éléments de l'armée tchadienne armés de kalachnikov et circulant à bord d'une pirogue type zodiac appartenant aux services des Eaux et Forêts tchadien sont arrêtés au large de l'ile de Nimeri (Cameroun).
06 mai 2008	A Naira, 3 pêcheurs sont attaqués par 5 militaires tchadiens armés de kalachnikov AK 47 et circulant à bord d'une pirogue.
19 juin 2008	Un groupe de soldats tchadiens fait irruption à l'ile camerounaise de Bouaram et menace les populations avant d'emporter une pirogue à moteur.
16 juillet 2008	Un certain capitaine Hamat Djiengue, commandant de la PAMINT Tchad et 06 éléments se sont installés sur l'ile de Birnigoni, dans un hangar, dans le but de déloger certains éléments indisciplinés appartenant aux services des Eaux et Forêts qui auraient quitté leur poste pour venir commettre des exactions en territoire camerounais.
08 août 2008	Au cours de leur patrouille de routine, les éléments de la PAMINT Cameroun surprennent, à proximité de l'ile de Waya Waya (Cameroun), 09 militaires tchadiens entrain de dérouter vers Kinassaram (Tchad), un groupe de 07 pirogues de pêche.
09 octobre 2008	06 éléments de la PAMINT Cameroun détachés à Kofia à bord de leurs embarcations escortant les pirogues de pêcheurs sont tombent dans une embuscade tendue par 10 militaires tchadiens en provenance de leurs PC de Kilboua et de Kinassaram. Il s'en est suivi un échange de coup de feu.
09 novembre 2008	Au large de Nimeri, des pêcheurs sont attaqués par des bandes armées tchadiennes installées à Nimeri. Une somme de 15.000 nairas, soit 50.000 FCFA est emportée.
24 janvier 2009	Sur l'ile camerounaise de Kassouara Mereya, près de Nimeri, aux environs de 14 h, 03 pirogues à moteur et du matériel de pêche ont été emportés par des bandes armées tchadiennes venues de Nimeri.
13 février 2009	Une pirogue à pagaie appartenant à un certain Docta Madagou, pêcheur résident à Kofia, ayant pêché dans les eaux territoriales tchadiennes avec des filets interdits, a été appréhendé par les éléments des Eaux et Forêts tchadiens, au large de Kofia (Cameroun). Son matériel est saisi contre une rançon de 70.000 nairas, soit 280.000 FCFA.
18 février 2009	Une prise d'otages survient à Darak : les 02 enfants d'un certain Alhadi Alidou sont enlevés par des militaires tchadiens contre le paiement d'une rançon de 200.000 nairas, soit 800.000 FCFA.

07 mai 2009	Vers 10 h, au large de l'ile de Birnigoni, les pêcheurs camerounais tombent dans une embuscade tendue par une bande armée tchadienne. La patrouille de la PAMINT Cameroun avisée, se rend sur les lieux. Après un échange nourri de coup de feu, la bande prend la fuite. Bilan : 01 assaillant tchadien tué, 03 blessés du côté camerounais dont un militaire, 04 pêcheurs pris en otage et une pirogue à moteur emportée. Ces derniers sont libérés le lendemain contre le paiement d'une rançon de 13.000 nairas.
1er août 2009	Aux environs de minuit, les combattants tchadiens font de nouveau irruption à Birnigoni où ils tentent d'arracher les filets des pêcheurs. Après une vive contestation, les assaillants ouvrent le feu. Les éléments de la PAMINT Cameroun interviennent et les combattants tchadiens prennent la fuite. En représailles, ils tentent une embuscade à la PAMINT Cameroun et réussissent à faire des prisonniers qui sont conduits à Kinassaram (Tchad), puis à Ndjamena. Ils sont finalement libérés par voie diplomatique.
28 septembre 2009	03 citoyens camerounais résidents de l'ile de Kofia sont enlevés par des combattants tchadiens. Ils seront libérés le 10 octobre contre le paiement d'une rançon de 150.000 FCFA, chacun.
29 septembre 2009	04 militaires tchadiens dont 03 armés de kalachnikov sont arrêtés et gardés à la brigade de l'ile de Darak, à la suite de leurs multiples exactions sur les populations. Ils avaient pris 04 pêcheurs camerounais en otage au large de Darak Naira, exigeant une rançon de 40.000 naira, soit 320.000 FCFA.

Source : Ce tableau a été reconstitué à partir des données de terrain récoltées par Michel Douryang. Cf. *La défense militaire des iles camerounaises du lac Tchad*, *op. cit.*, pp. 33-36.

A l'analyse, les attaques et les incursions des militaires tchadiens dans les iles camerounaises du lac Tchad ne peuvent s'inscrire, comme l'a souligné Michel Douryang, dans un "*registre syncrétique*"[732] ou mixte alliant à la fois les aspects conventionnels et non-conventionnels de la pratique de la guerre clausewitzienne. A notre sens, ces actes relèvent tout simplement de la piraterie fluviale. En effet, les logiques et les modes opératoires des militaires sont du ressort de la piraterie qui, dans l'imaginaire populaire, n'est présente que dans le golfe de Guinée. L'asymétrie repose ici sur l'emploi des stratagèmes (et non des stratégies conventionnelles), des méthodes illicites dirigées en général contre les populations civiles. Les pirates sont des éléments incontrôlés de l'armée tchadienne qui écument les eaux du lac Tchad. Ils se projettent dans cet espace lacustre dans la mesure où il regorge d'énormes richesses.

Une lecture minutieuse du tableau ci-dessus montre que deux principales logiques sous-tendent les actes posés par ces pirates. Il s'agit, d'une part, d'occuper les sources hydriques périphériques du

[732] Michel Douryang, op. cit., p. 37.

Cameroun. C'est en ce qu'ils ont tenté d'étendre la souveraineté du Tchad sur les iles camerounaises en procédant aux attaques ciblées contre les éléments de la PAMINT-Cameroun. D'autre part, l'objectif des incursions tchadiennes en territoire camerounais visait à s'approprier les rentes tirées de la vente des ressources halieutiques.

2- Les conflits asymétriques dans le bassin du Niger

Si les autres bassins hydrologiques ont des menaces asymétriques spécifiques, celui du Niger présente, quant à lui, une situation sécuritaire complexe. En effet, ce bassin apparait comme une région hydro-politique éclatée et ouverte à toutes sortes de trafics. Par conséquent, les menaces ne sont ici ni homogènes ni uniformes. Malgré leur diversité et leur caractère protéiforme, les menaces asymétriques peuvent être catégorisées en fonction des aires transfrontalières. D'une manière générale, on distingue deux principales menaces asymétriques : les coupeurs de route dans la zone dite "Triangle de la mort" (Cameroun-RCA-Tchad), et la secte islamiste Boko Haram vers la frontière avec le Nigeria.

En tant que zone de contact entre le Cameroun, la RCA et le Tchad, la façade orientale du bassin du Niger est le théâtre des conflits asymétriques entre les armées nationales régulières et les groupes criminels transfrontaliers, généralement regroupés sous le nom générique de coupeurs de route[733]. Ces bandes de hors-la-loi qui se recrutent tantôt parmi les éléments déserteurs ou indisciplinés des armées tchadiennes et centrafricaines, tantôt au sein des groupes paramilitaires, tantôt au sein de la minorité Mbororo[734] profitent de la porosité des frontières dans cette zone dite "*triangle de la mort*".

Les actions posées par chaque acteur du champ hydro-politique sont pleines de significations. Elles visent à occuper des positions de pouvoir et d'influence sur un échiquier donné. Dans ce sens, les actes délictueux posés par les coupeurs de route s'inscrivent dans une logique de gestion unilatérale des ressources hydriques transfrontalières. Si leurs aspirations sont légitimes (avoir accès aux ressources

---

[733] Issa Saibou, "La prise d'otages aux confins du Cameroun, de la Centrafrique et du Tchad : une nouvelle modalité du banditisme transfrontalier", *Polis/R.C.S.P./C.P.S.R.*, vol. 13, Numéros 1-2, 2006, p. 119.
[734] *Ibid.*, pp. 122-129.

stratégiques du champ hydro-politique), les méthodes et les stratégies d'occupation des sphères de pouvoir sont illégitimes et illégales. En effet, les coupeurs de route contestent la patrimonialisation des sources et ressources hydriques par l'Etat. Ils profitent par conséquent des "*espaces de désordre où l'autorité de l'Etat peine à s'imposer*"[735].

Selon Issa Saibou, "*l'une des constantes de l'histoire du banditisme de grand chemin dans [le bassin du Niger], c'est sa capacité à se reproduire, à muter au gré des changements de la politique répressive de l'Etat, et au gré de l'apparition de nouvelles conjonctures criminogènes, lesquelles disséminent de nouveaux vecteurs de l'agression et de nouveaux acteurs de la criminalité transfrontalière*"[736]. Dans cette veine, on peut distinguer deux grands moments dans la construction du banditisme transfrontalier.

Le premier moment qui prend essor dans les années 1980 s'achève à partir de 2003, date d'"*apparition de la prise d'otages dans les zones frontalières comme nouvelle modalité du phénomène du banditisme de grand chemin*"[737]. Au cours de cette période, le banditisme transfrontalier s'identifiait véritablement aux embuscades sur des routes, généralement peu ou pas fréquentées. Les hors-la-loi étaient alors appelés coupeurs de route en vertu du mode d'opération qui consistait à immobiliser les véhicules pour dépouiller les voyageurs de leurs biens. Seulement, la bancarisation des opérations commerciales à travers des établissements de micro-finance a amené les commerçants à ne plus transporter de grosses sommes d'argent. D'où la mutation des méthodes de banditisme. S'ouvre ainsi le deuxième moment caractérisé par des enlèvements surtout des enfants contre le paiement d'une rançon. Toutes choses qui montrent que les groupes criminels sont toujours en quête de ressources stratégiques afin d'occuper des positions avantageuses dans le champ hydro-politique périphérique du bassin du Niger.

Par contre, la façade occidentale du Cameroun, à la lisière avec le Nigeria, est potentiellement le théâtre des affrontements asymé-

---

[735]*Ibid.*, p. 119.
[736]*Ibid.*, p. 120.
[737]*Ibid.*

triques entre les forces régulières, détentrices du monopole de la violence légitime, et les groupes paramilitaires nigérians. En tant que zone de rencontre entre les deux fleuves Niger et Bénoué, le delta du Niger est une région très importante sur le plan hydro-politique. Elle est, en effet, riche en hydrocarbures. La gestion opaque de cette manne pétrolière par l'Etat central au détriment des couches périphériques locales a été au cœur de nombreuses contestations menées notamment par le MEND.

A côté des groupes identitaires, on retrouve également la secte islamiste Boko Haram. Certes, le phénomène de coupeurs de route reste très présent dans le bassin du Niger, mais il est en train d'être déclassé sur l'échiquier hydro-stratégique, par la menace que constitue de nos jours la secte fondamentaliste Boko Haram. Il s'agit d'un mouvement politico-religieux qui recrute des adeptes au sein des couches défavorisées. On y trouve des sans-emplois, des anciens enseignants d'universités, des étudiants, des policiers et autres fonctionnaires de l'Etat de Borno, des toxicomanes, des sans domiciles fixes et des hors-la-loi, etc.

L'objectif poursuivi par Boko Haram est l'instauration de la charia dans tout le Nigeria. Dans les faits, il est soutenu par l'élite politique du nord du pays qui l'utilise comme instrument de réclamation d'une meilleure répartition des richesses nationales, et moyen de pression sur le régime de Goodluck Jonathan à qui il est reproché d'avoir violé le principe d'alternance Nord-Sud après la mort du Président Umaru Musa Yar'adua. Le mouvement bénéficie ainsi des complicités dans tous les rouages de l'Etat nigérian : la haute administration, les services de sécurité, l'armée et le Sénat. Même des anciens chefs d'Etat sont cités. Au plan externe, Boko Haram s'est allié aux shebabs somaliens et à AQMI. Boko Haram frappe à travers des attentats-suicides, des voitures piégées, des prises d'otages, des enlèvements et des sabotages. Les principales cibles sont les églises chrétiennes, les bâtiments officiels nationaux et internationaux, les populations civiles chrétiennes, l'armée, etc.

Initialement circonscrit à l'intérieur du Nigeria, dans l'Etat de Borno, Boko Haram s'exporte peu à peu vers la zone frontalière avec le Cameroun. En effet, le territoire camerounais a été la cible de quelques incursions sans grands dommages pour l'instant. Cependant, il n'est pas à l'abri des attaques en raison de la longue frontière en partage avec le Nigeria et des similarités hydro-sociologiques. C'est ainsi que le 23 septembre 2004, des miliciens de Boko Haram, après avoir attaqué des commissariats de police dans les villes de Gwoza et Bama (Etat de Borno), tuant au passage quatre policiers et deux civils, se réfugient dans les monts Mandara, le long de la frontière entre le Nigeria et le Cameroun. Ils y seront délogés par des soldats nigérians après deux jours de combat. Cinq miliciens islamistes qui tentaient de passer au Cameroun sont arrêtés par des gendarmes camerounais qui avaient été alertés par les autorités nigérianes.

Au final, le champ hydro-politique périphérique du Cameroun est structuré par des conflits en vue du contrôle des ressources hydriques. Si, en tant que dépositaire de la légitimité, les Etats sont apparus comme les premiers acteurs de cette surface de pouvoir, il faut également admettre la présence des formations périphériques en quête des ressources stratégiques. Cependant, ils ne respectent les valeurs partagées par la communauté des Etats, à savoir le respect de la souveraineté et de l'intégrité territoriale, le règlement pacifique des différends, etc. Ces acteurs ne jouissent donc pas de la reconnaissance des Etats, en tant qu'acteurs à part entière du champ hydro-politique. Par conséquent, délégitimées par les Etats gérants et garants des sources hydriques, ces formations sont finalement réduites à recourir aux méthodes non-conventionnelles pour occuper, même d'une façon résiduelle, des pans du champ hydro-politique. C'est pourquoi elles déploient des stratégies de puissance ou de nuisance pour déclasser les Etats sur l'échiquier hydro-politique et hydro-stratégique.

CHAPITRE VI : LA NOUVELLE DYNAMIQUE COOPERATIVE AUTOUR DE LA GESTION DES RESSOURCES HYDRIQUES PERIPHERIQUES DU CAMEROUN

Le champ hydro-politique périphérique du Cameroun est une constellation de relations, de corrélations et d'interrelations entre des acteurs étatiques et non-étatiques. Ceux-ci élaborent des jeux pour se positionner avantageusement sur l'échiquier hydro-politique. Jusqu'ici, nos analyses ont porté sur des stratégies centripètes consistant à gérer de façon monopolistique les sources et les ressources hydriques situées dans les régions transfrontalières entre le Cameroun et ses principaux voisins. Par conséquent, les intervenants du champ hydro-politique se considèrent tantôt comme des adversaires tantôt comme des ennemies dans la quête des ressources stratégiques.

Il serait erroné de penser que le champ hydro-politique périphérique n'est structuré que par des jeux monopolistiques et unilatéralistes. En réalité, dans une perspective diachronique, le Cameroun s'est engagé, au lendemain de son accession à l'indépendance, dans une dynamique multilatérale en vue de la gestion des sources et ressources transfrontalières[738]. La construction des pôles hydro-solidaires visait à insérer tous les Etats, quelle que soit leur situation géographique (en amont ou en aval), dans le jeu hydro-politique sous régional. De ce point de vue, on peut observer deux grands moments dans le processus de construction des hydro-solidarités dans le champ hydro-politique périphérique du Cameroun.

Le premier moment s'étend, approximativement, des indépendances en 1960 jusqu'à la fin du XXème siècle. Il est marqué par la dynamique de construction de l'intégration intra-africaine ou interafricaine (section I). Les jeux élaborés par les Etats riverains à l'intérieur des formations hydrologiques consistaient à privilégier une approche centrifuge dans la gestion des sources et ressources hydriques transfrontalières. Pendant près d'un demi-siècle, le jeu hydro-

[738] Frank Ebogo, "Reconquête des espaces hydriques continentaux en Afrique de l'Ouest… ",*op. cit.*, pp. 22-24.

politique a été largement dominé par les organisations de bassin, à l'instar de la CBLT et de l'ABN.

Le second moment est apparu au début du XXIème siècle. Il est guidé par une dynamique transafricaine et transcontinentale consistant à privilégier des regroupements entre des organisations de gestion à l'intérieur et à l'extérieur des frontières africaines (section II). Cette dynamique aboutit finalement à une unification du champ hydro-politique périphérique du Cameroun dont la fragmentation résultait de l'appartenance du pays à plusieurs bassins hydrologiques internationaux.

Section I : Construction des hydro-solidarités intra-régionales dans le champ hydro-politique périphérique du Cameroun

Dans une perspective diachronique, la construction des pôles hydro-politiques d'intégration s'est d'abord opérée par le biais des organisations de gestion concertée des sources et ressources hydriques transfrontalières, avant d'emprunter les sentiers de la coopération bilatérale. Ce fut le cas de l'ABN et de la CBLT qui furent mises en place avant la signature des accords bilatéraux relatifs à une gestion intégrée des espaces hydriques transfrontaliers. Il est d'ailleurs important de souligner, que dans au moins un cas (Protocole d'accord entre le Nigeria et le Cameroun), c'est l'organisation de bassin (l'ABN, en l'occurrence), qui a facilité les discussions entre les deux pays concernés.

Cependant, pour les besoins d'une meilleure analyse qui se fonde, à notre sens, sur la structuration des rapports géopolitiques et non sur la seule réalité historico-juridique, nous nous détacherons d'une analyse diachronique. Il sera donc question d'étudier, dans un premier temps, la démarche bilatérale (§1), avant de voir les enjeux multilatéraux (§2) dans la construction des hydro-solidarités sous régionales.

§1 : Dynamique bilatérale dans la gestion intégrée du champ hydro-politique périphérique du Cameroun

Le continent africain compte 63 bassins hydrologiques transfrontaliers. C'est pourquoi, les Etats riverains des cours d'eau transfrontaliers se sont très tôt engagés à gérer de manière concertée leurs ressources en eau. Dans cette veine, 94 accords internationaux relatifs à l'eau ont été signés entre des Etats africains en vue d'une co-gestion des plans d'eau transfrontaliers.

Seulement, si des organisations de bassins ont été créées à la suite des accords multilatéraux, il reste que la principale option adoptée par les Etats riverains est l'approche bilatérale. Elle consiste à conclure des accords directs entre deux Etats. L'expérience montre que la plupart des accords bilatéraux ont été conclus dans les bassins à haut risque. Les bassins du Nil et du Niger ont respectivement fait l'objet de 19 et de 10 accords bilatéraux entre tous les pays riverains. En ce qui concerne le champ hydro-politique périphérique du Cameroun, nous verrons que des duopoles hydro-solidaires ont été construits dans les bassins à régime régulier (A) et irrégulier (B).

A- La construction des duopoles hydro-solidaires dans les bassins à régime régulier

Jusqu'ici, les bassins transfrontaliers à régime régulier n'ont pas fait l'objet des accords bilatéraux entre le Cameroun et ses voisins. Au contraire, les bassins à régime irrégulier ont servi de cadre à la construction des duopoles hydro-politiques. Cette situation peut s'expliquer par le fait que la faible disponibilité de la ressource hydrique combinée à l'explosion démographique dans certains bassins hydrologiques amène les Etats riverains à recourir à une gestion bilatérale des plans d'eau. Or, les bassins à régime régulier du Cameroun ne présentent pas encore ce profil conflictogène.

L'absence des accords bilatéraux sur la gestion des ressources en eau n'occulte cependant pas le travail accompli au sein des commissions mixtes. Celles-ci ont pour objectif principal de construire des ponts d'intégration entre des différents Etats riverains des cours d'eau internationaux. Par conséquent, les Commissions mixtes bilatérales contribuent accessoirement à la construction des duopoles hydrosolidaires dans l'espace hydro-politique trans-ntemois (1) et trans-sanghais (2).

1- La coopération trans-ntemoise

Par *coopération trans-ntemoise*, nous entendons, dans le cadre de cette étude, la dynamique de construction des ponts intégrateurs engagée de manière bilatérale entre les pays riverains du fleuve Ntem (Cameroun, Gabon et Guinée Equatoriale). Cette nouvelle dénomination se justifie par le fait qu'il n'existe pas, à notre connaissance, de qualificatif adéquat permettant de rendre compte de la diversité et de l'intensité des échanges qui s'opèrent sur les deux rives du Ntem. Certes, le fleuve Ntem n'a pas encore fait l'objet d'un traité bilatéral ou multilatéral en vue d'une gestion concertée de ses ressources hydriques. Cependant, un processus de construction des pôles de coopération a été engagé par les pays riverains du Ntem.

D'une part, le Cameroun et le Gabon entretiennent officiellement des relations de coopération bilatérale. Non seulement ces deux pays ont des représentants accrédités au plus haut niveau, ils forment également le noyau dur de la CEMAC[739]. L'intensification et la densification des relations bilatérales entre le Cameroun et le Gabon ont abouti, dans un premier temps, à la formation d'un "*couple*"[740] solide, puis à la construction d'une "*zone de co-prospérité*"[741]. Mais les rapports entre le Cameroun et le Gabon ont souvent été marqués par des coups de froid[742]. Sans doute la mise sur pied de la large Commission mixte bilatérale devait-elle contribuer à assainir les relations

---

[739] Lire Côme Damien Awoumou, *Le couple Cameroun-Gabon au sein de la CEMAC*, Harmattan, 2008.

[740] Cette terminologie doit sa consécration scientifique à Côme Damien Awoumou, diplomate camerounais.

[741]Ce concept, à l'origine politique, a été forgé par le Président gabonais Ali Bongo au cours d'un discours tenu à Yaoundé à l'occasion de la Conférence internationale Africa 21, en marge de la célébration du cinquantenaire de l'indépendance du Cameroun.

[742]Les ères Albert Bongo –Ahmadou Ahidjo et Omar Bongo-Paul Biya (1968-2008) ont été marquées par une grande crispation. Pour plus d'informations, lire : Marc-Louis Ropivia, Gabon-Cameroun, cinquante ans d'amitié et de malentendus in *Annales de l'Université Toulouse 1 Capitole*, tome LII, 2010-2012, pp. 154-158.

entre ces deux pays et permettre de bâtir des ponts entre les Camerounais et les Gabonais.

La coopération entre le Cameroun et le Gabon a connu une période très faste marquée par la tenue de douze sessions de la grande commission mixte, de 1960 à 1984. Ce chiffre est largement supérieur au nombre de sessions des commissions mixtes camerouno-nigérianes (4), camerouno-centrafricaine (6) et camerouno-congolaises (6). L'activisme observé ici peut s'expliquer par l'orientation trans-ntemoise de la politique étrangère du Gabon. Déjà, dans les années 60, "*les villes de Kribi et Douala constituaient les portes océanes du Nord Gabon, c'est-à-dire les ports à partir desquels l'économie cacaoyère du Woleu-Ntem effectuait ses transactions avec l'Europe. Oyem, Minvoul et Bitam leur étaient directement connectées*"[743]. Bref, comme le soulignait déjà Marc Louis Ropivia, "*il y a assurément une nordicité de l'action politico-diplomatique gabonaise en Afrique centrale, essentiellement axée sur le Cameroun*"[744].

Malgré ces signes extérieurs de vitalité, la grande commission a sombré dans une profonde léthargie, ne réussissant à organiser qu'une session de 1984 à 2008 ! Pis, les travaux du comité de suivi de la grande Commission mixte de coopération qui devaient se dérouler les 25 et 26 août 2008 à Yaoundé ont été reportés en raison de l'absence de la délégation gabonaise. Cette rencontre était pourtant destinée à l'évaluation de la mise en œuvre effective des recommandations de la 12ème session de cette commission tenue à Libreville en juillet 1997. En effet, le rôle de ce comité de suivi était de "*procéder périodiquement à l'évaluation de la coopération bilatérale et d'aplanir les difficultés qui pouvaient survenir dans l'exercice des programmes et des actions de coopération identifiés lors des sessions de la grande Commission mixte*"[745].

Au demeurant, les travaux de la 12ème session de la grande commission mixte de coopération Gabon-Cameroun se sont déroulés, à Libreville, du 14 au 18 juillet 1997. Ces assises ont permis de

[743]Marc-Louis Ropivia, "Gabon-Cameroun..", *op. cit.*, p. 153.
[744]*Ibid.*
[745] Communiqué final de la 12ème session de la grande Commission mixte bilatérale Cameroun-Gabon, Libreville, 14-17 juillet 1997

revisiter l'état des relations qui existent entre les deux pays. S'agissant plus spécifiquement des questions de frontières, les deux parties sont convenues de la mise en place d'une Commission ad-hoc chargée de préciser la frontière partout où celle-ci n'est pas constituée par une configuration naturelle.

En attendant, les travaux de la prochaine session, le Gabon a proposé "*l'instauration de points de passage obligé afin d'assurer une meilleure sécurité à la frontière entre les deux pays et de juguler le flux migratoire qui s'y intensifie et en particulier celui des ressortissants d'autres pays qui transitent par le Cameroun avant d'arriver au Gabon* "[746]. D'autres propositions ont porté sur la création d'une zone de libre circulation de trente kilomètres de chaque côté de la frontière au profit des populations locales et l'établissement d'un passeport spécial aux personnes vivant dans ce périmètre pour leur permettre d'y circuler librement. Leurs homologues camerounais ont quant à eux souhaité la réduction "*autant que possible du nombre des postes de contrôle routier sur le trajet Bitam-Libreville, en particulier pour les commerçants* [et] *un traitement humain et fraternel des Camerounaises et Camerounais voyageant par la route sur le Gabon ou résidant sur le territoire gabonais*"[747]. Ces principales propositions ont été examinées par le comité ad-hoc constitué lors de la Xème Session de la grande Commission mixte et qui avait été chargé de l'élaboration d'un projet d'accord bilatéral en matière d'émi-immigration.

En somme, la construction des ponts intégrateurs sur les deux rives du fleuve Ntem a été amorcée par le Cameroun et le Gabon. L'arrivée au pouvoir du Président Ali Bongo Ondimba augure une nouvelle phase des relations trans-ntemoises entre le Cameroun et le Gabon. Il s'agit d'une période de renouveau et de décrispation des relations entre les deux pays travaillé par quatre facteurs fondamentaux : la relation quasi filiale entre le jeune Président Ali Bongo et le doyen Paul Biya ; le séjour très apprécié du Président camerounais à Libreville, en août 2008, lors des festivités marquant la célébration du 48ème anniversaire de l'indépendance gabonaise ; la relance du comité de suivi de la grande Commission mixte Gabon-Cameroun

---

[746] Procès-verbal des travaux de la douzième session de la grande commission mixte de coopération Gabon-Cameroun.
[747] *Ibid.*

au mois d'avril 2010, alors que cet organe ne s'était plus réuni depuis 1997 ; et, enfin, le discours mémorable du Président Ali Bongo lors de la Conférence Africa 21[748].

La construction de la zone de coopération trans-ntemoise passe également par la densification et la consolidation du partenariat entre le Cameroun et la Guinée Equatoriale, l'un des autres pays riverains du Ntem. De ce point de vue, l'implémentation véritable du duopole hydro-politique entre les deux pays passe par la construction nécessaire d'un pont sur le cours frontalier du Ntem. Rien d'étonnant donc si au cours de la visite d'Etat du Président Obiang Nguema au Cameroun, en novembre 2012, des résolutions fortes ont été prises dans ce sens. En effet, les Présidents équato-guinéen et camerounais ont "*réaffirmé leur détermination de faire aboutir le projet de construction du pont sur le Ntem reliant les deux pays*"[749]. Ils se sont également engagés à apporter, "*dans les meilleurs délais et dans un esprit de fraternité, de solidarité et de partage, une solution harmonieuse aux questions de communications terrestres, maritimes et aériennes, ainsi qu'aux problèmes de sécurité et de frontière*"[750].

Au demeurant, les relations entre le Cameroun et la Guinée Equatoriale trouvent leur fondement dans le terreau géographique et historique. Dans le premier cas, en effet, la région transfrontalière entre les deux pays est structurée par le Ntem. D'autre part, plus de 90% de la population équato-guinéenne est Fang, ethnie qui se retrouve largement dans la région du Sud-Cameroun. Pendant la période qui a précédé l'indépendance de la Guinée Equatoriale en 1968, plusieurs nationalistes des deux pays avaient préconisé, sur cette base culturelle, l'unification du Cameroun et de la Guinée Equatoriale[751]. Mais le principe de bon voisinage l'a généralement emporté sur des velléités expansionnistes. Cependant les relations entre les deux pays sont devenues difficiles au début des années

---

[748]Marc-Louis Ropivia, "Gabon-Cameroun..", *op. cit.*, pp. 158-159.
[749] Communiqué conjoint publié à l'issue de la visite d'amitié et de travail de S. E. M. le Président Obiang Nguema Mbasogo, Président de la République de Guinee Equatoriale en République du Cameroun, le 30 novembre 2012, 5.
[750]*Ibid.*, 6.
[751] Adamou Ndam Njoya, *Le Cameroun dans les relations internationales*, Paris, LGDJPI, 1972, p. 215

2000, surtout lorsque des vagues successives de Camerounais furent expulsées du territoire équato-guinéen.

La Commission mixte bilatérale Cameroun-Guinée Equatoriale a été prévue par les accords de coopération, dont elle est par ailleurs chargée du suivi. En effet, cette Commission a été créée par l'article 7 de l'Accord de coopération économique et technique qui précise qu'elle se réunit en principe deux fois par an, alternativement dans les deux pays, et peut être convoquée en session extraordinaire à la demande d'une partie[752].

Les échanges entre le Cameroun et la Guinée Equatoriale se sont intensifiés, depuis 2006, dans le cadre de la Commission *ad hoc* sur la délimitation de la frontière maritime dont la 4ème session s'est tenue du 9 au 11 novembre 2008 à Yaoundé. En effet, dans le cadre de l'affaire Cameroun-Nigeria à propos de la presqu'ile de Bakassi devant la Cour internationale de justice (CIJ) de la Haye aux Pays-Bas, de 1994 à 2002, la Guinée Equatoriale avait saisi en juin 1999 cette juridiction par une requête demandant à intervenir dans la procédure afin de défendre ses droits et intérêts. Conformément à la Convention de Montego Bay de 1982 sur le droit de mer, la CIJ, dans son arrêt du 10 octobre 2002 reconnaissant la souveraineté du Cameroun sur Bakassi (envahi en décembre 1993 par le Nigeria), avait laissé la possibilité à la Guinée Equatoriale de négocier sa frontière avec le Cameroun. Ces négociations furent engagées dans le cadre de la 4ème session de la Commission ad hoc sur la délimitation de la frontière maritime entre les deux pays.

La délégation camerounaise à cette concertation était conduite par le ministre des Relations extérieures, Eyebe Ayissi. Les autres membres de la délégation étaient le Gouverneur de la région du Sud et d'une composante militaire conduite par le général Mambou Deffo Roland. Cette importante mission intervenait à la suite de deux évènements tragiques. Il s'agit tout d'abord des attaques orchestrées par un groupe d'assaillants fortement armés sur la ville balnéaire de Malabo, et d'autre part, des accrochages survenus entre les marines camerounaises et équato-guinéennes dans la zone maritime frontalière, au large de Campo et de Kribi.

---

752 Hubert Onana Mfegue, *op. cit*, p. 164.

Cette concertation a permis aussi de faire le point sur les travaux de la commission bilatérale ad hoc sur la limitation de la frontière entre les deux pays. Les deux pays ont opté pour une coopération militaire dans la mesure où ils ne sont pas à l'abri des actes d'agression. S'il est opportun que le Cameroun et la Guinée Equatoriale se concertent sur les questions de sécurisation du Golfe de Guinée, il est quand même curieux que le Nigeria ne soit pas associé. En effet, ce pays a également été victime des attaques des assaillants au large de ses côtes. D'autre part, le Nigeria, véritable bastion des mouvements armés illégitimes, partage des frontières maritimes avec le Cameroun et la Guinée Equatoriale. Or, lors de la commission mixte Cameroun-Nigeria tenue à Yaoundé en 2008, engagement avait été pris de mener des actions concertées pour la sécurisation réciproque de leur frontière commune.

2- *La coopération trans-sanghaise*

Dans la dynamique de construction des sous-régions africaines sur une logique hydro-politique, la qualification des échanges bilatéraux entre les pays riverains des cours d'eau internationaux peut également prendre un accent hydronymique. C'est en ce sens que les relations bilatérales amorcées entre le Cameroun et ses voisins dans le sous bassin de la Sangha peuvent être appréhendées comme une étape importante dans la construction du bloc intégrateur trans-sanghais. Cette nouvelle dénomination nous permet de mieux rendre compte des échanges qui se déroulent dans cette région transfrontalière structurée par la Sangha.

La coopération trans-sanghaise a été, d'une part, construite entre le Cameroun et le Congo, en tant que pays riverain de la Sangha. A l'instar des relations avec les autres pays membres de la CEMAC, le Cameroun entretient des rapports de bon voisinage avec le Congo. Le Cameroun s'est toujours tenu à l'écart de nombreux conflits qui ont secoué le pays depuis l'assassinat du Président Marien Ngouabi en 1977. La région de l'Est-Cameroun a plutôt, à chaque fois, accueilli de nombreux réfugiés congolais. Les relations diplomatiques entre les deux pays n'ont pas été rompues, malgré le fait qu'elles ne sont pas toujours été excellentes[753]. Ce qui explique l'existence de la

---

[753] Lire Karie Ngamondi, *op. cit.*, p. 84-89.

grande Commission mixte bilatérale qui est née dans des situations conflictuelles.

A l'instigation du gouvernement camerounais, la 1ère session de la Commission mixte bilatérale se tint à Yaoundé en 1965. L'objectif était d'obtenir l'expulsion des activistes upécistes réfugiés sur le sol congolais. Les autorités congolaises promirent alors de mener cette opération. Ce sujet revint à l'ordre du jour de la 2ème session tenue du 19 au 24 avril 1968 à Brazzaville. Les délégations s'accordèrent sur l'étroite collaboration entre leurs experts afin d'identifier les rebelles et assurer le retour au Cameroun des volontaires. De 1965 jusqu'en 1990, cinq (5) sessions de la grande commission mixte se sont tenues alternativement à Yaoundé et à Brazzaville. Le début de la crise économique et les instabilités politiques au Cameroun (opérations villes mortes) et au Congo (conférence nationale souveraine, guerres civiles, etc.) ont conduit à une hibernation des activités des commissions.

Le retour de la stabilité politique au Congo et la résolution du conflit de Bakassi ont conduit à une réactivation de la grande commission, après près de vingt ans de léthargie. En effet, la 6ème session de cette grande Commission de coopération camerouno-congolaise s'est tenue du 20 au 22 janvier 2009 à Brazzaville. Au cours desdits travaux, les experts des deux délégations, sous la conduite de S.E. Henri Eyébé Ayissi (ministre camerounais des relations extérieures) et S.E. Basile Ikouébé (Ministre congolais des affaires étrangères), ont passé en revue les points inscrits à l'ordre du jour[754], dans les domaines aussi variés que la coopération culturelle, scientifique, technique, économique et commerciale, et les questions politiques, sécuritaires et consulaires.

A l'issue des travaux, les deux délégations se sont engagées à accélérer la mise en œuvre des résolutions et recommandations adoptées, à l'effet de les traduire en projets concrets. C'est ainsi que trois commissions ont été mises en place pour renforcer la coopération entre les deux pays[755].

[754] Communiqué final de la 6ème session de la grande Commission mixte bilatérale Cameroun-Congo, Brazzaville, 20-22 janvier 2008.
[755] *Ibid.*

La première Commission qui couvre les secteurs économiques et commerciaux est chargée de la création d'une Commission Commerciale Conjointe et de la mise en place d'un marché frontalier commun à Moloundou afin de booster les échanges en les rendant moins informels. L'action de cette Commission s'étend aussi dans l'harmonisation des politiques en matières forestières, dans le respect des dispositions de la Commission des Forêts d'Afrique Centrale (COMIFAC).

La Commission socioculturelle et scientifique se penchera sur l'amélioration de la qualité de l'offre éducative. Il a été par ailleurs convenu de raffermir la coopération à travers une mise en œuvre effective des accords interuniversitaires existants et la mobilité des enseignants des deux pays. La coopération en matière scientifique s'étendra désormais dans les domaines variés tels que la médecine à travers une recherche sur les maladies transmissibles et épizooties (VIH/SIDA, grippe aviaire, la fièvre hémorragique à virus Ebola, etc.) ; la cartographie et la surveillance des frontières ; les recherches communes dans les domaines géologiques et hydrologiques dans le bassin du Congo, etc.

En ce qui concerne la Commission politique et juridique, le Cameroun et le Congo, tout en matérialisant leurs frontières communes, entendent créer des cadres de coopération à travers la facilitation des formalités consulaires. Par ailleurs, au cours de cette même session, les deux Etats se sont engagés, à préserver des relations pacifiques, de relancer la Commission ad hoc des frontières.

Les résolutions prises au cours de ce 6ème sommet ont connu une lente application, due notamment à la persistance des sentiments nationalistes. A titre d'exemple, le 21 novembre 2012, des graves incidents sont survenus entre les ressortissants camerounais et congolais à Ouesso. Les commerçants camerounais ont été pris pour cibles par de jeunes Congolais suite à une rumeur persistante faisant état de l'assassinat d'un opérateur économique local par des éco-gardes camerounais. Pour clore définitivement cet incident qui grève les efforts de construction d'un duopole hydro-politique au niveau des deux rives de la Sangha, un émissaire du Chef de l'Etat congolais a été reçu par le Président Paul Biya, le 21 décembre 2012.

Cette visite intervenait au lendemain de la tenue de la 7ème session de la Commission mixte bilatérale entre les deux pays. En effet, ces travaux se déroulés à Yaoundé les 19 et 20 décembre 2012. Un pas supplémentaire a été franchi dans la construction d'une véritable communauté d'intérêts entre les deux pays. Plusieurs résolutions ont été prises à l'issue de ces travaux, à savoir la création d'une Université inter-Etats. La principale innovation de ces travaux est sans doute le nombre impressionnant de projets communs dans la région transfrontalière. Il s'agit notamment du projet d'exploitation du minerai de fer disponible le long de la frontière commune entre Mbalam au Cameroun et Nabemba au Congo ; la pose de la fibre optique entre les deux pays ; la construction d'une centrale électrique commune ; la poursuite de la construction de la route Sangmélima-Ouesso ; sans oublier l'accord de jumelage entre Sangmélima et Owando. Cet accord a été d'ailleurs finalisé le 21 décembre 2012 à Sangmélima en présence des autorités des deux pays.

La coopération trans-sanghaise englobe également les relations diplomatico-politiques entre le Cameroun et la RCA. Ces deux pays entretiennent des relations officielles qui ont été scellées par des accords de coopération. On peut, entre autres, citer le Protocole d'accord de coopération technique en matière du personnel (1968), l'Accord culturel et d'assistance technique (1969), la convention en matière de fret (1969), l'accord sur les transports aériens (1971), la convention en matière de police et de la circulation des biens et des personnes (1969), la convention sur le transport terrestre des marchandises (1989), l'accord en matière commerciale (1989), etc. Cependant, la plupart de ces accords rencontrent des difficultés d'application à cause soit de leur caducité soit du non accomplissement des formalités constitutionnelles applicables dans les Etats respectifs.

En ce qui concerne la grande Commission mixte bilatérale Cameroun-RCA, elle est née à la suite de la signature des accords et convention de Berberati du 24 juillet 1969. Après avoir tenu pendant 30 ans (1969-1989) des sessions régulières, la grande Commission mixte bilatérale a, par la suite, connu une longue hibernation de 13 ans. Ce gel des activités de la Commission traduisait ainsi le climat sociopolitique qui a régné à l'intérieur du Cameroun ("*opérations villes mortes*") et de la RCA (mutineries, coups d'Etat) pendant les années 1990. Finalement, une session de la Grande Commission mixte bilatérale s'est tenue du 2 au 4 mai 2002.

A l'occasion des travaux de cette session, les deux pays, à côté des sujets concernant la délimitation de la frontière, la circulation des personnes et des biens, la coopération en matière économique, culturelle et scientifique, ont abordé des questions liées aux problèmes de sécurité qui se posent dans l'espace frontalier. En effet, le Cameroun et la RCA font face aux problèmes sécuritaires multiformes tels que la recrudescence de la grande criminalité transfrontalière, la circulation anarchique des armes de guerre, la lutte contre les stupéfiants et autres substances psychotropes, le phénomène des coupeurs de route, l'émergence des vols de voitures, la lutte contre le faux monnayage[756]. Fort de ce constat, la commission a recommandé :

- la création d'une commission *ad hoc* de sécurité entre le Cameroun et la RCA ;
- l'intensification d'échanges d'informations entre les autorités administratives et de maintien de l'ordre des zones frontalières ;
- l'institutionnalisation d'un mécanisme d'assistance en vue de faciliter la récupération sans contre-partie des voitures volées dans l'un ou l'autre territoire et l'exercice du droit de poursuite sous l'autorité du pays hôte ;
- l'engagement des deux Etats en faveur d'un contrôle systématique des zones frontalières pour éradiquer le trafic des armes[757].

Toutes ces résolutions ont connu un début de réalisation dans le cadre de l'activation de la commission *ad hoc* de sécurité entre le Cameroun et la RCA. En effet, les enjeux sécuritaires grandissants qui sont apparus dans le "*Triangle de la mort*" ont amené les autorités du Cameroun et de la RCA à mutualiser leurs efforts pour juguler le phénomène irrédentiste des coupeurs de route. C'est pourquoi, suite à une action conjointement menée le 8 juillet 2005 par l'armée camerounaise et les FACA qui fut couronnée par la libération d'une vingtaine d'otages camerounais et la saisie d'un important stock

[756] Procès-verbal des travaux de la 10ème session de la grande Commission mixte centrafricano-camerounaise, Bangui, 2-4 mai 2002.
[757] *Ibid.*

d'armes de guerre[758], les autorités de Yaoundé et de Bangui furent confortées dans la nécessité d'une "*coopération sécuritaire formelle*"[759]. La première Commission mixte de sécurité entre les deux pays se tint à Bertoua, le 15 décembre 2005. Pour refréner le phénomène des coupeurs de route, les deux délégations "*ont à cet effet préconisé la sensibilisation des populations en vue de leur implication effective dans la lutte contre l'insécurité transfrontalière ; le renforcement et la promotion de la coopération militaire et judiciaire ; ainsi que le resserrement des bornes frontalières*"[760].

Au final, dans les bassins transfrontaliers à régime régulier, les commissions mixtes contribuent, à l'absence d'accords bilatéraux sur les cours d'eau internationaux (Ntem et Sangha), à la construction et à la reconstruction des duopoles hydro-politiques d'intégration entre le Cameroun et ses voisins.

B- La construction des duopoles hydro-solidaires dans les bassins à régime irrégulier

Les bassins irréguliers sont des espaces hydrologiques et hydropolitiques caractérisés par une disponibilité relative des ressources en eau et une forte densité des populations. La conjugaison de tous ces facteurs devraient déboucher, dans une perspective néo-malthusienne, aux conflits entre les différents utilisateurs de l'eau. Seulement, dans le sillage des analyses constructivistes auxquelles nous avons souscrit, l'eau n'est pas intrinsèquement un facteur de conflit ou de coopération. En réalité, ce sont bien les constructions tantôt centripètes tantôt centrifuges qui en font une ressource pertinente pouvant contribuer à la belligérance et/ou à l'intégration.

Aujourd'hui plus que par le passé, les bassins transfrontaliers à régime irrégulier sont le lieu d'intensification de la coopération bilatérale entre certains pays riverains des cours d'eau internationaux.

---

[758] J. B. Ketchateng, "La première Commission mixte de sécurité s'est achevée hier à Bertoua" in *Mutations*, 16 décembre 2005.
[759] Issa Saibou, *"la prise d'otages aux confins du Cameroun...", op. cit.*, p.140
[760] Extrait du communiqué final conjoint de la réunion de la Commission mixte ad hoc de sécurité entre le Cameroun et la RCA, Bertoua, 15 décembre 2005

Cette assertion peut se vérifier à travers l'analyse de la coopération trans-bénouenne (1) et trans-logonéenne (2).

1- La coopération trans-bénouéenne

La construction d'un pont sur les deux rives de la Bénoué est un processus qui remonte à la période coloniale. En effet, bien avant leurs indépendances respectives, le Cameroun et le Nigeria avaient déjà établi des liens très étroits. C'est ainsi que la Grande Bretagne avait rattaché administrativement la partie occidentale du Cameroun au Nigeria. Mais au lendemain des indépendances, les relations entre les deux pays vont être difficiles. C'est dans ce contexte de tensions persistantes que les deux pays créent en 1965, la commission mixte Nigeria-Cameroun ayant pour but le règlement des oppositions liées aux tracés frontaliers[761].

Quant à la grande Commission mixte bilatérale Cameroun-Nigeria, elle est issue des accords de coopération économique, scientifique, culturelle et technique signés entre les deux pays, le 16 février 1963. Lors des trois premières rencontres, le Cameroun et le Nigeria avaient adopté un *modus operandi* pour la négociation d'un protocole d'entente sur les consultations bilatérales, la construction des routes reliant les deux pays et de la transafricaine, la coopération en matière de sécurité, la promotion des relations amicales au niveau des médias, la recherche scientifique et technique, la coopération en matière de sport, etc.

Mais toutes ces bonnes intentions n'ont presque jamais été concrétisées. Le règlement quasi-définitif de la crise de Bakassi a auguré et inauguré une ère nouvelle dans la coopération bilatérale entre le Cameroun et le Nigeria. C'est ainsi que la 4ème session de la grande commission mixte de coopération Cameroun-Nigeria s'est tenue du 9 au 11 octobre 2008 à Yaoundé. Elle servit de cadre d'évaluation de la coopération entre le Cameroun et le Nigeria dans les domaines spécifiques du commerce, de la santé, de l'économie, des affaires consulaires, de la pêche, de l'élevage, etc.

S'agissant de la sécurité transfrontalière, par exemple, la 4ème session a pris note des menaces multiformes à l'intégrité, la sécurité, la

---

[761] Adamou Ndam Njoya, *op. cit.*, p.127

paix et la stabilité dans les deux pays, suite aux agressions transfrontalières perpétrées par certains activistes, le commerce illicite des armes, le trafic illégal de produits pétroliers de contrebande entre les deux pays, des attaques incessantes des pirates dans l'espace maritime, le trafic humain et de la drogue[762], etc.

Pour juguler cette insécurité généralisée, le Cameroun et le Nigeria ont convenu de mettre en place un Comité de sécurité transfrontalière composé des éléments des forces armées, de la police ainsi que d'autres structures de sécurité. Les missions de cet organe seront, entre autres, de mettre en place une patrouille terrestre et maritime le long de la frontière commune, d'engager des mesures militaires et sécuritaires visant à l'instauration de la confiance, de collaborer dans le domaine des enquêtes conjointes en matière d'activités criminelles et d'engager, le cas échéant, des enquêtes conjointes et des opérations de secours[763].

Par ailleurs, compte tenu de l'importance des échanges diplomatiques qui existent déjà entre les deux pays (Commission mixte, grande Commission mixte, Cam-nigeria new spirit, etc.), il a été décidé de créer une Commission Permanente Nigeria-Cameroun (CNC) et d'examiner la faisabilité d'une mise en place d'un comité conjoint sur la sécurité et le contrôle des frontières, ainsi que l'opérationnalisation d'un Comité Permanent sur les questions consulaires et d'immigration.

En marge des travaux des commissions mixtes, la coopération trans-bénouéenne s'est également consolidée à la faveur de la signature d'un Protocole d'accord entre le Cameroun et le Nigeria. En pleine crise diplomatico-politique au sujet de l'appropriation de la périphérie hydrique de Bakassi, les deux pays ont conclu, le 25 janvier 2000, sous l'égide de l'ABN, un Protocole d'Accord relatif à une gestion intégrée et durable des ressources transfrontalières du bassin de la Bénoué. Ce Protocole portait principalement, sur l'échange d'informations sur les ouvrages hydrauliques et les données hydrologiques quotidiennes. Il visait également à coordonner des actions sur les lâchers d'eau à partir des barrages

[762] Procès-verbal de la Grande Commission mixte de coopération Cameroun-Nigeria, 9-11 octobre 2008, Yaoundé
[763] *Ibid.*

hydroélectriques et des lacs artificiels de retenue d'eau. En réalité, cet accord se rapportait à la gestion concertée des ressources en eau du barrage hydroélectrique de Lagdo. L'objectif visé par la partie nigériane était de permettre au Nigeria, pays situé en aval du bassin hydrologique de la Bénoué, ne pas pâtir de la diminution ou de l'augmentation intempestives du débit de ce fleuve international.

D'autres points de ce Protocole étaient centrés sur une concertation nécessaire autour des projets d'ouvrage hydraulique, la conception et la mise en œuvre éventuelle des projets conjoints pour l'intérêt réciproque des deux pays, l'inventaire des ouvrages existants, etc.

Il parait tout à fait légitime de s'interroger sur l'opportunité de ce Protocole d'Accord, lorsqu'on sait que, pendant la crise de Bakassi, les activités des commissions mixtes bilatérales entre le Cameroun et le Nigeria avaient été gelées. Il semble plus plausible que le Nigeria, en tant qu'hydro-puissance dans le bassin du Niger, ait voulu, en écartant l'ABN, privilégier une approche bilatérale pour mieux préserver ses intérêts.

2- *La coopération trans-logonéenne*

La gestion intégrative du champ hydro-politique périphérique du Cameroun a débouché sur la construction des ponts sur les cours d'eau frontaliers ou transfrontaliers. C'est ainsi que, dans le but de gérer de façon concertée leurs ressources périphériques, le Cameroun et le Tchad ont très tôt décidé d'établir des relations diplomatiques. Le pic de ces bonnes relations bilatérales a été atteint avec la réalisation réussie du pipe-line Tchad-Cameroun. La construction de cet oléoduc était le plus gros investissement privé en Afrique subsaharienne. Le pétrole est extrait de Doba au Tchad et acheminé sur une distance de plus de 1000 km dont plus de 800 km en territoire camerounais, au large de Kribi.

La Commission mixte bilatérale Cameroun-Tchad a été mise en place à Moundou en 1970, six ans après la création de la CBLT (1964). Cette Commission avait abordé les questions liées "*aux aménagements hydrauliques sur le Logone (...), la construction de l'axe lourd Ngaoundéré-Moundou, en cours de réalisation, les douanes, les communications et la coopération*"[764]. La coopération trans-logonéenne a connu une brusque accélération à la faveur de la construction du pont de Nguéli qui surplombe le Logone, reliant, de ce fait, les villes camerounaise de Kousseri et tchadienne de Ndjamena.

Dans nos précédentes analyses, nous avons montré que le Cameroun occupait une position stratégique dans le bassin du lac Tchad.Les principaux affluents du lac Tchad se trouvent au Cameroun, qu'il s'agisse de la Logone ou du Chari. En tant que pays situé en amont, le Cameroun a refusé très tôt de s'enfermer dans une démarche unilatérale pour exploiter les ressources de ces cours d'eau. C'est ainsi que la coopération trans-logonéenne a abouti, en 1970, à la signature de l'Accord dit de Moundou, du nom de la capitale économique de la République du Tchad. Cet Accord est l'illustration patente que le champ hydro-politique peut être appréhendé comme une constellation de relations pacifiées entre des formations étatiques. En effet, les Etats privilégient la coopération à la confrontation en vue de préserver la paix dans leurs relations bilatérales.

En ce qui concerne l'Accord proprement dit, il engage les deux Etats signataires à ne pas recourir à la clause dite de Harmon fondée sur l'affirmation d'une démarche souverainiste dans la gestion des ressources hydriques périphériques. Après avoir mutuellement pris acte des aménagements antérieurs[765] effectués par l'une et l'autre partie, les deux pays se sont engagés à respecter certains niveaux maximaux de prélèvement des eaux du Logone. De ce point de vue, la variation de la hauteur du plan d'eau ne devait pas excéder 15 cm même pour une crue centrale en aval de Dana (limitation des débits de défluence du seuil de Dana et Guérleo) ; et 5 cm même pour une crue centrale en aval de Ere (limitation du débit de défluence au seuil de Sategui)[766].

D'autre part, dans la dynamique de construction d'un bloc trans-logonéen intégré, chaque gouvernement est tenu d'informer l'autre d'un éventuel nouveau projet d'aménagement hydro-agricole qui aurait des conséquences sur l'écoulement pérenne des eaux du

[764] Onana Mfege, *op. cit.,* p.165.
[765] Accord de Moundou entre le Cameroun et le Tchad, 1970, art. 1 et 2.
[766] *Ibid.,* art. 3.

Logone[767]. A cet effet, suivant un calendrier bien établi, le Cameroun et le Tchad s'engagent à limiter les pompages d'eau dans le Logone ainsi que suit :

- 5 m^3/s pendant les mois de Janvier- Février- Mars et Avril ;
- 10 m^3/s pendant les mois de Décembre et Mai[768].

En dehors de la gestion concertée des ressources hydriques du fleuve Logone, la coopération entre le Cameroun et le Tchad s'est également étendue dans le domaine sécuritaire. Celle-ci s'est intensifiée grâce au renforcement de la sécurisation des espaces transfrontaliers et de la résolution des différends territoriaux dans le cadre de la CBLT. Aussi n'est-on pas surpris de constater que plus d'une vingtaine de sessions de la grande commission mixte bilatérale se sont tenues à Yaoundé ou à Ndjamena. Au cours de la XXIème Session de la grande commission mixte Cameroun-Tchad, tenue le 18 novembre 1998, à Ndjamena (capitale de la république du Tchad), plusieurs points étaient inscrits à l'ordre du jour, à savoir les problèmes énergétiques, la coopération culturelle et les questions d'émigration/immigration et de sécurité.

S'agissant tout spécifiquement de ce dernier point, les experts camerounais et tchadiens ont marqué leurs préoccupations face à la recrudescence de l'insécurité à la frontière des deux pays. Pour juguler cette insécurité grandissante, les experts tchadiens et camerounais ont convenu d'institutionnaliser la Commission Permanente Mixte de Sécurité dont la tâche est de mettre en place un cadre de concertation visant à mutualiser les moyens de sécurisation des zones frontalières et à assurer un échange d'informations entre les services administratifs et militaires. Toutes ces résolutions ont abouti à la réactivation, en octobre 2005, de la Commission mixte de sécurité Cameroun-Tchad à l'occasion de la tenue, à Maroua, d'une rencontre entre les différents responsables en charge de question de sécurité.

Somme toute, la construction des duopoles hydro-solidaires dans le champ hydro-politique périphérique du Cameroun s'est opérée à deux niveaux. Dans les bassins à régime régulier (Ntem et Sangha),

---

[767] *Ibid.,* art. 5.
[768] *Ibid.,* art. 7.

les commissions mixtes bilatérales ont indirectement servi de cadre d'implémentation d'une gestion concertée des ressources périphériques en eau. D'autre part, outre ces commissions, des accords bilatéraux en matière de cogestion des ressources en eau ont permis la construction des duopoles hydro-solidaires, notamment dans les bassins à régime irrégulier (Bénoué et Logone).

§2 : Dynamique multilatérale dans la gestion du champ hydro-politique périphérique

La gestion bilatérale des ressources hydriques transfrontalières présente un avantage incontournable. Elle permet, en effet, à deux Etats riverains d'un cours d'eau international de gérer de manière consensuelle et concertée les ressources en eau. Cependant, cette approche devient inopérante lorsque plusieurs pays sont drainés par un même bassin hydrologique. D'où l'importance d'une approche multilatérale dans la gestion de ces ressources transfrontalières.

Le champ hydro-politique périphérique du Cameroun est également structuré par des organisations intergouvernementales de bassin. Celles-ci promeuvent une gestion concertée et centrifuge des ressources hydriques transfrontalières en vue du développement durable des Etats riverains. En même temps, le Cameroun occupe une place importante sur l'échiquier hydro-politique local dans la mesure où toutes ses périphéries ont été insérées dans le jeu des organisations de bassin. On retrouve ainsi des organisations à vocation hydro-politique dans les bassins transfrontaliers à régime régulier (B) et irrégulier (A).

A- Les organisations hydro-politiques de gestion de bassin à régime irrégulier

Il se dégage de nos analyses antérieures que les bassins transfrontaliers à régime irrégulier ont fait l'objet des accords bilatéraux entre des Etats en vue d'une gestion concertée des ressources en eau. Cette dynamique intégratrice s'est également poursuivie à travers la mise en place des organisations de bassin. Celles-ci sont des lieux d'intensification de la coopération multilatérale en matière de cogestion des plans d'eau internationaux. Les bassins transfrontaliers à régime irrégulier du Cameroun sont structurés par des jeux centrifuges élaborés par la CBLT (1) et l'ABN (2).

1- Dans le bassin du lac Tchad : la Commission du Bassin du Lac Tchad (CBLT)

Le champ hydro-politique périphérique du Cameroun met en scène des acteurs étatiques riverains des cours d'eau transfrontaliers en quête des ressources stratégiques. Généralement, ceux-ci se mettent ensemble pour gérer de façon concertée ces ressources périphériques. C'est le cas de la CBLT, principale organisation de bassin mise en place par les pays drainés par le lac Tchad (carte 35). La délimitation de l'espace CBLT a été opérée "*à la suite d'une conférence des experts et techniciens à Maiduguri au Nigeria du 06 au 08 avril 1964, tout juste avant l'adoption de la convention instituant la CBLT*"[769]. Si le bassin hydrographique naturel du lac Tchad draine sept pays (Algérie, Cameroun, Niger, Tchad, Nigeria, RCA et Soudan), pour une superficie de 2.381.635 km^2, son pendant conventionnel ou hydro-politique n'a été ramené qu'à 9.66.955 km^2.Le Soudan et l'Algérie ont été exclus du jeu hydro-politique, tandis que la RCA, château d'eau du Logone et du Chari, principaux affluents du lac Tchad, a été intégrée dans la CBLT en 1999.

Toutes choses qui montrent que les espaces hydrologiques sont configurés et reconfigurés au gré des représentations égoïstes ou partagées que les Etats riverains se font de leurs relations. Bref, "*l'homme redessine un cadre organisationnel selon ses aspirations institutionnelles voire politiques*"[770].

---

[769] Armel Sambo, *op. cit.*, p. 28.
[770] *Ibid.*28.

Carte22 : Espace hydropolitique de la CBLT

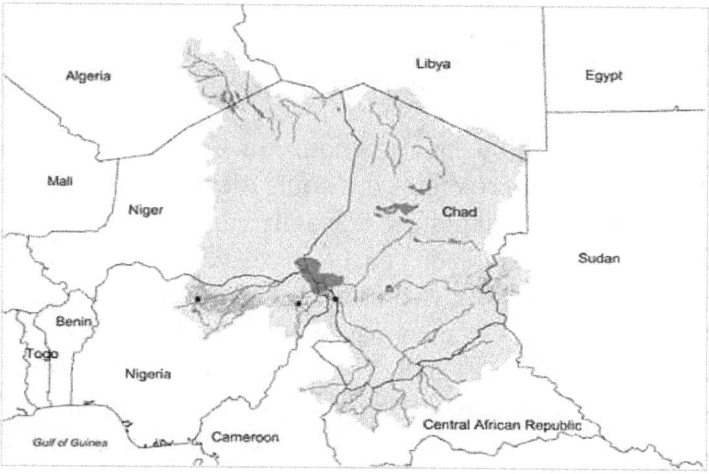

Source : Documentation de la CBLT

Le processus de création de la CBLT se situe dans un contexte marqué par la multiplication des initiatives multilatérales, au lendemain des indépendances, en vue des regroupements sous régionaux. Elle est sortie des fonts baptismaux à l'issue d'une "*série de conférences et réunions*"[771] amorcée depuis 1962 entre les experts et les chefs d'Etat des pays riverains du lac Tchad[772]. Créée finalement à l'issue de la Convention de Fort-Lamy (Ndjamena) du 22 mai 1964 entre le Cameroun, le Nigeria, le Niger et le Tchad, la CBLT est une organisation intergouvernementale dotée d'un arsenal juridique qui s'articule autour de deux textes fondamentaux. Il s'agit de la Convention de Fort-Lamy (1964) et de l'Accord d'Enugu (1977) portant réglementation commune sur la faune et la flore. Ces deux textes juridiques réaffirment la primauté du droit collectif sur les lois internes, la représentation égalitaire des Etats dans la composition des différents organes de la Commission[773], le maintien des relations de bon voisinage à travers le règlement pacifique des différends

[771] *Ibid.*, p. 215.
[772] *Ibid.*, pp. 215-216.
[773] La répartition des portefeuilles dans la Commission est établie ainsi que suit : deux (2) Commissaires par pays, la présidence tournante de la Commission ; un poste statutaire au moins pour chaque Etat ; pas plus de 30% du personnel cadre par pays, unanimité dans la prise des décisions.

(patrouilles mixtes pour assurer la sécurité dans les zones transfrontalières), etc.

La création de la CBLT obéissait à une volonté des pays riverains d'adopter une démarche concertée dans la gestion des sources et ressources en eau du lac Tchad. Pour y parvenir, plusieurs projets à caractère national et régional ont été mis en place par la CBLT. D'une part, grâce à de nombreuses études combinant aussi bien la géophysique, l'hydrochimie, l'altimétrie, l'économie que l'isotopie, des projets à portée nationale ont permis à certains Etats riverains de réaliser le creusage des puits et des mares artificielles, la pose des sondes dans des nappes phréatiques, la construction des retenues dans certaines zones du bassin, l'installation des pompes dans des forages, etc. Au Cameroun, par exemple, dans la période allant de 1964 à 1989, 23 mares artificielles et un forage artésien ont été construits dans les plaines du Yaéré grâce au projet Aménagement Hydraulique des Yaérés. Dans le cadre du programme d'action de la CBLT, une étude de faisabilité des barrages-réservoirs d'eau a été réalisée dans la localité de Koumba sur le fleuve Vina.

Par ailleurs, des projets à caractère régional ont été mis en place pour favoriser une gestion concertée des ressources en eau dans les zones transfrontalières. Cette dynamique devait ainsi contribuer à une véritable intégration des pays riverains du lac Tchad. Parmi les nombreux projets de la CBLT[774], on peut citer celui relatif à la Planification et à la Gestion des Ressources en Eau du Bassin du Lac Tchad. Il a pour objectif principal d'améliorer la connaissance des ressources en eau afin d'aboutir à une gestion intégrée. Les objectifs spécifiques sont, entre autres, la réhabilitation et le renforcement de réseaux de collecte des données; la mise en place d'un système opérationnel de collecte, de traitement et de conservation des données ; l'établissement d'une unité d'acquisition et d'exploitation de données satellitaires dans l'ensemble du bassin.

La gestion coopérative des ressources hydriques du bassin du lac Tchad a été adoptée par le Plan Directeur de la CBLT rédigé en 1992, quelques mois seulement après la tenue du Sommet de Rio. Son objectif principal était de formuler une stratégie de gestion écologique

---

[774] Pour un aperçu rapide sur les autres projets de la CBLT, lire : Karie Ngamondi Youssoufou, *op. cit.*, pp. 240-243.

et rationnelle des ressources du bassin en vue du développement durable. La volonté d'une gestion concertée des ressources du lac est renforcée, en 1994, au 8ème sommet des Chefs d'Etats tenu à Abuja (Nigeria)[775]. Au cours de cette rencontre, la CBLT reçut la mission d'implémenter la GIRE. Une telle approche devait, à terme, favoriser l'intégration économique et sociale des pays riverains. Pour ce faire, un Plan d'Action Stratégique a été adopté en 1998.

L'engagement pris par les pays riverains du lac Tchad en faveur d'une gestion concertée des ressources périphériques se traduit finalement par la multiplication des initiatives multilatérales de développement et de protection de l'environnement. En ce sens, la Vision 2025 de la CBLT apparait comme une dynamique à long terme en vue d'une gestion concertée des ressources en eau. En effet, "*élaborée pour faire face aux défis de l'avenir, la Vision 2025 pour le lac Tchad est une vision positive marquée par des politiques durables de gestion intégrée du Bassin au niveau local, national et régional*"[776].

Trois principaux résultats sont attendus à l'horizon 2025[777]. Tout d'abord, le lac Tchad, Héritage commun des Etats riverains, ainsi que ses autres zones humides sont maintenues à des niveaux durables pour assurer une sécurité économique des ressources et cet écosystème d'eau douce. Pour ce faire, l'utilisation de la biodiversité et les ressources aquatiques du bassin du lac devrait se faire de manière équitable afin d'assouvir les besoins des populations transfrontalières, tout en réduisant le niveau de pauvreté. D'autre part, à l'horizon 2025, le bassin du lac Tchad devrait devenir une région où les acteursd nationaux et régionaux acceptent, pour l'eau douce, l'écosystème et la biodiversité, les responsabilités relatives à la conservation et à la gestion intégrée des sources et ressources hydriques en vue du développement durable. Le dernier résultat attendu porte sur l'accès équitable de tous les acteurs nationaux et transnationaux aux

---

[775] Armel Sambo, *op. cit.*, p. 217.
[776] *Ibid.*, p. 240.
[777] Pour une lecture rapide des résultats attendus de la Vision 2025, lire : Lambert Tam, *La Commission du Bassin du Lac Tchad et le processus de la GIRE* in www.befac.net/index.php?tpr_pk... [Consultée le 23 août 2014].

ressources en eau, en fonction de leurs besoins, dans le strict respect de l'écosystème et de la sauvegarde de la biodiversité.

Outre la CBLT, l'ABN constitue l'une des principales organisations de bassin qui structurent le jeu hydro-politique périphérique du Cameroun.

2- Dans le bassin du Niger : l'Autorité du Bassin du Niger (ABN)

L'histoire de l'ABN est, à bien des égards, révélatrice du rôle qu'un organisme de coopération peut jouer dans la poursuite des objectifs de développement dans une sous-région donnée. En effet, il faut sans doute remonter jusqu'à l'époque coloniale, au début des années 1950, avec la création à Bamako, de la Mission d'Etude et d'Aménagement du Niger (MEAN) pour trouver des premières tentatives en vue de l'érection d'un organisme public chargé de mettre en valeur les ressources du bassin du fleuve Niger. La MEAN qui avait juridiction sur le tronçon du fleuve allant de la source en Guinée jusqu'à la frontière nigéro-nigériane, a disparu avec l'accession à l'indépendance des pays drainés par le fleuve Niger, au début des années 1960. Elle sera remplacée, d'abord en 1963, par l'"*Acte de Niamey*"[778] relatif à la navigation et à la coopération économique ; puis, en novembre 1964, par la Commission du Fleuve Niger (CFN) dont le but était d'encourager, de promouvoir et de coordonner les études et les programmes relatifs aux travaux de mise en valeur des ressources du bassin.

Sclérosée par le manque de volonté politique des Etats membres et l'instabilité politique qui sévissait en Afrique de l'Ouest, la Commission est finalement remplacée, en novembre 1980, par l'ABN. Jusque-là confinée à quelques Etats, la nouvelle structure dont le siège est à Niamey (Niger) s'ouvre à 9 pays[779], parmi lesquels les Etats riverains des affluents et des sous-affluents du fleuve Niger (carte 36).

[778] L'Acte de Niamey a été certes négocié par des Etats souverains, cependant, tout en reconnaissant le caractère international du fleuve Niger, il révèle la nécessité pour les Etats riverains d'établir une réglementation commune en vue d'une utilisation harmonieuse des ressources hydriques.

[779] Il s'agit, par ordre alphabétique, des Etats suivants : Bénin, Burkina Faso, Cameroun, Côte d'Ivoire, Guinée, Mali, Niger, Nigeria et du Tchad.

<u>Carte</u>23 : Espace hydropolitique de l'ABN

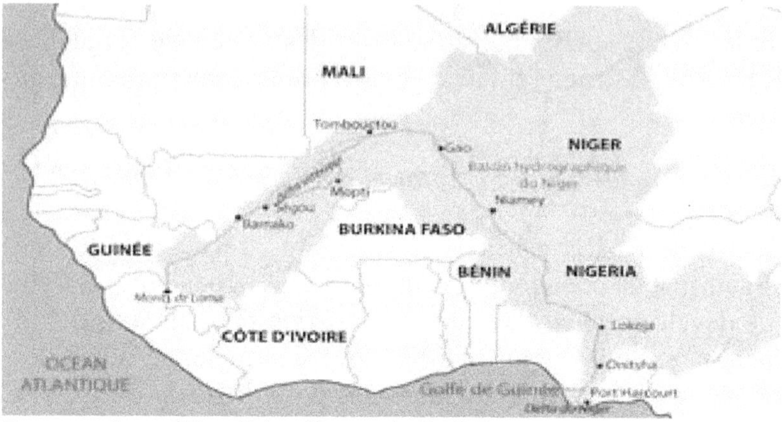

<u>Source</u> : http://fr.wikipedia.org/wiki/Niger

En octobre 1987, à Ndjamena, les textes de l'ABN sont époussetés : les Etats membres adoptent en effet une version révisée de la Convention portant création de l'ABN et du Règlement financier. Selon les dispositifs de la Convention révisée de l'ABN, les objectifs poursuivis par cet organisme se situent à quatre niveaux : harmoniser et coordonner les politiques nationales de mise en valeur des ressources en eau du Bassin du Niger ; participer à la planification du développement par l'élaboration et la mise en œuvre d'un plan de développement intégré du bassin ; promouvoir et participer à la conception et à l'exploitation de toute forme de navigation sur le fleuve, ses affluents et sous-affluents[780].

De ce qui précède, on retient que l'ABN est une construction géopolitique visant à promouvoir le développement harmonieux des Etats riverains du fleuve Niger et ses affluents. Des avancées significatives ont été sans doute faites en avril 2004, lorsque les Chefs d'Etat des pays du bassin du Niger et les représentants d'Etats partenaires ont adopté, en présence du Président français Jacques Chirac, une déclaration les engageant dans un processus de *vision partagée* pour le développement du bassin du fleuve[781]. Deux années

[780]Cf. Convention révisée portant de l'ABN, article 4,1.

[781] Cette rencontre s'est tenue à Paris en violation des dispositions statutaires dans la mesure où l'article 6,4 de la Convention révisée de 1987 dispose que le Sommet des Chefs d'Etat et de Gouvernement se "*réunit une fois tous les deux ans en session ordinaire dans l'Etat membre assumant la présidence*". Et l'article 6,5

plus tard, au cours de la XXVème session ordinaire du Conseil des Ministres, tenue à Niamey du 11 au 14 septembre 2006, l'ABN a adopté un calendrier du processus de la vision partagée. Ce qui a conduit les pays membres de l'ABN à signer, à Niamey, le 30 avril 2008, la Charte de l'eau du bassin du Niger[782]. Cet instrument juridique concerne l'ensemble des "*activités consacrées à la connaissance, la gouvernance, la préservation, la protection, la mobilisation et l'utilisation des ressources en eau du bassin*"[783] et s'applique au fleuve Niger, à ses affluents, sous affluents et défluents.

Les Etats ayant signé cette charte entendent fonder leur action sur le principe de la participation et de l'utilisation équitables et raisonnables[784]. Pour ce faire, les Etats membres de l'ABN s'engagent à tenir trois sortes d'obligations en vue d'assurer une meilleure implémentation de la GIRE. Tout d'abord, les Etats gèrent les ressources en eau du Bassin du Niger de manière à maintenir la quantité et la qualité de ces ressources aux plus hauts niveaux possibles.

Par ailleurs, les Etats parties de la Charte de l'eau de l'ABN s'engagent à élaborer et à mettre en œuvre des politiques de planification, de conservation, de gestion, d'utilisation et de mise en valeur des eaux souterraines et de surface, ainsi que de collecte et d'utilisation des eaux de pluie, et s'efforcent de garantir aux populations un approvisionnement suffisant et continu en eau d'une qualité appropriée, en prenant des mesures adéquates.

Enfin, en ce qui concerne le volet de la préservation et de la protection de l'environnement, les Etats signataires de la Charte de l'eau

---

précise que le "*Sommet peut se réunir en session extraordinaire à la demande du Président en exercice ou d'un Etat membre*". L'activisme de la France s'est également manifesté par l'octroi d'une subvention de 6,1 million d'euros, quelques jours seulement après cette rencontre.

782 Le Secrétaire Exécutif de l'ABN, Oyé Woreogum Mola a été reçu en audience par le Président de l'Assemblée Nationale, le Très Honorable Cavaye Yeguié Djibril, pour inviter le Cameroun à ratifier cette charte de l'eau (Cf. Cameroon-Tribune, n°9418-5619, 21 août 2009, p. 17.

783 Communiqué final de la rencontre du Conseil des ministres de l'ABN tenue le 13 mai 2009 à Niamey (Niger).

784Le Secrétaire Exécutif de l'ABN, Oyé Woreogum Mola avait été reçu en audience par le Président de l'Assemblée Nationale, le Très Honorable Cavaye Yeguié Djibril, pour inviter le Cameroun à ratifier cette charte de l'eau (Cf. Cameroon-Tribune, n°9418-5619, 21 août 2009, p. 17.

de l'ABN entendent "*promouvoir une utilisation durable de l'eau, basée sur la protection à long terme des ressources en eau disponibles* "[785].

La vision partagée de l'eau est un programme visant le développement intégral du bassin du Niger. Elle a pour objectifs stratégiques : l'instauration d'une gestion intégrée des ressources en eau du bassin ; le raffermissement de la coopération et des actions conjointes entre les pays riverains ; le renforcement de la coopération entre les différents intervenants dans le processus de mise en œuvre de la GIRE, etc. La Vision partagée est un processus participatif qui met en scène des acteurs étatiques et non-étatiques.

Somme toute, l'ABN, tout comme la CBLT, est une illustration patente de la construction d'un pôle de développement entre les pays drainés par des cours d'eau transfrontaliers. Le développement est ainsi rendu possible par le fait qu'il existe une convergence de vues et parfois d'intérêts au niveau des politiques sectorielles. Ces deux organisations ont en commun le fait qu'elles ont été créées au lendemain de l'accession du Cameroun à l'indépendance. En ce sens, la construction des pôles hydrosolidaires est un processus historique qui s'est d'abord opéré dans les régions réputés arides ou confrontées au stress hydrique.

B- Les organisations hydro-politiques de gestion de bassin à régime régulier

Nous venons de voir que la construction des blocs hydro-politiques, au lendemain de la décennie des indépendances, a largement obéi à une logique néo-malthusienne. En effet, il était question, pour les Etats de la bande sahélienne, d'assurer une meilleure disponibilité de la ressource hydrique au moment où les changements climatiques frappaient de plein fouet certaines régions hydrologiques transfrontalières.

Dans ce contexte, la construction des pôles d'hydro-solidarité dans les bassins à régime régulier peut paraitre paradoxale. En effet, pourquoi créer des organisations de bassin dans des régions

[785] *Ibid.*, art. 12.

abondamment arrosées ? Il est certain ici que la création de ces blocs hydro-politiques ne peut reposer sur une logique néo-malthusienne. En réalité, les regroupements hydro-politiques répondent à la volonté des Etats riverains des cours d'eau internationaux de s'engager dans une gestion centrifuge de leurs ressources hydriques transfrontalières. La mutualisation des politiques étatiques en matière de gestion des ressources en eau apparait de façon prégnante dans les bassins de l'Atlantique (1) et du Congo (2).

1- Dans le bassin du Congo : la Commission Internationale Congo-Oubangui-Sangha (CICOS)

Le bassin du fleuve Congo est situé à cheval sur l'équateur. Il s'étend sur 3.991.000 km^2 et est partagé physiquement par neuf pays à savoir l'Angola, le Burundi, le Cameroun, le Congo, la RCA, le Rwanda, la Tanzanie et la Zambie. Hormis le fait qu'il soit l'un des écosystèmes les plus riches au monde en termes de biodiversité, le bassin du Congo offre de grosses potentialités dans les domaines aussi divers que la navigation intérieure. Au vu de ce potentiel, ce bassin aurait pu s'inscrire naturellement dans le jeu hydro-politique africain. Pourtant, la construction du bloc hydro-politique de la CICOS est une production récente en Afrique. De plus, il est restreint à quatre pays francophones arrosés par le Congo et ses principaux affluents, à savoir le Cameroun, la RCA, le Congo et la RDC.

<u>Carte</u> 24 : Espace hydropolitique de la CICOS

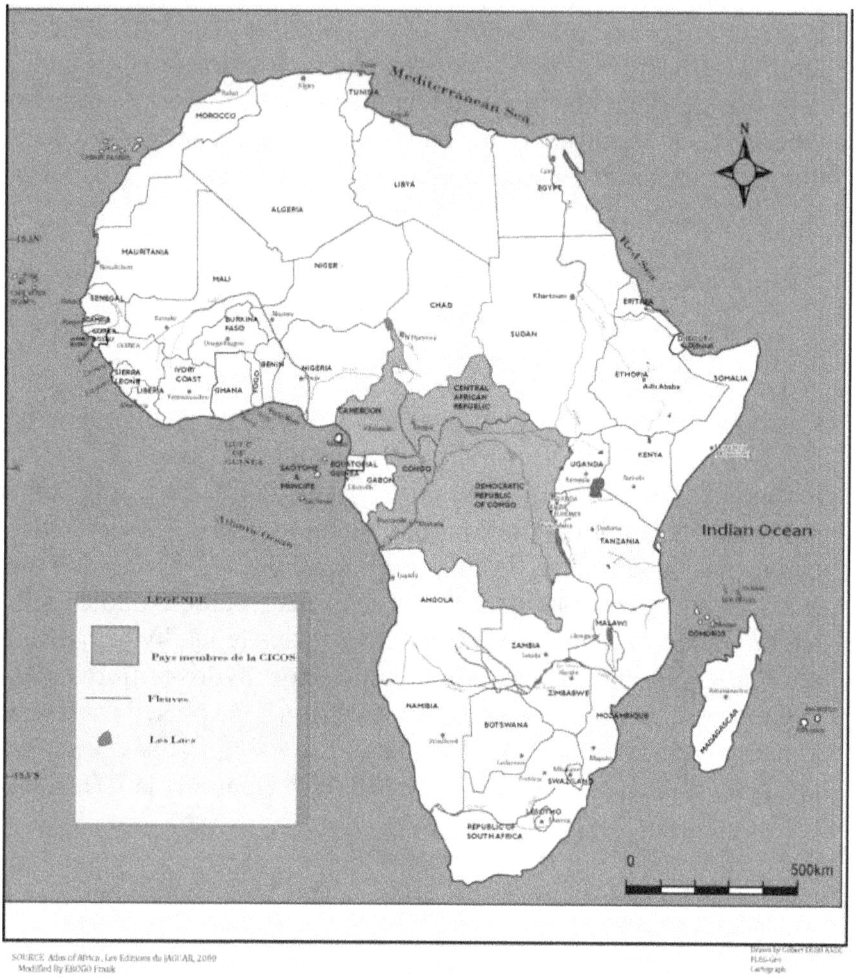

Deux principaux moments semblent avoir caractérisé la construction de la CICOS en tant qu'entité hydro-politique sous régionale. Au cours de la première séquence historique qui débute en 1999, date à laquelle fut créée la CICOS, on assiste à une mutualisation des politiques sous régionales en matière de gestion de la navigation sur le fleuve Congo, ainsi que ses principaux affluents. En effet, les experts de la CEMAC-RDC se réunirent, en 1999, sous les auspices de la CEA, pour élaborer un code commun de navigation intérieure. Cette initiative multilatérale se justifiait par le fait que le Congo et ses affluents étaient devenues des voies fluviales de plus en plus fréquentées pour écouler les productions de l'hinterland vers l'océan Atlantique.

Fort de ce constat et à la demande du Secrétariat Exécutif de la CEMAC, les ministres en charge de la navigation intérieure de la RDC et de la CEMAC ont adopté, en novembre 1999, un code de la navigation intérieure CEMAC-RDC. Par ailleurs, deux autres actes aux conséquences hydro-politiques insoupçonnées furent pris. Il s'agit, d'une part, de la signature d'un accord instituant un régime fluvial uniforme, et d'autre part, de la création de la Commission Internationale du Bassin Congo-Oubangui-Sangha (CICOS). La construction de ce nouvel espace hydro-politique devait permettre l'instauration d'un processus de coopération en vue d'une gestion concertée du trafic fluvial. En vue de l'amélioration de la qualité de la navigation sur les voies navigables du bassin du Congo, la CICOS a reçu pour mission :

- D'assister les Etats pour la tenue et la mise à jour dans le plus bref délai des registres de recensement des unités opérant sur les voies navigables du Bassin ;
- De contrôler la mise en application des dispositions du code de la navigation intérieure CEMAC-RDC sur l'immatriculation, le jaugeage, la signalisation et la délivrance des certificats de navigabilité ainsi que des permis de navigation ;
- D'élaborer les règlements communs destinés à assurer la sécurité de la navigation ;
- De définir et faire appliquer des mesures appropriées à prendre pour réduire si non, éliminer les incidents qui se produisent sur les voies navigables du Bassin ;
- De coordonner les travaux d'aménagement et d'entretien sur les voies fluviales[786], etc.

A terme, la CICOS a pour mission d'entamer des négociations nécessaires en vue de l'élargissement de l'organisation à d'autres Etats riverains du Congo et de ses affluents. L'Angola a déjà manifesté son intention d'obtenir le statut d'observateur au sein de la

[786] Cf. Accord instituant un régime fluvial uniforme et créant la CICOS, articles 17 et 217.

CICOS[787]. Par ailleurs, deux tronçons de la RDC devront être complétés, à savoir la voie allant de Kisangani au confluent du fleuve Congo avec l'Oubangui, et celle de la rivière Kassaï partant d'Ilebo jusqu'au confluent du fleuve Congo[788].

Le deuxième moment qui a présidé à la construction hydro-politique de la CICOS débute en 2007, date à laquelle les textes fondateurs furent révisés. En effet, telle qu'elle a été conçue et construite initialement, la CICOS apparait comme un organisme de la CEMAC spécialisé dans le domaine de la navigation intérieure. La CICOS n'était pas à proprement parler une organisation de gestion de bassin, à l'instar de la CBLT ou de l'ABN. Elle a rapidement débordé sur le cadre étroit de la CEMAC dans la mesure où elle était également constituée de la RDC, pays qui n'appartient pas à cet espace géopolitique.

La restructuration de la CICOS opérée en février 2007 en fait une véritable organisation hydro-politique dont les compétences ne se limitent plus à la simple harmonisation des politiques et pratiques en matière de navigation fluviale. "*Considérant l'accroissement des besoins en eau ainsi que la multiplicité et la diversité des usages, fonctions et rôles de l'eau [et] désireux de promouvoir une gestion intégrée des ressources en eau*"[789], les Etats membres de la CICOS ont procédé à l'additif de l'Accord de 1999. Désormais, la GIRE est au cœur des missions de la CICOS.

Les modalités d'utilisation des eaux sont fondées sur les principes qui visent à assurer aux populations des Etats riverains la pleine jouissance de la ressource dans la perspective d'un développement durable, dans le respect de l'environnement et en veillant à la sécurité des personnes et des ouvrages. L'Additif de 2007 reprend les principes fondamentaux qui sous-tendent la GIRE : l'obligation de garantir la gestion équilibrée et durable des ressources en eau ; l'utilisation équitable et rationnelle des eaux du fleuve et de ses affluents,

---

[787] Cf. Discours du Président de la CICOS à l'occasion de la cérémonie solennelle d'ouverture de la 5ème session ordinaire du Comité des ministres en charge des questions de navigation intérieure.

[788] Accord instituant un régime fluvial uniforme et créant la CICOS, art. 17.

[789] Cf. Préambule de l'Additif de l'Accord instituant un régime fluvial uniforme et créant la CICOS.

ainsi que des ressources naturelles qui en dépendent ; ou encore l'obligation de préserver l'environnement ainsi que d'assurer la pérennité des équilibres écologiques et des processus hydrologiques naturels "[790].

Au final, la CICOS est un bloc hydro-politique qui repose sur une gestion partagée des ressources en eau du bassin du Congo. Malgré son statut d'organisme spécialisé de la CEMAC, elle apparait aujourd'hui comme une véritable organisation de bassin. En effet, le champ d'action de la CICOS couvre les régions hydrologiques arrosées par le fleuve Congo et ses principaux affluents, indépendamment des morcellements géopolitiques opérés par la CEMAC.

2- Dans le bassin de l'Atlantique : plusieurs organisations thalassapolitiques

Jusqu'ici, nous avons vu que des organisations de bassin ont été créées dans les espaces hydriques périphériques continentaux du Cameroun. Celles-ci sont en effet des constructions hydro-politiques destinées à promouvoir une approche centrifuge dans la gestion du champ hydro-politique périphérique du Cameroun. Les organisations de bassin se posent des cadres de coopération et de concertation en vue d'une gestion harmonieuse et mutuellement bénéfice des espaces hydriques transfrontaliers.

Si les périphéries continentales ont été dotées de structures de promotion d'une gestion intégrée des ressources en eau, la façade maritime du Cameroun s'illustre par contre, par une absence d'organisation centrale de bassin. On assiste bien plus à une dissémination d'organisations intergouvernementales spécialisées dans la gestion des ressources marines. A la différence des organisations de gestion des bassins qui ont, entre autres, pour objectif de promouvoir la GIRE, les structures qui opèrent dans le bassin Atlantique s'intéressent surtout à la gestion des ressources biologiques et non-biologiques du milieu marin.

Au rang de ces organisations, on peut tout d'abord citer la Conférence Ministérielle des Etats d'Afrique de l'Ouest et du Centre

[790]Additif de l'Accord instituant un régime fluvial uniforme et créant la CICOS, art. 4.

sur les Transports Maritimes (CMEAOC) qui fut créée en 1975. Comme son nom l'indique, elle s'intéressait à l'harmonisation du code de transport maritime entre les différents pays disposant ou non d'une ouverture sur l'océan Atlantique. En 1999, cette organisation s'est vue assigner des missions qui débordent le seul cadre de la navigation. C'est pourquoi elle s'est muée en Organisation Maritime de l'Afrique de l'Ouest et du Centre (OMAOC). A travers son adhésion à l'OMAOC, le Cameroun entendait "*contribuer au développement de la coopération entre les Etats de l'Afrique de l'Ouest et du Centre dans les domaines de la marine marchande, de l'industrie portuaire, de la sécurité maritime et du transport maritime*"[791].

L'AMAOC poursuit plusieurs objectifs, notamment :

- La promotion des organismes et des activités pouvant favoriser le développement des transports maritimes. Il s'agit des organismes d'analyse statistique et économique du marché des transports maritimes, des associations de chargeur de chaque pays membre, des organismes et des mécanismes nationaux promouvant le trafic dans les ports et des instituts régionaux de formation des personnels du secteur ;
- Le renforcement de la coopération intra-régionale entre les différents intervenants dans le domaine des transports ;
- Le renforcement de la coopération entre les Etats membres en vue d'harmoniser leurs législations maritimes et portuaires conformément à la législation internationale ;
- La définition et la mise en œuvre par les Etats membres, d'une politique sectorielle et des normes réglementaires communes dans le domaine de l'économie des transports maritimes, de l'économie portuaire, de la desserte des Etats sans littoral, de la qualification et des conditions de travail des personnels navigants et sédentaires du secteur de la sécurité de la navigation maritime et de la protection de l'environnement marin et fluvio-lagunaire[792].

---

[791] Karie Ngamondi, *op. cit.*, p. 256.

[792] Convention portant institutionnalisation de l'Organisation maritime de l'Afrique de l'Ouest et du Centre, art. 2.

En dehors de l'AMAOC, le champ thalasso-politique périphérique du Cameroun est également structuré par la Conférence Ministérielle sur la Coopération Halieutique entre les Etats Africains riverains de l'Océan Atlantique (COMHAFAT). En y adhérant en 1991, le Cameroun affichait clairement sa volonté de participer au développement de la coopération interafricaine en matière d'exploitation des ressources halieutiques. Cette organisation est l'illustration de la mutualisation des efforts des Etats africains en vue d'une gestion concertée des ressources transfrontalières. En même temps, la COMHAFAT participe au projet de préservation des ressources halieutiques contre toutes sortes de menaces et de promotion de renforcement de l'expertise dans le domaine de la recherche scientifique.

Dans une perspective diachronique, la Commission du Golfe de Guinée (CGG) est la structure la plus récente qui intervient dans la gestion du champ thalasso-politique périphérique du Cameroun. La CGG a été créée le 19 novembre 1999 à Libreville (Gabon), sous l'impulsion du Nigeria et du Gabon. Elle regroupe seulement huit pays disposant d'une façade maritime sur le golfe de Guinée : l'Angola, le Cameroun, le Congo, le Gabon, la Guinée Equatoriale, le Nigeria, la RDC et Sao Tomé et Principes. A l'origine, la CGG était plus une instance de concertation entre certains pays du Golfe de Guinée qu'une véritable Communauté Economique Régionale (CER).

En effet, la CGG apparait, à bien des égards, comme un "*cadre de concertation des pays du Golfe de Guinée, pour la coopération et le développement ainsi que pour la préservation, la gestion et le règlement des conflits liés à la délimitation des frontières et l'exploitation économique et commerciale des richesses naturelles situées aux limites territoriales et notamment en cas de chevauchement des Zones Exclusives des Etats membres*"[793]. La CGG poursuit plusieurs objectifs, à savoir, entre autres :

- La consolidation de la coopération et de la solidarité entre les Etats membres ;
- La promotion de la collaboration dans l'exploitation des ressources naturelles du Golfe de Guinée ;

[793] Traité instituant la Commission du Golfe de Guinée, article 2.

- La coopération pour la protection, la préservation et l'amélioration de l'environnement naturel du Golfe de Guinée[794].

De toutes les organisations intergouvernementales qui s'intéressent à la gestion des ressources maritimes, la CGG est la seule qui se situe à la périphérie des projections du Cameroun. En effet, les lenteurs observées dans la mise en place des institutions prévues par le Traité traduisent le manque d'engouement de certains Etats de l'Organisation. A ce sujet, sur les huit pays de la CGG, seuls le Cameroun, la RDC et la Guinée Equatoriale n'ont pas encore signé le Traité adopté lors de la rencontre constitutive de Libreville. Pis, le Cameroun et la RDC demeurent à ce jour de simples observateurs au sein de la CGG[795].

---

[794] *Ibid.*, art. 3.
[795] Karie Ngamondi Youssoufou, *op. cit.*, p. 305.

<u>Carte</u> 25: ***Carte hydropolitique de la CGG***

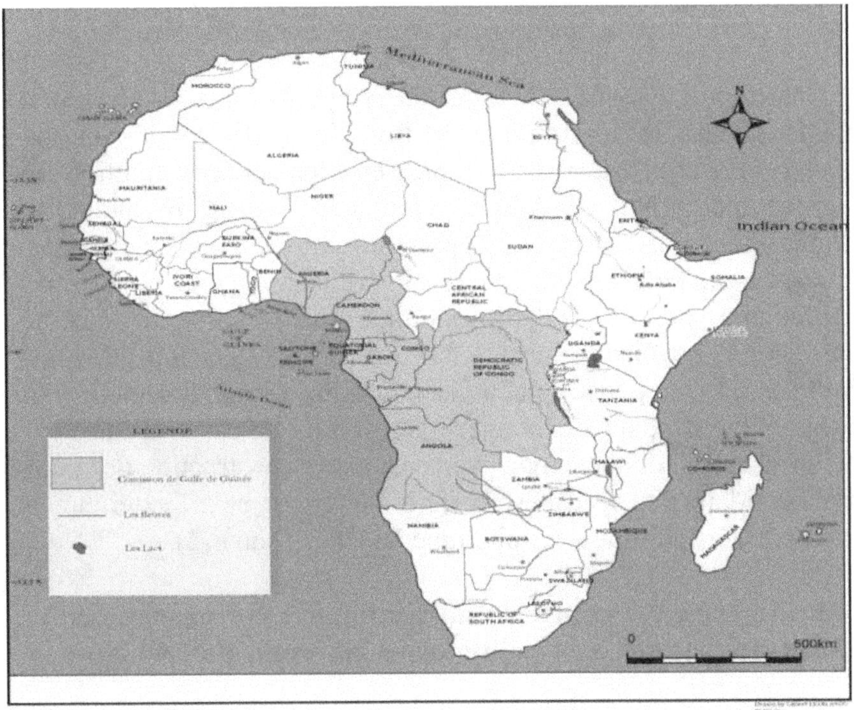

En somme, le champ thalasso-politique périphérique du Cameroun est caractérisé par le foisonnement et le chevauchement des organisations intergouvernementales spécialisées. Celles-ci promeuvent une mutualisation des politiques en matière de transport maritime, ainsi qu'une gestion concertée des ressources halieutiques. La création de ces organisations trahit et traduit bien une volonté d'éviter une gestion centripète et unilatérale des ressources éparpillées dans des régions maritimes transfrontalières.

Section II : Construction des hydro-solidarités transrégionales dans la gestion du champ hydro-politique périphérique du Cameroun

Nos analyses viennent de montrer que l'eau a été représentée par les Etats comme une ressource mobilisable dans la dynamique de construction de l'intégration sous régionale. Cette opération s'est faite tantôt à travers des regroupements bilatéraux tantôt dans le cadre des organisations de bassin. Dans ces deux cas, le modèle coopératif se justifiait par le fait que les Etats riverains ont bien compris qu'il était de leur intérêt de s'engager dans la voie de la négociation pour mieux gérer les ressources hydriques transfrontalières.

Seulement, la construction des blocs hydro-solidaires s'étend de nos jours au-delà des frontières hydrologiques des bassins internationaux. En effet, on assiste de plus en plus à la construction des regroupements hydro-politiques entre des bassins hydrologiques frontaliers et non-frontaliers. La présente analyse tente donc de montrer que l'eau peut également être construite comme un pont d'intégration entre des entités hydro-politiques que l'hydrographie confinait dans des cloisonnements étanches. Il sera question de rendre compte de l'émergence actuelle de nouveaux acteurs transnationaux et internationaux sur l'échiquier hydro-politique camerounais (§1). Le terrain ainsi déblayé, nous verrons que la construction des pôles hydrosolidaires s'étend désormais à l'intérieur et à l'extérieur du champ hydro-politique périphérique du Cameroun (§2).

§1 : Emergence des acteurs internationaux et transnationaux dans le champ hydro-politique périphérique du Cameroun

Le champ hydro-politique périphérique du Cameroun est un espace concurrentiel et compétitif qui cristallise des luttes de positionnement entre des différents acteurs. Depuis la libéralisation du marché hydro-politique au cours de la décennie 1990, on assiste à une irruption d'acteurs transnationaux et internationaux dans le champ hydro-politique périphérique du Cameroun. Deux types de jeux sont élaborés par ces acteurs périphériques transnationaux. D'une part, en tant qu'intervenants dans le champ hydro-politique périphérique du Cameroun, ces acteurs sont engagés dans une dynamique monopolistique dans la gestion des ressources hydriques. Dans nos analyses antérieures, nous avons en effet vu que les multinationales tels que "Veolia Water Ami" et les "Eaux de Marseille et Saur" ont vainement tenté d'intégrer le champ hydro-politique du Cameroun. C'est finalement l'Office National des Eaux Potables du Maroc (ONEP) qui a réussi, à la faveur de la privatisation de l'ex-SNEC, d'intégrer le jeu hydro-politique camerounais.

Au-delà des velléités monopolistiques affichées par des acteurs transnationaux dans la gestion des ressources en eau du Cameroun, il faut reconnaitre que leurs stratégies ont généralement ont été empreintes de concertation et de coopération. Rien d'étonnant donc si le MINEE/GWP les considèrent comme des "*partenaires de facilitation et d'accompagnement*"[796] des Etats dans leur politique de gestion des ressources en eau. Pour mieux analyser le jeu intégrateur de ces acteurs sur l'échiquier hydro-politique périphérique du Cameroun, il importe de procéder à une nouvelle catégorisation de ces partenaires en fonction de leur champ d'action. Nous distinguerons les organisations hydro-politiques à vocation universelle (A) et à régionale(B), ainsi que des acteurs étatiques engagés dans un partenariat bilatéral avec le Cameroun dans la gestion des ressources hydriques périphériques (C).

A- Les organisations hydro-politiques à vocation universelle

Le Cameroun n'est pas un Etat marginal sur la scène internationale. En tant que principale région aquifère de l'Afrique, il est inséré dans le grand jeu hydro-politique structuré par la communauté internationale. La quête de positionnement dans le champ hydro-politique explique le foisonnement des organisations internationales dans la gestion directe ou indirecte des ressources en eau. Dans cette veine, les OIG (1) et les ONG (2) apparaissent comme des acteurs clés dans la construction d'un espace hydro-politique intégré au Cameroun.

1- Les Organisations internationales centrales de gestion intégrée des ressources hydriques : les OIG

Les analyses antérieures ont montré jusqu'ici que la gestion intégrée des ressources en eau s'est effectuée essentiellement par les Etats riverains à travers des accords bilatéraux ou au sein des organisations de bassin. L'analyse serait sans doute limitée et partielle si on n'évoque pas le rôle joué par des organisations intergouvernementales dans le cadre de la mise en place d'une gestion rationnelle et intégrée des ressources en eau.

Les Organisations intergouvernementales sont des institutions fondamentales dans la dynamique de construction d'une politique

---

[796]MINEE/GWP, *Etat des lieux : cadre législatif, réglémentaire..., op. cit.*, p. 50.

intégrée en matière de gestion des ressources en eau au Cameroun. Tout comme les Etats, acteurs par excellence du champ hydro-politique, les organisations intergouvernementales à vocation universelle sont investies d'une légitimité collective. En tant qu'institutions spécialisées du système des Nations-Unies, ces organisations rendent "*légitime ou illégitime une situation, une décision, une revendication*"[797].

Il convient d'emblée de préciser qu'il n'existe aucune organisation intergouvernementale spécialisée dans la gestion des sources et ressources hydriques. Cependant, certaines organisations sont spécialisées dans certains domaines péri-hydriques. Au rang de ces organisations internationales qui structurent accessoirement le jeu hydro-politique périphérique au Cameroun, on peut citer l'UN-Habitat qui a reçu mandat de l'Assemblée Générale des Nations d'œuvrer dans les domaines de l'eau et de l'assainissement en milieu urbain[798]. Par ailleurs, cette institution spécialisée du système des Nations-Unies a lancé, en 1999, un programme dénommé "*Water for african cities*"[799]. Cette initiative venait en écho à la résolution adoptée par les ministres africains pour faire face au défi posé par l'eau en milieu urbain. Ce programme vise à promouvoir une nouvelle éthique dans l'utilisation des ressources en eau ; la réduction des impacts de l'urbanisation sur la disponibilité de l'eau ; la quête des financements ; l'insertion d'une formation à la gestion responsable de l'eau dans les enseignements scolaires.

En ce qui concerne la satisfaction des besoins agricoles et pastoraux de l'humanité, la communauté internationale a créé, en 1945, l'Organisation des Nations-Unies pour l'Alimentation et l'Agriculture (FAO). Sa mission principale est résumée dans sa devise : "*fiat panis*"[800]. Plus spécifiquement, les objectifs poursuivis par la FAO consistent, entre autres, à fournir une assistance technique aux pays en développement, conseiller les gouvernements, débattre des principaux problèmes relatifs à l'agriculture et à l'alimentation, etc. A ce niveau, la FAO a mis en place un service en ligne dénommé

---

797 Marie Claude Smouts, et. al., *op. cit.*, p. 345.

798 Cf. Résolution de l'Assemblée Générale des Nations Unies, session de décembre 2002.

799 En français, " de l'eau pour les villes africaines".

800 Cette expression latine signifie :"*Qu'il y ait du pain*" (pour tous).

Aquastat, véritable banque de données sur le secteur de l'eau dans tous les pays. Par ailleurs, la FAO a été allégée d'une partie de ses missions initiales à la suite de la création du Programme Alimentaire Mondial (PAM), et du FIDA. Désormais, l'aide alimentaire ne relève plus de ses principales attributions.

L'Union Internationale pour la Conservation de la Nature (UICN) est un acteur important dans la gestion des questions environnementales. Créée en 1948, l'UICN apparait aujourd'hui comme la plus ancienne des organisations globales spécialisées dans la préservation de la biodiversité et la promotion du développement durable. L'UICN compte plus de 1.200 organisations membres dans 140 pays dont 200 gouvernements ou organisations gouvernementales, et 800 ONG[801]. Fort de ce potentiel enrichi également par l'engagement de près de 11.000 scientifiques et spécialistes volontaires[802], l'UICN a fini par acquérir le statut d'observateur officiel auprès de l'Assemblée Générale des Nations-Unies. Les financements de l'UICN proviennent essentiellement des gouvernements, des organismes bilatéraux et multilatéraux, de la société civile, etc.

Parmi les nombreuses organisations humanitaires qui participent à une gestion centrifuge des ressources hydriques du Cameroun, on peut également citer l'UNICEF. Son action s'inscrit dans ses missions générales d'éducation des enfants, en tant que couches vulnérables en cas de crise humanitaire. Pendant l'épidémie du choléra qui a frappé la partie septentrionale du Cameroun en 2010, l'UNICEF avait très tôt collaboré avec les structures étatiques et les organismes humanitaires dans la distribution des médicaments pour la purification de l'eau et d'autres produits désinfectants. Il procéda également à la distribution des kits de stockage de l'eau qui devaient permettre aux familles de stocker et de traiter les eaux à consommer.

Outre ces actions curatives, l'UNICEF a également œuvré dans la mise en place d'une approche privé-public dans la prévention du choléra. Ce partenariat "*montre le potentiel du secteur privé pour amorcer et soutenir le développement, et pour apporter une aide*

---

[801]Suivre le lien: www.fr.wikipedia.org/wiki/Union_internationale_pour_la_conservation. Page consultée le 23 septembre 2012.

[802]*Ibid.*

dans les situations d'urgence"[803]. En tant qu'institution spécialisée dans l'éducation et l'enfance, l'UNICEF avait choisi, au plus fort de l'épidémie cholérique de 2010, de travailler dans la sensibilisation des jeunes écoliers en vue d'un changement de comportement. La campagne dénommée "*Pas de choléra dans mon école*" fut ainsi lancée, en septembre 2010, dans les établissements primaires des régions septentrionales du Cameroun. Il était question d'enseigner aux jeunes écoliers les règles élémentaires d'hygiène, à savoir : se laver les mains avec du savon ; boire de l'eau potable ; utiliser des latrines, ainsi que laver et cuire les aliments de façon adéquate.

En dehors de l'UNICEF, la désétatisation du jeu hydro-politique au Cameroun s'est également opérée grâce à l'action du HCR et de l'OMS. Ces deux organisations onusiennes font des incursions régulières dans le jeu hydro-politique, surtout en temps de crise. C'est ainsi que dans sa politique de gestion des réfugiés centrafricains et tchadiens au Cameroun, le HCR a généralement procédé à l'aménagement des points d'eau potable. Par l'entremise de la société GEOFOR, le HCR a réalisé des forages dans 25 sites dans les régions de l'Adamaoua et de l'Est qui abritent de fortes colonies de réfugiés centrafricains. Par ailleurs, 18 forages équipés de pompes à motricité humaine ont été construits dans les arrondissements de Ndjohong et de Meiganga[804].

Au final, plusieurs organisations intergouvernementales interviennent dans la structuration du champ hydro-politique périphérique du Cameroun. En fonction de ses spécificités propres, elles interviennent indirectement dans la mise en œuvre des politiques concertées en matière de gestion des sources et ressources hydriques transfrontalières. Il faut toutefois reconnaitre que ces acteurs font face à la concurrence imposée par des ONG.

---

[803] Ces propos sont de Mme Clemens-Hope, responsable Cameroun de l'UNICEF. Pour plus d'informations, suivre le lien : http://www.unicef.org/french/wash/cameroon_55953.html 8 septembre 2010. [Consulté le 12 septembre 2014].

[804] Voir le lien suivant : http://www.geofor.biz/index.php/fr/presentation/dates-cles. [consulté le 3 septembre 2014].

2- Les Organisations Internationales périphériques de gestion intégrée des ressources hydriques : les ONG

Il serait erroné de penser que le champ hydro-politique périphérique du Cameroun n'est investi que par les acteurs étatiques agissant de façon solitaire ou solidaire (à l'instar des organisations intergouvernementales). En réalité, la libéralisation du marché hydro-politique du Cameroun a débouché sur l'émergence des acteurs échappant au contrôle total ou partiel des Etats. Il s'agit principalement des ONG dont les actions multiformes structurent profondément le champ hydro-politique du Cameroun. Cependant, le statut des ONG reste problématique ; leur insertion dans le jeu hydro-politique peut se révéler a posteriori improductif, voire contre-productif. Il est difficile d'admettre qu'elles sont des acteurs légitimes au même titre que les organisations intergouvernementales qui détiennent une partie de la souveraineté des Etats sur des questions bien déterminées. D'où cette interpellation de Jean Luc Touly, membre de l'Association pour le Contrat Mondial de l'Eau : "*L'action du Conseil Mondial de l'Eau n'a aucune légitimité*"[805].

En réalité, le Conseil Mondial de l'Eau (CME) est sans doute l'ONG la plus connue et certainement la plus active dans le domaine de l'eau. L'idée de mettre en place un conseil mondial de l'eau est née lors de la Conférence des Nations Unies sur l'eau tenue à Mar del Plata (Argentine), en 1977. Ce projet n'est sorti des fonts baptismaux que près de 20 ans plus tard, c'est-à-dire en 1996 à la suite d'un sommet organisé à Marseille (France). Les missions du CME consistent, entre autres, à conscientiser les responsables sur les points critiques à tous les niveaux, incluant les plus hauts niveaux du processus décisionnel ; et à promouvoir la conservation, la protection, le développement, la planification, la gestion et l'utilisation rationnelle et parcimonieuse de l'eau.

L'adhésion est ouverte à toute organisation ayant un intérêt dans le domaine relié à l'eau, à l'instar des organisations des Nations Unies, des associations professionnelles, les instituts de recherche et les universités, la société civile, etc. A cet effet, le CME est un vaste réseau qui regroupait, en 2009, plus de 300 organisations provenant

[805] Cf. http://plus.lefigaro.fr/note/laction-du-conseil-mondial-de-leau-na-aucune-legitimite-20100604-216318. [Consulté le 13 août 2014].

d'une cinquantaine pays du monde[806]. L'une des activités majeures de la CME est l'organisation, tous les trois ans, du Forum mondial de l'eau. Cette manifestation vise non seulement à insérer la question de l'eau dans l'agenda politique international des Etats, mais également à formuler des propositions concrètes sur certains aspects relatifs à la fourniture en eau potable ou à l'assainissement.

On ne saurait également occulter le rôle joué par le Global Water Partnership (GWP) dans la promotion d'une gestion rationnelle des ressources en eau dans le champ hydro-politique du Cameroun. Créé en 1996, le GWP est un réseau international ouvert à toutes les organisations concernées par la gestion des ressources en eau dans les pays développés et en développement. Il s'agit, entre autres, des autorités gouvernementales, des organisations du système des Nations-Unies, des banques bilatérales et multilatérales de développement, des associations professionnelles, des instituts de recherche et de formation, des organisations de la société et du secteur privé.

L'objectif principal poursuivi par le GWP est la promotion de la GIRE. Il est question ici de développer et de gérer de façon coordonnée les sources et ressources hydriques. Le jeu déployé par le GWP dans le champ hydro-politique périphérique du Cameroun vise la maximisation du bien-être économique et social de manière équitable tout en préservant les écosystèmes vitaux. Pour ce faire, le GWP mène des actions au niveau mondial, régional et national à travers le développement de bonnes politiques, de cadres institutionnels adéquats et les instruments de gestion dans le but d'aider les intéressés à mettre en œuvre de façon pratique la gestion durable des ressources en eau et de favoriser l'atteinte des OMD. En ce qui concerne spécifiquement le Cameroun, le GWP aide le gouvernement à élaborer son Plan National de Gestion Intégrée des Ressources en Eau (PANGIRE). La première phase de cette action a porté sur l'état des lieux du secteur de l'eau au Cameroun.

La Netherlands Development Organisation (SNV) est également un acteur majeur dans la structuration du champ hydro-politique du Cameroun. Les interventions de cet organisme sont orientées vers la promotion de l'accès à l'eau potable, surtout en milieu rural. En effet, la SNV se fonde sur le fait que dans les zones rurales, plus de

[806] Cf. fr.wikipedia.org/wiki/CME. [Consulté le 13 août 2014].

40% des systèmes d'adduction d'eau potable sont défectueux du fait de problèmes de gestion et de maintenance[807]. C'est pourquoi elle travaille avec tous les acteurs du secteur de l'eau (conseils municipaux, services de gestion de l'eau, organisation de la société civile, etc.). En effet, le SNV travaille avec le FEICOM et certaines municipalités au développement d'outils de gestion économique, de maintenance et de renouvellement de systèmes d'adduction d'eau, adaptés aux besoins des communautés.

En somme, sans prétendre à l'exhaustivité, le CME, le GWP et la SNV participent à la mise d'une gestion intégrée des ressources en eau dans le champ hydro-politique périphérique du Cameroun. Il faudrait cependant convenir que des organisations internationales à vocation régionale et sous régionale influencent le jeu hydro-politique au Cameroun.

B- Les organisations hydro-politiques à vocation régionale et sous-régionale

La construction d'un espace hydro-politique intégré dans les bassins périphériques du Cameroun est également l'œuvre des organisations intergouvernementales à vocation régionale ou sous régionale. En effet, des initiatives ont été prises par les institutions africaines pour implémenter une véritable dynamique intégrative dans le champ hydro-politique périphérique du Cameroun. Deux évènements majeurs ont conduit à la mutualisation des politiques nationales en matière de gestion des ressources transfrontalières en eau. Il s'agit, d'une part, de la tenue de l'Assemblée Générale des Nations-Unies qui a défini des OMD à atteindre, au plus tard, à l'horizon 2015. Le deuxième évènement important qui a bousculé l'agenda international des Etats était sans doute la tenue, en 2002, du Sommet Mondial sur le Développement Durable (SMDD) à Dublin. Il a été recommandé aux Etats, aux organisations de bassin et aux organisations régionales de mettre en place des plans de gestion intégrée des ressources en eau.

[807] MINEE/GWP, *PANGIRE. Connaissance et usages des ressources en eau...*, op. cit., p. 157.

Le foisonnement des initiatives régionales et sous régionales en vue d'une gestion intégrée des ressources hydriques traduit finalement la dynamique coopérative engagée dans la construction des pôles hydro-solidaires en Afrique. A la tête de cette architecture pyramidale, on retrouve l'Union Africaine qui a élaboré une Vision politique globale de l'eau (1). Chaque sous-région a été chargée d'implémenter cette nouvelle approche managériale en fonction de ses spécificités hydrologiques. C'est ainsi que la CEEAC, sous-région dans laquelle se trouve le Cameroun, a mis en place sa propre stratégie en vue d'une gestion harmonieuse et rationnelle des ressources en eau des Etats (2).

1- L'Union Africaine et la "Vision Africaine de l'Eau pour 2025"

La Vision de l'eau développée par l'Union Africaine est le résultat des échecs constatés dans l'élaboration des politiques nationales et régionales en matière d'approvisionnement en eau et d'assainissement. Jusqu'ici, nonobstant son immense potentiel hydrologique, l'eau a été un frein au développement de l'Afrique. En effet, la contribution de l'eau au décollage économique de l'Afrique a été compromise par la conjugaison de plusieurs facteurs. D'une part, le développement a été obéré par la récurrence des facteurs naturels. En effet, la variabilité excessive du climat et des précipitations dans l'espace et dans le temps des conséquences visibles du changement climatique[808]. De plus, la pénurie croissante de l'eau s'est accompagnée d'un rétrécissement de certains plans d'eau et de l'avancée du désert[809].

A ces facteurs naturels, viennent s'ajouter les activités anthropiques destructrices de l'environnement. En effet, l'Union Africaine souligne que des comportements humains peu responsables ont fait de l'eau un frein pour le développement des pays africains. On peut ainsi citer :

[808]Union Africaine, *Vision africaine de l'eau pour 2025 : exploitation équitable et durable de l'eau aux fins de développement socio-économique*, version française, pp. 43-44.
[809]*Ibid.*, pp. 44-45.

- "*la mauvaise gouvernance et l'absence de structures institutionnelles pour la gestion de bassins hydrographiques nationaux et transfrontaliers ;*
- *l'épuisement de ressources en eau causé par la pollution, la dégradation de l'environnement et la déforestation ;*
- *la carence de [SIC] investissements devant faciliter l'évaluation, la protection et la mise en valeur de ces ressources ;*
- *le financement inadéquat des services d'approvisionnement en eau et d'assainissement*"[810].

Selon l'Union Africaine, ces problèmes constituent autant de défis à relever en matière de gestion des ressources en eau du continent et de solution des conflits d'intérêts entre l'eau, l'assainissement, la sécurité alimentaire, le développement économique et la protection de l'environnement[811]. Pour l'Union Africaine, "*il faudrait radicalement changer d'approche, si l'on ne veut pas que l'eau soit une entrave, mais plutôt un instrument de redressement socio-économique et de développement de l'Afrique*"[812]. D'où la formulation d'une Vision africaine de l'eau pour 2025 qui vise à "*éviter les conséquences désastreuses des problèmes ci-dessus et* [à] *créer un avenir où le potentiel des ressources en eau de l'Afrique serait pleinement exploité afin de stimuler et de renforcer le développement économique et le bien-être social de la région*"[813].

La vision commune de l'eau élaborée par l'Union Africaine est formulée de la manière suivante : "*Une Afrique où les ressources en eau sont utilisées et gérées de manière équitable et durable pour la réduction de la pauvreté, le développement socioéconomique, la coopération régionale et la protection de l'environnement.* Plus spécifiquement, il s'agit d'une Vision africaine où

- *"l'accès durable aux services d'approvisionnement en eau et d'assainissement sûrs et adéquats est assuré pour la satisfaction des besoins élémentaires de tous (...);*
- *il existe de l'eau de qualité en quantité suffisante pour la conservation des écosystèmes et de la biodiversité (...);*

---

[810]*Ibid.*, p. 33.
[811]*Ibid.*
[812]*Ibid.*, p. 51.
[813]*Ibid.*, pp. 33-34.

- *les institutions de gestion des ressources en eau sont reformées en vue de créer un environnement favorable à une gestion efficace et intégrée de l'eau dans les bassins hydrographiques nationaux et transfrontaliers, notamment la gestion à une plus petite échelle ;*
- *les bassins hydrographiques sont le fondement de la coopération régionale et du développement, et sont traités comme des ressources naturelles partagées par tous ceux y vivent (...)*"[814].

Somme toute, la Vision Africaine de l'eau pour 2025 est une tentative de construction d'une gestion concertée et consensuelle des ressources hydriques en vue du développement et de l'intégration de l'Afrique. Cette nouvelle approche doit être implémentée au niveau de chaque sous-région en fonction de ses spécificités propres.

2- La CEEAC et la Gestion Intégrée des Ressources en Eau (GIRE)

Il convient d'emblée de s'interroger sur l'érection de la CEEAC comme cadre pertinent dans la dynamique de construction d'une véritable gestion intégrée des ressources en eau du champ hydropolitique périphérique du Cameroun. Deux principales raisons semblent disqualifier la CEEAC en tant que cadre d'implémentation d'une vision globale en matière de gestion de l'eau en Afrique centrale. Tout d'abord, la CEEAC apparait comme une organisation politique et géopolitique qui s'étend sur un territoire sans cesse mouvant. La pacification de la RDC a certes conduit à une redistribution des cartes dans la zone CEEAC[815], mais il reste que l'Afrique centrale n'est pas un espace géopolitique homogène et stable. Elle est tiraillée entre deux organisations aux logiques différentes, à savoir la CEMAC et la CEEAC. Par conséquent, on assiste à un délitement de la CEEAC à la faveur du retournement de certains Etats vers d'autres sous-régions[816].

D'autre part, la CEEAC est une organisation qui a été construite à partir des découpages arbitraires opérés dans le cadre du Plan

---

[814] *Ibid.*, pp. 52-53.
[815] Cf. Joseph-Vincent Ntuda Ebode, "Le retour de la République démocratique du Congo et la redistribution des cartes en Afrique centrale" in *Diplomatie*, n° 30, janvier-février 2008, pp. 82-88.
[816] Joseph-Vincent Ntuda Ebode, "Géopolitique des régions africaines : quel destin pour l'Afrique médiane latine" in *Diplomatie*, n° 11, pp. 38-45.

d'Action de Lagos (1980) et du Traité d'Abuja (1991). La détermination de ses frontières ne s'est pas faite sur la base des différentes morphologies du relief africain. Au contraire, il est certain que les sous-régions aient été construites sur la logique de l'héritage linguistique qui consistait à rassembler sous une même bannière les anciennes colonies occidentales[817]. Comment peut-on, dans ce cas envisager une vision commune de l'eau lorsqu'au sein même de la CEEAC, plusieurs pays sont peu ou pas drainés par le bassin du Congo ? Comment le Cameroun peut-il tenir ses engagements alors qu'il est déjà engagé dans des processus de la GIRE au sein d'autres organisations de bassin (ABN, CBLT et CICOS) ? N'est-il pas finalement plus judicieux de substituer la CEEAC à une entité hydropolitique, à l'instar de la CICOS élargie aux autres pays drainés par le fleuve Congo ?

Nonobstant ces vues, la CEEAC s'impose aujourd'hui comme le cadre d'implémentation de la GIRE en Afrique centrale. Les jalons d'une politique concertée en matière de gestion des ressources en eau ont été posés à l'aube du XXIème siècle. En effet, les pays de la sous-région ont non seulement adopté une vision de gestion des ressources en eau au XXIème siècle, mais également créé l'Autorité de Gestion Intégré des Eaux en Afrique Centrale (AGIEC) en novembre 2000. Ce dispositif institutionnel a permis de mener une réflexion sur la mise en œuvre de la GIRE au niveau sous-régional.

L'objectif global qui sous-tend la mise en œuvre de la GIRE est l'amélioration de la situation socio-économique et environnementale de l'espace CEEAC en vue de la réduction de la pauvreté, grâce à une meilleure gestion des ressources en eau. Il sera donc question de parvenir à la construction d'un véritable espace d'intégration à travers la mise en œuvre d'un Plan d'Action Régionale en matière de Gestion Intégrée des Ressources en eau (PARGIRE).

Les résultats seront mesurables à moyen et à long terme. Dans le premier cas, les résultats attendus sont, entre autres, la mise en œuvre de la politique régionale de l'eau et le renforcement des capacités

[817] Dans certains cas, des îlots linguistiques ont été rattachés aux grands ensembles déjà constitués. Dans cette veine, on peut citer les cas du Nigeria et du Ghana, anciennes colonies anglaises rattachées néanmoins à l'espace CEDEAO qui regroupe toutes les anciens territoires de l'Afrique Occidentale Française (AOF).

des pays de la CEEAC dans l'implémentation de la GIRE. En termes de réalisation, la mise en œuvre de la politique sous-régionale devra permettre le recrutement d'un personnel technique et d'appui au Centre Régional de Coordination de la Gestion des Ressources en Eau (CRCGRE), la mise en place d'une base de données sur l'état de lieux de la GIRE dans tous les pays de la CEEAC, la réalisation et l'adoption d'un PARGIRE[818], etc.

Sur le long terme, le projet contribuera au développement socio-économique, à la préservation de l'environnement et à la réduction de la pauvreté grâce à une meilleure gestion des ressources en eau. Il favorisera également le renforcement de l'intégration économique régionale, la paix et la sécurité grâce à la coopération à travers les projets d'infrastructures transfrontalières[819].

En somme, les organisations régionales et sous-régionales sont actuellement des cadres de construction des pôles hydrosolidaires dans le champ hydro-politique périphérique du Cameroun. Les stratégies participatives élaborées dans ces institutions influencent le jeu hydro-politique au Cameroun.

C- Le jeu des partenaires bilatéraux du Cameroun

Le champ hydro-politique du Cameroun est très complexe. Il est généralement structuré par des pays riverains des cours d'eau internationaux. Pourtant, dans le cadre de la coopération bilatérale, les acteurs étatiques non-limitrophes du Cameroun se sont insérés dans le champ hydro-politique périphérique. Leurs interventions aux côtés des pouvoirs publics ont contribué à construire une gestion participative des ressources en eau.

Dans une perspective diachronique, les pays du Nord ont été les pionniers en matière d'aide au développement au Cameroun (1). Ils ont, en effet, soutenu des programmes nationaux d'adduction d'eau

---

[818]Pour plus d'informations, suivre le lien suivant : http://www.afdb.org/fr/projects-and-operations/project-portfolio/project/p-z1-e00-001/. [Consulté le 13 août 2014].
[819]*Ibid.*

dans les zones rurales ou urbaines. De nos jours, les pays émergents apparaissent comme une alternative à la coopération Nord-Sud (2).

1- Le jeu centrifuge des pays occidentaux

L'accession à l'indépendance du Cameroun en 1960 a entrainé une irruption des acteurs étatiques dans son champ hydro-politique. En effet, sous couvert de la coopération Nord-Sud, les pays occidentaux se sont insérés dans le jeu hydro-politique du Cameroun. Cette coopération se fondait sur les liens historiques particuliers noués entre les anciennes colonies et les puissances tutélaires. Un postulat philosophique sous-tendait le partenariat Nord-Sud : "*les pays en développement étaient en retard par rapport à l'histoire du monde. C'est pourquoi les nations industrialisées avaient le devoir moral de leur apporter une aide bilatérale ou multilatérale à travers des dons et des prêts aux conditions préférentielles*"[820].

En tant que principal partenaire économique du Cameroun, la France a réalisé plusieurs projets en matière d'alimentation en eau potable dans les zones rurales. Cependant, l'une des plus grandes réalisations concerne le domaine pastoral. C'est ainsi que l'Agence Française du Développement a financé, pour un montant de 5,23 milliards, la réalisation de plus de 300 ouvrages hydrauliques[821]. Il s'agissait notamment des puits, des mares, des retenues collinaires et des mini-barrages destinés au gros bétail, le long des itinéraires pastoraux dans la partie septentrionale du Cameroun.

L'Allemagne structure également le jeu hydro-politique périphérique du Cameroun. A travers l'Agence de Coopération Technique pour le Développement (GTZ), l'Allemagne a financé des programmes d'adduction en eau potable dans les villes de Bafoussam, Bandjoun, Baham, Bamendjou et Bamenka dans la région de l'Ouest[822]. Plus révélateur est encore le jeu mis en place par la coopération belge. Les relations bilatérales entre le Cameroun et la Belgique qui remontent à 1970 se sont consolidées, entre autres, par

---

[820] Frank Ebogo, "Pays émergents : réorientation stratégique et repositionnement dans le champ géoéconomique africain", *Enjeux,* n° 42, janvier-mars 2010, p. 37.
[821] MINEE/GWP, *Etat des lieux du secteur de l'eau. Connaissances et usages des ressources en eau…, op. cit.*, p. 161.
[822] *Ibid.,* p. 164.

la construction du nouveau pont sur le Moungo, la fourniture d'installation d'un système de surveillance côtier et d'identification des navires entrant au port de Douala et l'alimentation en eau potable de la ville de Soa.

Depuis 2009, la Belgique pilote un projet de réhabilitation, de renforcement et d'extension des systèmes d'approvisionnement en eau potable au Cameroun. Jusqu'en 2011, 14 centres d'approvisionnement en eau potable avaient été construits ou réhabilités, notamment dans les zones périurbaines et rurales. En 2012, ce projet est rentré dans sa quatrième phase à travers l'alimentation en eau potable de 9 localités, à savoir Kribi, Mbouda, Foumbot, Mfou, Belabo, Bamenda, Messondo, Maroua, et Kaélé. Pour ce faire, le gouvernement belge, à travers la Dexia Bank, a accordé au Cameroun un prêt de 7,7 milliards de FCFA. A terme, la coopération belge envisage construire ou réhabiliter 52 centres d'approvisionnement, pour une enveloppe globale de 23 milliards de FCFA.

En dehors de la coopération bilatérale, les Etats occidentaux participent également, dans le cadre communautaire, à l'approvisionnement en eau au Cameroun. Ces interventions participent au renforcement de la coopération avec l'Union Européenne, au moment où le champ géoéconomique de l'Afrique devient de plus en plus concurrenciel. Le tableau ci-dessous récapitule l'essentiel des projets de l'U.E dans le secteur de l'eau.

Le jeu de l'Union Européenne participe à l'implémentation d'une véritable synergie d'action dans la gestion des ressources en eau au Cameroun. Par conséquent, deux principaux enseignements se dégagent à l'analyse de ce tableau. Tout d'abord, l'Union Européenne appuie les initiatives prises les communes dans leur stratégie d'alimentation en eau des zones rurales. En effet, les municipalités ne disposent pas généralement des ressources financières nécessaires pour soutenir des projets dans le domaine de l'adduction en eau potable. D'autre part, les ONG oeuvrant dans le secteur de l'eau ont également bénéficié des financements de l'Union Européenne. Toutes choses qui montrent que l'Union Européenne privilégie, dans sa démarche, l'appui aux acteurs non-étatiques du champ hydropolitique du Cameroun.

2- *Le jeu centrifuge des pays émergents*

Par rapport aux partenaires occidentaux, les pays émergents sont des acteurs nouveaux dans le champ hydro-politique du Cameroun. Leurs stratégies de déploiement tranchent cependant radicalement avec les approches partenariales adoptées par les pays industrialisés du nord. Se caractérisant par une dimension "*verticale et asymétrique*"[823], la coopération Nord-Sud a contribué à considérer les *pays en retard* comme "*des lieux, des territoires, des sources dans le jeu international et dans les recompositions continuelles des alliances*"[824]. De ce point de vue, la coopération Sud-Sud dans le domaine de l'eau tranche radicalement avec le paternalisme de la relation partenariale Nord-Sud.

A notre sens, trois grandes séquences historiques ont caractérisé les relations Sud-Sud[825]. Le premier moment, qui s'étend sur la bidécennie 60-80, correspond à la naissance et à la construction identitaire du Sud. La deuxième phase est quant à elle, marquée par une hibernation de la coopération Sud-Sud, à cause notamment du marasme économique des années 1980 et des hoquets liés à la démocratisation au début des années 1990 qui ont secoué l'appareil étatique de plusieurs pays africains. La séquence actuelle qui est travaillée par la dynamisation de la relation partenariale Sud-Sud, est principalement l'œuvre des pays émergents. Pendant que la relation historique et ombilicale liant l'Afrique aux anciennes métropoles semble se fissurer, on remarque a contrario une intensification et une diversification de la coopération entre les pays émergents et les Etats africains.

Depuis la libéralisation du champ hydro-politique au Cameroun, les pays émergents sont devenus des acteurs incontournables dans la construction d'une gestion participative des ressources en eau. Parmi ces pays qui structurent désormais le jeu hydro-politique périphérique du Cameroun, on peut citer la Chine. En effet, la coopération sino-camerounaise est multisectorielle. Dans le domaine

823 Jean-Jacques Gabas, *Nord-Sud : l'impossible coopération ?*, Paris, Presses de Sciences Po, 2002, Coll. La Bibliothèque du Citoyen, p. 16.
824 *Ibid.*, p. 15.
825 Frank Ebogo, "Pays émergents : réorientation stratégique…", *op. cit.*, pp. 37-38.

infrastructurel, la Chine contribue à hauteur de 30 milliards de FCFA à la construction de trois mini-barrages hydroélectriques au Cameroun. A l'occasion de la visite d'Etat du Président Paul Biya en Chine, une banque chinoise et la China International Water and Electrical Corp ont signé un accord de financement avec le MINEE pour la réalisation des programmes d'adduction d'eau. D'autre part, dans le cadre de l'aménagement du barrage de Memvé'elé, le gouvernement camerounais a signé, le 25 septembre 2008, un contrat de financement et d'exécution avec le Consortium chinois Sinohydro Corporation Limited. Ce contrat stipule que le groupe chinois va investir 365 milliards de FCFA. Des négociations ont également été menées avec l'Eximbak-Chine en vue d'obtenir le prêt à un taux préférentiel[826].

En dehors de la Chine, le Japon se positionne également comme l'un des partenaires de choix du Cameroun dans l'implémentation d'une gestion participative des ressources en eau. Le Japon s'est engagé, aux côtés du gouvernement camerounais, à soutenir le programme d'hydraulique rural qui couvre cinq principales phases. Le montant cumulé des dons mobilisés par le partenaire nippon, dans le cadre de ce programme d'hydraulique rurale au Cameroun, s'élève à 25,2 milliards de FCFA.

La cinquième phase de ce programme a été lancée le 7 septembre 2012. C'est ainsi qu'un accord de don de 4,6 milliards de FCFA a été signé entre le Japon et le Cameroun. Ce don devrait servir à la construction de 189 forages dans les régions du Nord et de l'Extrême-Nord du Cameroun. Il permettra ainsi à près de 400.000 ruraux, d'avoir un meilleur accès à l'eau potable, à travers la mise à disposition, au quotidien, de près de 24 000 mètres cubes d'eau potable supplémentaires. Il est également prévu la construction de 189 forages équipés de pompes à motricité humaine et quelques mini-systèmes d'alimentation en eau potable[827].

Au final, les pays non-riverains des cours d'eau frontaliers et transfrontaliers du Cameroun sont engagés dans le jeu hydro-politique périphérique. Ils occupent des positions avantageuses dans le champ hydro-politique, en tant que partenaires des pouvoirs

---

[826] *Afrique Horizon*, hors-série, janvier-décembre 2010, p. 39.
[827] *Ibid.*

publics et de la société civile en matière de financement des programmes d'adduction en eau potable.

§2 : Multipolarité des espaces hydriques intégrateurs dans le champ hydro-politique périphérique du Cameroun

L'eau peut être construite comme une ressource stratégique pertinente permettant de bâtir des ponts intégrateurs en Afrique. Ceci est d'autant plus vrai que, par la configuration de ses espaces hydrographiques, le Cameroun se place comme l'un des pôles principaux d'intégration en Afrique. En effet, à travers le Cameroun dont le territoire est arrosé par les bassins du Congo (20%), du lac Tchad (11%), de l'Atlantique (30%) et du Niger (19%), c'est l'ensemble des sous-régions hydro-politiques de l'Afrique qui sont ainsi raccordées les unes aux autres. Par conséquent, il ne serait pas erroné de poser que le Cameroun joue un rôle important dans la construction des blocs hydro-politiques unifiées sur l'échiquier intra-africain (A) et extra-africain (B).

A- La construction d'un pont intégrateur entre les bassins périphériques du Cameroun

Le champ hydro-politique périphérique du Cameroun est structuré par des acteurs individuels ou collectifs engagés dans une lutte permanente pour l'accès aux ressources stratégiques. Ces acteurs peuvent mutualiser leurs jeux afin de mieux défendre leurs intérêts à l'intérieur d'une même organisation de bassin. Dans ce cas, celles-ci apparaissent comme des cadres de coopération et d'échanges entre des pays riverains des cours d'eau frontaliers ou transfrontaliers.

La gestion intégrée des ressources hydriques peut également s'opérer entre des bassins hydrologiques limitrophes. L'objectif visé ici est de parvenir à un échange d'expériences et de pratiques dans la mise en œuvre de la GIRE. Cette situation a été observée dans la construction des blocs hydro-solidaires CICOS-ABN (1) et CICOS-CBLT (2).

1- La construction du bloc hydro-solidaire CICOS-ABN

La construction des pôles hydro-solidaires fait face à un défi principal : comment parvenir à une intégration optimale lorsque les contours de l'espace géopolitique à construire ne sont pas clairement définis ? Alors que l'ABN regroupe tous les 9 pays drainés par le Niger et ses principaux affluents et défluents, le CICOS apparait comme une organisation hydro-politique peu représentative. Il ne rassemble que quatre pays (Cameroun, RCA, RDC et Congo).

Il est donc difficile de poser les bases d'une coopération interbassin à travers les organisations telles que l'ABN et le CICOS. En effet, si l'Afrique de l'Ouest apparait quelque peu comme un ensemble bien délimité, au nord, par la bande sahélienne et au sud par la ceinture de l'océan Atlantique, il en est autrement de l'Afrique centrale dont les contours géographiques restent flous. Il est légitime finalement de se demander quel est le destin de l'Afrique médiane[828]. A cet effet, Joseph-Vincent Ntuda Ebodé reconnaissait qu'il est difficile de parler d'Afrique centrale dans la mesure où on ne peut déterminer avec précision ni le centre ni la périphérie de cette entité géopolitique. Aussi se contentait-il de l'appellation d'Afrique médiane latine pour désigner cet espace géopolitique partagé entre les différentes sous-régions. En ce qui concerne le Cameroun, l'étendue de sa frontière avec le Nigeria et la fin du conflit de Bakassi augurent d'un basculement vers l'Afrique occidental. Par conséquent, "*le Cameroun devra déterminer le sens de sa bascule, entre l'avant et l'arrière, en fonction de ses intérêts et sans doute aussi, s'assumer, soit comme Etat de transit entre l'Afrique centrale et l'Afrique de l'Ouest, soit comme Etat d'accueil*"[829]. D'où indéniablement la question de l'identité géopolitique de l'Afrique centrale.

L'intégration entre les sous-régions de l'Afrique de l'Ouest et du Centre à travers l'ABN et le CICOS est possible si le Cameroun opte de se pencher vers l'"*arrière*". Par sa position stratégique sur l'échiquier hydro-politique de l'ABN et du CICOS, le Cameroun peut

---

[828] Joseph-Vincent Ntuda Ebodé, "Géopolitique des régions africaines : quel destin pour l'Afrique médiane latine" in *Diplomatie magazine*, n° 11, pp. 38-45.

[829] Joseph-Vincent Ntuda Ebodé, "Le Cameroun et le Nigeria enterrent la hache de guerre à Bakassi. Et après ?" in *Diplomatie*, n° 35, novembre-décembre 2008, p. 72.

jouer un rôle dominant dans le rapprochement entre l'Afrique centrale et l'Afrique de l'Ouest.

La construction d'un bloc hydro-solidaire unifié entre l'ABN (Afrique de l'Ouest) et le CICOS (Afrique centrale) a été concrétisée, en mars 2006, dans le cadre d'un accord de jumelage. En effet, "*conscientes de l'importance stratégique d'une gestion rationnelle des ressources en eau* [et] *convaincues de la nécessité de promouvoir une coopération Sud-Sud efficace sur les aspects techniques, financiers, institutionnels, et sociaux relatifs à une gestion optimale des ressources en eau*"[830], la CICOS et l'ABN se sont engagées à mettre en place un accord de jumelage pour une durée de trois ans, "*renouvelable par tacite reconduction sauf dénonciation par l'une ou l'autre des Parties, trois mois à l'avance*"[831]. Cette initiative qui se fonde sur la similitude des missions respectives des deux Organisations, vise un échange d'expériences en matière de gestion intégrée des sources et ressources en eau. Plus spécifiquement, l'accord de jumelage porte notamment sur le cadre juridique et institutionnel ; la gestion intégrée des ressources en eau ; la planification et le processus de vision partagée ; les mécanismes de financement ; le suivi hydrologique et environnemental ; la navigation et la gestion des étiages ; les infrastructures hydrauliques ; la sensibilisation et l'éducation du public ; la participation de la société civile et des usagers dans la prise de décision[832].

En ce qui concerne les modalités d'exécution de cet accord de jumelage, il est prévu que les représentants de la CICOS et de l'ABN, en fonction de leurs intérêts communs, soient invités à participer aux manifestations organisées dans le cadre des activités de l'une ou de l'autre des deux organisations de bassin. Ces manifestations et événements sont entre autres, constitués des réunions statutaires, des réunions des partenaires, des voyages d'études, des séminaires, des ateliers, des conférences, des forums[833], etc. A côté de ces activités conjoncturelles et d'animation, l'ABN et le CICOS ont

---

[830]Accord de jumelage entre l'Autorité du Bassin du Niger (ABN) et la Commission Internationale du Bassin Congo-Oubangui-Sangha (CICOS), préambule.
[831]*Ibid.*, art. 6.
[832]*Ibid.*, art. 3.
[833]*Ibid.*, art. 4.

également convenu de se rencontrer au moins une fois par an pour faire le point sur l'état de la mise en œuvre de l'accord de jumelage. Ces réunions auront lieu alternativement à l'initiative et sur les territoires de l'une ou l'autre partie[834].

Outre cette nouvelle entité hydro-politique unifiée, on assiste également à une tentative de rapprochement entre le CICOS et la CBLT à travers le projet dénommé Trans-Aqua.

2- *Le Trans-Aqua : un projet fédérateur entre la CICOS et la CBLT*

Il existe depuis le début des années 1970, un projet visant à créer un cadre de coopération trans-bassin entre les Etats appartenant aux bassins du Congo, d'une part et du lac Tchad, d'autre part. Ceci s'est traduit par l'érection du projet Trans-Aqua dont les contours sont de plus en plus clairs et qui vise à construire un bloc hydro-politique unifié entre la CICOS et la CBLT.

Nous avons vu précédemment que l'eau, en tant que ressource stratégique, peut contribuer au renforcement de l'intégration sous régionale, à travers notamment la définition des politiques concertées et le montage des projets communs de développement. Cependant, il est difficile d'envisager qu'elle puisse aussi jouer un rôle important dans le rapprochement entre les différentes sous-régions. En effet, les sceptiques arguent souvent que si les sous-régions ne parviennent pas encore à dynamiser leur intégration respective, il serait illusoire d'espérer un quelconque rapprochement entre ces différents espaces hydro-politiques.

Certes, le géographe français Frédéric Lasserre reconnait que les transferts massifs d'eau entre des bassins hydrologiques ne constituent pas la meilleure solution pour pallier au problème de pénurie[835]. Cependant, ces opérations sont non seulement des "*outils de développement local*"[836], mais également des "*instruments de géopolitique régionale*"[837]. Autrement dit, les transferts massifs d'eau

---

[834] *Ibid.*, art. 5.

[835] Frédéric Lasserre, "Les transferts massifs d'eau : une solution pour la pénurie ? Typologie de projets grandioses" in *Géopolitique*, n° 107, octobre 2009, pp. 52-58.

[836] *Ibid.*, p. 57.

[837] *Ibid.*, pp. 56.

ne sont que la matérialisation des projections hégémoniques de certaines puissances hydro-hégémoniques sous régionales.

Ce schéma pourrait être également battu en brèche par la réalité. En effet, les Etats de l'Afrique centrale et occidentale se sont engagés à travers le projet Trans-Aqua à dépasser les frontières artificielles qui les confinaient dans leurs espaces géopolitiques respectifs. Le Trans-Aqua est un projet de transfert d'eau interbassins, au départ de certains affluents du fleuve Congo vers le lac Tchad. Ce qui implique la construction d'un gigantesque canal de 2.6000 km de longueur qui utilisera la vallée du fleuve Chari, principal affluent du lac Tchad. Sur le plan technologique, il s'agira de barrer les cours de plusieurs importants affluents du fleuve Congo au moyen de barrages de régulation, et de soustraire une partie de leurs débits par un canal qui conduirait ces eaux vers la ligne de partage des eaux, à environ 600 mètres d'altitude. Par la suite, les débits seraient acheminés vers le lit du Chari jusqu'au lac Tchad.

Afin de permettre un succès optimal de ce projet, le gouvernement camerounais a revu son arsenal juridique et institutionnel relatif à la gestion des espaces hydriques transfrontaliers. En effet, suite à l'arrêté portant création d'un "comité technique de coordination et de suivi du projet de transfert d'eau interbassins"[838], le Cameroun a manifesté son intention d'adhérer à ce projet qui vise le rechargement en eau du lac Tchad et dont les conséquences affecteront les bassins du Logone-lac Tchad, de la Bénoué-Niger et de la Boumba-Kadey-Ngoko-Sangha-Oubangui-Congo[839].

A bien des égards, ce projet peut paraitre prétentieux dans la mesure où il nécessitera d'énormes financements. Or, le manquement de financements explique la léthargie de ce projet qui avait été initié par les Soviétiques au plus fort de la Guerre froide. Si le contexte de l'affrontement bipolaire semble expliquer l'enlisement de ce projet, en ce sens qu'il était idéologiquement marqué, la conjoncture actuelle ne permet pas non plus la concrétisation de ce gigantesque chantier. A ce niveau, les calculs hydro-politiques du Nigeria et de la RDC paraissent inconciliables. D'une part, le Nigeria souhaite une

---

[838]Cf. Arrêté n°067/PM du 13 novembre 2001 portant création du Comité technique de coordination et de suivi du projet de transfert d'eau interbassins.
[839]*Ibid.*, art. 2.

mise en œuvre rapide de ce transfert d'eau qui pourra à terme à renflouer les zones exondées de son territoire dans le bassin du lac Tchad. D'autre part, la RDC redoute une baisse considérable du débit de l'Oubangui qui alimente le fleuve Congo.

Bref, le lac Tchad pourrait recouvrer sa surface des années 60, tout en renforçant le potentiel agricole des régions arrosées par le Chari grâce aux nouvelles possibilités d'irrigation des surfaces agraires. A terme, les pays de la sous-région disposeraient d'une voie de transport qui contournerait les mayo dont les débits irréguliers ne permettent pas une meilleure navigabilité en toute saison.

B- La construction d'un pont intégrateur entre les bassins périphériques du Cameroun et le reste du monde

Jusqu'ici, nous avons assisté à la construction des ponts intégrateurs entre les différents bassins périphériques du Cameroun. Deux principales raisons pouvaient, au moins, justifier la mise en place de ces duopoles hydro-politiques entre les différentes organisations de bassin. D'une part, les différents bassins hydrologiques périphériques du Cameroun sont frontaliers. Dans ce cas, les échanges d'expérience entre ces structures participent à la construction des ponts d'intégration. D'autre part, l'appartenance de certains pays à plusieurs régions hydrologiques limitrophes contribue à la dynamisation de la coopération interbassins.

Concomitamment à l'intensification de la coopération entre les différents bassins périphériques du Cameroun, on a également assisté à un rapprochement entre certaines organisations de bassin en vue d'une gestion rationnelle et intégrée des ressources en eau. Par conséquent, les organisations hydro-politiques sont moins des espaces fermés et opaques que des sphères de construction des blocs hydrosolidaires transcontinentaux. Dans le cadre de cette analyse, nous nous appesantirons sur la construction des blocs hydropolitiques, d'une part, entre le CICOS et l'OCTA (1), et d'autre part, entre les bassins de l'Amazonie, du Congo et du Bornéo-Mékong (2).

1- La construction du bloc hydro-solidaire entre le CICOS et l'OCTA

De toutes les organisations de bassin du continent africain, le CICOS apparait parmi celles qui ont le plus contribué à la construction des ponts intégrateurs avec d'autres régions hydrologiques. En effet, nous avons précédemment vu que des duopoles hydro-solidaires ont été formellement mis en place entre la CICOS et l'ABN. D'autre part, il existe un accord de coopération de fait entre la CICOS et la CBLT dans le cadre du projet de transfert d'eau de la TransAqua.

Sur le plan extérieur, la CICOS a également jeté des ponts d'intégration avec d'autres organisations de bassin, à l'instar de l'Organisation du Traité de Coopération sur l'Amazonie (OCTA). Deux raisons semblent justifier la mise en place de ce duopole hydro-politique. D'une part, les bassins hydrologiques du Congo et de l'Amazonie couvrent des espaces naturels transfrontaliers exceptionnellement vastes et riches[840]. De ce point de vue, les mêmes enjeux et défis hydro-politiques se posent dans la gestion des richesses naturelles dans la CICOS et l'OCTA. Découlant de la précédente, la seconde raison repose sur la nécessité d'un échange d'expérience entre ces deux organisations de bassin. En tant qu'institution récemment créée pour gérer les ressources du bassin du Congo, la CICOS n'a "*pratiquement pas fait l'objet d'études globales au cours des quarante dernières années, situation qui contraste avec celle du bassin amazonien, espace d'activité de l'OTCA, qui a fait l'objet de nombreuses études au cours de ces dernières années*"[841].

L'accord de jumelage entre la CICOS et l'OCTA a été paraphé en 2006 entre les représentants des deux organisations. Conclu pour une durée de cinq ans, ce duopole hydro-solidaire peut soit être prorogé par tacite reconduction, soit être révisé d'un commun accord[842]. A travers cet accord, il était question de coopérer, d'échanger des expériences respectives et d'organiser des actions d'intérêt commun concernant les aspects institutionnel, technique, économique, financier et social relatifs à l'utilisation, à la gestion et à la protection des

[840]Cf. Préambule de l'Accord de jumelage entre la CICOS et l'OCTA.
[841]*Ibid.*
[842]*Ibid.*, art. 6.

ressources en eau. Cet accord couvre en fait toutes les activités hydriques et péri-hydriques. Les pays membres de ces deux organisations de bassin s'engagent à coopérer dans les domaines de l'organisation institutionnelle, du monitoring, de la planification, du financement ou de l'éco-tourisme[843].

L'implémentation de tous ces objectifs amène, par conséquent, les deux organisations de bassin à mener conjointement des activités en vue d'une meilleure gestion de leurs ressources en eau. Dans cette veine, l'accord de jumelage prévoit l'organisation des rencontres, séminaires, voyages d'études et sessions de formation continue des cadres et décideurs des deux institutions. Il est également prévu les échanges de missions d'experts de courte ou longue durée, tout comme la réalisation des études communes et l'échange des résultats sur des mêmes centres d'intérêts[844]. Par ailleurs, en vue d'assurer un meilleur suivi de toutes ces résolutions, la CICOS et l'OCTA ont décidé de mettre en place une commission d'évaluation composée des experts des deux organisations. Celle-ci se penchera sur le développement du jumelage et sur les orientations à suivre pour sa pérennisation[845].

En somme, le duopole hydro-politique mis en place entre le CICOS et l'OCTA montre à l'évidence que la gestion concertée des ressources hydriques périphériques doit s'appuyer sur un échange d'expériences tant sur le plan local, national, sous régional qu'intercontinental. L'objectif poursuivi ici est de parvenir à une gestion pacifiée et intégrée de ces ressources en eau. En dehors de ce duopole, le champ hydro-politique périphérique du Cameroun fait actuellement l'objet d'une construction extra-continentale. Depuis quelques années, on assiste à la création d'un bloc hydro-politique tripolaire entre les plus grands bassins hydrologiques du monde.

2- *La construction du bloc hydro-solidaire entre les bassins de l'Amazonie, du Congo et du Bornéo-Mékong*

Si la création du duopole hydro-politique entre le CICOS et l'OCTA reposait sur l'impératif d'échanges d'expérience en matière

[843] *Ibid.*, art. 2.
[844] *Ibid.*, art. 3.
[845] *Ibid.*, art. 4.

de mise en œuvre de la GIRE, la constitution du nouveau bloc tripolaire entre les plus grands bassins du monde obéit davantage à la logique d'une gestion harmonieuse des ressources forestières. De ce point de vue, le cadre d'action mis en place dans le projet de rapprochement entre les bassins de l'Amazonie, du Congo et du Bornéo-Mekong sont différents de ceux de l'alliance CICOS-OCTA. En effet, dans le cadre de la construction d'un espace géopolitique unifié entre ces trois organisations, la CICOS, structure essentiellement hydro-politique, a été substituée par la Commission des Forêts d'Afrique Centrale (COMIFAC). La COMIFAC a une extension géographique plus grande que la CICOS en ce sens qu'elle regroupe tous les pays de l'Afrique centrale drainés ou non par le fleuve Congo et ses affluents, voire ses défluents. De plus, la COMIFAC est un organe spécialisé de la CEEAC. Par conséquent, il regroupe tous les pays de l'espace CEEAC disposant ou non d'un couvert végétal[846]. Les autres organisations partenaires de la COMIFAC dans le cadre de la création d'un espace transcontinental dans la gestion des ressources forestières sont constituées de l'OCTA[847] et de l'ASEAN[848].

La construction d'un espace d'échanges et de concertation entre ces trois différents bassins hydrologiques s'appuie sur des similarités géographiques, climatiques et environnementales. C'est pourquoi la gestion durable des forêts, la conservation de la biodiversité et le changement climatique occupent une place prépondérante dans l'agenda des pays membres de ce regroupement transcontinental. Bien plus, la portée écologique des bassins forestiers de l'Amazonie, du Congo et du Bornéo-Mékong est universellement établie. En effet, ces trois formations hydrologiques qui constituent 80% des forêts tropicales de la planète abritent les deux tiers de la biodiversité terrestre et assurent la subsistance à plus d'un milliard de personnes. Par ailleurs, ces bassins font face à la destruction des écosystèmes, à la dégradation des sols et des forêts, etc.

---

[846] Bien qu'étant membre de la COMIFAC, le Tchad ne dispose pas d'un couvert forestier.

[847] Les pays membres de l'OCTA sont : la Bolivie, le Brésil, la Colombie, l'Equateur, la Guyane française, la Guyane, le Pérou, le Surinam et le Venezuela.

[848] Les pays membres de l'ASEAN sont : le Brunei, la Birmanie, le Cambodge, la Chine, l'Indonésie, le Laos, la Malaisie, la Papouasie-Nouvelle-Guinée, les Philippines, Singapour, Thaïlande et le Vietnam.

Confrontés aux mêmes défis environnementaux, les pays issus de ces trois bassins forestiers ont décidé d'établir une plateforme d'échanges et de coopération. A l'initiative de l'Indonésie, lors de l'Assemblée Générale des Nations Unies en septembre 2007, une réunion des Chefs d'Etats des pays forestiers présents a été organisée. Celle-ci a débouché sur la création du Groupe des 11 pays forestiers tropicaux, dit F-11, qui comprenait le Brésil, le Cameroun, la Colombie, le Congo, le Costa Rica, le Gabon, l'Indonésie, la Malaisie, la Papouasie Nouvelle Guinée, le Pérou et la RDC. En février 2010 à Bali, à l'occasion du Conseil d'Administration du PNUE, le Chef de l'Etat indonésien a encore insisté sur l'impérieuse nécessité de promouvoir l'union et la solidarité entre les pays forestiers en développement. Dans ce contexte, la RDC avait déjà suggéré, en 2006, le rapprochement entre les différents bassins forestiers tropicaux, en vue de promouvoir la coopération Sud-Sud et Nord-Sud par l'échange d'expériences et d'informations en matière forestière. Le PNUE et le Secrétariat de la Convention sur la Diversité Biologique (CBD) furent alors désignés pour élaborer un accord ou un mémorandum de coopération entre ces trois régions et préparer les conditions de sa signature. La CBD a organisé des réunions entre les organes de gestion des différents bassins qui n'ont pas encore abouti à un résultat concret.

Lors du sommet d'Oslo (Norvège), le 27 mai 2010, Denis Sassou-Nguesso, Président de la République du Congo, a abordé avec ses homologues de Guyane et d'Indonésie, ainsi qu'avec le Premier Ministre norvégien la question relative à la tenue du sommet des trois bassins à Brazzaville en 2011, à l'occasion de l'année internationale des forêts. D'autres contacts ont eu lieu avec le Brésil, la France, la Chine, la FAO, le PNUE, la CEAC et des ONG internationales. Ces différents partenaires ont encouragé la tenue du sommet et se sont engagés à contribuer à son organisation. L'idée de la signature à Brazzaville d'un Traité de coopération entre les pays des bassins forestiers tropicaux était ainsi renforcée.

Finalement, la Déclaration du Sommet des Chefs d'Etat et de Gouvernement des trois bassins forestiers tropicaux signée le 3 juin 2011 à Brazzaville a débouché sur un projet de coopération entre le bassin d'Amazonie, le bassin du Congo et le bassin d'Asie du Sud-est. On assiste donc à la création d'une "*coopération Sud-Sud*"[849] dans la gestion durable des écosystèmes forestiers de ces trois bassins forestiers. Les objectifs visés ici sont, entre autres, de créer une vision concertée qui intègre les aspects économiques, environnementaux et socioculturels globaux ; et de promouvoir les points d'intérêt commun au niveau de forums internationaux et régionaux sur les forêts, la biodiversité et le changement climatique[850].

Au final, le champ hydro-politique périphérique du Cameroun apparait aujourd'hui comme un espace éclaté de relations et d'interrelations en vue de la construction des pôles hydro-solidaires. Les espaces intégrateurs ont été construits non seulement à l'intérieur de l'Afrique, mais également entre des bassins hydrologiques situés dans d'autres continents.

[849]Accord de coopération entre le bassin d'Amazonie, le bassin du Congo et le bassin d'Asie du Sud-Est (projet), art. 1.
[850]*Ibid.,* art. 2.

CONCLUSION GENERALE

Le champ hydro-politique intérieur et périphérique du Cameroun est une configuration éclatée de relations et d'interrelations entre des acteurs étatiques et non-étatiques en quête de positionnement avantageux en vue de l'accès aux ressources stratégiques. Il a donc été question, tout au long de cette deuxième approche de notre analyse, d'étudier les stratégies mises en place par les acteurs étatiques et non-étatiques pour dominer ce champ hydro-politique. Pour y parvenir, nous avons vu que la rencontre entre tous ces acteurs aux logiques et aux intérêts différents peut être tantôt conflictuelle tantôt pacifique.

Dans le premier cas de figure, nous avons vu que la divergence des intérêts et des valeurs amène les acteurs du champ hydro-politique du Cameroun à mettre en place des jeux monopolistiques. De ce point de vue, l'Etat considère les autres acteurs périphériques comme des rivaux et des ennemis qu'il faut absolument repousser aux extrêmes confins du champ hydro-politique. Le jeu monopolistique de l'Etat qui s'appuie sur des velléités hégémoniques et unilatéralistes conduit à la redistribution de la puissance sur l'échiquier hydro-politique régional. Se dessinent ainsi de nouveaux regroupements géopolitiques dominés par des puissances hydro-hégémoniques sous régionales. Dans toutes ces configurations, le Cameroun est apparu comme une puissance secondaire qui ne parvient pas à supplanter les puissances hégémoniques, à l'instar du Nigeria ou de la RDC.

Il arrive également que la monopolisation de la gestion des ressources hydriques frontalières et transfrontalières débouche sur des conflits larvés ou ouverts entre les différents acteurs du champ hydro-politique intérieur et périphérique. Les analyses antérieures ont montré que le Cameroun faisait face, à l'intérieur, aux conflits liés à l'accès aux ressources en eau. Cependant, en tant qu'autorité de régulation, l'Etat déploie des stratégies pour normaliser et discipliner le comportement des acteurs périphériques considérés comme de fauteurs de trouble. A l'extérieur, il n'existe pas une autorité supra-étatique légitime qui pourrait réguler le champ hydro-politique périphérique. Pour éviter le vide juridique qui pourrait se fonder sur un éventuel sacro-saint principe de souveraineté, les Etats ont mis en place des instances d'arbitrage et de règlement des différends au sein des organisations de bassin.

La rencontre entre les acteurs du champ hydro-politique peut également déboucher sur la coopération. En ce sens, l'eau a été construite par les Etats et les acteurs non-étatiques comme une ressource pertinente pouvant contribuer à la consolidation de l'intégration nationale et sous régionale. Dans le modèle centrifuge qui sous-tend cette nouvelle approche managériale, on assiste à une démonopolisation du jeu hydro-politique jadis animé entièrement par le centre, en tant que garant du patrimoine hydrique national. La gestion des ressources hydriques entre des acteurs en compétition, devenus, à l'occasion, des partenaires, établit un partenariat de type gagnant-gagnant. La création des duopoles hydro-politiques et des organisations de bassin traduit à suffisance la volonté des Etats riverains des cours d'eau internationaux d'établir entre eux des plateformes d'échanges et d'intégration.

Au terme de cette étude, nous pouvons tirer deux principaux enseignements relativement à la géopolitique de l'eau au Cameroun.

L'hydro-politique du Cameroun est déterminée par des sources et ressources hydriques intérieures et périphériques.

L'hydro-politique n'est pas une discipline abstraite, sans emprise sur la pratique quotidienne des Etats et des sociétés en matière de gestion des ressources en eau. Elle est tout d'abord structurée par les espaces hydriques. Il s'est dégagé de nos études que les zones humides sont des espaces stratégiques sur l'échiquier hydro-politique national et international. L'identification et l'inscription de ces zones dans la liste Ramsar révèlent leur importance du point de vue écologique, botanique, zoologique, limnologique ou hydrologique. Par ailleurs, les bassins hydrologiques sont des aires de compétition entre les acteurs étatiques et/ou non-étatiques en vue du contrôle des plans d'eau. Le discours hydro-politique se nourrit des représentations et des projections faites sur les cours d'eau internes ou internationaux. Bien plus, les cours d'eau frontaliers et transfrontaliers constituent également des centres d'intérêt du discours hydro-politique.

Si l'eau est l'élément constitutif de l'analyse hydro-politique, il est cependant difficile d'occulter les autres ressources issues du patrimoine hydrique dans la mesure où celles-ci déterminent également le jeu hydro-politique. Certes, les zones humides sont stratégiques parce qu'elles regorgent de ressources hydriques superficielles et souterraines dans un contexte particulier marqué par les changements climatiques. Les espaces hydriques offrent également un intérêt sur le plan géopolitique dans la mesure où ils sont riches en biodiversité. Partout où l'eau est présente, il s'est développé des formes de vie diverses et complexes. Si le Cameroun détient le 5ème rang des pays africains les plus riches en termes de biodiversité, ce classement montre également que ces ressources biologiques (faune et flore) et non-biologiques (hydrocarbures, minerais, etc.) sont au cœur du jeu hydro-politique du Cameroun.

L'hydro-politique du Cameroun est structurée par le jeu des acteurs étatiques et non-étatiques en vue du contrôle des sources et ressources hydriques.

Le second enseignement que nous pouvons tirer de cette étude porte sur l'identité des acteurs et les jeux qu'ils mettent en place pour se positionner dans le champ hydro-politique du Cameroun. Pour ce qui est de l'identité des acteurs, ce travail a montré que, contrairement aux positions défendues par Arun Elhance[851], les Etats ne sont pas les seuls acteurs qui structurent le jeu hydro-politique. Sur le plan interne et international, des acteurs non-étatiques (multinationales, organisations non-gouvernementales, associations, regroupements de toutes sortes, municipalités, etc.) sont également engagés dans la gestion des ressources en eau. En ce sens, ils déterminent directement ou indirectement l'agenda hydro-politique national et international des Etats.

Ces acteurs étatiques et non-étatiques sont en compétition pour accéder aux ressources stratégiques du champ hydro-politique du Cameroun. Le champ hydro-politique "*est à chaque moment caractérisé par des rapports de force issus des luttes intestines qui sont le fruit des différentes stratégies mobilisées par les acteurs : soit défendre l'orientation du champ et de la position que celle-ci leur confère (défense de l'orthodoxie) soit pour essayer de subvertir*

[851]Arun Elhance, *op. cit.,* p. 218.

l'ordre établi (la doxa, l'opinion commune du champ) afin de modifier l'agencement du capital spécifique au champ"[852].

Les acteurs du champ hydro-politique interne et périphérique du Cameroun déploient par conséquent des jeux qui peuvent déboucher sur une divergence ou une convergence d'intérêts. Ils travaillaient, en fonction des représentations qu'ils se font des autres acteurs, pour la sauvegarde de leur position de domination. Pour ce faire, ils peuvent soit s'engager dans une dynamique unilatérale pour gérer les ressources stratégiques du champ hydro-politique, soit recourir à une approche partenariale. De ce point de vue, la construction des ponts d'intégration sur les cours d'eau transfrontaliers cache difficilement la volonté de puissance de certains Etats riverains. Certes, les organisations de bassin sont des espaces de coopération, mais au-delà des discours officiels, elles apparaissent comme des zones d'influence et des glacis stratégiques aux puissances hydro-hégémoniques sous régionales. L'activisme diplomatique du Nigeria au sein de la CBLT, de l'ABN et de la CGG traduit et trahit, à bien des égards, ses prétentions hégémoniques dans le champ hydro-politique périphérique du Cameroun.

[852]Christiane Chauvire, Olivier Fontaine, *op. cit.*, p. 17.

BIBLIOGRAPHIE

I- <u>*Ouvrages :*</u>

ARON Raymond, *Paix et guerre entre nations*, Paris, Calmann-Lévy, 1981.

ASSOULINE Janine, ASSOULINE Samuel, *Géopolitique de l'eau. Nature et enjeux*, Levallois-Perret, Studyrama, 2009.

AVIOUTSKII Viatcheslav, *Géopolitique continentale. Le monde au XXIème siècle*, Paris, Armand Colin, 2006.

BARLOW Maude, CLARKE Tony, *L'or bleu : l'eau, le grand enjeu du XXIème siècle*, Paris, Hachette, coll. Pluriel, 2007.

BERGER Corinne, ROQUES Jean-Luc, *L'eau comme fait social : transparence et opacité dans la gestion locale de l'eau*, Paris, L'Harmattan, 2005.

BOURDIEU P., CHAMBOREDON J. C., Le métier de sociologue, Paris, Mouton, Bordas, 1968.

BOURDIEU Pierre, Le sens pratique, Paris, édition De Minuit, 1980.

BOURDIEU Pierre, WACQUANT L. J. D., Réponses… Pour une anthropologie réflexive, Paris, Le Seuil, 1992.

CHAUPRADE Aymeric, Géopolitique : constantes et changements dans l'histoire, Paris, Ellipses, 2001.

CHAUTARD Sophie, L'indispensable de la géopolitique, Paris, éd. Studyrama, 2006.

CLAVAL Paul, Géopolitique et géostratégie : la pensée politique, l'espace et le territoire au XXème siècle, Paris, Nathan, 1994.

CROS Marie France, MISSER, Géopolitique du Congo (RDC), Paris, Complexe, 2006 ;

EBOUSSI BOULAGA Fabien (dir.), *L'état du Cameroun 2008*, Yaoundé, éd. Terroir, 2009.

FARUQUI Naser, BISWAS Asit, BINO Murad (dir.), *La gestion de l'eau selon l'islam*, Paris, Karthala, 2003;

GALLAND Franck, *L'eau : géopolitique, enjeux, stratégies*, Paris, CNRS, 2008.

GERARDINOT Maie (dir.), *Géographie des conflits*, Atlande, Neuilly, 2012.

LABRECQUE Georges, *Les différends territoriaux en Afrique*, Paris, L'Harmattan, 2005.

LABRECQUE Georges, *Les frontières maritimes internationales*, Montréal, L'Harmattan, 1998.
LARBI BOUGUERRA Mohamed, *Les batailles de l'eau. Pour un bien commun de l'humanité*, Paris, De l'Atelier, 2003 ;
LASSERRE Frédéric, *Les guerres de l'eau. L'eau sera au cœur des conflits au XXIème siècle*, éd. Delavilla, 2009.
LASSERRE Frédéric, *L'eau, enjeu mondial, géopolitique du partage de l'eau*, Paris, Ed. Le serpent à Plumes, 2003 ;
MIKAIL Barah, *La géopolitique de l'eau*, Paris, Dalloz, coll. "Revue internationale et stratégique", n° 66, 2007.
OLINGA Alain Didier, L'Accord de Greentree du 12 juin 2006 relatif à la presqu'ile de Bakassi, Paris, L'Harmattan, 2009.
ROPIVIA Marc-Louis, *Batailles navales précoloniales en Afrique. Géopolitique du Buganda et du Manyema au XIXème siècle*, Paris, Economica, 2007 ;
ROSIERE Stéphane, Géographie politique et géopolitique : une grammaire de l'espace politique, Paris, Ellipses, 2003.
SAIBOU Issa, *Les coupeurs de route : histoire du banditisme rural et transfrontalier dans le bassin du Lac Tchad*, Paris, Karthala, coll. Les Terrains du Siècle, 2010 ;
SALAME Ghassan, Appels d'empire : ingérences et résistances à l'âge de la mondialisation, Paris, Fayard, 1996.
SINDJOUN Luc, Sociologie des Relations Internationales africaines, Paris, Karthala, 2002.
SINDJOUN Luc, L'Etat ailleurs : entre noyau dur et case vide, Paris, éd. Economica, 2002.
SIRONNEAU Jacques, *L'eau, nouvel enjeu stratégique mondial*, Paris, Economica, 1996 ;
THAITE Alexandre, Partager l'eau : les enjeux de demain, Paris, éd. Technip, 2006 ;

II- <u>Articles :</u>

ABDOURAMAN Halirou, "Le conflit frontalier Cameroun-Nigeria dans le Lac Tchad : les enjeux de l'ile de Darak disputée et partagée", Cultures et conflits, n°72, vol. 4, L'Harmattan, 2008.
AKONO ATANGANE Eustache, "Les problèmes de délimitation des espaces maritimes en Afrique centrale", RAEPS, n°4, 2007.
AKONO ATANGANE Eustache, "L'Afrique occidentale au centre des convoitises mondiales" in Diplomatie, hors-série, n° 12, pp. 46-49.

ATONFACK GUEMO Cyrille Serge, "La mutualisation des moyens de lutte contre les actes de piraterie dans la sous-région CEEAC", in FES/CREPS, Terrorisme et piraterie : de nouveaux défis sécuritaires en Afrique centrale, pp. 123-147.
AWOUMOU Georges, "La guinée Equatoriale : le nouveau moteur de la dynamique d'intégration au sein de la CEMAC" in Enjeux, n° 28, juillet-septembre 2006, pp. 26-33.
ATONFACK GUEMO Cyrille Serge, "Approches maritimes : vers une stratégie innovante et adaptée à la menace ?" in *Diplomatie,* hors-série, n° 12, pp. 68-71.
BAHOKEN Françoise, AKOA Stéphane, "La prévention des risques liés aux inondations au Cameroun" in Enjeux, n° 16, juillet-septembre 2003, pp. 15-20 ;
BIGOMBE LOGO, "la cogestion des plans d'eau au Cameroun et en Centrafrique" in Enjeux, n° 16, juillet-septembre 2003, pp. 29-32.
BLANC Pierre, "Liban, Israël : les dessous d'une tension hydro-politique" in *Moyen-Orient*, 05, avril-mai 2010, pp. 51-55.
BLANCHON David, "La question de l'eau en Afrique : de la variabilité climatique aux tensions hydro-politiques" in *Géopolitique*, n° 107, octobre 2009, pp. 65-72 ;
BRAMI Diane, "Une gestion interétatique pour la sauvegarde d'un patrimoine mondial : le Lac Tchad" in Enjeux, n° 16, juillet-septembre 2003, pp. 33-36 ;
CAUBET Christian, "L'impact néfaste des grands barrages" in *Le Monde diplomatique, Manière de voir*, septembre-octobre 2002, n°65, pp. 42-45 ;
CSURGAI Gyula, "Géopolitique et ressources naturelles" in CSURGAI Gyula (dir.), *Les enjeux géopolitiques des ressources naturelles*, Lausanne, éd. L'Age d'Homme, 2006, pp. 9-20.
DAHOU Tarik, "La politique des espaces maritimes en Afrique. Louvoyer entre local et global" in *Politique africaine*, n° 116, décembre 2003, pp. 5-21 ;
DELEAGE Jean-Paul, "Environnement : le legs empoisonné" in *Le Monde diplomatique, Manière de voir*, septembre-octobre 2002, n°65, pp. 30-33 ;
DIANGITUKWA Fweley, "La surveillance des côtes d'Afrique centrale par des équipes de gardes-côtes : un impératif pour la sécurisation maritime de la sous-région" in Enjeux, n° 26, janvier-mars 2006, pp. 20- 24 ;

DONZIER Jean-François, "Pour une nouvelle gestion des bassins transfrontaliers" in *Géopolitique*, n° 107, octobre 2009, pp. 25-34 ;
DUFOUR Jean-Paul, "La gestion commune de l'eau peut être un facteur de pacification" in *Le Monde*, éd. Electronique, 28 janvier 2008 ;
EBOGO Frank, "L'eau en Afrique de l'Ouest : entre guerre improbable et paix précaire" in Jeune Afrique Economie, n°386, février-mars 2012, pp.
EBOGO Frank, "Reconquête des espaces hydriques continentaux en Afrique de l'Ouest : entre partage des eaux et volonté souverainiste" in Diplomatie, n° 46, septembre-octobre 2010, pp. 22-24
EBOGO Frank, "Structuration et redistribution de la puissance dans la nouvelle dynamique hydro-politique de l'intégration en Afrique" in *Revue Africaine d'Etudes Politiques & Stratégiques*, n°2/2014, p. 131-160
ELHANCE Arun, "Conflict and co-operation over water in the Aral Sea basin" in *Studies in Conflict and Terrorism* 20(2), 1997
EWANGUE Jean-Lucien, "Comment la Guinée Equatoriale défend ses frontières et son pétrole" in Enjeux, n° 28, juillet-septembre 2006, pp. 20-25 ;
FERRIER Catherine, "L'eau, une ressource entre conflits et coopération" in CSURGAI Gyula (dir.), *Les enjeux géopolitiques des ressources naturelles*, Lausanne, éd. L'Age d'Homme, 2006, pp. 120-139.
GALLAND Franck, "Les casques bleus de l'eau" in *Note de la Fondation pour la recherche stratégique*, n° 15, 2008
GALLAND Franck, "Les enjeux de sécurité liés à l'eau" in *Géopolitique*, n° 107, octobre 2009, pp. 59-64 ;
KAMTO Maurice, "Le droit international des ressources en eau continentales africaines" in *Annuaire français de droit international*, vol 36, 1990, pp. 843-911 ;
KEMPF Hervé, "Le débat sur la privatisation de l'eau domine le Forum de l'eau-La Haye, 17-22" in *Le Monde*, 21 mars 2000 ;
KIPPING Martin, "Conflits et coopérations liés à l'eau du Sénégal" in Géocarrefour, n° 80 4/2005, pp. 335- 347
KOUFAN MENKENE Jean, TCHUDJING Cassimir, "Un exemple de blocage du processus d'intégration en Afrique centrale : la persistance des facteurs conflictuels entre la Guinée Equatoriale et ses voisins francophones depuis 1979" in ABWA Daniel (dir.),

Dynamiques d'intégration régionale en Afrique, Yaoundé, Presses Universitaires de Yaoundé, 2001, pp. 327-345.
KUPER Marcel, "Stratégies d'exploitation en zones inondables tropicales" in ORANGE Didier et al., *Gestion intégrée des ressources naturelles en zones inondables tropicales*, Paris, IRD éd., 2002, pp. 387-394
LABRECQUE Georges, "Aspects juridiques du blocus maritime" in *Diplomatie*, hors-série 13, pp. 46-50
LACOSTE Yves, "Géopolitique de l'eau" in *Hérodote,revue de géographie et de géopolitique*, n° 102, 3ème trimestre 2001, 3-18 ;
LACOSTE Yves, "géopolitiques internes en Afrique" in *Hérodote revue de géographie et de géopolitique*, 4ème trimestre, n° 46, juillet-septembre 1987, pp. 3-22 ;
LARBI BOUGUERRA Mohamed, "Bataille planétaire pour l'or bleu" in *Le Monde diplomatique, Manière de voir*, septembre-octobre 2002, n°65, pp. 52-53 ;
LARBI BOUGUERRA Mohamed, "Les circuits discrets de la pollution" in *Le Monde diplomatique, Manière de voir*, septembre-octobre 2002, n° 65, pp. 34-37 ;
LASSERRE Frédéric, "Les transferts massifs d'eau : une solution pour la pénurie. Typologie de projets grandioses" in *Géopolitique*, n° 107, octobre 2009, pp. 52-58 ;
LASSERRE, Frédéric, "Le prochain siècle sera-t-il celui des guerres de l'eau?", *La revue internationale et stratégique*, prin. 1999, pp. 99-118.
LASSERRE Frédéric "Introduction" *in* Frédéric LASSERRE, Luc DESCROIX (dir.), *Eaux et territoires: tensions, coopérations et géopolitique de l'eau*, Sainte-Foy, Presses de l'Université du Québec, 2002, pp. 1-13.
LASSERRE Frédéric, "Les guerres de l'eau : mythe ou réalité future?" *in* LASSERRE Frédéric, DESCROIX Luc (dir.). *Eaux et territoires: tensions, coopérations et géopolitique de l'eau*, Sainte-Foy, Presses de l'Université du Québec, 2002, pp. 17-72.
LASSERRE Frédéric, "L'eau rare? Des solutions pour assurer l'approvisionnement" *in* LASSERRE Frédéric et Luc DESCROIX (dir.). *Eaux et territoires: tensions, coopérations et géopolitique de l'eau*, Sainte-Foy, Presses de l'Université du Québec, 2002, pp. 73-114.

LASSERRE, Frédéric, "Le droit international réglera-t-il les litiges?" *in* LASSERRE Frédéric, DESCROIX Luc (dir.). *Eaux et territoires: tensions, coopérations et géopolitique de l'eau*, Sainte-Foy, Presses de l'Université du Québec, 2002, pp. 115-125.
LASSERRE Frédéric, "Les eaux de la Terre sainte : le bassin du Jourdain au coeur de vives convoitises" *in* LASSERRE Frédéric, DESCROIX Luc (dir.). *Eaux et territoires: tensions, coopérations et géopolitique de l'eau*, Sainte-Foy, Presses de l'Université du Québec, 2002, pp. 211-227.
LASSERRE Frédéric, "Le Tigre et l'Euphrate : les fleuves de la discorde" *in* LASSERRE Frédéric, DESCROIX Luc (dir.). *Eaux et territoires: tensions, coopérations et géopolitique de l'eau*, Sainte-Foy, Presses de l'Université du Québec, 2002, pp. 253-267.
LASSERRE Frédéric, "L'Égypte peut-elle envisager un partage du Nil?" *in* LASSERRE Frédéric, DESCROIX Luc (dir.), *Eaux et territoires: tensions, coopérations et géopolitique de l'eau*, Sainte-Foy, Presses de l'Université du Québec, 2002, pp. 269-290.
LASSERRE Frédéric, "Faut-il faire payer l'eau au Québec?", *Le Devoir*, 7 juil. 2005, p. A6.
LASSERRE Frédéric, BOUTET Annabelle, "Le droit international réglera-t-il les litiges du partage de l'eau? Le bassin du Nil et quelques autres cas", *Études Internationales*, sept. 2002, pp. 497-514.
LE STRAT Anne, "Le lien eau-terre dans le conflit israélo-palestinien : le poids des représentations" *in* LASSERRE Frédéric, DESCROIX Luc (dir.), *Eaux et territoires: tensions, coopérations et géopolitique de l'eau*, Sainte-Foy, Presses de l'Université du Québec, 2002, pp. 229-252.
MARGAT Jean, "Population et ressources en eau" in *Géopolitique*, n° 107, octobre 2009, pp. 13-18 ;
MARIS Bernard, "L'appétit vorace des multinationales" in *Le Monde diplomatique, Manière de voir*, septembre-octobre 2002, n°65, pp. 72-76 ;
MVIE MEKA Elie, "Prévention et résolution des conflits de l'eau dans le bassin du Lac Tchad : analyses et perspectives" in *Enjeux*, n° 26, janvier-mars 2006, pp. 25- 28;
MVOMO ELA Wullson, "La Guinée Equatoriale : l'éveil d'un dragon et le nouvel ordre géopolitique en Afrique centrale" in *Enjeux*, n° 28, juillet-septembre 2006, pp. 7-13 ;

MVOMO ELA Wullson, "Pétrostratégie et appels d'empire dans le Golfe de Guinée" in *Enjeux*, n° 22, janvier-mars 2005, pp. 7-11 ;
NACH MBAK Charles, "La décentralisation en Afrique : enjeux et perspectives", *Afrique contemporaine*, n°199, juillet-septembre 2001, pp. 95-114.
NGODI Etanislas, "Etat des lieux de la piraterie maritime au Congo Brazzaville : pistes de réflexion", in FES/CREPS, *Terrorisme et piraterie : de nouveaux défis sécuritaires en Afrique centrale*, pp. 27-35 ;
NGOUAH N'GALLY Guillaume, "Quand l'armée se mouille pour la Nation" in *Honneur et Fidélité*, décembre 2010, pp. 38-39
NJONOU AKOUTOU Eric, "La sauvegarde des approches maritimes nationales : un défi partagé" in *Honneur et Fidélité*, 20 mai 2009, pp. 28-29
NTUDA EBODE Joseph-Vincent, "Les enjeux pétroliers dans le golfe Guinée" in *Diplomatie*, n°7, février-mars 2004, pp. 44-47 ;
NTUDA EBODE Joseph-Vincent, "La nouvelle posture géopolitique du Cameroun et la lutte contre la piraterie dans le golfe de Guinée", in FES/CREPS, *Terrorisme et piraterie : de nouveaux défis sécuritaires en Afrique centrale*, pp. 43-92 ;
NTUDA EBODE Joseph-Vincent, "La redistribution de la puissance en Afrique médiane CEMAC : la nouvelle configuration des alliances sous-régionales", *Enjeux*, n° 22, janvier-mars 2005, pp. 34-37 ;
NTUDA EBODE Joseph-Vincent, "Terrorisme et contre-terrorisme en Afrique" in *Diplomatie*, pp. 36-39 ;
NTUDA EBODE Joseph-Vincent, "Le retour de la République démocratique du Congo et la redistribution des cartes en Afrique centrale" in *Diplomatie,* n° 30, janvier-février 2008, pp. 82-88 ;
NTUDA EBODE Joseph-Vincent, "Géopolitique des régions africaines : quel destin pour l'Afrique médiane latine" in *Diplomatie*, n° 11, pp. 38-45 ;
NTUDA EBODE Joseph-Vincent, "Le Cameroun et le Nigéria enterrent la hache de guerre à Bakassi. Et après ?" in *Diplomatie*, n° 35, novembre-décembre 2008, pp. 70-72 ;
NTUDA EBODE Joseph-Vincent, "Francophonie et piraterie maritime dans le Golfe de Guinée" in *Les Cahiers de la Revue Défense nationale*, hors série, janvier 2010, pp. 24-36 ;

NTUDA EBODE Joseph-Vincent, "L'insécurité transfrontalière dans la zone RCA-Tchad –Cameroun et l'Initiative tripartite", pp. 149-158 ;
NTUDA EBODE Joseph-Vincent, "Cinquante ans de politique camerounaise des frontières. D'une conception géopolitique à la construction géoéconomique des zones de contact" in Annales de l'Université Toulouse 1 Capitole, vol. LII, 2010-2011, pp. 163-192 ;
OLIVER Jean-Louis, "Le nouveau paradigme de l'hydrosolidarité" in *Géopolitique*, n° 107, octobre 2009, pp. 19-24 ;
OGOULAT Albert Didier, "Les Etats de la façade Atlantique de l'Afrique et la mer aujourd'hui. Quelques aspects géopolitiques et géostratégiques, Norois, n°180, 1998.
OGOULAT Albert-Didier, "Géostratégie et polémologie dans l'espace Atlantique centre-oriental : le cas du Golfe de Guinée" in *Stratégique*, Economica, Paris, 2002, pp.73-87
OGOULAT Albert Didier, "La Commission du Golfe de Guinée, instrument du renouveau maritime sous-régional ?" in Revue stratégique, n°80, pp. 109-123
OGOULAT Albert Didier, "Afrique centrale et Golfe de Guinée : géopolitique des termes de l'échange entre deux régionymes sous continentaux" in *Enjeux*, n° 26, janvier-mars 2006, pp. 7-11 ;
OGOULAT Albert Didier, "Les richesses maritimes du golfe de guinée : ressources d'un espace stratégique et polémogène" in *Enjeux*, n° 12, juillet-septembre 2002, pp. 26-28 ;
OLINGA Alain-Didier, "Les jeunes Républiques du Nigéria et du Cameroun face aux territoires espagnols du Golfe de guinée. Une brève rétrospective géopolitique" in *Enjeux*, n° 28, juillet-septembre 2006, pp. 34-42;
PELENE François, "Bataillon d'intervention rapide, composante essentielle des forces de Défense", in *Honneur et Fidélité*, 20 mai 2009, pp. 30-32
PETRELLA Riccardo, "Un besoin vital devenu marchandise" in *Le Monde diplomatique, Manière de voir*, septembre-octobre 2002, n°65, pp. 80-82 ;
PETRELLA Riccardo, "La nouvelle conquête de l'eau" in *Le Monde diplomatique, Manière de voir*, septembre-octobre, 2002, n°65, pp. 93-94 ;

POLET François, "L'eau, enjeu global de l'avenir, entre privatisation et patrimoine commun de l'humanité" in *Mondialisation des résistances. L'Etat des luttes 2002*, Paris, L'Harmattan, 2002, coll. Forum Mondial des Alternatives, pp. 209-217 ;

ROITMAN Janet, ROSO Gérard, "Guinée-Équatoriale : être 'off-shore' pour rester 'national'" in *Politique africaine*, n° 81, mars 2001, pp. 212-142.

ROPIVIA Marc-Louis, "Stratégistes civils et stratèges militaires gabonais au XXème siècle : quelle complémentarité en contexte démocratique ?" in *Stratégique*, Paris, Economica, 2002, pp. 165-190 ;

ROPIVIA Marc-Louis, "Criminalité et activités illicites dans le Golfe de Guinée : interprétation critique et typologie", in FES/CREPS, *Terrorisme et piraterie : de nouveaux défis sécuritaires en Afrique centrale*, pp. 221-234 ;

ROPIVIA Marc-Louis, "Géopolitique et géostratégie : l'Afrique noire et l'avènement de l'impérialisme tropical gondwanien", *Les Cahiers de Géographie du Québec*, vol. 30, n° 79, pp. 5-19.

ROPIVIA Marc-Louis, "Gabon-Cameroun, cinquante ans d'amitié et de malentendus. Comment fonder une communauté de destin pour l'avenir ?" in *Annales de l'Université toulouse 1 Capitole*, vol. LII, 2010-2011, pp. 151-162 ;

SAIBOU Issa, "La prise d'otages aux confins du Cameroun, de la Centrafrique et du Tchad : une nouvelle modalité du banditisme transfrontalier" in *Polis, RCSP*, vol. 1-2, 2006,

SAIBOU Issa, "Le mécanisme multilatéral de la CBLT pour la résolution des conflits frontaliers et la sécurité dans le bassin du Lac Tchad" in *Enjeux*, n° 22, janvier-mars 2005, pp. 31-33 ;

SAIBOU Issa, "L'embuscade sur les routes des abords sud du lac Tchad" in Politique africiane, n° 94, juin 2004, pp. 82-104 ;

SIRONNEAU Jacques, "Les enjeux stratégiques de l'eau" in *Armées d'aujourd'hui*, n° 249, avril 2000 ;

SIRONNEAU Jacques, "La géopolitique de l'eau. Permanences et perspectives" in *Géopolitique*, n° 107, octobre 2009, pp. 5-12 ;

TANAWA Emile, "L'eau au Cameroun, un enjeu de politique locale" in *Enjeux*, n° 16, juillet-septembre 2003, pp. 9-12 ;

TCHINANG Mesmer, "Etat énergétique du Cameroun" in *L'Etat du Cameroun 2008*, éd. Terroirs, Yaoundé, 2009, pp. 257-278 ;

TURTON Anthony, "Hydropolitics: The concept and its limitations" in *Hydropolitics in the developing world. A southern African perspective*, Pretoria, African Water Issues Research Unit (AWIRU), 2002

IV- Textes juridiques :

A- Textes internationaux :

Accord instituant un régime fluvial uniforme et créant la Commission Internationale du Bassin Congo-Oubangui-Sangha (CICOS) et son additif du 22 février 2007 ;

Convention sur le droit relatif aux utilisations des cours d'eau internationaux à des fins autres que la navigation, juillet 1997 ;

Convention de Ramsar du 24 février 1971 relative aux zones humides d'importance internationale ; entrée en vigueur à l'égard du Cameroun le 20 juillet 2006 ;

Convention des Nations Unies sur le droit de la mer, Montego Bay, 10 décembre 1982 signée par le Cameroun à la même date (10 décembre 1982), ratifiée le 19 novembre 1985 ;

Convention de Fort Lamy portant création de la Commission du Bassin du Lac Tchad, 22 mai 1964 ;

Convention révisée portant création de l'Autorité du Bassin du Niger, faite à Ndjamena, le 29 octobre 1987.

Convention et statuts relatifs au développement du Bassin du Lac Tchad, signé à Fort Lamy, le 22 mai 1964.

Protocole relatif au fonds de développement du Bassin du Niger. Signé à Faranah, le 321 novembre 1980.

Conférence des Chefs d'Etat de l'Autorité du Bassin du Niger, *Déclaration de Paris. Principes de gestion et de bonne gouvernance pour un développement durable et partage du Bassin du Niger*, Paris, 26 avril 2004.

B- Textes nationaux

Constitution du 18 janvier 1996 ;

Loi n° 98/005 du 14 avril 1998 portant régime de l'eau ;

Loi n° 2000/02 du 17 avril 2000 relative aux espaces maritimes de la République du Cameroun ;

Loi n°2002/161/PM du 8 mai 2001 portant attribution, organisation et fonctionnement du Comité national de l'eau ;

Décret n°2002/162/PM du 8 mai 2001 portant modalité de désignation des agents assermentés pour la surveillance et le contrôle de la qualité des eaux ;

Décret n°2002/163/PM du 8 mai 2001 portant réglementation des paramètres de protection des points de captage, de traitement et de stockage des eaux potabilisées ;

Décret n°2002/164/PM du 8 mai 2001 portant modalités et conditions de prélèvement des eaux de surface ou des eaux souterraines à des fins industrielles ou commerciales ;

Décret n°2002/165/PM du 8 mai 2001 portant modalité de protection des eaux souterraines contre la pollution ;

Décret n°2002/216/PM du 4 aout 2001 portant création d'un compte d'affectation spéciale pour le financement des projets de développement durable en matière d'eau et d'assainissement ;

Décret n°2007/290/CAB/PR du 1er novembre 2007 portant organisation et conduite de l'action de l'Etat en mer et sur les voies navigables ;

Décret n°2002/161/PM du 8 mai 2001 portant attribution, organisation et fonctionnement du comité national de l'eau.

Décret n°2001/162/PM du 8 mai 2001 portant modalité de désignation des agents assermentés pour la surveillance et le contrôle de la qualité des eaux.

Décret n°2001/163/PM du 8 mai 2001 portant réglementation des périmètres de protection des points de captage, de traitement et de stockage des eaux potabilisées.

Décret n°2001/164/PM du 8 mai 2001 portant modalités et conditions de prélèvement des eaux de surface ou des eaux souterraines à des fins industrielles ou commerciales.

Décret n°2001/165/PM du 8 mai 2001 portant modalité de protection des eaux souterraines contre la pollution.

Décret n°2010/0239/PM du 26 février 2010 fixant les modalités d'exercice de certaines compétences transférées par l'Etat aux communes en matière d'alimentation en eau potable dans les zones non couvertes par le réseau public de distribution de l'eau concédé par l'Etat.

V- Thèses et mémoires :

DOURYANG DOMGA Michel, *La défense militaire des iles camerounaises du Lac Tchad*, CREPS/Université de Yaoundé II-Soa, mémoire de master professionnel en Stratégie, Défense, Sécurité, Gestion des conflits et des catastrophes, 2010 ;

EBOGO Frank, *Géopolitique de l'eau : jeux et enjeux autour d'une gestion intégrée des sources et ressources hydriques du Cameroun*, Université de Yaoundé II-Soa, mémoire de DEA en science politique, 2009 ;

EBOGO Frank, Hydro-politique et hydrostratégie du Cameroun : collisions et collusions des trajectoires dans la gestion des sources et ressources en eau, Université de Yaoundé II-Soa, thèse de doctorat Ph.D en science politique, 2013 ;

JULIEN Frédéric, *Ressources hydriques et conflits interétatiques : apports et limites d'une approche quantitative*, Institut Québécois des Hautes études internationales, Université Laval, mémoire de maitrise en Relations internationales, mars 2006 ;

MENGOME Augustin, "Les eaux continentales" in *Le régime juridique des eaux au Cameroun et ses conséquences sociales,* Vol II, Université Paris VIII-Saint Denis, 1988, Thèse de doctorat d'Etat ès Droit ;

SAIBOU Issa, *Conflits et problèmes de sécurité aux abords sud du lac Tchad : dimension historique (XVIème –XXème siècles)*, Université de Yaoundé I, thèse de doctorat Ph.D en histoire, 2001.

SAMBO Armel, *Les cours d'eau transfrontaliers dans le bassin du lac Tchad : accès, gestion et conflits* (XIX^{è}-XX^{è} siècles), Université de Ngaoundéré, thèse pour le doctorat Ph.D d'Histoire, 2010.

VI- Rapports, études :

MINEE/GWP, *Plan d'Action National de Gestion Intégrée des Ressources en Eau (PANGIRE). Etat des lieux du secteur : connaissances et usages des ressources en eau*, n°1, décembre 2009, document provisoire ;

MINEE/GWP, *Plan d'Action National de Gestion Intégrée des Ressources en Eau (PANGIRE). Etat des lieux du secteur : eau et environnement*, n°2, décembre 2009, document provisoire ;

MINEE/GWP, *Plan d'Action National de Gestion Intégrée des Ressources en Eau (PANGIRE). Etat des lieux du secteur : Cadre*

financier, économique et social, n°3, décembre 2009, document provisoire ;
MINEE/GWP, *Plan d'Action National de Gestion Intégrée des Ressources en Eau (PANGIRE). Etat des lieux du secteur : Cadre législatif, réglementaire, institutionnel et ressources humaines*, n°4, décembre 2009, document provisoire.

TABLE DES MATIERES

Le Cameroun aux éditions L'Harmattan

Dernières parutions

CAMEROUN (LE) À L'ÉPOQUE DES ALLEMANDS 1884-1916
Temgoua Albert Pascal
Si la présence allemande au Cameroun date de 1851, c'est en 1884 que se déclencha véritablement un processus d'exploitation systématique du pays à partir des ambitions de l'Allemagne. L'annexion sur le papier fut suivie par la conquête et l'occupation, et, en l'espace de trois décennies, les sociétés du Cameroun vécurent l'intrusion de nouvelles conduites politiques, de nouvelles forces économiques, d'une nouvelle religion et d'une nouvelle langue. Voici un éclairage sur cette période mal connue, tant dans ses méthodes que dans ses résultats.
(Coll. Harmattan Cameroun, 30.00 euros, 302 p.)
ISBN : 978-2-343-01398-5, ISBN EBOOK : 978-2-336-35665-5

LION'S (LE) SPIRIT
Et si les Lions Indomptables nous avaient révélé le genre de peuple que nous sommes ? Devenons profondément nous-mêmes
Tchaha Serge, Degaule Christophe
Le Cameroun est une jeune mais grande nation. Non seulement parce que ce pays se voit comme «l'Afrique en miniature», mais aussi car il a su démontrer à moult reprises «qu'impossible n'est pas camerounais». Ce sont les lions indomptables du football qui ont donné chair à cette «vérité». Cependant un examen approfondi de ce peuple laisse entrevoir, au-delà des seuls footballeurs, d'autres Lions Indomptables Éternels. Qui sont-ils ? Qu'est-ce qui les rassemble ? Le Lion's Spirit...
(Coll. Points de vue, 25.00 euros, 238 p.)
ISBN : 978-2-343-02831-6, ISBN EBOOK : 978-2-336-35630-3

PRATIQUE (LA) DU SERVICE SOCIAL AU CAMEROUN
Djiogap David - Préface de Roger Mondoué
Dans le monde en général, en Afrique, et au Cameroun en particulier, le service social a connu une grande évolution. Créé au Cameroun par l'arrêté n° 2763 du 1er août 1950 du haut-commissaire de la République française, il reste peu connu malgré les grandes mutations historiques et chronologiques qu'il a subies. Cet ouvrage est une réponse apportée aux préoccupations aussi bien des utilisateurs ou des bénéficiaires que des décideurs politiques, économiques et traditionnels
(Coll. Harmattan Cameroun, 16.00 euros, 156 p.)
ISBN : 978-2-343-04300-5, ISBN EBOOK : 978-2-336-35693-8

BOKO HARAM
Le Cameroun à l'épreuve des menaces
Koungou Léon
Le 17 mai 2014 à Paris, lors du sommet consacré à la sécurité au Nigeria, le Cameroun a déclaré la guerre au mouvement terroriste Boko Haram. Ses actions audacieuses et criminelles installent une véritable sinistrose dans les trois régions du Grand-Nord-Cameroun, frontalières au Nigeria. Pour neutraliser le mouvement, le gouvernement camerounais peut s'appuyer sur son armée.

Toutefois, aucune armée, quelle que soit sa puissance, ne fait reculer durablement le terrorisme dans sa détermination.
(Coll. Études africaines, 18.00 euros, 186 p.)
ISBN : 978-2-343-04132-2, ISBN EBOOK : 978-2-336-35448-4

PAUL BIYA
Le pouvoir en clan
Essomé Dieunedort
Au Cameroun, pays que l'on dit démocratique parce qu'il renferme plusieurs partis politiques, le pouvoir est exercé de façon absolue par une seule classe politique depuis environ trente ans et qui ne montre aucun signe d'alternance. Alors que ce pouvoir prêche la démocratie mais sert la dictature, l'auteur se fait ici le porte-voix du peuple muselé qui aspire à une démocratie vraie et réelle.
(Harmattan Côte d'Ivoire, 25.00 euros, 256 p.)
ISBN : 978-2-336-30575-2, ISBN EBOOK : 978-2-336-35535-1

COMMENT S'INFORMENT ET COMMUNIQUENT LES CAMEROUNAIS DE L'ÉTRANGER ?
Communication et transnationalisme
Wongo Ahanda Antoine
L'ouvrage décrypte les identités nouvelles des Camerounais de la diaspora, particulièrement ceux vivant en France, et la manière dont ils s'informent et communiquent sur et avec leur pays d'origine. En utilisant le concept du transnationalisme, il met à jour leurs pratiques de reconnexion avec le Cameroun à travers les médias électroniques, la réception des médias camerounais, la conversation, les stratégies de contact et la pluralité des formes d'expression.
(Coll. Études africaines, 23.00 euros, 224 p.)
ISBN : 978-2-343-03994-7, ISBN EBOOK : 978-2-336-35471-2

POLITIQUE (LA) FRANÇAISE DE COOPÉRATION CULTURELLE EN AFRIQUE
L'exemple du Cameroun
Mpegna Belmond Nicaise
Le 13 novembre 1960, la France signe avec le Cameroun une série d'accords de coopération, dont le volet culturel occupe les trois quarts. Pour la France, la culture reste l'instrument fondamental de sa politique étrangère afin d'éviter que ne tombent certains Etats sous l'influence d'un autre bloc. A partir des années 1990, face à la montée en puissance des Anglo-Saxons, elle initie un combat en faveur de l'exception culturelle dans le cadre de la Francophonie.
(Coll. Études africaines, 28.00 euros, 274 p.)
ISBN : 978-2-336-30633-9, ISBN EBOOK : 978-2-336-35345-6

TIKAR (LES) DU CAMEROUN CENTRAL
Ethnogenèse, culture et relations avec les peuples voisins
Sous la direction d'Elouga Martin
Cet ouvrage dissipe le nuage qui enveloppait, jusque-là, la vie sociale globale du peuple Tikar. Les premières explorations de terrain ont suscité de nouvelles questions scientifiques et ouvert des perspectives de recherche intéressantes sur les dynamiques historiques, sociales et culturelles chez les Tikar, depuis la formation des premières chefferies jusqu'à nos jours.
(Coll. Études africaines, 32.00 euros, 308 p.)
ISBN : 978-2-343-03210-8, ISBN EBOOK : 978-2-336-35489-7

ROI (LE) NJOYA
Créateur de civilisation et précurseur de la renaissance africaine
Colloque international Roi Njoya
Le Roi Njoya voulut tirer profit de sa rencontre avec l'Occident. Il avait cherché à s'approprier le monde de l'Autre et le fondre dans le sien dans une alchimie qui allait donner naissance à un nouvel être au confluent des cultures. Et voilà Njoya l'Africain acceptant son hybridité comme

valeur de civilisation par laquelle il conquiert le monde et s'y positionne positivement en se dépouillant des scories, pour une synthèse intelligente des valeurs.
(Harmattan Cameroun, 39.50 euros, 408 p.)
ISBN : 978-2-343-03938-1, ISBN EBOOK : 978-2-336-35531-3

SIDA (LE) AU CAMEROUN
Nouvelles militances et société civile
Sous la direction de Vidal Laurent
Les associations de lutte contre le sida sont à la croisée des chemins : reconnues comme importantes pour faire avancer les causes, elles sont sommées de se professionnaliser, souffrent de financements en baisse et se caractérisent pas leur grande hétérogénéité. Quelles sont les activités de ces collectifs au Cameroun ? Comment sont-ils perçus par les institutions de lutte contre le sida ? Comment conçoivent-ils leur propre rôle ? Des chercheurs et des militants associatifs s'unissent ici pour répondre à ces questions.
(Coll. Logiques sociales, 16.50 euros, 166 p.)
ISBN : 978-2-343-04016-5, ISBN EBOOK : 978-2-336-35302-9

PLACE (LA) DU ROI ET DE LA NOBLESSE DES KAM EN PAYS BAMILEKE
Hamani Gabriel
En dépit du statut d'un État unitaire, le Cameroun demeure un puzzle de plusieurs tribus. Cette étude porte sur l'une d'entre elles, celle des Bamileke de l'ouest du pays, groupés en une multitude de petits royaumes. Les Rois et les Notables (Kam) sont vus sous l'angle de la tradition bamiléké. Les opinions divergent sur le statut actuel de ces unités politiques : village, chefferie ou royaume ? Le Roi est-il encore souverain selon les normes universelles ?
(Coll. Études africaines, 23.00 euros, 222 p.)
ISBN : 978-2-343-00240-8, ISBN EBOOK : 978-2-336-35225-1

NAISSANCE (LA), L'HISTOIRE ET LE DÉVELOPPEMENT DE LA CULTURE
Pré-culture, culture et post-culture
Abouna Paul – Préface de Jacques Fame Ndongo, Postface de Mbonji Edjenguèlè
Qu'est-ce qui préexiste à la culture ? Qu'est-ce qui lui est postérieur ? La culture de l'homme ou encore la satisfaction de ses besoins est-elle envisageable au-delà de Dieu ? La culture est-elle possible au-delà d'elle-même ? Qui peut l'imaginer ? Quelle érudition peut en formuler le concept ? Une telle idée est-elle indispensable ? Enfin, y a-t-il une limite de la culture ou appartient-elle à l'ordre de l'infini ? Cet ouvrage éclaire toutes ces contradictions et bien d'autres encore.
(Coll. Harmattan Cameroun, 23.00 euros, 222 p.)
ISBN : 978-2-343-03883-4, ISBN EBOOK : 978-2-336-35271-8

INTELLIGENCE (L') ÉCONOMIQUE CAMEROUNAISE (IEC)
Azeumo Steve William - Préface de Francis Moaty et Olivier Cardini - Postface d'Abdoulaye Ndaw
L'intelligence économique intervient aujourd'hui comme un outil efficace pour analyser le développement de l'Afrique, dans la mesure où elle intègre les facteurs culturels et environnementaux liés à chaque pays. L'auteur s'est penché sur le cas du Cameroun, afin de promouvoir auprès des gouvernements, des institutions, des entreprises, la prise en considération de l'intelligence économique dans l'élaboration de leurs différentes politiques économiques et stratégies de développement.
(Coll. Harmattan Cameroun, 12.00 euros, 94 p.)
ISBN : 978-2-343-01199-8, ISBN EBOOK : 978-2-296-53932-7

REPÈRES (LES) CLÉS DE LA GESTION D'UNE ENTREPRISE EN AFRIQUE
Structures organisationnelles et établissements de microfinance
Pony Lucas
Ce livre cerne avec clarté les repères clés de la gestion d'une entreprise, qui diffèrent des repères classiques liés aux états financiers qualifiés de bilan, livre journal, balance et autres. Il centre ainsi la préoccupation sur les structures organisationnelles telles que l'organigramme, les structures

divisionnelles, la structure fonctionnelle, comme éléments pouvant permettre de prévoir les signes de faillite d'une entreprise.
(Coll. Harmattan Cameroun, 16.50 euros, 158 p.)
ISBN : 978-2-343-00886-8, ISBN EBOOK : 978-2-296-53946-4

CHIMIE (LA) DANS LES GRANDES ÉCOLES ET CLASSES SCIENTIFIQUES PRÉPARATOIRES
Chimie générale, chimie minérale et mathématiques
Mbang Théophile, Ndem Mbang Thierry Stéphane, Onaina Mbang Didier Arnaud
Cet ouvrage est conçu pour guider l'étudiant dans son apprentissage de la chimie. Il y trouvera de nombreuses bases de chimie générale, de chimie minérale et des mathématiques appliquées à la chimie. De nombreux exercices corrigés et commentés illustrent le cours et permettent l'assimilation des notions et des différents raisonnements exigés en fin de premier cycle. Le cours, simple, complet et très clair, est illustré de nombreux exemples.
(Coll. Harmattan Cameroun, 26.00 euros, 250 p.)
ISBN : 978-2-343-00717-5, ISBN EBOOK : 978-2-296-53823-8

LANGAGE, LITTÉRATURE ET ÉDUCATION AU CAMEROUN
Language, Literature and Education in Cameroun
Sous la direction de Clément Dili Palaï et Michael Etuge Apuge
Cet ouvrage réactive le débat relatif aux bases éducatives fondées sur les connaissances endogènes, devant la multitude de pistes de réflexion qui s'offrent à nous en ce début de troisième millénaire. La douzaine de contributions réunies convergent autour du déploiement linguistique, de la dynamique littéraire et des projections didactiques et pédagogiques devant l'actualité des NTIC. Il s'agit de lectures nouvelles des dialogues culturels et interculturels dans le contexte négro-africain en pleine métamorphose.
(24.00 euros, 232 p.)
ISBN : 978-2-343-00136-4, ISBN EBOOK : 978-2-296-53852-8

CAMEROON RADIO TELEVISION, UN GRAND MALADE ?
Diagnostic fonctionnel de l'audiovisuel public
Minlo Raoul Simplice - Préface de Florent Etoga Eily
Voici grandement ouvertes les portes de la cuisine CRTV. Dans cet environnement obsolescent, fait de menaces, de tabous, de lignes de conduite, de vérités et de paupérisation de ses membres, les journalistes, à leur corps défendant, fabriquent des informations prédigérées à servir au bon peuple, sous les regards inquisiteurs des tenants du pouvoir. Dogme des journalistes, extrême inféodation au gouvernement... Nombreux sont les dysfonctionnements qui font de cet organisme un grand malade.
(Coll. Harmattan Cameroun, 21.00 euros, 212 p.)
ISBN : 978-2-336-30091-7, ISBN EBOOK : 978-2-296-53662-3

CULTURE (LA) À L'ÉCOLE PRIMAIRE CAMEROUNAISE
L'enseignement dans les sociétés plurilingues
Ndibnu-Messina Ethe Julia – Préface d'Edmond Biloa - Postface de Jean-Claude Mbarga
Comment enseigner des langues et des cultures dans des sociétés plurilingues ? Quelles insertions pour les langues et les cultures minoritaires dans le système scolaire ? Quelle est l'influence des parents et de l'école sur l'acquisition/apprentissage des langues et cultures africaines par l'enfant ? Quelles sont les évolutions des approches didactiques en la matière, notamment l'interculturalité, l'audiovisuel ? L'approche par compétences et par l'action ?
(Coll. Harmattan Cameroun, 23.00 euros, 224 p.)
ISBN : 978-2-343-00600-0, ISBN EBOOK : 978-2-296-53599-2

L'HARMATTAN ITALIA
Via Degli Artisti 15; 10124 Torino

L'HARMATTAN HONGRIE
Könyvesbolt ; Kossuth L. u. 14-16
1053 Budapest

L'HARMATTAN KINSHASA
185, avenue Nyangwe
Commune de Lingwala
Kinshasa, R.D. Congo
(00243) 998697603 ou (00243) 999229662

L'HARMATTAN CONGO
67, av. E. P. Lumumba
Bât. – Congo Pharmacie (Bib. Nat.)
BP2874 Brazzaville
harmattan.congo@yahoo.fr

L'HARMATTAN GUINÉE
Almamya Rue KA 028, en face
du restaurant Le Cèdre
OKB agency BP 3470 Conakry
(00224) 657 20 85 08 / 664 28 91 96
harmattanguinee@yahoo.fr

L'HARMATTAN MALI
Rue 73, Porte 536, Niamakoro,
Cité Unicef, Bamako
Tél. 00 (223) 20205724 / +(223) 76378082
poudiougopaul@yahoo.fr
pp.harmattan@gmail.com

L'HARMATTAN CAMEROUN
BP 11486
Face à la SNI, immeuble Don Bosco
Yaoundé
(00237) 99 76 61 66
harmattancam@yahoo.fr

L'HARMATTAN CÔTE D'IVOIRE
Résidence Karl / cité des arts
Abidjan-Cocody 03 BP 1588 Abidjan 03
(00225) 05 77 87 31
etien_nda@yahoo.fr

L'HARMATTAN BURKINA
Penou Achille Some
Ouagadougou
(+226) 70 26 88 27

L'HARMATTAN SÉNÉGAL
10 VDN en face Mermoz, après le pont de Fann
BP 45034 Dakar Fann
33 825 98 58 / 33 860 9858
senharmattan@gmail.com / senlibraire@gmail.com
www.harmattansenegal.com

L'HARMATTAN BÉNIN
ISOR-BENIN
01 BP 359 COTONOU-RP
Quartier Gbèdjromèdé,
Rue Agbélenco, Lot 1247 I
Tél : 00 229 21 32 53 79
christian_dablaka123@yahoo.fr

Achevé d'imprimer par Corlet Numérique - 14110 Condé-sur-Noireau
N° d'Imprimeur : 114719 - Dépôt légal : janvier 2015 - *Imprimé en France*

www.ingramcontent.com/pod-product-compliance
Lightning Source LLC
LaVergne TN
LVHW021143061026
849535LV00002B/332
9782343047836